高明士◆主編

中國法制史叢書

明清中國的商業法律

當法律遇上經濟

邱澎生 著

五南圖書出版公司 印行

《中國法制史叢書》總序

　　法制史的定義為何？歷來學界有許多不同說法，此處無意討論該項問題，但以歷代法律及其制度、思想為基本範圍，大致無異議。本叢書所選取的研究成果，主要也是屬於這一類。法律是基於社會的需要而產生，所以法制史也是歷史學研究的範疇之一，這一點在學界也無異議。但因法律與政治關係密切，尤其中國二千餘年的專制統治，更是史無前例。在這個意義下的法律如何理解，實是史學研究很嚴肅的課題。

　　歷史是過去所發生的事，歷史學研究就是在解明過去的真相，進而為人類累積智慧，減少錯誤。不幸在歷史上可發現許多事物常被野心家或政客利用，而成為政治的工具，法律更是格外明顯。於是歷史的演變常陷入一種弔詭的發展，此即歷史不斷在教訓不知歷史教訓的人。這種悲劇，本來是可以避免的，終於無法避免，是因為人們不重視歷史及其研究而導致的後果。

　　《大戴禮記‧禮察篇》說：「禮者，禁於將然之前；而法者，禁於已然之後。」（參看《漢書‧賈誼傳》）這是漢以來常被引用說明禮刑合一的名言。到後漢更有所謂：「禮之所去，刑之所取，失禮則入刑，相為表裡者也。」（《後漢書‧陳寵傳》）這意思是說一個人的行為，在禮刑約束下，無所逃於天地之間。禮刑交互為用的規範，的確影響此後二千年間的國家社會秩序。其間的變化，只是在於禮刑二者的輕重而已。在法制史上，唐律被認為引禮入律最具體且最有代表性的法典，也是自古以來保存最完整的文獻。因此，將唐律視為中國法制史研究的基礎典籍，並不為過。

　　我個人於1976年從日本歸國任教後，即於大學部、研究所課程穿插若干法制史教材；1994年以後，更以校際整合方式組成「唐律研讀會」，進行解讀《唐律疏議》，迄今該團隊已經在五南圖書出版公司出版兩冊研究專書，同時有多位成員以法制史作為學位論文，而獲得甚高評價。因此，本叢書擬選取若干冊刊行，以饗讀者。同時邀請著名法學者國立政治大學法律學系陳惠馨教授，討論有關法制史教學與身分法研究；而拙著則為關於隋唐禮律的研究，藉以貢獻學界。

　　五南圖書出版公司楊榮川先生宏揚法律與教育研究之熱心，不遺餘力，使本叢書得以順利出版，由衷感謝。是為序。

高明士　謹識
2005年2月

自 序

本書取名《當法律遇上經濟：明清中國的商業法律》，擬與另部預擬出版的拙著《當經濟遇上法律：明清中國的市場演化》相呼應。這兩部書主要都改寫自筆者近年來發表的幾篇論文，此次重新改寫並集結成書，希望能更有系統地描述並論證明清中國經濟與法律的發展歷程及其歷史意義。

拙書有幸納入五南圖書出版公司的「中國法制史叢書」，既出於高明士教授的引介，也承蒙高教授給予許多寶貴的修改建議，十二萬分地感謝。本書主要改寫自筆者過去發表的七篇論文，其原本篇名與刊載出處依序為：一，〈由市廛律例演變看明清政府對市場的法律規範〉（收入國立台灣大學歷史系編，《史學：傳承與變遷學術研討會論文集》，台北：國立台灣大學歷史系，1998）；二，〈有資用世或福祚子孫：晚明有關法律知識的兩種價值觀〉（《清華學報》，新33，1，2003）；三，〈以法為名：明清訟師與幕友對法律秩序的衝擊〉（《新史學》，15，4，2004）；四，〈真相大白？明清刑案中的法律推理〉（收入熊秉真編，《讓證據說話——中國篇》，台北：麥田出版公司，2001）；五，〈也是「商法」問題：試論十七世紀中國的法律批判與法律推理〉（《法制史研究》，8，2005）；六，〈18世紀中國商業法律中的債負與過失論述〉（《復旦史學集刊》第1輯《古代中國——傳統與變遷》，上海：復旦大學出版社，2005）；七，〈禁止把持與保護專利：試析清末商事立法中的蘇州金箔業訟案〉（《中外法學》，2000，3，2000）。藉此再向當年審閱各篇拙文的審查人以及接受拙文刊登的期刊與出版社致謝。

自西元1995年完成博士論文以來，這是筆者出版的第一部專書，出版前夕，真是充滿許多感激。首先，是幾位授業恩師長期的教誨：徐泓老師給予的學術啟蒙與身言二教，劉翠溶老師、鄭培凱老師、章英華老師、陳永發老師與黃應貴老師的啟迪提撥，都是永誌銘感。多年來，劉石吉老師、濱島敦俊老師與王芝芝老師經常指點迷津，而郝延平先生與黃靜嘉律師也常提攜勉勵，前輩師長張偉仁、李伯重、熊秉真、林麗月、何漢威、柯大衛

（David Faure）、森正夫、夫馬進、足立啟二、岸本美緒、寺田浩明、范金民、周紹明（Joseph McDermott）、王國斌、黃源盛、那思陸、白牧之（E. Bruce Brooks）、何谷理（Robert Hegel）、柯麗德（Katherine Carlitz）的指點與幫助，在此謹申謝忱。陳國棟、王明珂、林素清、沈松僑、盧建榮、陳弱水、魏凱力（Kelly Olds）、劉志偉、陳春聲、鄭振滿、趙世瑜、吳仕侃、劉序楓、甘懷真、閻鴻中、陳正國、王世宗、宋家復、顏世鉉、王鴻泰、邱仲麟、巫仁恕、李卓穎、陳雯怡、費絲言、和文凱、劉光臨、康豹（Paul Katz）、賴惠敏、李達嘉、黑田明伸、步德茂（Thomas Buoye）、鞏濤（Jerome Bourgon）、陶安（Arnd Helmut Hafner）、孫慧敏、劉瑞華、黃春興、張明宗、簡資修、鄭陸霖、林開世、鄧亦兵、王振忠、龍登高、馮筱才、夏冰、卞利、徐忠明、王志強、陳新宇、麥哲維（Steve B. Miles）、谷井俊仁、谷井陽子、卜永堅、邱明弘、劉恆妏、林文凱、唐立宗、黃丞儀諸位女士先生，也曾指正拙文誤失、慨贈關鍵史料或是論正學術源流，隆情高誼，不敢或忘。

　　近十年來，筆者對明清中國「商業法律」這樣內容廣泛而又複雜的議題，只做了初步探討，日後仍得補強更多關鍵史料並研求更具說明效用的分析概念；同時，對中國以外地區類似現象的變遷過程也要有廣泛而深入的認識，這才可能真做出能統觀全局而又紮實細緻的研究。學海無涯，定當努力，也盼師長與友朋不嫌駑鈍繼續指點。若讀者不嫌本書內容煩瑣無味，也歡迎逛訪筆者網頁「阿牛說的歷史故事」（http://www.sinica.edu.tw/~pengshan/），上面另有相關討論可供採擇與辯難，敬請讀者與網友一併賜正。

邱澎生

目　次

導論
明清中國的經濟變遷與法律調整

　　儘管學界對明清中國的經濟史與法制史都已累積許多成果，然而在許多人的歷史意識當中，明清中國仍然只是一個在經濟上屬於「農業社會、前工業化社會」，而且在法律上也缺乏「司法獨立、基本人權保障」的時代。簡言之，在許多人心目中，明清中國即是一個在經濟與法律上沒有重要變化的「傳統社會」。

　　如果只能在「傳統社會」與「工業社會、民主憲政」二選一的話，則明清中國被分類為「傳統社會」可能也沒有大錯；然而，究竟什麼才是「傳統社會」的實質內容？「傳統社會」是否也有自己的變遷軌跡值得探究？對於這類課題，許多人可能並不真的在意，因為他們相信只要未曾出現類似工業革命或民主憲政的變化，則這個「傳統社會」便沒有什麼歷史變遷值得討論。這是一種自我封閉但卻又影響深遠的歷史意識，這種意識將人類歷史區劃為兩個主要類型：一類是「已經出現」工業革命、民主憲政，另一類則是「沒能出現」工業革命、民主憲政；前一類被泛稱為「現代社會」，而後一類則被歸類為「傳統社會」。在此種歷史意識的作用下，人們用來評價「傳統社會」的唯一標準，似乎也只剩下「有沒有」出現工業革命、民主憲政；而對「傳統社會」的研究興趣，也經常只剩下「為何沒能出現」工業革命、民主憲政。

　　這種對「有沒有」以及「為何沒能出現」工業革命或是民主憲政等人類重大歷史問題的強調與關心，源自於一種特殊的歷史意識，它不僅將人類歷史簡化並切割為兩類不同「本質」的社會類型，並還鼓舞或刺激人們只以工業革命、民主憲政那些肇始於西方近代歷史的現代社會「本質」，來作為評斷西方以外地區「傳統社會」有無變化甚或是有無「進步」的唯一標準。這種將近代西方「現代社會」與非西方地區「傳統社會」二元對立起來做比較

並做價值評斷的歷史意識，也有學者簡稱其為「西方中心主義」史觀。

　　本書反對上述那種「西方中心主義」史觀，但筆者反對的主要理由，並非是認為近代西方工業革命或是民主憲政的歷史經驗不能用來與明清中國的社會變遷做比較，而是強調在與近代西方歷史經驗做比較的同時，必須更加重視歷史現象的複雜性，不能預先拿著自己想像中的「現代社會」內容作為唯一的標準，然後再去對照出一個與「現代社會」相互對立的「傳統社會」，並強將明清中國套入這個以所謂「近代西方」為代表的現代社會比較框架；畢竟，相互比較只是手段，深入理解才是更關鍵的目標，如果比較框架反而妨礙我們深入理解明清中國歷史變遷的實質內涵，則這類歷史比較手段的有效性便當然應該大打折扣甚至予以擱置。職此之故，本書所謂的反對「西方中心主義」史觀，並不是要拒絕將近代西方的工業革命、民主憲政歷史經驗作為重要的比較對象，而是要強調這種歷史比較手段不能倒過來妨礙我們深入理解包含明清中國在內的非西方地區歷史。

　　為了消減或祛除「西方中心主義」史觀的限制，本書內容基本上都圍繞著下述的論證線索：儘管明清中國沒有發生十八世紀後期歐美「工業革命」那種開始以機器大規模生產的經濟變化，而且在清末之前也並未出現「民主憲政」之類的法律與政治改革運動，但是明清中國歷史仍然出現許多有意義的社會變遷，筆者以「商業法律」為主要探究課題，便是要說明一些重要的經濟與法律變遷究係如何逐漸地由明清中國部分地區往外擴散到全國。

　　顧名思義，「商業法律」是一種試圖規範並能影響商業發展的法律。當本書提出明清中國也有商業法律的主張時，主要是由以下兩個層次立論：一是商人經商過程中發生的許多糾紛與訴訟，確實受到明清政府相關法律規範的影響；二是伴隨明清中國長程貿易與全國市場的發展，不僅刑部官員、幕友、訟師等法律專業人士愈來愈能在司法場域中發揮功能，部分經濟發達城鎮地區的司法官員也有更多機會回應一些新興經濟現象的挑戰，從而在調解與審理商業糾紛過程中豐富了既有的法律推理。本書將由這兩個層次做論證，檢視明清中國商業法律的變動歷程。

　　在此要先澄清不必要的誤會：儘管本書主張明清中國確曾出現商業法律方面的重要變動，但這絕非表示筆者認為明清中國的「商業法律」可以輕易地等同於歐洲歷史上的「商人法」或是「商法」（拉丁文的Lex mercatoria，或是

英文的the Law Merchant）。一如明清中國「商業法律」有其自身的發展脈絡，歐洲歷史上的「商法」或是「商人法」也是極複雜的法律與歷史現象。

　　在中文的學術場域中，歐洲「商法」常被簡化成一種直線發展的演進歷程，許多人相信歐洲自十一、十二世紀的中古晚期即有「商法」，並認為中古晚期歐洲「商法」既往上承接了羅馬法的相關法學傳統，同時又往下開啟了近代歐洲各國的「商法典」或是個別領域的商事立法。[1]然而，這種看法其實簡化了歐洲「商法」在歷史上的複雜演變過程，既模糊了「商法」一詞的多義性，更忽略了這套有關中古晚期歐洲即已出現「商法」並且源遠流長的歷史論述其實「虛實參半」，許多內容是在特定脈絡下被有意建構出來的一種學術想像。如學者指出的：在很大程度上，正是因為英國始終缺乏一套獨立自主於普通法之外的商法，才使十七世紀以來一些普通法（Common Law）律師能夠成功地建構一套有關歐洲「商法」源遠流長的歷史論述。[2]以下，筆者將分兩點略予澄清歐洲商法論述的複雜性。

　　首先，「商法」這個名詞在歐洲歷史上具有多重意涵。有學者即曾將「商法」區分為五種不同含義：一是作為「商法典客體」的商法，二是作為「商人特別法」的商法（採取此種立法體例的國家，先規定商人，再從商人定義推導出商事行為，此可以德國法系為代表，也稱「主觀體系、商人法主義、商業法主義」），三是作為「特定行為類型」的特別法（採取此種立法體例的國家，先規定商行為之概念，再導出從商人之概念，此可以法國法系為代表，也稱「客觀體系、商事法主義、商行為法主義」），四是作為「實證上理解商業與商人之間關係」的法律，五是作為歷史發展上「與民法獨立發展之商法學門」。[3]法國、德國、英國等等不同歐洲國家，在不同時期採取了不同的立法模式，致使這些國家的「商法」經歷了由商業習慣轉變為國家法律的不同演變歷程，無法一概而論。

　　第二，歐洲「商法」其實是種種商業習慣、法律實踐與歷史論述的統

1　這方面的相關論述很多，典型的例證可以參見：伯爾曼（Harold J. Berman），《法律與革命》，賀衛方、高鴻鈞、張志銘、夏勇譯，北京：中國大百科全書出版社，1993，第11章〈商法〉，頁406-433。

2　Mary Elizabeth Basile, Jane Fair Bestor, Daniel R. Coquillette, and Charles Donahue, Jr. edited, translated, and introduced, *Lex Mercatoria and Legal Pluralism: A Late Thirteenth-century Treatise and its Afterlife*, Cambridge: The Ames Foundation, 1998, p.186.

3　陳自強，〈民商合一與民商分立〉，收入氏著《代理權與經理權之間——民商合一與民商分立》，台北：元照出版公司，2006，頁256-257。

合；它雖然確實包含許多涉及銷售、信用、保險、運輸或是合夥等商業行為的法律規則（commercial law rules），[4]但不少所謂「商法」的內容，實際上是出諸於十七至十九世紀之間一些歐美法制史家、律師、法學者等人士的有意建構甚或是誇大渲染。[5]有學者明白指出：自十七世紀以降的數百年間，「許多史家為了解決其面臨的當代對外貿易問題，乃不斷自歐洲中古時期遺存的種種證據當中，去找尋一種獨立自主而且只由商人專享的商業法律系統」。這些史家將「商法」想像成是「歐洲商人組成跨國境群體的法律產物」，想像它曾經遍存歐洲各國而「不僅僅適用於個別商人行會（merchant guild）或是單一國家」，這種想像甚至還斷定當時「存在一套足以使歐洲商人免於地方法律與地方領主宰制的新的法律秩序」；然而，細究其實，這些提法在很大程度上只不過是一套有關「商法」如何適用於全體歐洲商人的「浪漫式」（"Romantic"）論說。[6]

歐洲的「商法、商人法」是個複雜的歷史概念，而明清中國的「商業法律」也是亟待分梳的歷史議題，儘管基本上沒有前述歐洲五項「商法」含義中的「商法典客體、商人特別法、特定行為類型、與民法獨立發展之商法學門」等四項內容，但是，作為「實證上理解商業與商人之間關係」的法律，則確實也以不同名稱、形式與內容存在於明清中國，在明清中國形成種種用以規範市場交易、解決商事糾紛以及裁定經商契約權利義務關係的「商業法律」；這些商業法律固然有源自明清法典的法律規則（rules）與原則（principles），但也受到十六至十九世紀之間長程貿易與全國市場發展的衝擊與影響。

為使讀者能夠容易理解當時中國經濟與法律互動的複雜性，有必要先對十六至十九世紀之間的中國經濟變動趨勢做些簡單介紹，以便利本書各章展開對明清中國商業法律的說明與分析。

近半世紀以來的許多明清史研究可以證明：就算沒有發生類似西歐工業

4　Richard A. Epstein, "Refeelctions on the Historical Origins and Economic Structure of the Law Merchant," *Chicago Journal of International Law*, 5, 1 (2004-2005): 1.

5　J. H. Baker, "The Law Merchant and the Common Law before 1700," *Cambridge Law Journal*, 38, 2（1979): 295-322. Charles Donahue, Jr., "Medieval and Early Modern *Lex mercatoria*: An Attempt at the *probatio diabolica*," *Chicago Journal of International Law*, 5, 1 (2004-2005): 21-37.

6　Stephen E. Sachs, "From St. Ives to Cyberspace: The Modern Distortion of the Medieval 'Law Merchant'," *American University International Law Review*, 21 (2006): 688.

革命或是近代資本主義的經濟增長模式，明清中國還是出現不少有意義的經濟變遷，這是頗為重要的歷史事實，值得更多讀者注意與正視。到底當時明清經濟發展有什麼特殊性？有學者曾做了頗好的綜述：十六世紀以後，中國經濟變遷可歸納為以下六個大趨勢：大商人資本的興起、包括「散工制」（putting-out system）在內的工場手工業鉅大發展、因為「一條鞭法」普及而更加確立的財政貨幣化發展、「押租制」與「永佃制」普及所導致的土地經營權與所有權相互分離而出現的租佃制變動、「短工」與「長工」在法律上的人身自由進一步獲得解放而形成雇工制演變，以及民間海外貿易所帶來大規模的世界白銀內流中國等六大範疇。[7]

　　在十六世紀以後發生於中國的這場經濟變遷長期過程中，長程貿易與區域分工是啟動這場經濟變遷的最主要力量。至少到了十八世紀，在中國全國範圍內已清楚出現了三大區域之間的經濟分工現象：長江下游與東南沿海地區，成為向中國其他地區輸出手工業產品、輸入糧食與工礦原材料的「已開發區域」；長江中游與華北地區，變成向外輸出農產品而向內輸入手工業品的「開發中區域」；而雲貴高原與西北地區，則成為輸出工礦原材而輸入糧食與手工業品的「未開發區域」。眾多的人口與勞動力在此三大區域間遷移，大量不同商品也在此三大區域間相互輸出與輸入，構成了當時中國內部隱然成形的「已開發、開發中、未開發」經濟分工格局。[8]

　　要先澄清的是：所謂的「已開發、開發中、未開發」三大經濟區域是以當時中國不同地區經濟發展的相對程度而立論，並非完全套用近代經濟成長的「經濟起飛」解釋模式。舉例而言，當我們說長江下游與東南沿海是當時中國的「已開發」經濟地區，並不必然指的是該地區民眾平均所得已經進入持續增長的「經濟起飛」階段，而只是對比於中國其他地區而言，長江下游與東南沿海地區確實已經演變成一個持續輸出本地手工業產品並且進口其他地區糧食與工礦原料的地區，並且與其他兩個「開發中、未開發」地區在經濟上相互補充，從而彼此整合成為一個區域分工的經濟體系。這個區域分工的經濟體系，不僅表現於一些商品在更大區域空間內出現更密切的價格整合

7　吳承明，〈現代化與中國十六、十七世紀的現代化因素〉，《中國經濟史研究》，1998，4（1998），頁6-7。
8　王業鍵，〈清代經濟芻論〉，《食貨復刊》，2，11（1973），頁541-550。

與彼此連動現象；而且也反映出當時的商業訊息、市場組織、法律體系甚至是意識形態等方面，也在更大區域空間內出現更頻繁的互動及更好的統整。

姑且不論海外市場的發展以及大量美洲與日本白銀的流入，即使單論中國國內市場中的長程貿易，也在十六至十八世紀的三百年間有著重要成長，既在流通商品的數量上巨幅增加，也在流通商品的結構上發生重要轉變。特別是棉布逐漸取代了食鹽，成為長程貿易流通商品中僅次於糧食的第二大宗商品，這裡反映著手工業產品在當時流通商品結構中有更重要地位，超過了原先財政稅收意味濃厚的食鹽。[9]同時，隨著糧食、棉花、鹽、絲織品、木材、藥品等商品的流通，以及各地商業組織的興起與發展，勞力、資金、信息愈來愈整合成為一個功能更加清楚的「全國市場」。[10]

全國市場的興起與發展，加速了手工業、農業與工礦原料在不同區域間的分工化與專業化，有助於各區域更有效率地利用各自的資源稟賦（endowment），並且使用更專業化的生產方式以將商品投入市場販售，進而提升了自然與人力資源在全國範圍內的更有效利用，這可稱為是一種經濟上的「斯密式成長」（Smithian growth），有學者強調其中的重要性並不亞於「技術密集、資本密集、組織創新」等另外三類不同的經濟成長模式。[11]以經濟變遷中的「斯密式成長」命題為核心，一些學者不僅以此論證區域經濟分工化與專業化帶動明清經濟成長的重要貢獻，也藉此批判過去那些總是強調明清中國未曾出現「技術密集」與「資本密集」兩類經濟成長模式的片面性與局限性。[12]

要之，學者關於明清中國經濟出現「斯密式成長」的提法，不只是要

9　吳承明，《中國資本主義與國內市場》，北京：中國社會科學出版社，1985，頁217-246、247-265。

10　李伯重，〈中國全國市場的形成〉，收入氏著《千里史學文存》，杭州：杭州出版社，2004，頁269-287。我們可以爭論這個「全國市場」的整合程度到底有多高，然而，這個全國範圍內的市場整合趨勢仍可以是如李伯重先生所論證的具體存在。

11　王國斌，《轉變中的中國──歷史變遷與歐洲經驗的局限》，李伯重、連玲玲譯，上海：江蘇人民出版社，1998，頁7-55。對王國斌專書的簡介，參見：李伯重，〈「相看兩不厭」──王國斌《轉變的中國：歷史變遷及歐洲經驗的局限》評介〉，《史學理論研究》，2000，2：頁148-158。

12　有關「斯密式經濟成長」如何帶動專業化與分工，及其對整體經濟所能產生的貢獻，參見：王國斌，〈農業帝國的政治經濟體制及其當代遺緒〉，邱澎生譯，收入卜正民（Timothy Brook）、Gregory Blue編，郭慧英等譯，《中國與歷史資本主義：漢學知識的系譜學》，台北：巨流圖書公司，2004，頁293-296。對彭慕蘭專書的介紹與評論，參見：史建雲，〈重新審視中西比較史──《大分流：歐洲、中國及現代世界經濟的發展》述評〉，《近代史研究》2003，3：頁198-223；

肯定明清經濟發展的正面意義，也是要藉以重新評估那些只重視工廠制、機器大規模生產等近代西歐工業革命「獨特性」的經濟史解釋。工業革命或是資本主義何以只在近代西歐出現？學界早已累積了眾多論證這類「歐洲獨特性」的研究，但質疑這類研究的學者，則將這些研究分類為人口結構、生態環境、資本累積、市場制度、公司組織與經濟制度等不同面向，由明清中國乃至於印度、日本、東南亞等地的經濟變遷歷史，批判那些所謂的「西方中心論的經濟成長故事」。[13]因而，探究明清經濟史的重要意義，不僅是要更全面地認識當時中國的歷史，也是要進一步將「非西方」地區的歷史更完整地納入，挑戰並改寫既有的近代世界經濟史。

　　既然十六到十八世紀這三百年間的長程貿易與全國市場在中國有重要發展，而且許多與市場經濟發展相關的現象也並非是近代歐洲所獨有，那麼，要如何更細緻地界定工業革命、資本主義這些主要由近代歐洲經濟史中發展出來的重要史學概念？有學者建議可由「政治經濟體制」（political economy）來區分明清中國與近代西歐的歷史，並且大力強調：既要更加整體地認識中、西雙方歷史發展中的相異點，也要能辨識明白中、西歷史發展中的相同之處。簡單地說，「斯密式成長」即是十六至十八世紀之間歐洲與中國經濟發展史上的「同」；而明清中國的「農業型政治經濟體制」以及近代歐洲的「商業型政治經濟體制」，則是影響雙方歷史不同發展路途的「異」。[14]過度地強調雙方的異或同，都非合適的歷史比較方式。

　　在某個意義上說，本書即是將「斯密式成長」的經濟變遷概念拿到明清中國的法律領域做檢視，特別是「商業法律」如何伴隨經濟變遷而出現演變與發展，便是本書論證的最主要焦點。同時要再先說明的是：為了更好地說明商業法律的演變與發展，筆者也將研究視角做了較大範圍的擴充，本書不單是討論那些處理市場交易、商事糾紛與商業契約的法律規範本身，也要分

　　吳承明，〈西方史學界關於中西比較研究的新思維〉，《中國經濟史研究》，2003，3：頁3-7；王家範，〈中國社會經濟史面臨的挑戰：回應《大分流》的「問題意識」〉，《史林》2004，4（2004），頁46-52。

[13] Kenneth Pomeranz, *The Great Divergence: China, Europe, and the Making of the Modern World Economy*, Princeton University Press, 2000, Introduction. 也可參考本書中譯：彭慕蘭（Kenneth Pomeranz），《大分流：中國、歐洲與現代世界經濟的形成》，邱澎生等譯，台北：巨流圖書公司，2004，頁1-37。

[14] 王國斌，《轉變中的中國——歷史變遷與歐洲經驗的局限》，頁265。

析當時中國用以運作商業法律的制度變遷。本書所謂的「制度」，指的是一群熟悉法律規範的「法律專業人士」賴以互動的遊戲規則，這些遊戲規則既包括了包括商業訟案在內的所有法律案件審理程序，也包括那群法律專業人士經常訴諸的法律價值觀、法律信念與法律推理。

　　何以要分析「制度」及「制度變遷」？因為在分梳商業法律時，不能不留意那些為包含商人在內民眾主持案件審理工作的法官，以及協助法官審理案件的幕友，還有私下為民眾起草狀紙與為勝訴而出謀劃策的訟師。相對而言，法官、幕友與訟師都是比較熟悉當時法律規定並能影響案件審理過程的法律專業人士；就算這些法律專業人士並未特別標榜商業訴訟在司法體系中的重要性或獨特性，但他們畢竟都是日常生活中影響包括商業訴訟在內各類訟案甚鉅的重要人物。因而，中央與地方司法衙門中的主事官員、審案法官聘用的幕友，以及收取費用的訟師，這些人物所經常援用於商業訴訟的法律推理，以及他們抱持並宣揚的法律價值觀、法律信念，以及規範這些法律專業人士相關司法制度的演變，都會影響到明清商業法律的運作與發展，從而也是分析商業法律時不能不留意的重要對象。

　　除了導論與結論之外，本書共分七章。第一章討論明清政府專門用以管理市場制度的法律條文，透過仔細檢視明律與清律〈戶律〉編〈市廛〉章的五條律文和二十六條例文內容的變化，用以分梳明清政府與市場關係的重要演變線索。第二章至第四章，則針對明清任職刑部與其他熟悉司法實務官員、幕友、訟師等掌握當時法律體系與司法訴訟的專家，分析他們如何在外在制度條件變動的限制下而發展出種種不同的法律價值觀與法律推理方式。這些法律價值觀與法律推理方式，雖然並不一定都直接影響到明清的商業經營實務，但卻構成有利當時商人尋求司法奧援的重要制度背景，從而影響到明清中國商業法律的運作與演變。第五章與第六章，則以蘇州、上海地區碑刻資料以及「省例」等法律條文的變動，分析民間通行的一些商業經營習慣如何融入地方司法實務，並且在當地上升為「恤商美政，有益國課」等有利商人經營的制度條件。第七章則以一些發生於清末蘇州的商業訟案為例證，點出當時商人如何因應清朝政府引入近代西方商業法典的通變之道，藉以呈顯傳統到近代「商業法律」變遷實況的部分重要內涵。結論則將綜合本書論證，並對明清商業法律課題提供些許反思。

第一章　由市廛律例演變看政府對市場的法律規範

　　明清以前傳統中國政府對市場的法律規範早已存在。[1]同時，儘管沒有專門成編的商業法典或是特別匯集的商業判案，但對明清時代廣大的民間工商業者而言，政府所公布的種種市場法律規範，也仍然或多或少影響到他們在市場上的交易行為。

　　如果不是只著眼於西方式的票據、海商、公司、保險等商業法典或是商業判案在傳統中國的付諸闕如，而也願意回過頭來好好檢視傳統中國法律究竟如何伴隨市場經濟發展而變化；則探究明清政府藉以規範市場的法律條文如何變化，以及論證這些法律條文變化的背後是否也反映當時政府與市場之間的一種制度性變遷，也將會是有意義的課題。本章即是要由集中檢視明清兩代律例中的〈戶律〉編〈市廛〉章法條內容，說明其中主要的演變線索，進而論證這些法條內容變化背後反映「政府——市場」關係的制度性變遷。

　　在分梳法律條文的變化之前，也有必要先介紹本章對「市場」議題的一些基本預設，希望這會對本章分析市場經濟與法律規範如何互動等相關課題時會產生較好的澄清效果，以避免不必要的誤會。

　　首先是語義學上的問題。「市場」其實至少可以指涉市場地（marketplace）、市場交易行為以及市場制度三個不同層次。「市場地」的範圍小大有異，由跳蚤市場、定期市集、市鎮、城市商業街區、國內長程貿易

---

[1] 明清以前政府對市場的法律規範，參見：李學勤，〈「市法」講疏〉，收入氏著《簡帛佚籍與學術史》，台北：時報文化出版公司，1994，頁380-387；杜正勝，〈戰國的輕重商業與輕重商人〉，《中研院歷史語言研究所集刊》，61，2（1990），頁481-532；俞偉超，〈漢代的「亭」、「市」陶文〉，《文物》，1963:2（1963）；劉志遠，〈漢代市井考：說東漢市井畫像磚〉，《文物》，1973，3（1973）：頁52-56；紙屋正和，〈兩漢時代の商業と市〉，《東洋史研究》，52，4（1994):頁655-682；陶希聖，〈唐代管理「市」的法令〉，《食貨半月刊》，4，8（1936）：頁1-8；佐藤武敏，〈唐代の市制と行〉，《東洋史研究》，25，3（1966）：頁1-25；Denis Twitchett, "The T'ang Market System." *Asia Major: A British Journal of Far Eastern Studies, new series*, 12,2(1966): 202-248.

區域、國際商品貿易網，乃至於股票市場、期貨市場，都可以是「市場地」的不同空間形式。「市場交易」則是一種經濟行為，是買賣雙方基於價格機制所做的財貨或勞動力的交換。至於「市場制度」，則是買賣雙方為了順利完成財貨、勞動力交換而必須相互遵守的規則或法令。

簡單做個區分與綜合，則「市場」指的是買家與賣家面對既有「市場制度」而在特定「市場地」移動某些財貨或勞力而從事「市場交易」時所採取的一連串經濟過程（economic process）。表面上，一件市場交易的完成，只是買賣雙方依從「賤買貴賣」的價格機制所從事的財貨或勞動力交換；但實際上，任何市場交易都需要一套相應的市場制度做基礎，才能使市場價格機制順利運作。

如同制度經濟學家所指出的：在市場交易過程中，其實充滿了包含「訊息、測量、談判、監督、執行」等不同內容的「交易成本」（transaction cost）問題，因為這些問題的存在，而使交易雙方使用價格機制時必須要在商品本身價格之外再多支付許多「交易成本」。為了降低這些林林種種的交易成本，有些市場制度乃應運而生；同樣的道理也可以反過來說：因為某些市場制度的存在，乃使買賣雙方使用價格機制時必須另外支付商品價格以外的特定交易成本。[2]形成市場制度的要素，至少包括道德習俗、產銷組織以及法律規範等，這些要素以不同方式存在一個經濟區域，為區域內從事市場交易的雙方提供不同水準的「交易服務」（transaction services），[3]降低不必要的交易成本，或是形成特定的交易成本，進而便利市場機制的有效運作。

當市場交易愈益頻繁，衍生的交易成本問題也愈益複雜，價格機制的順利運作因而面臨更多挑戰，連帶降低了對資源、人力和技術的運用效率。此時，習俗道德與產銷組織的幫助，固然都能發揮降低交易成本的作用，但卻

2　Ronald H. Coase, "The Nature of the Firm." In idem, *The Firm, the Market and the Law*, Chicago and London: The University of Chicago Press, 1988. pp.35-40（或參見本書中譯：科斯，《廠商、市場與法律》，陳坤銘、李華夏譯，台北：遠流出版公司，1995，頁47-51）. Douglass C. North, *Institutions, Institutional Change and Economic Performance*, Cambridge: Cambridge University Press, 1990, pp.27-33.（或參見本書中譯：諾斯，《制度、制度變遷與經濟成就》，劉瑞華譯，台北：時報文化出版公司，1994，頁37-46）

3　John Wallis and Douglass North, "Measuring the Transaction Sector in the American Economy, 1870-1970." In Stanley L. Engerman and Robert E. Gallman edit,. *Long-Term Factors in American Economic Growth*, Chicago and London: The University of Chicago Press, 1986, pp.95-161.

經常不若一套運作有效的法律規範以及相應的司法制度來得更有效率。[4]以
人類近代經濟成長經驗為例，政府提升其對國家總體財富政策的支持，以及
製頒破產法、公司法、票據法、海商法、保險法等相關法律規範的運作，都
曾經致使財產權的界定移轉以及市場制度的運作獲得較大且較快的改善，促
使市場交易能適應更複雜的新興經濟活動，進而提升整體經濟資源的運用效
率。

　　由十六至十九世紀末年的中國市場經濟雖然有更大成長，[5]然而，相較於
商人在市場上擴充資本、介入生產活動以及組織團體等各類經濟活動的發展
活力，政府則一直未形成一套以扶持本國工商業發展、增進國家總體財富為
目標的經濟發展政策。[6]這種政府功能的「缺失」，降低了民間經濟活動複雜
化過程中提升市場運作效率的可能性，也阻礙了近代經濟成長在中國出現的
速度。限於能力，筆者無法在此討論明清政府功能和法律規範對中國出現近
代經濟成長的不利影響。本章討論重點在於：透過明清政府對市場所做法律
規範的變遷，分析影響當時市場制度發展的法律規範，究竟曾經出現過何種
形式的變化。

　　本章以明清律例〈戶律〉編〈市廛〉章內容為主要素材，藉以分析明清
政府規範市場法律條文內容的演變。要再聲明的是：並非只有明清律〈戶
律〉編〈市廛〉章法條內容才能影響當時市場制度的運作，[7]即使是在明清律

4　Douglass C. North, *Institutions, Institutional Change and Economic Performance*, pp.33-35.
5　明清時代市場經濟比前代有更高發展，儘管這種市場經濟的發展別於近代經濟成長，有學者用「密
　集型增長」（王業鍵，〈明清經濟發展並論資本主義萌芽問題〉，《中國社會經濟史研究》，
　1983:3（1983），頁30-39、54），或是「過密型增長」、「無發展的增長」（黃宗智，〈中國研究
　的規範認識危機──社會經濟史中的悖論現象〉，收入氏著《中國研究的規範認識危機：論社會經
　濟史中的悖論現象》，頁16-17）等名詞來描述明清經濟發展的特徵。明清時代市場經濟的發展，
　一直未能帶動「國民所得持續成長」以及「經濟結構轉型」，因而未能符合近代經濟成長的基本定
　義。雖然如此，但至少自十六世紀以後，長江中下游地區、大運河沿岸、京畿天津附近、珠江三角
　洲等地，卻因為市場經濟成長而發生許多社會經濟變化，影響到明清的國民所得與經濟結構。
6　相對而言，在清末以前，明清政府對於經濟事務始終未能形成積極保護與鼓吹提倡的經濟發展政
　策。直至二十世紀初年，清政府創設「農工商局」和「商部」等商務行政組織、倡設商人團體與制
　訂民商法典之後，才出現根本轉變。清末政府經濟職能的變化，參見：朱英，〈論晚清的商務局、
　農工商局〉，《近代史研究》，1994，4（1994）：頁73-91；朱英，〈論清末的經濟法規〉，《歷
　史研究》，1993，5（1993）：頁92-109。
7　學者曾指出清代《戶部則例》類型的公文書檔，其實即是一部「經濟法規」大全。清代規範經濟事
　務的「經濟法規」，在法律體系中占有不小分量，其中許多內容也構成民事和商事的法律規範。
　這方面討論，參見：張晉藩，〈論中國古代民法研究中的幾個問題〉，收入氏著《法史鑑略》，

的〈戶律〉編中，足以影響市場的法條內容也並不單單限於〈市廛〉一章，其他諸如〈債負〉、〈田宅〉、〈課程〉等章的內容，也會影響當時市場交易的進行。但是，只以明清律中的〈戶律〉編〈市廛〉章內容而論，就充滿了複雜而豐富的重要史料，為了集中討論明清法律規範與市場制度之間的變化，故而本章即特別挑選明清律例〈戶律〉編〈市廛〉章的內容做分析。

第一節　明清市廛律的承繼與變動

　　明清法律中都有〈戶律〉編〈市廛〉章的設計，章中包括五條「律文」：〈私充牙行埠頭〉、〈市司評物價〉、〈把持行市〉、〈私造斛斗秤尺〉、〈器用布絹不如法〉，同時，並在前三條律文之內，逐步發展出至少二十六條「例文」。由這五條律文和二十六條例文的內容來看，明清法律「市廛章」中的例文變化，的確要比律文的變化為鉅。可以說，表面上看來，明清「市廛章」的變化主要是表現在例文的不斷增加；然而仔細分析則可發現：無論是「市廛章」律文或是例文的變化，其實都直接反映著明清五百多年間政府對市場所做法律規範的制度性變化。

　　姑且不論市廛例的變化，若僅以市廛律而言，其實絕大部分明清「市廛章」的律條都不算新創，至少在唐律中已有許多同樣或類似的法條。雖然唐律未以「市廛」專章來歸類這些類似的律文，但和明清「市廛章」律文全同或是相似的法律規範都已存於唐律之中。許多明清註律專家都注意到明清「市廛律」和唐律間的沿革關係，如明代註律名家王肯堂即曾做過比較：「唐〈雜律〉中，有〈校斛斗秤度〉、〈私作斛斗秤度〉二條，明時併為一。改〈賣買不和〉為〈把持行市〉，欲人易曉也。增〈私充牙行〉一條。餘二條（按：指〈市司評物價〉和〈器用絹布行濫〉二項）仍舊」。[8]清代註律名家沈之奇也說：「市廛之事，《唐律》在〈雜律〉中。明，分出名篇，而增改

　　北京：群眾出版社，1988，頁118-142；經君健，〈清代關於民間經濟的立法〉，《中國經濟史研究》，1994，1（1994）：頁42-55。

[8]　（明）王肯堂，《王肯堂箋釋》，書前有明萬曆四十年，1612年著者原序，另有清康熙三十年，1691年顧鼎重輯，中央研究院歷史語言研究所藏本，卷十〈戶律：市廛〉。

焉。國朝亦仍其名。貿易之地曰市，市之邸舍曰廛」。[9]這種規範交易地點（「貿易之地」）和交易鋪舍（「市之邸舍」）的法律，其實在唐律中即已存在，只是《唐律》將諸條文收在〈雜律〉一編內，未以〈市廛〉立為專章。

由表一所列明清市廛律名稱看來，除了第一條〈私充牙行埠頭〉是唐律所無的法條之外，其餘〈市司評物價〉、〈私造斛斗秤尺〉、〈器用布絹不如法〉三條名稱與唐律全同；〈把持行市〉條名稱雖和〈賣買不和較固〉不同，但規範對象也與唐律相似（詳見後列表一之3）。為進一步分析明清市廛章律文和唐律間的內容異同，再列為表一之1至之5，以資說明。

由表一之1至5所列律文的整體內容來看，明清律市廛章的最大改變，基本上都和對牙行的規範有關，清代律家沈之奇甚至提出清代市廛律內容「皆言牙儈所犯也」的論斷，[10]然而，這個論斷其實不夠全面；應該這麼說：明清市廛律的重要變化內容，主要是表現在「編審行役制」的消亡以及「官牙制」的逐漸完善這兩個層次上。由於明後期以下「編審行役制」逐漸式微，入清之後，「官牙制」又做過更多的改良，這種時代性的制度變遷，使乾隆年間沈之奇註律時，已無法觀察到這個制度變遷的全貌，因此未留意到原先「編審行役制」在明代前中期的重要作用。因此，沈之奇所提市廛律「皆言牙儈所犯也」的論斷，基本上對清律市廛章適用，但對明律市廛章的核心內容則已不能盡括。

除了第一條〈私充牙行埠頭〉律文是明律新創之外，明清市廛律的其他內容，也多和牙行制度的發展相互關連。明清市廛章中的〈私造斛斗秤尺〉和〈器用布絹不如法〉兩條律文和唐律基本無異，看不出和牙行的關係，但是，在〈市司評物價〉和〈把持行市〉二條律文中，卻可看到條文中因為加入了對「牙行」的相關規範，而使律文內容有了轉變。

以〈私充牙行埠頭〉列入全國性法典，是明律的新創。雖然由唐至元代間，政府也確曾對牙行頒布過一些相關法律規範，但正式將牙行規範列入全國性法典，並作為專章專條，明律則屬首創，清律沿襲之。《大明律直引》對〈私充牙行埠頭〉的字義解釋是：「牙行，主城市鄉村買賣者；埠頭，

9　（清）沈之奇原著，洪皋山增訂，《大清律集解附例》，影印乾隆十一年新鐫本，北京：北京大學出版社，1993，卷十〈戶律：市廛〉，冊二，頁587。

10　沈之奇，《大清律集解附例》，卷十〈戶律：市廛〉，冊二，頁587。

主船舶客商貨物者」。[11]由市場交易過程來看，「牙行」仲介一般商品的買賣，「埠頭」則仲介商船運輸貨物，兩者其實都是一種廣義的「牙行」。《王肯堂箋釋》解釋此條律文：「凡各處府州縣城市、鄉村鎮集，諸色貿易物貨去處，則有牙行；各河港聚泊客船去處，則有埠頭。此二項人，凡客商貨物，皆憑藉以貿易往來者也」。[12]牙行數量的成長，和市場交易數量的增加同時進行。在此過程中，唐代以下政府屢次頒布法令，試圖解決那些隨市場交易數量和牙行數量增加而衍生的收稅、債務糾紛甚至社會治安等問題；到了明代，正式將牙行的管理納入全國性的法律規範，一體適用於在全國各地「府州縣城市、鄉村鎮集」參與市場交易的牙行與埠頭。

另外，由「表一之2」〈市司評物價〉律文，則可看到和「官牙制」以及「編審行役制」相關的重要轉變，唐律中規定由「諸市司」官員「評物價」，轉為明清律中的由「諸物行人，評估物價」；諸物「行人」原先不皆指牙行商人，而是「編審行役制」下的鋪行「行頭」，如約於弘治年間刊行的《大明律直引》與正德年間刊行的胡瓊《大明律解附例》中，皆未專以「牙人」解釋「諸物行人」；但自嘉靖年間以後通行的明律注釋中，對「諸物行人」的解釋就多明白以「牙人」解釋「行人」，如嘉靖年間應檟《大明律釋義》即謂：「諸色行人，如米行、豬行之類牙人」；[13]萬曆年間，無論是高舉的《大明律集解附例》，還是姚思仁的《大明律附例注解》，在纂註或注解中，都已直接將「凡諸物行人」律文解釋成：「諸物行人，謂諸色貨物本行之牙人」、「凡諸色貨物牙行人」。[14]清順治三年頒布大清律時，也直接將嘉靖、萬曆以來通行律注的註釋文字添入，作為律文的補充說明，〈市司評物價〉律文即改為「諸物（牙）行人，評估物價」。[15]可以說，〈市司評物價〉律文中的「市司」，在明代中期以前仍總括一般「行人」和「牙人」，此後，即在許多商業發達地區逐漸縮小為專指「牙人」而言。

11　《大明律直引》，卷3，頁50上。
12　《王肯堂箋釋》，卷10，頁1下。
13　（明）應檟，《大明律釋義》，據日本內閣文庫藏明嘉靖二十八年（1549）刊本照相複印，藏於中研院史語所傅斯年圖書館，卷10，頁2上。
14　（明）高舉，《大明律集解附例》，影印萬曆年間浙江官刊本，台北：台灣學生書局，1970，卷10，頁898。姚思仁，《大明律附例注解》，影印明刊本，北京：北京大學出版社，1993，頁456。
15　《大清律》，清順治年間刊本，中央研究院歷史語言研究所藏。

由「表一之3」來看，儘管律文名稱不同，但由唐律「較、固取」和明清律「把持行市」的律文內容來看，兩者極為相似。[16]不過，仔細比較律文內容仍然可以發現：律文相關規範已由原先唐律中對不指定特定商人「賤買貴賣」聯手操縱物價行為的處罰，轉為明清律中特別標出「販鬻之徒，通同牙行，共為奸計，賣物以賤為貴，買物以貴為賤者」的處罰，特別加入了對牙行非法交易行為的處罰。

總體來看，明清市廛律固然有沿襲唐律處，但也有重要變化，這些變化主要都和「編審行役制」以及「官牙制」的發展有關。有關明清律和唐律的異同，早有學者做過比較分析，[17]我在此處則著重由經濟行為和政府制度改變的角度做考察。簡言之，「市廛章」律文內容的變化其實反映政府對民間工商業者財貨和勞動力控制方式的改變，這基本上是由唐至明清之間政府對市場進行法律規範的一種制度性轉變。這個制度性轉變的過程，大體包含二個階段：一是唐末八世紀以下「市制」的衰落以及其後「編審行役制」的起而代之；二是由北宋末年至明清間「官牙制」的逐步確立和推廣，以及晚明以下伴隨「官牙制」改革發生的「編審行役制」逐漸式微。

一、由「市制」到「編審行役制」

由漢至唐，歷朝政府原則上都以「市制」控制民間工商業者的財貨和勞動力，並以此管制工商業者在市場上的交易行為。「市制」有三項基本內

16　「把持」見於史書，但多半用於政治事務上，諸如「把持公事」、「把持選舉」等，宋代有用於地方訴訟上的「把持縣官」，一些類似明清訟師的人物則被稱為「把持人」（參見：陳智超，〈宋代的書鋪與訟師〉，收入《劉子健博士頌壽紀念宋史研究論集》，東京：同朋舍，1989，頁116-117），用於市場交易方場合則有其漸進發展。「把持」用於經濟場合，正式始於明律〈戶律：市廛〉的「把持行市」條。不過，近似「把持行市」罪名的用語則已見於元代的「把握行市」（《元史》，新校本，卷97〈食貨志五：鹽法〉，頁2485：「元統二年四月，御史台備監察御史言：竊觀京畿居民繁盛，日用之中，鹽不可闕。大德中，因商販把握行市，民食貴鹽，乃置局設官賣之」）、「占據行市」（《通制條格》，黃時鑑點校，杭州：浙江古籍出版社，1986，頁227）、「把柄行市」（《大元聖政國朝典章》，台北：國立故宮博物院，影印元刊本，1972，典章57〈刑部：雜禁：斜斗秤尺牙人〉）。明律將「賣買不和」改為「把持行市」，其原因正如明代註律名家王肯堂所指出的：「改賣買不和為把持行市，欲人易曉也」（《王肯堂箋釋》卷十〈戶律：市廛〉）。

17　林詠榮，《唐清律的比較及其發展》，台北：國立編譯館，1982，頁319-498；桑原騭藏，〈唐明律の比較〉，收入氏著《支那法制史論叢》，東京：弘文堂書房，1935，頁133-202。

容：一是坊市隔離制，二是市官市署管理制，三是市籍登錄制。在坊市隔離制下，市場交易受到「市官」的控制，同時，民間工商業者也因為「市籍」的存在，在購買田宅、遠方服役和貢舉任官等方面，都遭到不利的差別待遇。儘管唐初的「市籍」已和秦漢時代稍有不同，脫離了原先不屬「良家子」的卑賤身分，在任官限制方面也有改善。[18]但是，在「市制」存在的前提下，民間工商業者的交易行為仍受到很大的管制。在「市制」之下，市場交易受到市令、市丞等「市官」（唐律所謂的「諸市司」）的嚴格管理，不僅市場交易被限制在特定的「坊市」之中，依定點、定時進行交易；市場交易的價格機制，也依法受到「諸市司」的管制。同時，民間工商業者更因為「市籍」的特殊法律身分，使其財貨和勞動力，都要依法接受政府的無償徵調和役使。儘管有某些特定的大商人曾經坐擁鉅貲，受到政府的禮遇，不受「市制」的約束；但人數更多的全國一般民間工商業者，其市場交易行為和財貨勞力，都在「市制」的管控之下。這是唐律「市廛」法律的基本制度背景。

八世紀唐末以後，「市制」逐步解體。市制的解體，伴隨著全國各地市場交易數量的增加，民間許多工商業者不僅不再在身分上被特別歸類為「市籍」，同時，營業範圍也不再強制限定在固定的市場專門地點。[19]為了應付市制解體後政府官員對民間工商業者財貨和勞動力徵調的需要，保障皇室和各級政府所需物質和勞力能及時填補，由晚唐至明初，政府即逐步形成一套「編審行役制」，將民間工商業者強制編入冊籍中，宋代多稱「團行」，明代則泛稱「鋪行」。被編入冊籍的民間工商業者即稱為「當行」，每行選充一名負責人，稱為「行頭」。[20]

在「編審行役制」下，民間工商業者雖然不再在戶籍上被特別編成「市籍」，但仍依行業不同被政府編入供應貨品和勞力的冊籍，當皇室與各級政府對貨品和勞動有所需求時，即按冊索驥，向「當行」的「團行、鋪行」工商業者，「購買」貨品和勞動力。[21]刊行於十六世紀明代萬曆年間的《宛署

18　姜伯勤，〈從判文看唐代市籍制的終結〉，《歷史研究》，1990，3（1990）：頁18-26。

19　姜伯勤，〈從判文看唐代市籍制的終結〉；劉淑芬，〈中古都城坊制的崩解〉，《大陸雜誌》，82，2（1991）：頁31-48。

20　Lien-sheng Yang（楊聯陞），"Government Control of Urban Merchants in Traditional China." *The Tsing Hua Journal of Chinese Studies, new series*, 8:1-2（1970), pp.186-209.

21　加藤繁，〈唐宋時代の商人組合「行」に就いて〉，收入白鳥博士還曆紀念編委會編，《白鳥博士

雜記》，即曾描述明代中期以前的「編審行役制」簡要內容：「鋪行之起，不知所始，蓋鋪居之民，各行不同，因以名之」；「編為排甲，而以其所業所貨註之籍。遇各衙門有大典禮，則按籍給值役使，而互易之，其名曰行戶。或一排之中，一行之物，總以一人答應，歲終踐更，其名曰當行」。[22]「按籍給值役使」一詞，正明白指出這種「編審行役制」，其性質介於有價購買的「給值」以及無償強制的「役使」之間。

　　「編審行役制」與「市制」的不同，除了坊市隔離制、市官市署管理制和市籍登錄制的消失之外，還在於：雖然政府仍將民間工商業者編入冊籍，但「理論上」政府並不能再和過去「市制」一樣，在「編審行役制」下，政府「依法」要付予民間工商業者一定的價格，不能無償徵調民間工商業者的貨品和勞動力，這種政府依法購買民間工商業者財貨勞力的新制度，就是晚唐以下政府向民間工商業者進行的「和買」。元代除「和買」之外，還有「和雇、和糴」等不同名稱，但基本上都是在向民間工商業者「購買」財貨和勞動力。在「和買」過程中，常造成許多官員吏胥苛扣價款，不按財貨和勞力市場價值給價的情形，對民間工商業者帶來很大的財貨勞力損失。[23]

　　政府「和買」造成工商業者損失，有其必然性。當民間工商業者彼此間進行市場交易時，因為交易雙方彼此身分基本上平等，故可依照市場價格進行買賣；但當政府向民間工商業者「和買」時，名為「買賣」，實則經常難免官員吏胥的「強取」。在「官尊民卑」的政治架構和文化傳統下，民間工商業者在「和買」過程中，常難免損失財貨和勞動力，不肖官員吏胥時常以「低價」甚或「白奪」的方式進行「和買」。「和買」經常造成民間工商業者損失，但在「編審行役制」下，各行業工商業者還是無法拒絕政府的「和買」，由宋至明初，政府持續憑藉著「編審行役制」的實施，得到所需的財

還曆紀念東洋史論叢》，東京：岩波書店，1925，頁293-350；日野開三郎，〈唐宋時代の商人組合「行」の研究〉，收入氏著《東洋史學論集》第七卷，東京：三一書房，1983，頁263-504；古林森廣，〈北宋の免行錢について——宋代商人組合「行」の一研究〉，《東方學》，38（1969）：頁1-14。魏天安，〈宋代行會的特點論析〉，《中國經濟史研究》，1993，3（1993）：頁141-150；魏天安，《宋代行會制度史》，北京：東方出版社，1997；趙毅，〈鋪戶、商役與明代城市經濟〉，《東北師大學報（哲學社會科學版）》，1985，4（1985）：頁34-40；唐文基，〈明代的鋪戶及其買辦制度〉，《歷史研究》，1983，5（1983）：頁140-150。

22　（明）沈榜，《宛署雜記》，北京：北京古籍出版社，1982，卷13〈鋪行〉，頁103。

23　陳高華，〈元代的和雇與和買〉，《元史論叢》第三輯，北京：中華書局，1986，頁130-143。

貨和勞力。

由宋至明，歷代政府為解決「和買」過程中產生的紕政，使工商業者少受損失，至少在北宋即已發展出「時估」制度，由官員向各「團行」行頭詢問貨品和勞動力的市場價格，每十天訂價一次，稱為「旬價」，這便是「時估」制度。[24]北宋天禧二年（1018）有道詔令對「時估」程序做了頗具體的描寫：「令諸行鋪人戶，依先降條約，於旬假日齊集，定奪次旬諸般物色見賣價，狀赴府司。候入旬一日，牒送雜買務，具言諸行戶某年月日分時估」。[25]由這段史料可以見到政府即是按照「時估」而得到各類貨品與勞動力的「旬價」，再拿此種「旬價」去向「團行」這類民間工商業者團體「和買」其所擁有的貨品或勞動力。元代情形基本相似，不過有些地方已將「旬價」改為「月價」：「街市貨物，皆令行人每月一平其直，其比前申，有甚增減者，各須稱說增減緣由自司縣申府，由本路申戶部」。[26]

依照元代的「和買」和「時估」經驗來看，除了民間工商業者受到損失之外，有時候也有官員聯合「當行」業者共同浮報「月價」藉以侵吞公款的情形。[27]「時估」得來的民間工商業者財貨勞動力「價格」，基本上是供官府「和買」之用的「官價」，和市場交易中的「市價」相比，通常必定有差距。明初仍以「時估、和買」，配合「編審行役制」的運作。

明初對「時估」的規定是：「凡民間市肆買賣，一應貨物價值，須從州縣親民衙門，按月從實申報。合干上司，遇有買辦軍需等項，以憑照價收買」。[28]《讀律瑣言》有份〈奏行時估例〉作為附錄，內容主要是將民間商品分為金銀銅錫珠玉、羅緞布絹絲綿、巾帽衣帳、米麥、蔬果、牲畜、器用等七大類，並且分別開列不同數量單位商品如何換算大明寶鈔的「價格」，[29]這即是具體反映明初「時估」制度運作的產物。明初的「時估」，

24 魏天安，〈宋代的科配與時估〉，《河南師範大學學報（哲學社會科學版）》，1982：4（1982），頁27-36。

25 （清）徐松輯，《宋會要輯稿》，北京：中華書局，1957，第147冊，〈食貨〉55，頁5756。

26 《大元聖政國朝典章》，典章26〔戶部：科役：物價〕。

27 《大元聖政國朝典章》，典章26〔戶部：科役：和買〕。

28 《諸司職掌》，《玄覽堂叢書》初輯本，台北：國立中央圖書館，1981，冊12，〈戶部：金科：權量：時估〉，頁239。

29 （明）雷夢麟，《讀律瑣言》，影印明嘉靖四十二年重刊本，台北：台灣學生書局，1986，頁1124-1136。

仍是由「鋪行」中的「當行」工商業者，奉命配合政府官員進行「按月從實申報」財貨勞力價格的工作。正統二年（1437），政府下令：「買辦物料，該部委官一員，會同府縣委官，拘集該行鋪戶，估計時價」。[30]

直至明代中期之前，一些地方官執行「時估」時仍然是由從屬於「鋪行」的工商業者提供協助，如葉春及在福建即做成如此規定：「每月，令老人估物，列於左方。官民一以為率，舍中有不如此，即役人侵之，以告其餘。違者，以把持行市論」。[31]在這份命令中，可以看到葉春及希望以市廛律第三條的「把持行市」罪刑，阻止胥吏衙役侵奪「鋪行」工商業者的財物，以保障「和買」和「時估」制的正常運作。

儘管政府三令五申，但政府「和買」的弊病依然如昔，「時估」制所設定的「照價收買」理想，其實很難在「編審行役制」下達成。《大明令》卷1〈戶令〉載有洪武二年（1369）明太祖的禁令：「凡內外軍民官司，並不得指以和顧、和買擾害於民。如果官司缺用之物，照依時值，財物兩平收買。或客商到來，中賣物貨，並仰隨即給價。如或減駁價值及不即給價者，從監察御史按察司體察，或赴上司陳告，犯人以不應治罪」。[32]「照依時值，財物兩平收買」在理論上本應是當時市場交易的常態，但在官尊民卑的政治結構下，民間工商業者面對的其實是威權式的強制交換物資，儘管有「時估」制度的配合，政府「指以和顧、和買擾害於民」總是經常發生的紕政。惟有藉助「編審行役制」的運作，才能強制將民間工商業者的財貨和勞力按時徵調到皇室和政府部門。

儘管有時估、和買等制度的輔助，「編審行役制」在實際運作中，仍常「滑落」到接近強制性質的徭役，而非是基於價格機制運作的市場交易。這種編審行役固然仍使民間工商業者受到損失，但和唐代以前的「市制」相比，不能不說是有所改善。這種制度性的變化，落實到唐律和明律的差異上，正是〈市司評物價〉律文內容的轉變：由「諸市司」評定物價，到由

30　《正德大明會典》，東京：汲古書院，1989，卷36〈時估〉，頁401。

31　（明）葉春及，《石洞集》，影印文淵閣四庫全書本，台北：商務印書館，1986，冊1286，卷9〈公牘：時估〉，頁564。

32　《大明令》，收入《皇明制書》，台北：成文出版社，影印萬曆年間刊本，1969，冊1，頁27。此令文頒於洪武二年（1369），參見：《萬曆大明會典》，台北：國風出版社，1963，卷37〈課程〉6，頁698。

「諸物行人」評定物價。

二、「官牙制」的確立和推展

「市制」在晚唐以下開始衰落，歷兩宋、蒙元，直到明初，這種「編審行役」、「和買」與「時估」相搭配的一套制度更加成形，終於成為政府掌控民間工商業者財貨勞力的基本政令，這也正是明律〈市廛〉章〈時估〉條法律運作的制度背景。與此同時，全國許多城鎮、市集中的新興仲介商人「牙行」，也愈來愈多，在「編審行役制」下，牙行當然也與其他一般的民間工商業者一體編入「團行、鋪行」之中，以協助政府「時估」與「和買」，除此之外，政府還對民間「牙行」發布一些其他的法律規範，試圖建立起一種「官牙制」。「官牙制」到明初正式成為全國通行的制度，「私充」者要被「杖六十」，而且，「所得牙錢入官」。在法律上，合法牙行都是「官牙」，官牙成為一種法定制度，以明初市廛律〈私充牙行埠頭〉條的規定來看，「官牙制」的具體內容即是：「選有抵業人戶充應。官給印信文簿，附寫客商・船戶住貫、姓名、路引字號、物貨數目，每月赴官查照」。

大致看來，晚唐以下政府對牙行的規範，至少有三個考量。一是將「牙行」納入「諸物行人」的範圍內，藉牙行和其他非仲介性民間工商業者的「當行」，輔助政府進行「時估」和「和買」；二是應用「包」的原則，協助政府在市場交易過程中徵稅，藉以降低政府原應支付的收稅成本；三是應用「保」的原則，建立一些保障商業契約執行的市場制度，以減少交易糾紛的發生。[33]以下分別做些說明。

首先，在時估和買方面。由於「官牙制」是與「編審行役制」同時發展的新制度，在「編審行役制」建立的過程中，牙行並不例外，也和其他行業民間工商業者一體編入「團行、鋪行」，協助政府時估與和買。因此，明律市廛章規定的「諸物行人，評估物價」，當然也包括牙行在內。當某些城鎮

---

[33] 斯波義信比較強調其中「保」的原則，認為是由於當時市場的「分散孤立性」及「不透明性」，為了保障交易的安全進行，乃在官府監督下成立「半官半民」的牙人組織，這是宋代牙人組織發達的基本原因（參見：斯波義信，《宋代商業史研究》，東京：風間書房，1968，頁405-406）。另外，有學者也略舉過中國史上一些有關運用「包」、「保」原則的事例，參見：楊聯陞，《中國文化中「報」、「保」、「包」之意義》，香港：中文大學出版社，1987，頁11-19、27-35。

的商業發達，外來客商和買賣商品數量愈多，牙行的數量也就愈多，此時，該地的政府官員也就愈加重牙行在時估和買中的責任。

以首善之區的明初南京城而言，明太祖在洪武元年對中書省詔令中，即特別強調牙行商人（牙儈）在時估中的角色：「命在京兵馬指揮司並市管司，每三日一次，校勘街市觔斗秤尺；稽考牙儈姓名，平其物價。在外府州各城門兵馬司，一體兼領市司」。[34]京城的消費能力要比其他一般都市為高，也同時吸引更多的外來客商。客商多，商機眾，經營仲介商業的牙行也便有更好的發展空間。所謂的「稽考牙儈姓名」，即是對牙行的「編審行役」，也就是「當行」；牙行「當行」替「在京兵馬指揮司」等政府官員「平其物價」，雖然也有維護市場交易價格穩定的用意，但「時估」以利政府「和買」，在當時仍是主要目的。然而，在絕大部分各級地方政府轄區內的城鎮和市集，因為市場交易數量有限，不能吸引足夠客商前來買賣，當然也無法產生足夠的牙行為各級地方政府「當行」時估與和買。可以說，因為工商業發展的限制，明初「諸物行人，評估物價」的「行人」固然包括牙行，但絕大部分被編入「團行、鋪行」的「行人」，仍是其他一般民間工商業者，而非「牙人」。

其次，除了一體「當行」協助政府時估和買之外，牙行也常為政府代收或是稽查稅款，具有減低收稅成本藉而增加政府財入的作用。因為由牙行按期認繳一定數額的稅款，或是監督客商交易貨品數量的多寡，可以省去政府徵稅、核稅、查稅等過程中必須花費的人力物力，這是一種「包」原則的運用。

至少由唐後期開始，政府即開始偶而以牙人代收稅款。唐德宗建中四年（783），戶部侍郎趙贊「以軍須迫蹙，常平利不時集，乃請稅屋間架、算除陌錢」，「除陌法：天下公私給與貨易，率一貫舊算二十，益加算為五十。給與他物或兩換者，約錢為率算之。市牙各給印紙，人有買賣，隨自署記，翌日合算之。有自貿易不用市牙者，驗其私簿；無私簿者，投狀自集。其有隱錢百者，沒入；二千，杖六十；告者，賞十千，取其家資。法既行，而主人、市牙得專其柄，率多隱盜。公家所入，曾不得半，而怨讟之聲，囂然滿

34　《明太祖實錄》，中央研究院歷史語言研究所編，台北：中央研究院歷史語言研究所，1966，卷37，洪武元年十二月壬午條。

於天下」：「至興元二年正月一日（785）赦，悉停罷」。[35]這是八世紀末唐代中央政府試圖以「市牙」協助徵收交易稅的一次試驗。元代也曾以牙人代收商稅。[36]嘉靖四年（1525），江蘇省江陰縣也有以牙行代收稅款的例子：「巡撫都御史朱寔昌以徵稅煩擾，更為門攤（稅），令牙行四季收貯本縣，歲終起運如數」。[37]明代仍有其他政府以牙行代收政府商業稅收的例子，[38]點出政府確立和推廣官牙制的一層主要考量。除了直接向買賣雙方代收交易稅之外，官牙也可以監督商人是否有逃漏稅額，《王肯堂箋釋》對明律市廛章所列「官牙制」法律規範的解釋即指出：「官為（牙行）出給印信文簿，遇有客貨到彼住賣，其各牙行、埠頭即將文簿附寫客商‧船戶住貫、姓名、路引、字號、物貨數目，每月赴官查照。則客商有所察，而無越關之弊；物貨有所稽，而無匿稅之弊」。[39]這裡明白地指出了政府可以透過官牙稽察客商「越關」漏稅與「匿稅」的目的，說明了官牙制能夠降低政府對商業稅收的徵稅成本。

最後，在減少市場交易糾紛方面，至少有田宅典賣以及客商、牙行商業糾紛兩大部分。以田宅典買而論，政府愈來愈加重牙行的責任，希望以此保障典賣契約的執行，藉以減少增多的田土典賣訟案。北宋以下，隨著商業的發展，某些地區城鎮中的各類牙人愈來愈多，諸如牲畜、奴婢、布帛、糧食、田土、莊宅，甚至典當和放債取息等行業，都產生相關的牙人居間買賣。地方和中央政府也曾將某些牙人納入管理，除了也有代收稅款的功能之外，並且協助政府認證各項買賣契約的合法性。[40]以牙行協助收稅是為增加政府稅收；認證民間買賣契約的合法性，則旨在減少市場交易過程中的糾紛

35　《舊唐書》，新校本，台北：鼎文書局，1981，卷49〈食貨志〉下，頁2128。
36　宮澤知之，〈宋代の牙人〉，《東洋史研究》，39，1（1980）：頁188-189。
37　嘉靖《江陰縣志》，影印天一閣明代方志選刊，台北：新文豐出版社，1985，卷5，頁76。
38　佐久間重男，〈明代の商稅制度〉，《社會經濟史學》，13，3（1943）；新宮學，〈明代後半期江南諸都市の商稅改革と門攤銀〉，《集刊東洋學》，60（1988）：頁93-113；佐藤學，〈明代の牙行について——商稅との關係を中心に〉，收入《山根幸夫教授退休紀念明史論叢》，東京：汲古書院，1990，頁841-860。
39　（明）王肯堂，《王肯堂箋釋》，卷10，頁10下-11上。
40　李偉國，〈宋代經濟生活中的市儈〉，《歷史研究》，1992：2（1992），頁110-124；宮澤知之，〈宋代の牙人〉；梁庚堯，〈從田宅易糾紛的防治看宋代的莊宅牙人〉，收入《薪火集：傳統與近代變遷中的中國經濟》，台北：稻鄉出版社，2001，頁99-127；梁庚堯，〈宋代牙人與商業糾紛〉，《燕京學報》，新14期（2003），頁41-70。

和訴訟。特別是自宋、元以來，某些地區的民間田土買賣糾紛和訟案愈來愈多，[41]面對這些層出不窮的田宅訟案，政府開始嘗試將牙行納入認證契約的法定程序，至少自南宋開始，即有政府官員要求田土房屋買賣、典當等交易契約上面必須要有牙人的押署簽名，[42]這其實即是一種「保」原則的應用。

　　值得注意的是，有些官員很快即發現：透過對牙人的管理，而使協助收稅和認證契約合法性兩項政務更有效地結合在一起。最晚在北宋末年，已有地方官在轄區實施這種綜合收稅與認證兩種功能的「官牙制」，如李元弼的設計即是：「某縣某色牙人某人，付身牌開坐」，以頒發「身牌」的方式，來核可「官牙」設立，不僅以「官牙」認證合法的買賣契約，也協助政府收取田土等項商品交易「印稅」；並規定：「不得將未經印稅物貨交易」。[43]宋代「官牙制」的法律規範已日益顯現，但尚未成為全國性制度，[44]到了元代，官牙制有進一步發展，至元十年（1273）八月，中書省斷事官建議：「今後，凡買賣人口、頭疋、房屋一切物貨，須要牙保人等，與賣主、買主明白書寫籍貫、住坐、去處，仍召知識賣主人，或正牙保人等保管，畫完押字，許令成交，然後赴務投稅。仍令所在稅務，亦仰驗契完備，收稅明白，附曆出榜，遍行禁治相應」，[45]中央政府核定這項建議使之成為全國性制度。[46]元代這種以「官牙制」兼具代收稅收和認證契約兩項功能的設計，可謂直接承襲北宋末年以來的發展。到了明初，更將官牙制度完整地列入《大明律》中，政府據以作為官員管理市場的全國性法律規範。

41　如宋人有「千年田換八百主」的諺語（辛棄疾，〈最高樓〉，收入徐漢明編，《稼軒集》，台北：文津出版社，1991，頁105，轉引自：梁庚堯，〈從田宅糾紛的防治看宋代的莊宅牙人〉，頁99），田產交易頻繁，難免引來更多交易糾紛，其結果正如元大德八年（1304）詔書描繪的「近年以來，田宅增價，民訟繁滋」（《大元聖政國朝典章》，典章2〈聖政：簡訴訟〉）情景。

42　北宋政府在頒布田宅買賣、典當相關法令中所施加牙人的連帶保證責任，參見：梁庚堯，〈從田宅易糾紛的防治看宋代的莊宅牙人〉，頁104-110；梁庚堯，〈宋代牙人與商業糾紛〉，頁46-47。

43　（宋）李元弼，《作邑自箴》，合肥：黃山書社，1997，收入《官箴書集成》第一冊，卷8〈牙人交付身牌約束〉。

44　李偉國，〈宋代經濟生活中的市儈〉，頁122。宋代區別「官牙人」與「私牙人」的法令不若明代以後清楚，從而引發當代學者對宋代「官牙人」界定方式的爭議。日本與中國學者對此問題的不同看法，參見：梁庚堯，〈宋代牙人與商業糾紛〉，頁64，註4。

45　《通制條格》，卷18〈牙保欺蔽〉，頁226-227。

46　如胡祗遹（1227-1295）任官山東時，即以「官牙人」和「寫契人」作為認證田土等商品交易契約合法性以及代收契稅的人物，「不經此二人成交者，毀交，治買主、賣主罪」，參見：（元）胡祗遹，《雜著》，收入《吏學指南外三種》，杭州：浙江古籍出版社，1988，〈革婚田弊榜文〉，頁221。

　　在客商與牙行的商業糾紛方面，官牙制的推廣也有助於為政府解決這類日增的商業訟案。除了擔任本地農村物資流向城鎮的市場交易仲介之外，商業愈發展，牙人和外來的客商就有著愈密切的關連。由市場交易過程來看，牙人這種仲介商人對客商提供許多幫勵，能在市場上為客商提供種種「交易服務」，降低客商的「交易成本」。諸如提供有公信力的度量衡（測量服務）、撮合買賣雙方進行交易（訊息服務），有時甚至兼營提供倉儲和住宿功能。因此，牙人是因應市場交易的發展而出現，能降低客商以及本地商人、工匠和農民在交易過程中的交易成本。但在另一方面，由宋至明之間，也發生許多的客商、牙行衝突，並且屢屢形諸政府官員的禁令判文或是方志筆說之中。[47]「官牙制」的確立和推廣，使政府能藉以減少客商與牙行間的商業糾紛。以明律市廛章〈私充牙行埠頭〉條對官牙「選有抵業人戶充應」的規範而言，《王肯堂箋釋》即有所闡述，提出官牙制對降低客商、牙行糾紛所起的保障作用：「有抵業人戶，謂其人有家業，可以抵當客貨也」，「有抵業人戶充應，庶有所顧惜，無誆騙之弊；雖或被彼誆騙，而有所還，無虧折之患」。[48]

　　總結來看，自中唐市制解體之後，「市司」官員對市場設立時空、物價變動以及市籍登錄的管制，已愈來愈難執行，為了降低商業稅的收稅成本、強固田宅典賣認證的法定程序、減少客商與牙行間的商業糾紛，乃逐漸建立起「官牙制」，將民間牙人轉為「官牙」，予以相關的法律規範。

　　伴隨官牙制度的發展，徭役制度也在明代後期開始產生均徭、條編等一系列重大的役法轉變，直至清代雍正、乾隆年間，大體在全國完成了「攤丁入畝」的地丁合一改革，[49]中國歷史上的徭役制度至此產生了劃時代變動：人民「依法」不需再向政府負擔任何徭役。在明代後期開始的役法改革過程中，民間工商業者的「編審行役制」也逐步發生改變。無論是「商役」優

47　李偉國，〈宋代經濟生活中的市儈〉，頁121-123；邱澎生，〈由蘇州經商衝突事件看清代前期的官商關係〉，《文史哲學報》，43（1995）：頁66-68。

48　《王肯堂箋釋》，卷10，頁10下。

49　唐文基，《明代賦役史》，北京：中國社會科學出版社，1991，頁265-311；莊吉發，《清世宗與賦役制度的改革》，台北：台灣學生書局，1985，頁61-99；袁良義，《清一條鞭法》，北京：北京大學出版社，1995，頁51-62、355-399。

免，[50]還是鋪行「買辦」制度的改革，[51]都使政府以「編審行役制」控制民間工商業者財貨勞力的能力逐漸鬆動；特別是在江南等商業較為發達的地區，晚明以來各地頒發的「禁革行役」政令更是愈來愈多，以明末蘇州府的常熟縣為例，許多當地存留的明末碑刻資料都可證明「禁革行役」在當時當地的逐步推行。[52]

「禁革行役」是在全國各地由許多不同地方員逐步開展的改革。而由明末到清朝的雍正年間，這個改革過程的時間拖的頗長，從而在各地的完成時間也不盡相同。[53]清代乾隆年間出版的《新編文武金鏡律例指南》，編者凌銘麟即收錄一位地方官下令推行「禁革行役」的公文告示：「官吏軍民人等知悉，一切當官名色，盡行革除，需用物件，給銀平買，毋許空票白取」的紀錄；編者凌銘麟還加上自己對當時仍有地方官編審行戶「票取」財貨弊端的批評：「幸則半價，甚者全虧。揆其情事，無異搶劫。況復有乘機中飽、額外使費之乎？此當官名色之所以宜禁絕也」。[54]

「禁革行役」使政府不再能藉助「編審行役制」收取民間工商業者的財貨勞力，但是，官牙制度的推廣則使政府可透過各業牙行在市場上代為購買所需之各類商品與勞動力，因此，政府對編審民間工商業「鋪行」的迫切性也逐步降低。由明末到晚清太平軍興起之前，「編審行役制」在許多商業發展地區都逐步消失，至此，在承平時期，除了少數特別的貨品和勞動力外，政府已不需要將一般的民間工商業特別編為「鋪行」。政府購買商品和勞動力的「時估」工作，也轉由牙行來匯報訂定，政府依牙行所呈報的「時估」價格，由牙行在市場上向其他民間工商業者購買。官牙制的確立和推廣，使政府可以越過「鋪行」，由牙行的協助，及時得到所需的商品和勞動力。

與禁革行役同時，政府對牙行的依賴日深，更能逐步放鬆對「諸物行

50　佐佐木榮一，〈明代の兩京商人を對象とそる雜泛について〉，《文化》，17，6（1953）：頁675-685；佐藤學，〈明末京師の商役優免問題について〉，《集刊東洋學》，44（1980）：頁64-78。

51　唐文基，〈明代的鋪戶及其買辦制度〉；趙毅，〈鋪戶、商役與明代城市經濟〉。

52　佐藤學，〈明末清初期一地方都市における同業組織と公權力——蘇州府常熟縣「當官」碑刻お素材に〉，《史學雜誌》，96，9（1987）：頁1468-1487。

53　袁良義，《清一條鞭法》，頁326-338。

54　（清）凌銘麟輯，《新編文武金鏡律例指南》，清康熙年間刊本，中央研究院歷史語言研究所傅斯年圖書館藏，卷15〈禁諭〉，王湯谷〈禁取鋪行〉條，頁21上。

人」的管制。在政府對市場進行相關的法律規範時，官牙制度也愈形重要。

第二節　明清市廛例的演變及其運作原則

　　除了文句有些許調整或是添加一些小註之外，明朝至清朝間「市廛章」律文的內容基本上並未更動。然而，「律」文內容儘管未做太多更動，但在「例」文內容方面則有不少增減。由明代弘治年間開始，到清代道光年間為止，兩代政府至少陸續增刪過二十六條例文，從而對市場訂定了許多新的法律規範。值得注意的是，二十六條「市廛章」例文的增刪，特別集中在〈私充牙行埠頭〉、〈市司評物價〉以及〈把持行市〉等三項條文內；至於〈私造斛斗稱尺〉與〈器用布絹不如法〉兩條，則未有任何例文加入律文。

　　明清政府逐步增修二十六條「市廛例」，是在補充原有「市廛律」應用於實際案例的不足。因為涉及到律、例在明清法律體系中的位階高低問題，故在正式討論市廛例之前，有必要先對明清律、例關係演變做些說明。

　　基本上，「律」是中央政府正式公布的法典，在司法過程中具有極高的地位，但為應付不同案件缺乏適當律條以供援引的情形，早自漢代以下，即有「決事比」出現，以類推方式，擴大現有法條的適用範圍，這種作法類似《荀子》〈大略〉篇所說的「有法以法行，無法以類舉」。在唐代，這種類推法條的方式，稱為「比附」，其意義即是將某事項在現有法條中的規定，推及於類似事項而予以適用之謂。唐代「比附」至少有「罪名比附」、「加減等比附」以及「通例比附」三類。[55] 在「比附」之外，另外用以解決無律可援困境的方式，主要是兩類，一是由皇帝頒布「令、制、敕」，規範律文未規定充分的行為；二是由地方官在實際判案過程中，根據相關律文發展出補充性的解釋和罰則，這就是「例」。

　　「例」在各級審案官員中流傳通用之後，逐漸形成某種可直接歸類在相關律文規範事項下面，成為類似律文性質的成文法條。這點便使「例」較「比附」更接近律文的司法適用性。當「例」愈積愈多，中央政府便會做出

55　戴炎輝，《唐律通論》，台北：國立編譯館，1964，頁14-18。

反應，有時下詔禁止，有時則刪削增訂，由皇帝明令頒布，與原有律文一體施行。「例」的產生有其必然性。中央政府頒布的法典，所收律文通常具有相當程度的穩定性，不易更改，因此，對於全國各地日常發生的各類大小案件，職司審案工作的各級官員經常面臨無律可引的困擾，為按時作成司法判決，各種與現有律文不盡相合甚或有所抵觸的「例」文便在全國各地不斷涌現，有些例文並逐漸成為許多官員經常援引的判案根據。對於皇帝和中央政府而言，這種「援例判案」的合法性經常受到質疑。

至少自北宋以來，為解決全國各地官員在實際審案過程中經常發生的「用例破律」問題，北宋政府即曾彙整一些流行的「例」文，由官員討論、皇帝認可之後，正式承認某些判例的正當性，並將其編成例文彙編頒布，供各級官員援用。[56]到了明清，例文的正當性則又有更進一步的發展。

基本上，明清時代律、例關係不僅有重要改變，更可據以區分明清法律制度演變的不同階段。以明律而論，正可以依照律、例關係在司法審判中的地位不同，將明代法律制度略分為三期：第一期包括洪武、永樂兩朝，為「以榜文為主，以律為輔」時期；第二期包括仁、宣、英、景四帝，為「以洪武三十年所定律為主（包含《律誥》所載准贖死罪律九條），例的合法性仍有問題」時期；第三期則包括憲宗至明末，為「以例輔律」時期。[57]這三期明代法律體系的變化，基本上正反映著「律」與「例」關係的變化。明代「例」的法律地位逐漸明確，成為輔佐「律」的補充法規，同時，例的數量也逐步增加，萬曆十三年，刑部尚書舒化等奉命修輯例文時，「例」已定為382條。[58]

清代法律沿襲明代，但仍有改變。清代法律的變化，基本上集中在「例文」的增刪以及「例文」法律位階的大幅提升上，至於清律「律文」方面，雖亦曾有修訂，但基本上變動不大。自雍正三年（1725）開館修律、雍正五年頒布律文之後，律文從此不刪不修，而「例」則愈修愈多。清初曾刪訂明

56 川村康，〈宋代斷例考〉，《東洋文化研究所紀要》，126（1995）：頁107-160；郭東旭，〈論宋代法律中「例」的發展〉，鄧廣銘、漆俠主編，《中日宋史研討會中方論文選編》，保定：河北大學出版社，1991，頁260-272。
57 黃彰健，〈明洪武永樂朝的榜文峻令〉，收入氏著《明清史研究叢稿》，台北：台灣商務印書館，1977，頁237-286。
58 《明史》，新校本，台北：鼎文書局，1981，卷93〈刑法志〉一，頁2287。

末遺留例文，康熙初年刪存舊例僅321條，較明末為少。但此後則屢有增修，至雍正三年刪修時，例文已總計815條；至嘉慶時，例文更增為1,573條；同治九年（1870）修例，累積至1,892條。[59]由此可看到清代例文由雍正至同治的近一百五十年間，例文增加了1,077條。除了例文數目增加之外，清例的法律地位也逐步上昇，乾隆四十四年（1779）明令：「既有定例，則用例不用律」，「例」在法律運用上對「律」的優位性乃正式確定，成為清代法律定制。清代例文在數量上的大量增多，及其在司法實際運用上的普遍援引，不僅使例文愈益重要，也愈形複雜。[60]

在乾隆四十四年所謂「既有定例，則用例不用律」的詔令公布後，清例優位性正式確立，此下律、例關係已正式演變為如《大清會典》明文規定的：「有例則置其律，例有新者，則置其故者。律與例無正條者，得比而科焉，必疏聞以候旨」。[61]光緒年間楊榮緒作《讀律提綱》，對「律、例」關係以及「新例、故例」關係有所說明：「例較律加嚴密，故議獄者，有例，則引例，不引律」，所以然者，則有三種不同緣由：「例多補律之所未備」、「例較律為加重」、「例有由律而推廣者」；同時，因為「新例視舊例為變通」，「故治獄者，有新例，則用新例，不用舊例」。[62]例的數量不斷增加以及司法適用性的持續提升，都早自明憲宗成化年間「以例輔律」時代開始，並不始於清代；不過，乾隆年間的詔令則正式確立了「以例置律」這項立法原則。

由明清〈市廛章〉例文來看，也是約由明成化、弘治年間開始逐步增修，用以輔助相關〈市廛章〉律文的運行，此下愈添愈多，屢有增刪，至清代咸豐年間，至少陸續添入了二十六條「例文」，全部集中分布在〈市廛

59　《清史稿》，新校本，台北：鼎文書局，1981，卷142〈刑法志〉一，頁4185-6。有關明清修例的簡要討論，參見：Derk Bodde and Clarence Morris. Law in Imperial China: *Exemplified by 190 Ch'ing Dynasty Case*, pp.64-68.

60　瞿同祖，〈清律的繼承和變化〉，《歷史研究》，1980，4（1980）：頁133-143。許多清代地方官都對「例」文之複雜深有體會，如咸豐三年（1853）時任貴州黎平府知府的胡林翼即慨嘆：「大清律易遵，而例難盡悉」（胡林翼，《胡文忠公文集》，台北：河洛圖書出版社，1979，卷3〈宦黔書牘：致左季高〉，頁626）。

61　《清會典》，據清光緒二十五年（1899）石印本影印，北京：中華書局，1991，卷54〈刑部〉二，冊1，頁500-501。

62　（清）楊榮緒，《讀律提綱》，影印清光緒三年（1877）啟秀山房叢書本，收入《叢書集成三編》，台北：新文豐出版公司，1997，頁31。

章〉一至三條律文中（其內容可見後附表二之1-3）。

　　明清「例」的變遷遠比「律」為複雜，不論是例文的制訂時間、歸屬律文的條目，或是例文文字的略微改動，都使精細的製表工作變得瑣碎和困難[63]。表二之1至3的製作，所據例文時間、分屬和文句等資料的考訂，主要來自清代吳壇和薛允升兩位律註名家的著作。明清私家註律書籍眾多，一些註律名家的意見更深刻影到負責審案和修律的官員。[64]吳壇和薛允升等清代註律名家的作品，基本上都承襲了明代應檟、雷夢麟、王肯堂等名家的律註精華，對明清各款例文的考訂有相當的權威性；同時，本表更偏重在例文基本定型之後的演變結果，清例內容常是明例運作定型以後的結晶，[65]更適合用於本章所論明清政府對市場的法律規範。[66]筆者乃依吳壇和薛允升的考訂製成表格以資說明。不過，由於清代刻意避諱本朝曾臣屬明廷的歷史以及文字中的「夷人」字眼，因此曾特別刪改明代〈把持行市〉例文，所以表二再加入萬曆年間刊行的高舉《大明律集解附例》相關例文，並補入前輩學者的考訂。綜合這些資料和考訂，將明清「市廛例」增修情形做成表二之1至3。

　　由表中資料來看，可知在明清「市廛章」律文中，〈私造斛斗稱尺〉和〈器用絹布不如法〉兩條，終明清兩代似乎都未曾添入新增例文。〈市廛例〉二十六條例文的增刪，都集中在其餘三條律文，分別是〈私充牙行埠頭〉八條、〈市司評物價〉四條、〈把持行市〉十四條。由例文首次出現的時間來看，明代有十一條，清代則有十五條。

63　明代諸種私家律註書籍在〈市廛〉章各條例文中插入的「註解文字」，其實也稍有不同，如〈戶部〉編〈市廛〉章〈把持行市〉條律文中有關朝貢貿易的五條例文，在《大明律疏附例》（隆慶二年重刊）和《大明律集解》（約正德十六年刊行）兩部明律註本中，即是收在〈兵部〉編〈私出外境及違禁下海〉章的律文（黃彰健，〈《明代律例彙編》序〉，收入氏著《明代律例彙編》，台北：中研院歷史語言研究所，1979，頁104-105）。但明後期以下至清代的律註本又都是皆歸類於〈市廛〉章律文中。

64　據不完全統計，清代私家註律書籍至少有一百五十多種，而其中對清律修訂影響較大者即約有六十餘種；六十餘種律註書籍中，依其編寫方式的不同，約可分為「輯注本、考證本、司法應用本、圖表本、歌訣本」五大系統。發達的註律傳統不僅便利各級官員審案時適當地援用法條，也使政府修訂律例時不斷受到律註家的影響，參見：張晉藩，〈清代私家注的解析〉，收入氏著《清律研究》，北京：法律出版社，1992，頁164-188；張偉仁，〈清代的法學教育〉（下），《國立台灣大學法學論叢》，18，2（1989）：頁26-36。

65　例如「各處客商輻輳去處，若牙行及無籍之徒，用強邀截客貨者」例文，在一些明律註本原附於〈私充牙行埠頭〉條（黃彰健，《明代律例彙編》，頁577）。但這條例文的內容其實更接近〈把持行市〉的屬性。因此，至少到清律時，此條例文即改屬〈把持行市〉律條。

66　有關明例的詳細變動情形，參見：黃彰健，《明代律例彙編》，頁577-583。

一、「兩平交易」與保障客商

由明到清，政府對牙行的法律規範集中在〈私充牙行埠頭〉、〈市司評物價〉、〈把持行市〉三條「市廛律」內，彼此相互關連，而且條文愈來愈多。由「市廛例」規範牙行的內容來看，明代的規範比較零星，到清代則愈見詳密，使「官牙制」的發展發展完備。由表二之1〈私充牙行埠頭〉九條增訂例文來看，就有八條是在清代康熙、雍正、乾隆三朝間陸續添入，確立了「清查換帖」的編審牙帖制度和「頂冒朋充霸開總行」的專門例文。由表二之2〈市司評物價〉例文看，也在乾隆年間加入對米鋪米牙的糧價管制。由表二之3〈把持行市〉十四條例文看，除了二條例文用以規範朝貢貿易之外，其他例文主要都在禁止市場上的特權人物阻礙市場交易以及保障客商的財貨安全。總結來看，這些市廛例的主要內容，都在保障客商財貨不受侵奪以及維護買賣雙方的「兩平交易」。

明初律文只規定合法牙行必須要「官給印信文簿」，並對「私充」牙行者處以「杖六十，所得牙錢入官」的罰則。此下，在市廛例中開始有額外的補充：對委託牙行交易的客商，當其「病死」時所遺財貨的處置方式（見表二之1）。弘治年間，更開始加入對牙行「用強邀截客貨」的處罰例文，在市廛律中出現了新增例文：「各處客商輻輳去處，若牙行及無籍之徒，用強邀截客貨者，不論有無誆賒貨物，問罪。俱枷號一箇月。如有誆賒貨物，仍監追完足發落。若監追年久，無從陪還，累死客商。屬軍衛者，發邊衛；屬有司者，發附近，俱充軍」（見表二之3）。這條例文，主要在限制「牙行及無籍之徒」對客商財貨的安全威脅，旨在保障客商財貨安全，對官牙制是個重要的補充。

明清時代的民間工商業者，在市場交易過程中，其實面臨著許多財貨安全和特權壟斷的問題。市場交易情況在全國有較大的地區差異性，不同地區的民間工商業者，偶而要受到嚴重程度不等的暴力搶奪種種生命財產威脅。排開治安因素不論，還時常有本地特權人物介入買賣過程，希冀在市場交易中分得利益，民間工商業者必須交納額外的費用或是「饋贈」，才能順利買賣財貨和勞動力，這些特權人物以非價格機制的手段形成實質的市場壟斷，使當地市場交易無法依照價格機制的變動來進行。影響市場交易的特權人物

具有不同身分，皇親貴族、軍人、宦官、官員、胥吏，乃至本地的鄉族、豪強，以及一些與官府吏胥互換利益的「行頭」，都可能阻礙市易交易依正常價格機制而運作。社會治安愈好，以及市場制度愈健全的地方，免除了暴力威脅，也使「互惠分享」式的經濟行為得以降低作用，才能愈使價格機制順利展開，便利「市場交易」式經濟行為的運作。

市場交易帶來物資的流動，自然引起各種權勢人物的興趣，有的使用公然的暴力掠奪，有的則要求「賄賂」或是收取非法的「稅金」，手段不同，但都阻礙了價格機制的正常運行。這種情況早在明清以前即不斷出現，舉一條元代至元二十八年（1291）三月的詔書做典型例證：「數年以來，所在商賈，多為有勢之家占據行市，豪奪民利，以致商賈不敢往來，物價因而湧貴。在都，令監察御史，在外，令按察司，常切用心糾察按治」。[67]這些「有勢之家」多半不是普通平民，常和高官顯要有密切關係。舉明代嘉靖四十五年（1566）四月下詔編審清理京師鋪行的例子，「時錦衣（衛）官校，多占市籍，大興知縣高世儒等奉詔召之承役」，結果，「左都御史朱希孝言：禁衛親軍，例當優免」，反而指控高世儒「奉詔無狀」；御史顏鯨因而參劾朱希孝「庇群小，撓法市恩」，指出：「禁軍依憑社城，操奇贏以遊都市。既非人人在官，晏然囊金籯帛，吏不得問其尺帛銖金，世儒召行戶，非勾禁軍也」。最後，從事鋪戶生意的錦衣衛禁軍不僅不必被編入一般鋪行應役，甚至連支持高世儒編審鋪行的顏鯨還因為「忤旨」罪名而謫官。[68]文中所指的那些「錦衣官校」，不僅是「操奇贏以遊都市」、「吏不得問其尺帛銖金」，而且更有「左都御史」朱希孝為靠山，連劾奏的御史顏鯨都因而受禍，更不用說一般與之接觸的民間工商業者。

這種特權人物的存在，在中國歷史上舉不勝舉，並非明代特有的疵政。筆者要特別指出的是：在宋元明清以來市場經濟愈來愈發展的過程中，市場交易固然持續增加，但也不要忽略了因之而來的暴力掠奪與特權人物對價格機制正常運作的干預，以及政府和民間的因應對策。

市場上的特權人物很多，有不少人表面上是「牙行」，但其實不單純是市場交易過程中的仲介業者，其身分反而更接近本地市場上的特權人物，包

---

67 《通制條格》，卷18〈關市：牙保欺蔽〉，頁227。
68 （明）談遷，《國榷》，新校本，台北：鼎文書局，1978，卷64，嘉靖四十五年四月己卯條。

含在市廛例中所舉諸如「勢豪之家」、「皇店」或是「王、貝勒、貝子、公、大臣、官員家人」等人物，對市場交易有不利的影響，這些表面上像牙行而實際上是市場上的特權人物，在明清時代常被稱為「奸牙」或是「行霸」。以明末清初的華北市集為例，許多華北方志即指出市集上充斥本地「奸牙」，而且這些「奸牙」背後通常還有本地豪強或鄉族的支持。為了減少奸牙和豪強、鄉族對本地物資流通的不利影響，另有一些本地鄉紳乃在政府允許下成立禁設「奸牙」強收稅金的「義集」，[69]使市場交易能按價格機制順利運作。明清時代地方鄉族控制「牙行」抽取利益的例子不限於華北，[70]如晚明江南一些鄉鎮志中也有所描寫：「舊時，棍徒赤手私立牙店，曰行霸。貧民持物入市，不許私自交易，橫主價值，肆意勒索，名曰用錢」。[71]這類「奸牙」或「行霸」都不是正常的仲介商人，是市場上阻礙價格機制運作的特權人物。

　　無論是以哪種身分出現的特權人物，在市場交易逐漸發達的過程中，總會以賒買財貨或是強索金錢等方式，對民間工商業者帶來損害。由明清市廛例的發展來看，明清兩代政府的確在法律上增加對市場交易正常運作的法律保護。姑不論實際成效如何，至少法律規範上的變化是很清楚存在的。弘治年間「各處客商輻輳去處」例文，對「詭賒」客商財貨的「牙行及無籍之徒」列有「枷號」的罰則，並規定要「監追」所詭賒的財貨，如「監追年久，無從賠還」，則人犯「屬軍衛者，發邊衛；屬有司者，發附近，俱充軍」。另外，明代另二條納入〈把持行市〉市廛例的規定，也都有將犯者發配充軍的罰則。如「凡捏稱皇店」條例文，對「捏稱皇店」的特權人物訂出罰則，若「邀截客商，掯勒財物者」，「枷號三箇月，發極邊衛分，永遠充軍」；再如「楊村、蔡村、河西務等處」條例文，規定「如有用強攔截民運糧船，在家包雇車輛、逼勒多出腳錢者，問追給主，仍發邊衛充軍」（表二

69　山根幸夫曾針對山東等華北地區市集中的牙行與紳士、豪民互動問題撰有三篇專文，參見：山根幸夫，《明清華北定期市の研究》，東京：汲古書院，1995，頁27-54、55-76、103-123。
70　其例至少可見於傅衣凌先生〈論鄉族勢力對於中國封建經濟的干涉〉與〈明清時代江南市鎮經濟的分析〉兩篇文章，二文收入傅衣凌，《明清社會經濟史論文集》，北京：人民出版社，1982，頁78-102、229-238。
71　（清）張人鏡纂，《月浦志》，收入《中國地方志集成：鄉鎮志專輯》，第4集，上海：古籍出版社，1992，卷9〈風俗志〉，頁434。

之3）。一般說來，類似這種侵奪客商財貨或是民運糧船的案件，罰則多半在「杖、笞」兩刑之間（參見前章表一之1、表一之3的相關市廛律文，罰則多在杖八十、杖六十、笞五十、笞四十之間），原屬州縣「自理刑案」的「細事」範圍[72]，現今則提高罰則到充軍甚或「永遠充軍」，在刑度上確實提高甚多。弘治年間以後政府針對客商財貨損失訂出的這種提高刑度作法，不是發生在明初洪武與永樂兩朝的「榜文峻令」時代，[73] 反而是在廢除明初酷刑、重刑的明代中後期，這是很可注意的現象。

　　處罰市場上的特權人物，使交易雙方能「兩平交易」，是明清市廛律例規範的重要內容。牙行因為在市場交易過程中愈來愈重要，對官牙制的改革重點之一，也因此集中在處罰不能「兩平交易」的牙行。如萬曆年間刊行的坊刻政書《新例三台明律招判正宗》，即收有一份專為知縣禁示牙行所用的告示「範本」，其中指出：

　　　夫民用資貿易之利，物價憑牙儈之評估。不可一偏，彼此須求兩利。有等猾牙，阿私附勢，變亂時價。為賈客則以賤作貴，護販家則以貴降賤。或己利於販買，則故遏絕外販，致貨物壅滯，然後乘賤居積，肥己瘠人，坐收厚利，作弊生奸，惟牙行最甚。為此示：仰諸色牙家務宜公心直道，依物估價，兩不相虧。如賣弄商人、抑揚物價，告發，定行重究不貸，故示。[74]

　　這份告示點出了「坐弊生奸」的牙行，在交易過程中「以賤作貴」和「以貴降賤」的實際手法，這些手法都對客商造損害，官員乃以「須求兩利」和「兩不相虧」的原則，要求牙行不得「阿私附勢，變亂時價」。這也是市廛律例要求「兩平交易」的基本原則，也正是〈把持行市〉規範的基本內容，無論是「凡買賣諸物，兩不和同，而把持行市，專取其利」，「販鬻之徒，通同牙行，共為奸計，賣物以賤為貴，買物以貴為賤者」，或是「若

72　州縣「自理案件」是指州縣長官具有司法終審權的案件，在刑度上一般是指笞刑、杖刑的案件，在案件類型上一般屬戶婚田土錢債等訴訟。有關清代州縣「自理案件」的界定和處理，參見：鄭秦，《清代司法審判制度研究》，長沙：湖南教育出版社，1988，頁206-209。

73　黃彰健，〈明洪武永樂朝的榜文峻令〉，頁237-286。

74　《三台明律招判正宗》（據內閣文庫藏萬曆三十四年（1606）刊本攝製，中央研究院歷史語言研究所傅斯年圖書館藏），卷4，頁19上。

見人有所買賣，在傍高下比價，以相惑亂，而取利者」，這三種現象都是政府〈把持行市〉律要處罰的不正當市場交易行為。乾隆年間，沈之奇對〈把持行市〉的註釋是：「把持行市，則公然恃強以取利；通同為姦，則暗地作弊以謀利。情雖不同，而皆擾害市廛，故其罪同」。[75]無論是處罰「公然恃強以取利」，或是「暗地作弊以謀利」，〈把持行市〉律的主旨即在處罰「擾亂市廛」藉以維持「兩平交易」。明代市廛例文增入對牙行和其他市場特權人物的加重處罰，正是維護「兩平交易」原則的運用。

清政府繼續增加對市場上特權人物的處罰，市廛例增入更多的相關條文，如〈把持行市〉康熙六年（1667）新增例文，即對「內務（府）人員家人，及王、貝勒、貝子、公、大臣、官員家人，領本生理，霸占要地關津，倚勢欺陵，不令商民貿易者」，制訂罰則，「將倚勢欺陵之人，擬斬監候」。已將罰則由充軍昇高為「死刑」的最高額度「斬刑」（死刑分「斬、絞」兩種，絞刑較輕），同時規定：「內府人員家人及王以下大臣官員家人，指名倚勢，網收市利，挾制有司，干預詞訟，肆行非法；該主遣去者，本犯枷號三箇月，鞭一百；本犯私去者，照光棍例治罪；王貝勒貝子公失察者，俱交與該衙門照例議處；管理家務者，革職；大臣官員失察者，亦俱革職。不行察拏之該地方文武官，交該部議處」（表二之3）。這實在是很嚴的罰則，其規範對象正在那些干預市場交易正常運作的各類「特權人物」。為了進一步避免任何特權人物充任牙行，乾隆五年規定「各衙門胥吏，有更名捏充牙行者」要加以「杖一百、革退」的處罰，如「地方官失於覺察，及有意徇縱」，則「交部議處」（表二之1）。發展到清中葉，領帖的官牙要繳交甘結，在通行的甘結格式中，即規定該牙人必須「本身必非生監、吏胥」。[76]

除了加強對市場上特權人物的罰則和規範，由康熙至雍正年間也制訂了更多規範，用以完善「官牙制」。市廛律〈私充牙行埠頭〉例文中，康熙四十五年（1706）新增「凡在京各牙行領帖開張，照五年編審例，清查換帖」的規定，希望藉由按期更換牙帖，清除那些表面上從事仲介商業但事實上屬於「頂冒朋充，巧立名色，霸開總行，逼勒商人不許別投」的奸牙（表

---

75 （清）沈之奇，《大清律集解附例》，卷10〈戶律：市廛：把持行市〉，冊二，頁593、594。
76 （清）剛毅輯，《牧令須知》，影印清光緒十五年（1889）刊本，台北：文海出版社，1971，卷3〈戶房文移稿件式：稅務：請領印帖〉，頁116。

二之1），這條例文成為日後市廛律例中經常援引的〈頂冒朋充、霸開總行例〉。至於如何「清查換帖」，則有許多另外的輔助規定，因為這些規定不是提供官員作為判案定刑的法條之用，故不收入市廛律例中，而在《清會典》、《六部則例》等書中有較清楚的規範。清代對官牙制的細密規定，大致包括七類內容：承充牙行的條件和手續、對各地牙行數額上限的規定、對各行業牙行分類名稱的編設和調整、定期清查牙帖與禁止濫發牙帖的規定、劃定牙行等則及相應稅則、禁止牙行的對商民的刁難勒索，以及禁止牙行間的非法競爭行為。[77]

　　康熙四十五年規定的五年編審牙帖制度，係指「在京各牙行」，至於其他地方政府所管轄的牙行，則不一定五年換帖，有時是隨各地情況不同而有所變通，但原則上都有按期換帖的規定。定期換帖固然可以剔除那些妨礙市場交易的「奸牙」，但是，這種經常性的換帖政務其實也為地方官員開啟了納賂機會，有時官員為求多收牙帖稅，反而輕易允許一些不適任的「奸牙」領有牙帖，既破壞市場秩序，又增加民間商人的負擔。雍正十一年（1733）的諭令即曾指出：「各省額設牙帖，皆由藩司頒發，不許州縣濫給，所以杜增添之弊，不使貽累於商民也。近聞各省牙帖歲有加增」，「牙帖納稅，每歲無多，徒滋繁擾，甚非平價通商之本意」，乃下令：「直省督撫飭令各該藩司，因地制宜，著為定額，報部存案，不許有司任意加增。嗣後，只將額內各牙退帖頂補之處察明，換給新帖。再有新開集場應設牙行者，酌定名數給發，亦報部存案」。[78]這道諭令使各省牙帖數額變得比較固定，定期換帖修改為定額換帖，各省牙帖數目以及更換情形，便變為比較複雜，沒有全國一致的數量和時間，但原則上仍是一種編審牙帖的制度。以江蘇省為例，道光十九年（1839），江蘇省官員曾指出：「定例五年編審，係指在京各牙，外省不得援辦。如有曾經辦理者，概行停止」；「查各屬牙行，於乾隆三年定額彙頒給帖，所有舊式司帖，概行銷燬，在案」；「嗣後，遇有新帖，取具地鄰、同業互保各結加結，詳辦在案」。[79]規定地方政府不適用五年換帖

77　吳奇衍，〈清代前期牙行制試述〉，《清史論叢》，6（1985）：頁26-52。
78　《欽定大清會典則例》，影印文淵閣四庫全書本，台北：台灣商務印書館，1983，冊621，卷50，頁567。
79　（清）不著撰人，《蘇藩政要》，清抄本，中央研究院歷史語言研究所傅斯年圖書館藏。

的規定，可以減輕賄賂和擾民的程度，但地方政府仍然要執行清查牙帖和頒發新帖的工作，只是時間不一致，沒有全國一體適用的時限規定而已。[80]

　　除了「牙行」之外，「埠頭」亦是政府直接規範的職業，清代即對運輸船戶制訂了船行「寫字」制度。[81]雍正十三年（1735）在〈私充牙行埠頭〉律文增入例文時，即是特別針對「寫船保載」進行規範，訂定了對「恃強代攬，勒索使用，以致擾累客商者」的罰則。乾隆年間，許多地方官員仍較忠實地執行船行埠頭的「寫字」制度，如《謀邑備考》即收有一件案例：「陶宏士籍隸漢陽，駕船為業，於乾隆九年八月間，憑船行吳廷臣寫，載盧源裕生鐵二千二百零五觔；又憑余萬和，搭載謝淳初桐油一百零三簍，並篾箱一隻、草紙十塊、皮紙四塊。均議裝送蕪湖交卸。盧、謝二客，於另船先行」，[82]這件船家偷盜客商財貨案件詳細記載了客商託運財貨的數目，從而反映漢陽地方埠頭所執行的「寫字」制度。這條雍正年間新增的例文，其立法用意主要在於排除不適任的埠頭，讓這項便於客商降低被船家侵吞財貨風險的「寫字」制度可以持續運作。

　　對客商財貨安全的保障也表現在對牙行長久積欠客商財貨的處罰規範上。牙行積欠客商情形的嚴重，自明後期以來的許多史料中都有生動的描寫，如萬曆年間李樂描述湖州府烏、青兩鎮的情形是：「兩鎮通患通弊，又有大者。牙人以招商為業」，商貨「初至，牙主人豐其款待」，「商貨散去商本，（牙）主人私收用度，如囊中己物，致（客）商累月經年坐守」，「情狀甚慘」，「這商貨中間又有借本置來者，舉家懸望，如合負了他？負了他，天不容，地不載，世間極惡大罪也。余目擊心傷，載筆至此」。[83]萬曆中葉的葉權（1522-1578）也記載：牙行將客商「貨物入手，無不侵用，以之結交官府，令商無所控訴，致貧困不能歸鄉里」。[84]清康熙四十六年

80　日本「東洋文庫」藏有咸豐、同治、光緒、宣統年間不同年代的清代數省牙帖168份，由其中一些內容，可以看到晚清湖北、甘肅、江西、江蘇等省頒發換領牙帖的不同規定（山根幸夫，〈東洋文庫所藏的清代「牙帖」〉，收入氏著《明清華北定期市の研究》，頁125-153）。

81　Ts'ui-jung Liu（劉翠溶）, *Trade on the Han River and Its Impact on Economic Development, c.* 1800-1911. Taipei: The Institute of Economics, Academia Sinica, 1980, pp.28-32

82　《謀邑備考》，清乾隆年間刊本，中央研究院歷史語言研究所傅斯年圖書館藏，〈盜案〉。

83　（明）李樂，《續見聞雜記》，收入《見聞雜記》，上海：上海古籍出版社，1986，卷11，第29條。

84　（明）葉權，《賢博編》，收入《明史資料叢刊》第一輯，南京：江蘇人民出版社，1981，頁179。

（1707），福建巡撫張伯行的〈嚴禁牙棍扛吞示〉也指出：「為商賈者，出其汗，積微資，越境貿易」，「乃牙店無體恤之意，而棍豪懷詐騙之謀，或仗衙胥而硬取，或勾黨類而朋吞，或飾詐於賒營，或狡情於揭借，誆銀入手，視為己財，營室肥家，罔知客困」，客商「赴公府而投訴，其如吏點官尊，誰憐越陌度阡、目斷家園於異國？遂使本虧貨折，淚灑憫救之無門，種種弊端，深可憐惻」。[85] 為了改善這些社會經濟積弊，乾隆二十三年（1758）新增的〈把持行市〉例文，主要即在規範「牙行侵欠控追之案」；這條例文規定了牙行負欠客商貨款的種種「照例勒追」辦法：「審係設計誆騙，侵吞入己者」，牙行「照誆騙本律，計贓治罪；一百二十兩以上，問擬滿流；追贓給主」。若只是牙行因為他故無法收到買主貨款，「牙行並無中飽者」，「一千兩以下，照例勒追，一年不完，依負欠私債律治罪；一千兩以上，監禁嚴追，一年不完，於負欠私債律上加三等，杖九十。所欠之銀，仍追給主」。同時，更規定了官府受理客商控告牙行負欠案件之後，「承追之員，按月冊報巡道稽查，逾限不給者，巡道按冊提比。如怠忽從事，拖延累商者，該巡道據實揭參，照事件遲延例議處；有意徇縱者，照徇情例，降二級調用；如有受財故縱者，計贓從重，以枉法論」（表二之3）。

　　牙行負欠客商貨款，在明清律中原屬於笞、杖刑以下的「細事」，是州縣「自理刑案」的範圍，政府官員在審理態度上，本來即不若處理命、盜「重案」積極。對於州縣「自理刑案」，政府法律還有「農忙停訟」的規定，「歲以四月始，七月止。戶口、婚姻、田土細事，不得受理；命盜重案，不在此限」。[86] 牙行負欠客商貨款原也列在「停訟」範圍內。但至乾隆四年（1739）則改變了原先的規定：「嗣後，凡有民間遠年錢債細事，與侵騙客本者有間，於停訟之時，仍照例不准受理外，其實係姦牙鋪戶，騙劫客貨資本者，地方官受詞，確查有據，許其控追比給，以恤遠人而懲姦騙」。乾隆五年隨即做了更明確的規定：「每年自四月初一日至七月三十日，時正農忙，一切民詞，除謀反、叛逆、盜賊、人命，及貪贓壞法等重情，並姦牙鋪戶騙劫客貨查有確據者，俱照常受理外，其一應戶婚、田土等細事，一概

85　（清）張伯行，《正誼堂集》，影印光緒五年（1879）刊行，吳元炳編《三賢政書》本，台北：學生書局，1976，卷5，頁32上-32下。

86　《欽定大清會典則例》，冊619，卷69，〈刑部：聽斷〉，頁637。

不准受理」。[87]乾隆二十三年〈把持行市〉新增例文，正是在政府加強處理
牙行負欠客商貨款訟案改變下的具體反應。

　　總結來看，明清市廛例對官牙制的補充規範，主要表現在加重對「奸
牙」、皇親國戚、高官鉅璫、地方豪強等市場特權人物的罰則，保持「兩平
交易」的市場秩序，以及增加對客商財貨安全的法律保障。

二、由「干預」物價到「管制」糧價

　　除了官牙制繼續發展之外，明清市廛例的變化，還集中表現在政府政令
對價格機制的不同作用上。在明末「禁革行役」之前，政府藉由「時估和
買」，造成了「官價」和「市價」的區分，干預了價格機制在市場交易過程
中的正常運作。「禁革行役」逐步實施之後，政府不再主動以「官價」干
預「市價」，改由牙行在市場上以「市價」代替政府購得所需財貨；與此同
時，清代政府又開始透過對米牙、米鋪的輔助，試圖「管制」米價，以降低
米糧市場上價格波動對小民生計造成的危害。以政府政令對市場價格的作用
而言，「干預」和「管制」其實是相對來說的，在「時估和買」制度下，政
府常以遠低於市場價格的「官價」（甚或完全不給價）來「購買」商品和勞動
力，這是一種對市場價格的「干預」；在米牙米鋪輔助下，政府試圖在市場
上增加或減少流通的米糧數量（甚至是銀、銅貨幣數量），希望以供需數量的變
化影響市場價格的升降，這即是本章所謂的「管制」。簡言之，由明至清，
政府政令對價格機制的變化，表現在由原先對全部商品勞動力市場價格的
「干預」，轉變成對糧食商品市場價格波動的「管制」。這個轉變構成了明
清〈市司評物價〉例文和〈禁止把持〉例文的變化基軸。

　　自晚唐「市制」逐漸衰落之後，「編審行役制」即成為〈市司評物價〉
律文運作的制度背景。在此制度背景下，政府為方便「和買」的進行，「時
估」制也因運而生，此下歷宋、元、明初，無論是「旬估」或是「月估」，
基本上都是政府以強編「團行、鋪行」方式作成的「官價」，理論上「官
價」不該脫離「市價」，但實際運作上，由於官吏對於「諸物行人」的尊貴

87　（清）崑岡等奉敕著，《清會典事例》，據清光緒二十五年（1899）石印本影印，北京：中華書
　　局，1991，冊281，卷817，〈刑部：刑律訴訟：告狀不受理〉。

地位，使得「官價」經常低於「市價」。自明後期江南地區開始出現「禁革行役」改革，「編審行役制」逐步解體，牙行加速在各地取代「諸物行人」在「時估和買」中的義務，代替官府在市場上向民間工商業者購買貨品和勞動力。儘管明後期〈市司評物價〉律文還存有「諸物牙行人，評估物價」的「時估」規定，但這種「評估」物價其實已更接近「市價」，是民間工商業透過牙行仲介買賣時的市場交易價格。因為「官牙」身分和其他民間工商業者相同，官牙沒有強制民間工商業者以「官價」賣出商品勞動力的特權，因而政府間接購入的商品勞動力，其價格也更近於「市價」。在此新制度背景之下，政府對以「時估」定出各類商品和勞動力「官價」的需要也日漸削減。

　　雖然如此，但在政府委由牙行採買過程中仍然經常產生弊端，從而需要政府的主動除弊。如乾隆元年（1736）新增〈把持行市〉例所申禁的：「大小衙門公私所需貨物，務照市價公平交易，不得充用牙行，縱役私取。即有差辦，必須秉公提取，毋許藉端需索」（表二之3）。但這已是制度改革後仍然遺留的弊端，從制度而言，「牙行採買」已經正式取代了「鋪行當行」，各類物品和勞動力的市場價格，也從而能較少受到政府「時估和買」的干預。

　　然而，糧食價格的變動，又逐漸在康熙年間以降成為政府極為關注的重要事務，致使清朝政府遠比明代更加重視糧食價格的穩定。至少到乾隆年間，清代已完整地發展出維持糧價穩定的兩大制度，並且相當有效地運作：一是糧價奏報制度，自康熙三十二年（1693）開始由地方官員奏報各地糧價，到乾隆初年即確立了要求全國官員每個月奏報糧價，在奏報內容中，一律要包括「中價、貴價、賤價」三種糧食市場價格，中央政府藉此留意全國各省府州縣不同地區的糧價波動；[88]二是以常平倉為主體的倉儲制度，使用諸如平糶、出借和賑濟等手段，特別是經由「平糶」進行春糶秋糴，調節常平倉積穀數量，藉以平穩糧價。[89]

88 陳春聲，《市場機制與社會變遷：十八世紀廣東米價分析》，廣州：中山大學出版社，1992，頁279。王業鍵，〈清代的糧價陳報制度〉，《故宮季刊》，13：1（1978）：頁53-66。王道瑞，〈清代糧價奏報制度的確立及其作用〉，《歷史檔案》，1987：4（1987）。
89 劉翠溶，〈清代倉儲制度穩定功能之檢討〉，《經濟論文》，8，1（1980）：頁5-16。Pierre-Etienne. Will, *Bureaucracy and Famine in Eighteenth-Century China*. Translated by Elborg Forster, Stanford, California: Stanford University Press, 1990, pp.176-225.

　　糧價奏報和常平倉這兩項制度，構成了清代糧價管制政令的基礎，清代〈市司評物價〉增入的三條例文，都和清政府管制糧價的措施有關，都在維持京城附近和運河沿線米糧市價的穩定。乾隆四十年（1775）的新增例文，是在透過處罰收買政府「平糶」米石的鋪戶，藉以維持常平倉「平糶」的平抑糧價效果；同時，該條例文也特別對「逾數囤積居奇」米鋪訂定罰則。嘉慶十九年（1814）和道光二十一年（1841）的兩條新增例文，則是對管制糧價的進一步做法，側重在管制存留京城和漕河沿線的漕糧數量，主要處罰兩種行為：一是販出京城漕米的「回漕」行為，二是在運河沿線收買北上漕船載運米糧的米鋪（表二之2）。這三條新增例文的主要立意，都在於維持糧價的穩定。很明顯地，由這三條例文的規定來看，政府都不是強令民間工商業者「時估」訂出和實際「市價」有所差異的「官價」，和糧價奏報制度、倉儲制度一樣，政府的基本做法都在首先承認米糧市場交易中的價格機制運作現況，然後試圖以匯集更準確的市價波動以及釋放出更適當的米糧數量，藉以影響市場價格的波動，將市價波動對民生的不利影響減到最低，這是清政府管制糧價的基本特色。正由於政府對管制糧價的重視，才使市廛律中新增的清代三條〈市司評物價〉例文，盡是和輔佐糧價管制手段相關的規範和罰則。

　　因為重視糧價的管制，清政府也很重視米糧市場上是否受到人為操縱的問題，這就涉及到市廛律例中〈把持行市〉條所規範的內容。一方面，米牙最直接經手米糧在本地市場上的販售，可以協助官員呈報市場上的糧價變動；但另一方面，米牙和米鋪（可視為兼營批發零售的仲介牙行）也常因為囤積糧食而遭政府處罰，被列為破壞政府管制糧價的因素之一。乾隆年間曾有一場有關米牙存廢的討論，討論過程中可以看出一些封疆大吏對米牙功能的評價，到底是接近協助政府管制糧價的幫手？還是「把持行市」操縱米糧市場的元凶？

　　乾隆二十八年（1763）四月，乾隆帝據奏，以為九年前楊應琚任兩廣總督時，曾未經戶部議准逕行革除廣東省米牙行，並誤為這個裁革米牙的措施是造成廣東米價停止持續上昂的主因，乃要求時任陝甘總督的楊應琚和兩江總督尹繼善等地方大員討論廢除米糧官牙是否可以防止糧價波動。針對這個問題，乾隆二十八年六月和同年九月，楊應琚和尹繼善兩人分別有所疏

陳，可看到當時地方大吏對米牙功能的認知。[90]兩江總督尹繼善指出江蘇省的情形：「米糧牙行，民食所關，尤為緊要。其間，米色之高下、斗斛之大小、時價之低昂，必須誠實牙行為之經理」；「四方（客米）商賈到時，人地生疏，全賴牙行為之引領，方得買賣無虧。故歷久相沿，商民稱便。若一旦議裁，則遠來之商無所依歸，必致觀望不前，糧食不能流通，轉恐日漸昂貴」。尹繼善對米牙在糧價管制功能的肯定，主要著眼在米牙能便利眾多米糧客商到本省交易米糧，使本地米糧市場活絡，進而使民食不缺；基本上，尹繼善並不認為米牙不能控制糧價的高低：「米價之貴賤，全視產地之豐歉、販運之多寡，隨時低昂，此理勢之必然，亦非牙行人等所能操縱」。楊應琚的看法和尹繼善基本略同（認為米糧客商「人地生疏，非藉牙行引領，難以覓主求售。而糧色之高低、價值之差等，非藉牙行評論，亦未免彼此各有爭競」），但對牙行能否操縱糧價，楊氏則認為要看地區差異：

　　廣東、兩浙，村莊稠密，食指殷繁，每日需米，難以數計。官倉米石，本有定數。當穀貴之時，縱減價平糶，不過附近居民零星買糶，往往平糶已據報完，而市值仍未平減。若秋收之後，即遇歲稔糧多，而各處商販紛紛糶運，殆無虛日，亦無藉官為收買。惟甘（肅）省則遠在西陲，人戶較少，除東與陝省接壤外，其餘三面，俱無鄰近省分。一遇豐收，則粒米狼戾，若於購糶之無人；一遇歉收，則無處輓運，勢須仰於官粟。[91]

　　在楊應琚看來，各地糧食市場流通規模的不同，會嚴重影響倉儲制度藉穀數調節管制糧價的政策效果。因此，廣東、兩浙這些「食指殷繁，每日需米，難以數計」的地區，米糧「市值」很難因為開倉「平糶」而減價，也無必要在穀價下跌時「官為收買」補入常平倉中，因為「遇歲稔糧多，而各處商販紛紛糶運，殆無虛日」。在這種地區，連儲存大量積穀官府都沒有管制糧價的效果，更何況一般的米牙了。在「人戶較少」的甘肅地區，因為糧食市場規模小，政府平糶政策才較有作用，但楊氏補充：因為甘肅地區缺

90　楊應琚奏摺與尹繼善奏摺，分別參見：《宮中檔乾隆朝奏摺》，台北：國立故宮博物院，1983，冊18，頁152-155、825-826。

91　《宮中檔乾隆朝奏摺》，冊18，頁154-155。

少「攜重資以囤積」的商人，所以也不必擔心米牙等商人把持糧食市場。只有在陝西地方，因為有些州縣的米行「尚有家道稍裕之人」，而且還有「歇家廣建房屋囤積米糧，每歲為數甚多，必待價昂，始分發售賣」，對於這些米行和「歇家」，楊氏認為要「嚴行飭禁，有犯，必重加懲治在案」。究竟米牙當禁與否？楊應琚的結論是：「稽查牙行，查拏囤積，亦係除弊之一端」，但是「地方情形各有不同，欲使駔儈無以售奸、糧價不致騰涌」，「全在斟酌時地之相宜，難拘一定之規制」，「務期市值可平，民無食貴」。乾隆皇帝也欣賞楊應琚這種洞見，並在硃批其奏摺中稱讚道：「可謂通達時務之論」。[92]

明清「把持行市」例並未直接規範米牙在米糧市場交易價格中的作用。不過，由康熙四十八年（1709年）六月初一日政府官員討論革除無帖私牙時強調：「貿易貨物，設立牙行，例給官帖，使平準物價」，[93]可知「平準物價」仍是官員對牙行職責的重要認知。

小　結

儘管明清〈戶律〉編〈市廛〉章的內容只有五條律文和二十六條例文，但明律〈市廛〉章以專章形式出現，其實已反映政府對民間工商業者財貨、勞動力管制方式的兩大制度性變化：「編審行役制」取代「市制」的發展，以及「官牙制」的發展。這兩大發展濫觴於晚唐，歷兩宋與元代，延至明初，則縮合這兩大制度的相關法律，正式列為專門章節，成為通行明清兩代的全國性法律規範。

由明至清，「市廛律」基本不動，「市廛例」則屢有增修；由明代中期以至清代後期，陸續添入〈市廛〉章中二十六條例文。市廛例的增修則反映著「編審行役制」的逐步廢除以及「官牙制」的進一步完善。政府一方面改革官牙制度，以加強對客商財貨的保障；一方面則縮小對市場上一般商品價格的行政干預，政府只集中管制糧食價格。隨著禁革「編審行役制」的

92　《宮中檔乾隆朝奏摺》，冊18，頁154-155。
93　《大清聖祖康熙皇帝實錄》，台北：台灣華文書局，1964，卷238，頁3188。

普及，政府對市場價格的影響，由原先透過「時估、和買」制訂「官價」，轉變為透過平糶政策設法平抑糧價，形成一個由「干預物價」變為「管制糧價」的制度性變化。

　　本章論證了明清〈市廛〉章律例所反映的政府和市場關係的變化，這些變化構成了明清政府對市場所做法律規範的重要內容。由廣義的法律規範而言，會典也具有規範人民行為的宣示作用，然而，政府編訂律例與會典兩類法律規範的最大不同，在於律例是要作為全國各級官員審判量刑的標準，律例規範雖然遠比會典簡要，但卻和百姓與官員的實際生活更加關連密切。明清會典編成後，罕見註家註釋和書坊刻印，但明清律例則一直有著眾多註釋專書的流傳與刻印。市廛律例的形成和修訂，主要是要在處理市場上可能的衝突和訟案，用做定罪與否、判刑輕重的全國性標準，不只是在一套政府管理市場的「宣示」或「理想」。

　　對明清市場法律規範的更全面分析，實應同時包含對較多數量而且較好品質的實際案例做討論，才能真正探究市廛律例實際運用到訴訟過程中的真實效用。[94]然而，在尚未分析相關司法檔案中的案例之前，至少由明清〈市廛〉章律例變化看來，其內容則確實反映明清眾多民間工商業者所面對的「市場制度」，確已因為「編審行役制」的消失、「官牙制」的確立推廣而與前代不同；因而，有可能減低政府官員在制度上任意破壞市場價格正常運作的可能性，從而擺脫原先比較惡劣的經商環境。

　　由明清市廛律例的演變來看，政府對市場的法律規範已由經常性的「干預」市場，逐步變為選擇性的「管制」市場。至少到十八世紀左右，基本上，政府已不再以經常性的「編審行役」和「時估」制度，向各行業工商業

---

[94] 近年來有更多學者以清代巴縣檔案、淡新檔案等地方司法訟案研究明清民商法律發展實況，從而提出了一些挑戰性看法，相關介紹可參見：Philip C.C. Huang, "Civil Law in Qing and Republican China: The Issues." In Kathryn Bernhardt and Philip C.C. Huang eds. *Civil Law in Qing and Republican China*, Stanford,California: Stanford University Press, 1994, pp.1-6; Madeleine Zelin, "A Critique of Rights of Property in Prewar China," in Madeleine Zelin, Jonathan K. Ocko and Robert Gardella eds. *Contract and Property in Early Modern China*. Stanford: Stanford University Press, 2004, pp.17-36. 但專門針對市場規範相關司法案例所做分析則仍然少見。儘管近年有學者取材幾件明清判牘案件試做一般性推論（童光政，〈明律「私充牙行埠頭」條的創立及其適用〉，《法學研究》，26，2（2004）：頁116-125），但判牘畢竟比不上司法檔案的完整性，加上又只是使用數量有限的判牘案例，恐怕仍不足以有效論證〈市廛〉法律與相關訟案間的關連性。

者「和買」財貨和勞動力，政府部門每年對財貨勞力的經常性需要，基本上不再以「干預」破壞原先市場價格機制來完成，而改由委任官牙間接在市場上進行。官牙不過是領有固定年限營業執照的仲介商人，不是直接登錄「官價」的官府，這使「官價」與「市價」的區隔較易鬆動，價格機制可以在市場上運作的更有效率。

與此同時，清政府還試圖建立糧價管制制度，其做法也不是任意干預米糧在市場上的售價，而是藉「糧價奏報」制度蒐集各地隨時波動的糧食市價，然後以釋放或購入常平中所存貯不同數量的米糧，在市場上「調控」糧價。政府對糧價的調控能力，依各地糧食市場規模大小而有所不同，有些十八世紀的清政府官員也的確認識到此點，對於政府管制和市場機制之間的份際，乃有愈來愈多的理解。[95]因為糧食波動直接牽動「小民生計」，清政府對米糧市場的管制才有積極的動力去認真執行，所以是種選擇性的「管制」，並不擴及對經營其他行業的市場管制。對於糧食市場以外的市場交易問題，政府主要是透過官牙制度來進行管理。政府在市廛例中制訂了一些相關的法律規範，由管理、懲處牙行在市場上的不正當行為，改善特權人物「強買強賣」以及拖欠客商貨款等問題。

市場交易的複雜化，帶來更多的交易成本問題，政府法律規範和經濟行政的適時支撐，對建立更有效率的市場制度和促使經濟發展，是相當重要的配合因素。無論是制訂合宜的法律規範或是推展配合的經濟行政，都需要政府規模的擴大。然而，比起十八、十九世紀的英國，[96]清政府在經濟事務方面的行政規模看來成長過小。儘管民間商人可以透過產銷組織的創新以及道德習俗的推展，藉以降低市場複雜化後上升的交易成本，進而提升經濟效率；但是，缺乏政府法律規範和經濟行政的更有效支撐，仍然使改善市場制度、降低交易成本、提升市場交易過程中對經濟資源的利用效率等方面，都造成不利的影響，阻礙了清代經濟成長的進行速度。

95　除本章前引楊應琚的例子外，同時期官員陳宏謀對市場價格機制的「自發秩序」也有相當的認識，參見：William T. Rowe, "State and Market in Mid-Qing Economic Thought: The Career of Chen Hongmou, 1696-1771" Etudes Chinoises 12,1（1993), pp.7-39.

96　Markham Lester, *Victorian Insolvency: Bankruptcy, Imprisonment for Debt, and Company Winding-up in Niniteenth-Century England*.(Oxford: Clarendon Press, 1995), pp. 6-8. Oliver. MacDonagh, "The Nineteenth-Century Revolution in Government: A Reappraisal." The Historical Journal 1:1（1958), pp. 52-67.

　　不過，和十八、十九世紀英國市場制度做比較是一回事，若和明清以前相比，則明清中國市場制度確實已因政府法律規範變化而有明顯差異。至遲到清代前期，隨著「編審行役制」的廢除以及「官牙制」的完善，民間工商業者基本上有了比昔日更好的市場交易環境，諸種具有降低交易成本作用的市場制度已然體現到全國通行的法律條文中。由明清市廛律例修訂過程來看，這些法律規範的演變其實反映兩方面的重要變化，一是市場制度因政府法令變化而改善，二是政府功能因市場發展而有所調整，這兩方面變化構成了明清中國「政府——市場」關係演變的重要一環。

附　表

表一　明清律〈市廛〉章、唐律〈雜律〉編相關律文名稱比較

明律、清律〈戶律：市廛〉	唐律〈雜律〉[97]
1.〈私充牙行埠頭〉	（無）
2.〈市司評物價〉	〈市司評物價〉
3.〈把持行市〉	〈賣買不和較固〉
4.〈私造斛斗秤尺〉	〈校斛斗秤度〉〈私作斛斗秤度〉
5.〈器用布絹不如法〉	〈器用絹布行濫短狹〉

表一之1　〈私充牙行埠頭〉律文

律典	律文	引文來源[98]
明律	1.凡城市鄉村，諸色牙行，及船埠頭，並選有抵業人戶充應。官給印信文簿，附寫客商‧船戶住貫、姓名、路引字號、物貨數目，每月赴官查照。 2.私充者，杖六十，所得牙錢入官。 3.官牙埠頭容隱者，笞五十，革去。	黃彰健，1979：577
清律	1.凡城市鄉村，諸色牙行，及船（之）埠頭，並選有抵業人戶充應。官給印信文簿，附寫（逐月所至）客商船戶住貫姓名、路引字號、物貨數目，每月赴官查照（其來歷引貨）。 2.（若不由官選）私充者，杖六十，所得牙錢入官。 3.官牙埠頭容隱者，笞五十，（各）革去。	吳壇，1992：529。註：此仍明律，其小注，順治三年添入（薛允升，1970：405）
唐律	（無）	

---

[97] 唐律〈雜律〉編相關條文的次序為〈校斛斗秤度〉、〈器用絹布行濫短狹〉、〈市司評物價〉、〈私作斛斗秤度〉、〈賣買不和較固〉等四條律文（《唐律疏議》，頁497-500），表一為配合明清市廛律的次序而將唐律條文次序更動。

[98] 表一徵引史料簡稱說明：劉俊文，1986（長孫無忌等撰，《唐律疏議》，劉俊文點校，台北：弘文館出版社，1986）；黃彰健，1979（黃彰健編，《明代律例彙編》，台北：中研院歷史語言研究所，1979）；吳壇，1992（吳壇，《大清律例通考校注》，約編成於乾隆四十四年（1779），新校本，北京：中國政法大學出版社，1992）；薛允升，1970（薛允升，《讀例存疑（重刊本）》，黃靜嘉編校，台北：成文出版社，1970）。

表一之2　〈市司評物價〉律文

律典	律文	引文來源
明律	1.凡諸物行人，評估物價，或貴或賤，令價不平者，計所增減之價，坐贓論。 2.入己者，准竊盜論，免刺。 3.其為罪人估贓不實，致罪有輕重者，以故出入人罪論。受財者，計贓以枉法從重論。	黃彰健，1979：578
清律	1.凡諸物（牙）行人，評估物價，或（以）貴（為賤），或（以）賤（為貴），令價不平者，計所增減之價，坐贓論。（一兩以下，笞二十，罪止杖一百、徒三年）。 2.入己者，准竊盜論，（查律坐罪），免刺。 3.其為（以贓入罪之）罪人估贓（增減）不實，致罪有輕重者，以故出入人罪論（若未決放，減一等）。受財（受贓犯之財，估價輕；受事主之財，估價重）者，計贓以枉法從重論（無祿人，查律坐罪）。	吳壇，1992：531。註：此仍明律，其小注，順治三年添入（薛允升，1970：408）
唐律	1.諸市司評物價不平者，計所貴賤，坐贓論；入己者，以盜論。 2.其為人評贓不實，致罪有出入者，以出入人罪論。	劉俊文，1986：498

表一之3　〈把持行市〉／〈賣買不和較固〉律文

律典	律文	引文來源
明律	1.凡買賣諸物，兩不和同，而把持行市，專取其利；及販鬻之徒，通同牙行，共為奸計，賣物以賤為貴，買物以貴為賤者，杖八十。 2.若見人有所買賣，在傍高下比價，以相惑亂，而取利者，笞四十。 3.若已得利物，計贓重者，准竊盜論，免刺。	黃彰健，1979：579
清律	1.凡買賣諸物，兩不和同，而把持行市，專取其利；及販鬻之徒，通同牙行，共為奸計，賣（己之）物以賤為貴，買（人之）物以貴為賤者，杖八十。 2.若見人有所買賣，在傍（混以己價）高下比價，以相惑亂，而取利者，（雖情非把持），笞四十。 3.若已得利物，計贓重者，准竊盜論，免刺。	吳壇，1992：532。註：此條唐律係「買賣不和較固」，明始改為「把持行市」。其小注係順治初年律內集入（吳壇，1992：532）
唐律	1.諸賣買不和，而較、固取者（較，謂專取其利。固，謂障固其市）；及更出開閉，共限一價（謂賣物以賤為貴，買物以貴為賤）；若參市（謂人有所賣買，在傍高下其價，以相惑亂），而規自入者：杖八十。 2.已得贓重者，計利，準盜論。	劉俊文，1986：500

表一之4　〈私造觔斗秤尺〉／〈校觔斗秤度〉〈私作觔斗秤度〉律文

律典	律文	引文來源
明律	1.凡私造觔斗秤尺不平，在市行使，及將官降觔斗秤尺作弊增減者，杖六十。工匠同罪。 2.若官降不如法者，杖七十。提調官失於較勘者，減一等。知情與同罪。 3.其在市行使觔斗秤尺雖平，而不經官司較勘印烙者，笞四十。 4.若倉庫官吏，私自增減官降觔斗秤尺收支官物而不平者，杖一百。以所增減物計贓，重者坐贓論。因而得物入己者，以監守自盜論。工匠杖八十。監臨官知而不舉者，與犯人同罪。失覺察者，減三等。罪止杖一百。	黃彰健，1979：582
	1.凡私造觔斗秤尺不平，在市行使，及將官降觔斗秤尺作弊增減者，杖六十。工匠同罪。 2.若官降不如法者，（官吏、工匠）杖七十。提調官失於較勘者，減（原置官吏、工匠罪）一等。知情與同罪。 3.其在市行使觔斗秤尺雖平，而不經官司較勘印烙者，（即系私造），笞四十。 4.若倉庫官吏，私自增減官降觔斗秤尺收支官物而不平（納以所增，出以所減）者，杖一百。以所增減物計贓，重（於杖一百）者坐贓論。因而得（所增減之）物入己者，以監守自盜論（並贓不分首從，查律科斷）。工匠杖八十。監臨官知而不舉者，與犯人同罪。失覺察者，減三等。罪止杖一百。	吳壇，1992：537。註：此條唐律內係「較觔斗秤度」、「私作觔斗秤度」二條，原附雜律內。明始並為「私造觔斗秤尺」。其小注係順治初年律內集入（吳壇，1992：537）
唐律〈校觔斗秤度〉	1.諸校觔斗秤度不平，杖七十。監校者不覺，減一等；知情，與同罪。	劉俊文，1986：497
唐律〈私作觔斗秤度〉	1.諸私作觔斗秤度不平，而在市執用者，笞五十；因有增減者，計所增減，準盜論。 2.即用觔斗秤度出入官物而不平，令有增減者，坐贓論；入己者，以盜論。 3.其在市用觔斗秤度雖平，而不經官司印者，笞四十。	劉俊文，1986：499

表一之5　〈器用布絹不如法〉／〈器用絹布行濫短狹〉律文

律典	律文	引文來源
明律	1.凡造器用之物，不牢固真實，及絹布之屬絁薄短狹而賣者，各笞五十。其物入官。	黃彰健，1979：583
清律	1.凡民間造器用之物，不牢固正實，及絹布之屬絁薄短狹而賣者，各笞五十。	吳壇，1992：537。註：此條係仍唐律，查原律內「笞五十」下有「其物入官」四字，乾隆五年館修，以民間市賣之物，造不如法，笞以懲之足矣，其物入官，滋弊無窮。且向來並未照此條行，因刪如前律（吳壇，1992：537）
唐律	1.諸造器用之物及絹布之屬，有行濫、短狹而賣者，各杖六十（不牢謂之行，不真謂之濫。即造橫刀及箭鏃用柔鐵者，亦為濫）。 2.得利贓重者，計利，準盜論。販賣者，亦如之。市及州、縣官司知情，各與同罪；不覺者，減二等。	劉俊文，1986：497-498

表二之1　明清「私充牙行埠頭」新增例文

修例時間	內容	資料來源[99]
明代例	凡客店，每月置店簿一本。在內赴兵馬司，在外赴有司署押訖，逐日附寫到店客商姓名、人數、起程月日，各赴所司查照。如有客商病死，所遺財物，別無家人親屬者，官為見數行移，招召父兄子弟，或已故之人嫡妻，識認給還。一年後無識認，入官。	薛允升，1970：405
康熙年間例。乾隆五年刪改。	旗、民遇有喪葬，聽憑本家之便，雇人抬送，不許仵作私分地界，霸占扛抬，分外多取僱值。如有恃強擾奪，不容本家雇人者，立拏，枷號兩箇月，杖一百。	薛允升，1970：405

---

[99]　表二徵引史料簡稱說明：高舉，1970（高舉，《大明律集解附例》）；黃彰健，1979（《明代律例彙編》）；吳壇，1992（《大清律例通考校注》）；薛允升，1970（《讀例存疑（重刊本）》）。

修例時間	內容	資料來源[99]
康熙45年例，咸豐2年改定	凡在京各牙行領帖開張，照五年編審例，清查換帖。若有光棍（註：咸豐二年改為棍徒）頂冒朋充，巧立名色，霸開總行，逼勒商人不許別投，拖欠客本，久占累商者，問罪枷號一箇月，發附近充軍。地方官通同徇縱者，一併議處。	薛允升，1970：406
雍正13年例	京城一切無帖鋪戶，如有私分地界，不令旁人附近開張；及將地界議價若干，方許承頂；至發賣酒斤等項貨物車戶，設立名牌，獨自霸攬，不令他人攬運，違禁把持者，枷號兩箇月，杖一百。	薛允升，1970：406
雍正13年例，乾隆21年增定	各處關口地方，有土棍人等，開立寫船保載等行，合夥朋充，盤踞上下；遇有重載雇覓小船起剝，輒敢恃強代攬，勒索使用，以致擾累客商者，該管地方官查挐，照牙行無籍之徒用強邀截客貨例，枷號一箇月，杖八十。	薛允升，1970：406
雍正8年例，乾隆5年刪	私立水窩之人，照把持行市律治罪；該地甲役通同容隱不報者，笞五十；該地方官不行嚴禁，交部議處。	薛允升，1970：407
雍正12年例，乾隆5年刪	五城地方開設豬圈之家，借養豬名色，勒掯豬客需索銀錢者，計贓論罪。若用強霸占，不容他人生理，照把持行市律，杖八十。	薛允升，1970：407
乾隆5年例，咸豐2年改定	各衙門胥吏，有更名捏充牙行者，照更名重役例，杖一百，革退。如有誆騙客貨，累商久候，照光棍（註：咸豐二年改為棍徒）頂冒朋充霸開總行例，枷號一箇月，發附近充軍。若該地方官失於覺察，及有意徇縱，交部分別議處；受財故縱，以枉法從重論。	薛允升，1970：406

表二之2　明清〈市司評物價〉新增例文

修例時間	內容	資料來源
明代例	在外問刑衙門以贓入罪，除估價已定，照舊施行外；若有貨物估價，該載未盡，及原估粗舊等物，今係新美者，許量照時值擬斷。	黃彰健，1979：578
乾隆40年例，	五城平糶米石時，如有販賣收買官米十石以下者，將販賣之人，在於該廠地方枷號一箇月，杖一百；收買鋪戶，照不應重律，杖八十；米石仍照交該廠另行糶賣。至十石以上，販賣之人枷號兩箇月，杖一百；鋪戶杖九十。如所得餘利，計贓重於本罪者，計贓	薛允升，1970：408

修例時間	內容	資料來源
嘉慶6年改定	治罪。各鋪戶所存米麥雜糧等項，每種不得過一百六十石。逾數囤積居奇者，照違制律治罪。	
嘉慶19年例，道光14年改定	京城麤米，概不准販運出城。如有違例私運出城者，除訊有回漕情事即照回漕定例辦理外，若訊無回漕情事，實係僅圖買回食用，或轉賣漁利者，一石以內，即照違制律，杖一百；一石以上，杖一百，枷號一箇月；十石以上，杖一百，枷號兩箇月；二十石以上，杖六十，徒一年；三十石以上，杖七十，徒一年半；四十石以上，杖八十，徒二年；五十石以上，杖九十，徒二年半；六十石以上，杖一百，徒三年；一百石以上，發附近充軍；五百石以上，枷號兩箇月，發邊遠充軍；一千石以上，枷號三箇月，發極邊足四千里充軍。至鄉民有進城買細米食用者，一石以內，准其出城；一石以上，即行嚴禁。如有逾額販運，照違制律，杖一百。若一年之內，偷運細米出城，至一百石以上者，加枷號兩箇月；五百石以上者，枷號兩箇月，發近邊充軍；一千石以上者，枷號三箇月，發邊遠充軍。米石變價入官。各門兵丁失於覺察者，如運米本犯罪杖徒，兵丁笞五十；運米本犯應擬軍，兵丁杖一百；失察之官弁，交部分別議處；知情故縱者與同罪；受財者，計贓，以枉法從重論。	薛允升，1970：408
道光21年例	濱臨水次各鋪戶，向糧船承買餘米時，由該管官出示曉諭，無論米數多寡，均飭令於次年南糧未經北上三箇月以前，一律碾細，不准藉詞延宕。屆期仍由該管上司密派員役，分赴各處確查。儻仍有收存麤米，訊明業經旗丁買米回漕者，即照回漕例分別定擬。如尚未售賣，存米不及六十石者，照回漕例減一等，杖九十，徒二年半；六十石以上者，杖一百，徒三年。至六百石者，發邊遠充軍，仍均起米入官。	薛允升，1970：409

表二之3　明清〈把持行市〉新增例文

修例時間	內容	資料來源
明弘治4年例	光祿寺買辦一應物料：姦頑之徒，稱是報頭等項名色，在街強賒作弊害人的，拏來枷號三箇月。滿日，還，從重發落。	高舉，1970：903-4
明代例	會同館內外四鄰軍民人等，代替夷人收買違禁貨物者，問罪，枷號一箇月，發邊衛充軍。	高舉，1970：904
明代例，順治年間刪改，嘉慶6年改定	（凡夷人）朝貢到京，會同館開市五日。各鋪行人等，將不係應禁之物入館，兩平交易；染作布絹等項，立限交還。如賒買及故意拖延騙勒遠（夷）人至起程日不能清還者，照詿騙律治罪，仍於館門首枷號一箇月。若不依期日，及誘引遠（夷）人潛入人家私相交易者，私貨各入官。鋪行人等以違制論，照前枷號。（通行守邊官員，不許將曾經違犯夷人，起送赴京）。	高舉，1970：904-5；薛允升，1970：410；黃彰健，1979：580-581
明弘治11年例	迤北小王子等，差使臣人等赴京朝貢，官員軍民人等與他交易，止許光素紵絲絹布衣服等件，不許將一應兵器並違禁銅鐵等物。敢有違犯的，都拿來處以極刑。	高舉，1970：905
明代例，雍正3年修改，乾隆5年改定	甘肅西寧等處，遇有番夷到來，（本都司）所在該管官司委官關防（提）督查，聽與軍民人等兩平交易。若勢豪之家，主使弟男、子姪、家人（、頭目人）等，將（夷）遠人好馬奇貨包收，逼令減價、以賤易貴；及將（粗重）一切貨物（並受損）頭畜拘收，取覓用錢，方許買賣者，（聽使之人，問發附近衛分充軍）；主使之人問發附近地方充軍；聽使之人，減主使一等；（干礙勢豪及）委官知而不舉、通同分利者，參問治罪。	高舉，1970：905-6；薛允升，1970：410
明成化14年例	遼東開設馬市，許令海西並朵顏等三衛夷人買賣。開元每月初一日至初五日，開一次；廣寧每月初一日至初五日、十六日至二十日，開二次。各夷止將馬匹並土產物貨赴彼處，委官驗放入市；許齎有貨物之人入市，與彼兩平交易。不許通事交易人等將各夷欺侮愚弄、虧少馬價及偷盜貨物；亦不許指置夷人，指以失物為由，扶同詐騙財物分用。敢有擅放夷人入城，及縱容官軍人等無貨者任意入市、有貨者在內過宿，規取小利、透露邊情，事發，問擬明白，俱發兩廣煙瘴地面充軍，遇赦，並不原宥。	高舉，1970：906-7

修例時間	內容	資料來源
明弘治年間例	各處客商輻輳去處，若牙行及無籍之徒，用強邀截客貨者，不論有無誆賒貨物，問罪。俱枷號一箇月。如有誆賒貨物，仍監追完足發落。若監追年久，無從陪還，累死客商。屬軍衛者，發邊衛；屬有司者，發附近，俱充軍。	高舉，1970：908；黃彰健，1979：577
明弘治年間例，順治至雍正年間仍之，乾隆5年刪	楊村、蔡村、河西務等處，如有用強攔截民運糧船，在家包雇車輛、逼勒多出腳錢者，問追給主，仍發邊衛充軍。	高舉，1970：908；吳壇，1992：535；黃彰健，1979：577
明代例，順治、康熙年間仍之，雍正3年刪	凡捏稱皇店，在於京師內外等處，邀截客商，揹勒財物者，俱拏送法司問罪。就於害人處所，枷號三箇月，發極邊衛分，永遠充軍。	高舉，1970：908-9；吳壇，1992：535；黃彰健，1979：580
康熙6年例，雍正3年修改，乾隆5年改定	凡內府人員家人，及王、貝勒、貝子、公、大臣、官員家人，領本生理，霸占要地關津，倚勢欺陵，不令商民貿易者，事發，將倚勢欺陵之人，擬斬監候。如民人借貸王以下大臣官員銀兩，指名貿易，霸占要地關津，恃強貽累地方者，亦照此例治罪。又，內府人員家人及王以下大臣官員家人，指名倚勢，網收市利，挾制有司，干預詞訟，肆行非法；該主遣去者，本犯枷號三箇月，鞭一百；本犯私去者，照光棍例治罪；王貝勒貝子公失察者，俱交與該衙門照例議處；管理家務者，革職；大臣官員失察者，亦俱革職。不行察拏之該地方文武官，交該部議處。	薛允升，1970：411
乾隆23年例	牙行侵欠控追之案，審係設計誆騙，侵吞入己者，照誆騙本律，計贓治罪；一百二十兩以上，問擬滿流；追贓給主。若係分散客店，牙行並無中飽者，一千兩以下，照例勒追，一年不完，依負欠私債律治罪；一千兩以上，監禁嚴追，一年不完，於負欠私債律上加三等，杖九十。所欠之銀，仍追給主。承追之員，按月冊報巡道稽查，逾限不給者，巡道按冊提比。如怠忽從事，拖延累商者，該巡道據實揭參，照事件遲延例議處；有意徇縱者，照徇情例，降二級調用；如有受財故縱者，計贓從重，以枉法論。	薛允升，1970：411-412

修例時間	內容	資料來源
乾隆29年例	糧船雇覓短縴，如有棍徒勒價聚眾攢毆等事，押運員弁交地方官審實，將為首及下手傷人之犯，俱問發近邊充軍；餘俱杖一百，枷號兩箇月，於河岸示眾。	薛允升，1970：412
乾隆35年例	京城官地井水，不許挑水之人把持多家，任意爭長價值，及作為世業私相售賣；違者，許該戶呈首，將把持挑水之人，照把持行市律治罪。	薛允升，1970：412
乾隆元年例	大小衙門公私所需貨物，務照市價公平交易，不得充用牙行，縱役私取。即有差辦，必須秉公提取，毋許藉端需索。如有縱役失察，交部分別議處。其衙役照牙行及無籍之徒用強邀截客貨者，不論有無誆賒貨物例，枷號一箇月，杖八十；如贓至三十五兩者，照枉法贓問擬。所得贓私貨物，分別給主入官。	薛允升，1970：412-413

第二章　晚明有關法律知識的兩種價值觀

　　明清中國曾經出版為數不少的法律書籍，以現存這類書籍數量而論，出版於明代者約為一百零一種，出版於清代者則約一百六十餘種；[1]而以其性質而論，則也有不同類別，單以涉及當時統稱「律例」的政府法條書籍而言，即可區別為「輯注本」、「考證本」、「司法應用本」、「圖表本」和「歌訣本」等五類。[2]在編著、出版與流通這些法律書籍的過程中，其作者和出版者當然各有種種不同目的，值得進行多方面的研究；而本章所欲探究的主題則是：當時人們在閱讀法律條文和法律書籍時，抱持著何種價值觀？當時人們究竟如何看待法律書籍的編寫、出版與流通？簡言之，筆者更關注的是有關法律書籍的讀者問題：哪些人在閱讀法律書籍？用何種方法閱讀法律書籍？以何種價值觀去看待法律知識？我挑選晚明兩部重要法律書籍，追溯其編寫、出版、重製與流通過程中所涉及的讀者問題，進而論證當時人們閱讀法律書籍所展現的兩種價值觀。

　　王樵（1521-1599）的《讀律私箋》，以及王肯堂（1549-1613）的《律例箋釋》，同為明代兩部重要的法律書籍，前者出版於1590年代，後者出版於1610年代，王樵是王肯堂父親，雖然王肯堂承續了父親的法律家學傳統，但在對待法律知識的價值觀上，兩人卻有明顯不同。儘管王肯堂《律例箋釋》在後代受到頗高的評價，[3]但事實上這是王肯堂在王樵《讀律私箋》一書既有基礎上所擴編增輯而成。值得注意的是，兩書關係如此密切，兩位作者也都

1　何勤華，《中國法學史》，第二卷，頁198-208。
2　張晉藩，〈清代私家注律的解析〉，收入氏著《清律研究》，頁164-188。
3　何勤華曾指出：王肯堂《律例箋釋》在明清眾多律學著作中「無疑是最為重要的」，它也是後來「清代律例注釋書所引用最多的明人作品」，以清末法學名家薛允升為例，在其所著《唐明律合編》的徵引法學著作書籍中，即以《律例箋釋》的次數最高，竟達「一百二十多次」（何勤華，《中國法學史》第二卷，頁236）。

對法學知識展現了較大興趣，但是，他們在討論如何閱讀法律條文以及如何定位法律知識性質等問題上，則表現了不同旨趣。透過兩位作者在閱讀法律時所展現的不同旨趣，我將藉以分析當時人們閱讀法律書籍的價值觀，配合明末清初逐漸興起的以閱讀法律為謀生工具或是正式職業的訟師、幕友等人物，我希望能對當時法律與經濟關係的變化，提供一些有用的觀察。

　　本章主要分為三節。第一節討論王肯堂《律例箋釋》的前身《讀律私箋》，說明此書如何反映王樵倡議「治律令，如士人治本經」的法律閱讀習慣，分析王樵這種法律閱讀習慣背後的心理因素，並討論其中所涉及的價值觀：法律書籍也能像儒家經典一般「有資用世」。第二節以王肯堂《律例箋釋》的長篇自序為焦點，分梳晚明「陰騭」與「功過格」結合風氣對當時司法審判的影響，既用以說明王肯堂詮釋「祥刑」字義的特殊歷史背景，也突顯王肯堂所提出的有關閱讀法律書籍的另一種價值觀：講究法學知識也能「福祚流及子孫」。第三節為迴響與小結，既綜述本章主旨，也進一步討論王樵與王肯堂父子代表兩種法律價值觀在清初的餘緒與迴響。

第一節　　王樵的法律閱讀與法學註釋

　　王肯堂《律例箋釋》約出版於明代萬曆四十年（1612），全書正文共計三十卷，此外，卷首和書末分別另收一些相關資料：卷首分別收錄了明洪武三十年（1397）的大明律序文、王肯堂寫於萬曆四十年的自序、萬曆十三年（1585）刑部尚書舒化等人向政府上呈的「進新刻大明律附例題稿」，以及各種法條補充圖表；書末則附錄了王肯堂所輯著的《慎刑說》。[4]儘管不少後代學者高度評價王肯堂的《律例箋釋》，但此書明刊本的流通量似乎並不算大，後人所見到王肯堂《律例箋釋》的最流通版本，並非明代刊製，而是清代康熙三十年（1691）由顧鼎重新改編並更換出版書名的《王肯堂箋釋》（或

---

[4]　這部明刊本王肯堂《律例箋釋》現存北京圖書館，依該館書目卡片載，此書原為十二冊線裝書，但筆者在該館只曾看到據原書攝製的微捲。該書首冊封面列有三欄文字：右上方署名「王宇泰先生著」，正中間題名「律例箋釋」，左下方標記「本衙藏版」。

另稱是《王儀部先生箋釋》）。[5]

　　王肯堂字宇泰，金壇縣人，明萬曆十七年（1589）進士。自晚明以來即以醫學專家聞名，[6]此外，王肯堂同時也是一位法學專家，在所著《律例箋釋》中，即充分展示了他對明代法律條文源流、演變與意旨的嫻熟掌握，清初法學專家對此書已有很高評價：「王君《律例箋釋》，其照律條貫，備悉詮解，膾炙人口，已非一日」。[7]然而，王肯堂《律例箋釋》卻並非是他一人的成績，而是承繼了王樵《讀律私箋》既有注律基礎而擴大增輯而成，這點在明刊本《律例箋釋》的作者題記上，其實已經做了清楚標明，只因後代流傳較廣的《律例箋釋》是清初改編本，而此改編本書名不僅被改為《王肯堂箋釋》，改編者更拿掉了作為共同作者王樵的名字，從而模糊了此書來歷。事實上，在明刊本《律例箋釋》全書三十卷正文的每卷卷首的作者欄內，都清楚刊題著「王樵私箋，肯堂集釋」字句。[8]《讀律私箋》約於萬曆二十三年（1595）九月出版，[9]比起王樵、王肯堂父子合著《律例箋釋》的出版時間萬曆四十年，約早了十七年。

　　儘管《律例箋釋》是以《讀律私箋》為基礎，但內容則又多出甚多，二

5　海內外不少圖書館藏有此本清代重刊的線裝書。近年來，這部清代重刊本被影印出版，但書名並未沿用清初重刊本封面上的《王肯堂箋釋》，而是以原書各卷卷頭刻印的《王儀部先生箋釋》命名（見：影印清康熙三十年（1691）顧鼎重刻本《王儀部先生箋釋》，收入《四庫未收書輯刊》第1輯，第25冊，北京：北京出版社，1997）。一般說來，古籍線裝書書名不似現代有更為統一的著錄名稱，這部王肯堂律例註釋書在清初重製時，於書體不同地方同時出現《王儀部先生箋釋》與《王肯堂箋釋》兩個「書名」。書名所稱「箋釋」都以王肯堂名字或是其任官稱謂的「王儀部」顏首，主要是重製出版時改編者特別想表達其對王肯堂《律例箋釋》的佩服與崇敬，改編者顧鼎如是說道：「今得原本，重編而付之剞劂。因舉世愛讀此書，故不敢諱先生之名，即標於封面，閱是編者，其恕余之妄，而鑒余之心，幸矣」（《王儀部先生箋釋》，頁264）。

6　正史稱其：「好讀書，尤精於醫，所著《證治準繩》，該博精粹，世競傳之」（《明史》，卷221，頁5818）。有關王肯堂的簡要傳記，參見：王重民，〈王肯堂傳〉，收入氏著《冷廬文藪》，上海：上海古籍出版社，1992，頁166-168。

7　王明德，《讀律佩觿》（影印清康熙十五年（1676）年王氏冷然閣重刻本，收入《四庫全書存目叢書》，台南：莊嚴文化公司，1995，子部，第37冊），頁530。

8　此處所用「私箋」字眼，既是動詞也是名詞；以名詞論，正暗指了作為王肯堂「集釋」基礎之一的王樵法學專著書名：《讀律私箋》。然而，這裡確實又有疑點：在明刊本《律例箋釋》第一冊線裝書封面何以只單獨題記「王宇泰先生著」？其中可能涉及此書出版或重製時的種種細節，證據太少，故難多論。惟明刊本封面雖未題王樵名字，但《律例箋釋》正文各卷卷首則確實皆題刻「王樵私箋，肯堂集釋」，這仍清楚載明父子兩人在此書的共同作者關係。

9　萬曆年間刊本的王樵《讀律私箋》現藏北京圖書館，全書有正文二十九卷與附錄一卷，書前錄有題於萬曆乙未年（二十三年，1595）九月的王樵自序。

書既有清楚的承繼關係，也帶有王肯堂個人克紹箕裘發揚家學的新創成分，《律例箋釋》可謂是王肯堂在王樵《讀律私箋》既有基礎上而擴大編成的法學著作，說是王樵、王肯堂父子合著固然沒錯，但稱其為王肯堂個人專著也講的通。

在分析王肯堂《律例箋釋》如何表達對法律知識的評價之前，我要先集中討論王樵如何看待法律知識，這對理解王肯堂如何敘說法律知識的重要性，將有很好的參照作用，合而觀之，正可為勾畫明末清初中國法律閱讀習慣的演變，提供一些有用的觀察線索。

王樵花了三十年以上心血撰著《讀律私箋》，[10]這個長時間的寫書過程，固然可以反映他本人對法律知識的重視，然而，筆者更感興趣的是：王樵究竟採用何種文字論述的語句或是非文字論述的姿態，去向人們論證法律知識的重要性？王樵當時其實是以撰注儒家經典而聞名，正史曾如此形容王樵的學術：「邃經學，易、書、春秋，皆有纂述」，[11]王樵學術活動之所以能獲得社會好評，基本上是由於他注疏儒家經典；然則，王樵在注疏儒家經典同時，又以三十年心血撰著一部法學專書，他究竟是如何看待法律知識與儒家經典之間的關係呢？對人們一般只看重他注釋儒家經典而未留意他同樣費心注釋法律條文的成績，王樵是否也曾感到如鯁在喉？一位曾經花費三十年功夫研讀法律條文而撰成法學專書的學者，但別人似乎總只是知道他注釋儒家經典的成績，王樵是否感到有必要提醒別人也該注意他注釋法律條文所付出的心血以及其所達到的成就？這裡面其實存在幾個不同層次的脈絡，我將依序區別與說明。

一、王樵閱讀與註釋法律的心理背景

王樵何以在注釋儒家經典之外而又同時重視法學知識？這裡可以先提供一個直接而又隱微的原因：王樵年輕時擔任司法工作時的挫折或受辱經驗，

10　《讀律私箋》出版前數年，在一封寄給姪兒王堯封的家信上，王樵如此形容此書的草稿：「初稿五巨冊，蓋吾三十年之精力在焉」（參見：王樵，《方麓集》，影印文淵閣四庫全書本，台北：台灣商務印書館，1983，冊1285，卷9，頁281）。

11　《明史》，卷221，頁5818。

刺激了他開始閱讀和鑽研法律知識。王肯堂的《律例箋釋》自序對此有如下
記載：

> 先少保恭簡公為比部郎時，嘗因鞫獄引擬不當，為尚書所訶，發
> 憤讀律，是以有「私箋」之作。兩出持憲，一東袞，一嘉湖，皆最煩
> 刻地，而案無留牘，庭無冤民，有餘暇焉，自以為比部「箋律」效
> 也。[12]

「少保恭簡公」用的是王樵卒後朝廷追贈的謚號，而文中提及的「比部
郎」和「兩出持憲，一東袞，一嘉湖」，則是指王樵任職刑部員外郎和先後
出任山東僉事、浙江僉事的經歷。至於王肯堂兩次提及的「私箋」與「箋
律」，指的正是王樵輯著的《讀律私箋》。王肯堂這篇序文的重點，其實是
要向讀者說明《讀律私箋》這部書對他父親為官政績的鉅大助益（「案無留
牘，庭無冤民」），這種文字論述既宣揚了《讀律私箋》的重要性，也連帶宣
揚了自己在《讀律私箋》基礎上撰成《律例箋釋》的重要性。然而，王肯堂
在此處則無意或有意地留下了一段王樵當年「發憤讀律」的往事：在刑部員
外郎任內，曾因覆審法律文書時援引法條不當而被刑部尚書責罵，因而「發
憤讀律」。

王肯堂寫這篇序文時，《讀律私箋》已出版十七年，而王樵也已謝世
十三年，王肯堂回憶父親當年「鞫獄引擬不當，為尚書所訶」而「發憤讀
律」的往事，如此細節，當是確曾親聞於父親之口。考察王樵任官履歷，他
是在嘉靖三十六年（1557）到三十八年（1559）間任職刑部員外郎，[13]此時王
樵約當三十七到三十九歲之間，這段因「鞫獄引擬不當，為尚書所訶」的往
事，可能確曾對當時王樵造成不小刺激，這才讓王肯堂在父親卒後十三年時

---

[12] 此段文字根據於明刊本《律例箋釋》卷首的王肯堂〈自序〉。值得注意的是，明刊本王肯堂〈自序〉文字和一般常見重編本《王儀部先生箋釋》（或稱《王肯堂箋釋》）所刻王肯堂〈自序〉稍有出入，何勤華先生敏銳地點出其中兩處重要差異：一，明刊本「是以有私箋之作」字句，在重編本則刻成「是以有箋釋之作」；二，明刊本「比部箋律效也」句文，重編本刻為「比部箋釋效也」（何勤華，《中國法學史》第二卷，頁245）。清初重編者一律以「箋釋」二字取代明刊本〈自序〉確曾出現的「私箋」與「箋律」等字詞，這使以後讀者很容易忽略王肯堂此書其實源於王樵《讀律私箋》的承繼關係。

[13] 此期間任職刑部尚書者，先後有三位，分別是：歐陽必進、賈應春和鄭曉（《明史》，卷112《七卿年表》，頁3466-3467），責罵王樵的官員到底是誰？仍待考究。

才又重新公布了這段往事。

　　然而，也不能過於誇張這段受挫與受辱往事的實際作用，畢竟王樵三十多年持續閱讀法律的一種讀書習慣，實在很難將其簡化為一樁突發事件刺激的結果。此處暫時不談王樵曾為刑部長官指責而「發憤讀律」的心理動機究竟如何影響他閱讀法律的習慣，我想指出另外兩個影響王樵重視法律知識與出版法學專書的二個重要因素：一是王樵一生任官過程的特殊性，他有大半時間辭官家居，而實際任官時間則大都擔任司法審判工作；二是王樵在萬曆二十三年八月受到其他官員上疏攻擊而退休，這個退休時機正好緊接著他出版《讀律私箋》的日期：萬曆二十三年九月，這裡反映了一些王樵當時出書時的重要心理動機。

　　首先簡介王樵頗為引人注意的任官經歷。王樵（字明遠，[14]號方麓）一生具有官員身分的時間（當時稱此為「通籍」）長達四十九年，但實際任官時間則不到一半，大部分時間都是辭官家居。王樵為嘉靖二十六年（1547）年進士，初授行人司行人；隔年即因母親過世而回家守喪；直至嘉靖三十二年（1553）四月，才得重返北京補官，任職刑部主事；同年十一月，又因父親王臬（1447-1553）過世而二度回家守喪；嘉靖三十六年（1557）始回北京補官，任職刑部員外郎；這大約便是他「發憤讀律」的時期。嘉靖三十八年（1559），王樵由刑部外放出任山東等處提刑按察司僉事；嘉靖四十年（1561），與首輔嚴嵩黨人間的政治衝突昇高，因而稱病辭官回鄉，這是王樵的首次辭官。在家居住十三年後，直至萬曆二年（1574），才因張居正推薦而復出任官，擔任浙江等處提刑按察司僉事；萬曆三年（1575）四月，王樵重返北京，任職尚寶司少卿；萬曆四年（1576）二月，因未積極支持張居正不願請假回家守喪的所謂「奪情」事件，而開罪張居正，後乃被長官藉故由北京外放到南京，擔任鴻臚寺卿；萬曆五年十二月（1578），王樵第二次辭官，又在家閒住了十四年。萬曆十九年（1591）十一月，王樵再被重薦為官，出任南京太僕寺少卿，此時王樵已年高七十有一。同年十二月，遷任南京光祿寺卿；萬曆二十年十二月（1593），升任南京大理寺卿；萬曆二十二

14　《明史》收錄王樵傳略與生平（卷221，頁5817-5818），載明是「王樵，字明遠」（頁5817）；但在王樵謝世後家屬委請王錫爵所撰的墓誌銘，則又寫錄為「公諱樵，字明逸」（王樵，《方麓居士集》，明崇禎八年（1635）補刊萬曆年間刊本，據國家圖書館藏本翻拍微捲，卷首）。

年（1594），轉任南京刑部右侍郎；萬曆二十三年（1595）六月，發布升任南京都察院右都御史。任命甫下，隨即有官員攻擊其年齡過高，王樵上疏請辭；同年八月，在四次堅持自己年老體病而辭職獲准。[15]這是王樵的第三次、也是最後一次辭官，時年七十五。萬曆二十七年（1599），王樵謝世，享年七十九。

由上述王樵一生任官履歷看來，他由嘉靖二十六年（1547）任官到萬曆二十三年（1595）退休致仕，在前後四十九年「通籍」時間中，即有二次長期辭官在家，扣掉這二次辭官的二十七年，王樵實任官職時間只有二十二年，比他辭官居家時間還少五年。在這段「通籍」而又二次長期辭官的時間裡，王樵由二十七歲的青壯年變成了七十五歲的老人。

儘管王樵一生仕途並不順利，但他在實際任官的二十二年時間裡，所司職掌泰半都與司法工作有關。他曾兩次任職北京刑部，一任主事，一任員外郎，前者任期約九個月，後者則為一年多。晚年第二次復出任官，則都在南京，先後出任南京大理寺與刑部，加上最後他致仕退休的機關南京都察院，王樵等於歷任了明朝中央朝廷編制最重要的三個司法機關（時稱刑部、大理寺、都察院為「三法司」），這段時間約計四年。除了任職中央級司法機構外，王樵也先後掌管較高層級的地方司法機關，如山東等處提刑按察司僉事、浙江提刑按察司僉事等職務。要之，王樵實際任官期間所負責職務，多屬中央或地方層級的司法實務。無論他青壯年時「鞫獄引擬不當，為尚書所訶」而「發憤讀律」的心理動機有多麼關鍵，那畢竟是樁突發性事件；長期任職中央與地方司法職務的實務工作需要，才是王樵閱讀法律與撰著法律書籍的重要背景。

然而，王樵在任職司法實務工作期間所累積的豐富法律知識，並不如他

15　《明史》有王樵傳記（卷221，頁5817-5818），王樵生卒年考訂及其他傳記資料索引則參見：國立中央圖書館編，《明人傳記資料索引》上冊，台北：國立中央圖書館，1965，頁73。本章有關王樵任官經過，係整理自下列資料：《明史》王樵本傳、（明）過庭訓，《本朝分省人物考》（影印明天啟二年（1622）刊本，台北：成文出版社，1971，卷29，頁2433-2437），以及王樵《方麓集》所收奏疏、記文等資料（頁98-104、129-130、238-242、242-244、248-249、314、354-355）。至於王樵與其所處明代後期政局關係，則可參見程一凡對當時京官流派所做的細緻區分與討論，參見：I-fan Ch'eng（程一凡），"Development and Frustration of Statecraft in mid-Ming China: As Reflected in the Experiences of the Gu Family of Jiangnan during the Sixteenth Century." Ph.D. Dissertation, University of California, Berkeley, 1988, pp.253-284.

撰著儒家經典的廣為時人所知。他在晚年退休前夕所遭遇的人身攻擊事件，實在很帶有某種戲劇性；對一位長期閱讀法律、嫻熟法律的法學專家而言，這次人身攻擊事件確實顯得突兀與諷刺。

萬曆二十三年六月，王樵剛升任南京都察院右都御史，南京兵科給事中盧大中即上疏攻擊其年齡過高不適任此職，盧姓官員在奏疏中使用輕薄語句建議朝廷強迫王樵退休：「五十年進士，猶戀仕途；八十歲老人，奚堪風憲。但其生平清謹，素無顯過，或當加恩加銜，致仕以示優處」，[16]攻擊者不僅嘲諷王樵年老不適任南京都察院工作，更以「素無顯過」來試圖總結王樵一生為官政績。[17]更諷刺的是，盧大中還評擊王樵任職刑部期間的庸碌無能，王樵在寫給王肯堂的家信中，轉述了盧大中的評擊語句：

> （此君）謂我在刑部，一應文移、招詳，唯憑司官可否，不唯全不經心，抑且通不入目。[18]

王樵不僅被批評是無心司法審案工作（「全不經心、通不入目」），更被質疑是完全沒有處理各類司法文件（「文移、招詳」）的專業能力，只能靠刑部僚屬幫忙（「唯憑司官可否」）。

盧大中的公開言論攻擊與王樵的四次上疏辭職，集中發生在萬曆二十三年的六月到八月前後。而王樵的《讀律私箋》則大約出版在同年的九月，兩者在時間上的相近，應有相當因果關係。《讀律私箋》出版時，書前所附王樵自序，署記時間為萬曆二十三年（1595）九月，署題官銜則為「資善大夫南京都察院右都御史王樵」，這正是王樵辭官獲准後的第一個月，[19]儘管王樵辭官前後的心情看來不算太壞，[20]但對盧大中的批評其實仍是很難釋懷，

16　王樵，《方麓集》，卷9，頁314。因為都察院負責評定全國官員考績，故常以「風憲官」代稱此部長官；所謂「八十歲老人，奚堪風憲」，即譏諷王樵難以勝任南京都察院職掌。

17　王樵在給王肯堂家信中，談及盧大中言行也極生動：「此君在此相處頗久，每次相見接語，亦頗洽。不意一轉都察院，攻我者乃出」（王樵，《方麓集》，卷9，頁314）。盧大中和王樵一同任官南京，總有碰面機會。

18　王樵，《方麓集》，卷9，頁314。

19　萬曆二十三年王樵辭職回家後未久，即寫信給任官外地的長子王啟疆，信中標明他自南京返回家鄉金壇縣的時間：「已於九月三十日到家」；然則，王樵那篇署題萬曆二十三年九月的《讀律私箋》自序，便極可能是他在南京退休束裝返鄉之前所寫文字。

20　王樵在萬曆二十三年寫完第一封請辭奏疏後，即寫信王肯堂談及此番他遭受攻擊的前因後果與自己的此時心境：「大抵自我起用之後，暗算之人，無日不有。但命數有定，人力安排不得，故得延引

此君批評他年老固然無可辯白，但在奏議上向皇帝和全國官員公開說他「在刑部，一應文移、招詳，唯憑司官可否，不唯全不經心，抑且通不入目」，這便不是一生對閱讀法律極有興趣而且研讀法律也有成績的王樵所能接受的誣語。然而，王樵並不選擇直接回應盧大中的攻詰；而是在萬曆二十三年九月出版了《讀律私箋》。這本書籍的出版，其實是用具體法學撰著向外界更大程度地公開自己長期閱讀法律的事實，王樵藉此展現自己對法律條文的嫻熟；此書緊接著盧大中攻擊王樵不懂司法實務之後出版，當然不能全屬巧合，而其實是一種形式特殊的辯誣行動：他不直接回應盧大中的誣語，而是逕自出版一部法學專書。

更值得注意的是，王樵在《讀律私箋》自序裡絕口不提他長期研讀法律的個人經歷，他不僅不回應攻擊自己不懂法律的誣語，反而好整以暇地評論當時法律註釋書籍流行體例的不當；此外，王樵還在此篇自序的結尾附加了一小節題為〈法原〉的文字，歷歷細數了由《周禮》、李悝《法經》、秦漢魏晉、唐宋元代乃至明代法典的利弊得失。[21]王樵這些文字都在在展現了他豐厚的法學素養，當時一般讀者只要看到此書和此書自序，大概都很難相信盧大中指控王樵對司法實務「不唯全不經心，抑且通不入目」的說詞；在我看來，王樵出版《讀律私箋》可謂是一種不屑直接回應盧大中誣語的姿態，他無需爭辯自己究竟是否在刑部時「一應文移、招詳，唯憑司官可否」，而是直接出版一部法學專書，透過專書內容與自序文字，王樵向時人展現了自己一生長期閱讀法律的具體成績，既強烈彰顯了盧大中誣語的可笑，也或多或少地吐露了自己法學素養豐厚而卻一生仕途不順的官場際遇。

要之，王樵在萬曆二十三年出版《讀律私箋》，主要可視為是他展現法學素養的一種姿態；只是，王樵從頭到尾都未曾在書內或自序裡提及法學知識是否重要、何以重要等問題，也並未揭示自己何以長期閱讀法律的具體理由，因而，這部專書的所有文字，都並非是一種有關界定法律知識重要性的論述。

四年，待盧君而結局。我官至二品，歸得善歸，又何尤哉！兒輩知之而已，逢人牢閉口」（王樵，《方麓集》，卷9，頁314）。信中所述，正指王樵在萬曆十九年底重出任官南京以至萬曆二十三年昇任南京都察院右都御史一職期間於官場所受攻擊。

21 參見：王樵，《讀律私箋》萬曆年間刊本自序。這篇自序文字在後來編輯《方麓集》時也被收入，但篇名則改作〈大明律解序〉（《方麓集》，卷2，頁139-143）。

　　王樵在晚年辭官之際立即出版《讀律私箋》，的確帶有上述以出版行動辯誣的心理動機，但是，此書畢竟是他多年研讀法律的心得，不可能是盧姓官員一句誣語即能逼使此書突然產生。只能說，王樵在退休前夕所碰到的不實指控，或許加速了王樵出版他累積多年閱讀法律心得的過程。總而言之，無論是早年在刑部員外郎任上被長官指責援引法律不當而「發憤讀律」，或是晚年自南京三法司任上受人攻詰不懂「文移、招詳」而在辭官後隨即出版法學專書，這些因緣際遇都只能從側面說明王樵閱讀與出版法律書籍的一些未曾明言的心理動機與情緒反應。然而，到底王樵如何看待法律知識的重要性？他如何處理法律價值觀的問題？下文將續做說明。

二、治律如治經：王樵「有資用世」的法律價值觀

　　王樵曾撰有〈西曹記〉，這才是反映他法律價值觀的主要文字。西曹即指刑部，王樵在此文中憶及當年他任職北京刑部時和長官、同僚的相處，並記錄了他當時努力研讀法律的情景：

　　　惟西曹燕敘以齒，不以官事。至分理，有疑相酌；政事之外，道義切磋，真有朋友之義焉。且牘必自成，不假吏手，故居是官者，多精於吏事。刑雖一職，而諸事之情偽，無不在焉，非通於諸事之情偽者，不足以決獄。予在刑部，治律令，如士人治本經；後兩任按察，皆得其力。[22]

　　所謂的「予在刑部，治律令，如士人治本經」，不僅記錄了王樵當年初任刑部主事與刑部員外郎的認真閱讀法律情景，更交待了他對本朝「律令」和儒家「本經」的一體重視。

　　王樵〈西曹記〉一文可能寫成於萬曆五年十二月（1578）他第二次辭官時間的前後。[23]以此估算，他當時已約五十八歲，距他三十七至三十九歲任

22　王樵，《方麓集》，卷6，頁225。
23　〈西曹記〉結尾提及王樵批駁嘉興府知府送呈司法案件，發生於萬曆二年、三年間（1574-1575）王樵在浙江等處提刑按察僉事的職位上。同時，王樵此文也只評論了有關嚴嵩、海瑞等人涉及的嘉靖朝幾項政治事件，並未提及張居正「奪情」一事在當時的重大朝野論爭，或許正是身處此間而事涉敏感。若辭官之後才寫此文，則應會多少提及當時張居正「奪情」事件的線索。故筆者推測此文應

職刑部的「發憤讀律」往事，已相隔二十年之久。〈西曹記〉裡也提及王樵自己兩次外放山東僉事與浙江僉事時政績受惠於研讀法律的事實，只是在這篇文字裡，他則已經有意地略去（或者是無意地遺忘）了王肯堂所提及的「為尚書所訶，發憤讀律」往事，他在這裡記得與強調的，是嘉靖三十六（1557）至三十八年（1559）間他和刑部同僚們的「朋友之義」，這裡包括了王樵和刑部同事們交往互動的二類主要內容：一是刑部官員依所屬職司分別處理全國各省上送疑難覆審案件的日常工作，王樵回味了他們當年共同集會研商案件疑義的往事（「至分理，有疑相酌」）；二是王樵和刑部同僚在認真討論法律案件之際也不忘懷的人生事業：「政事之外，道義切磋」。

　　除了回憶刑部同僚們的「朋友之義」與自己在刑部時的「治律令，如士人治本經」之外，王樵在〈西曹記〉中也進一步勸人努力研讀法律：

　　　　予見人多以留心案牘為俗吏，專以文墨詩酒為風雅，往往法律都不細觀，鞫問又不耐煩……於此無所用心，飽喫官飯，受成胥吏，而可謂之風雅乎？[24]

　　王樵對時人「往往法律都不細觀，鞫問又不耐煩」深致不滿，他不僅警醒時人「多以留心案牘為俗吏，專以文墨詩酒為風雅」的不當，也譏刺了「飽喫官飯，受成胥吏」的所謂「風雅」。

　　王樵不僅勸人要「細觀」法律、要「耐煩」審案（「鞫問」），更用一種異常仔細而且嚴肅的態度來研讀法律條文與法律書籍，用他自己的話說即是：「治律令，如士人治本經」。王樵將閱讀法律類比於閱讀儒家經典的態度，不只表現在他對自己研讀法律的回憶，也反映在他自己撰著法律專書所提倡的特殊體例。在《讀律私箋》自序上，王樵倡議要以「先儒釋經」體例來撰寫法律專書：

　　　　伏以大明律乃我太祖高皇帝聖制，近年諸方刻本，多附入臣下私注，不無混錯制書。竊考先儒釋經，不連經文，自為一書，恭依此例。有律條指掌，有律令通旨，有律例通旨，有律中疑義，有引擬指

寫於萬曆五年十二月王樵第二次辭官前後。

[24]　王樵，《方麓集》，卷6，頁228。

訣，有律互見，有律無文。初各為卷，今分附各條之下。解説律意，
各採諸家之長，不復識別。[25]

　　王樵強調《讀律私箋》的獨特性，即是仿效「先儒釋經，不連經文，自
為一書」的體例，他要將其應用到法律書籍上。至於王樵批評的「近年諸方
刻本」，則大約即指的是他在十六世紀末所見到諸種流行的法律書籍。王樵
雖然也承認「近年諸方刻本」法律專書對「解説律意」的貢獻，但他對當時
法律書籍的編撰體例提出嚴重批評：這些法律書籍在體例上將政府官頒法律
條文不當地「附入臣下私注」，從而產生擅改政府頒定法律原文的「不無混
錯制書」弊端。

　　王樵所做法律註釋工作極為仔細，這明白表現在他《讀律私箋》自序中
提及自己註釋內容的七種類別：「律條指掌、律令通旨、律例通旨、律中疑
義、引擬指訣、有律互見、有律無文」；然而，這些仔細的法律註釋工作仍
不是王樵最想強調的重點，他對自己《讀律私箋》引以為傲的最大特色，仍
在他所標舉的對法律「律文」和「注文」的嚴格區別，而這個區別則正是來
自於他援引古代儒家的注釋體例：「竊考先儒釋經，不連經文，自為一書，
恭依此例」。

　　王樵撰編的《讀律私箋》，採取了當時最嚴格區分法律正文與注文的體
例：全書基本上不列印政府頒布的法律條文，而只錄入自己閱讀法律正文的
心得以及他採輯諸家法律註釋書籍的文字；王樵再將這些閱讀心得與採輯
整理，按照政府公布法律條文的目錄次序「分附各條之下」。然則，何以
要嚴格區別法律「律文」和「注文」？王樵強調兩個原因：一是明朝頒訂的
法律條文，原本是明太祖「高皇帝聖制」，而「近年諸方刻本，多附入臣下
私注，不無混錯制書」；另一原因則是「竊考先儒釋經，不連經文，自為一
書，恭依此例」。

　　前一原因是王樵對當時明朝法律書籍出版體例的觀察與批評。但由現存
明代流行的法律註釋書籍看來，王樵對「近年諸方刻本，多附入臣下私注，

25　王樵，《讀律私箋》（萬曆刊本）〈序〉（冊1，頁1上）。不過，這篇序文後來收入《方麓集》
　　時，其中一句文字「近年諸方刻本」則改刻為「近年諸坊刻本」（卷2，頁139），此「方」非彼
　　「坊」，若非錯字，則一字之差，也可能隱含以經營商業出版牟利性質的「書坊」暗貶這些法律書
　　籍的刊刻者。

不無混錯制書」的批評，其實過於嚴苛。以雷夢麟撰著的《讀律瑣言》為例，這書出版於嘉靖年間，此書體例則是以「瑣言曰」區分法律正文與注文。[26]這是一部在明清時代流傳較廣的法律書，究竟這樣的體例是否仍算是王樵批評的「多附入臣下私注」？儘管王樵並未指名他批評為「混錯制書」的法律註釋書，但以王樵《讀律私箋》單錄法律注文而不附法律正文的體例來看，看來即使連《讀律瑣言》也不符合王樵的體例要求，都算是所謂「附入臣下私注」的書籍體例。然則，使用「瑣言曰」區分律文與注文，真的便會讓讀者分不清楚「臣下私注」與「高皇帝聖制」的法律注文與正文間的區別嗎？這樣的區分仍會容易造成「混錯制書」的弊端嗎？持平而論，若說明朝當時一般讀者會將「瑣言曰」的「臣下私注」法律注文誤認為政府頒布的「高皇帝聖制」法律正文，這是很令人懷疑的，從此角度看，王樵批評「近年諸方刻本，多附入臣下私注，不無混錯制書」，確是過於嚴苛。[27]

　　《讀律瑣言》單以「瑣言曰」區分律文與注文的體例，仍在王樵批評的「附入臣下私注」範圍，而王樵之所以主張這種體例仍會「混錯制書」，真是他採用更嚴格體例區分律文、注文的關鍵理由嗎？我比較持疑，在我看來，王樵對《讀律私箋》特殊體例所說的兩個理由：「近年諸方刻本，多附入臣下私注，不無混錯制書」、「竊考先儒釋經，不連經文，自為一書，恭依此例」，其實前者的批評有些過甚其辭，並無明顯證據可支持王樵對當時法律注釋書籍「混錯制書」的指控；因此，我認為王樵在倡議分別刊印法律注文與正文時所最主要訴求的重點仍是後者：他這部《讀律私箋》在體例上是援用正統的儒家經典註釋傳統：「先儒釋經，不連經文，自為一書」。

26　（明）雷夢麟，《讀律瑣言》。

27　其實，王樵將法律注文單獨成書的體例反而不便讀者閱讀，因為這使讀者還得另外準備刊錄法條正文的書籍，才能對讀其注釋法律文字。只是，若從重製法律條文精確度的角度來評價，則王樵此種體例固然增加讀者閱讀法律書籍的成本，但在司法實務上可能仍有一定道理。以《讀律瑣言》為例，雖然其體例確實區分了法律正文與注文，但畢竟因為出版時必須要透過雕版或活字排印等方式才能重製政府核訂頒布的法律條文，而於重製過程中若是未能花費足夠人力校對排印的政府公布與不斷修訂的各種法律條文，則也很可能造成刊印法條時發生各種文句錯誤。而法條字詞與文句錯誤，不僅可能致使全國官員或士子閱讀法律條文時的失真或扭曲，甚至當各級官員操作司法實務時還可能發生援引法條適用判案的錯誤，危害反而更大。職此之故，王樵倡議的刊印法律書籍體例雖會造成讀者不便，但若全國法律註釋書籍都能嚴格遵循王樵的刊印體例，則對司法實務仍有一定幫助，可減低重製政府法條失誤的風險，連帶也有助於提升司法官員援引法條的精確性。只是，上述考量仍是筆者個人的推想，其實並未出現於《讀律私箋》序言中。

而在我看來，王樵這個訴求的最直接目的，則是要向讀者指出他在這本法律註釋專書所做的工作，其實即是等同於他自己也同時從事的註釋儒家經典工作。

在《讀律私箋》之外，王樵註釋了不少儒家經典，他的《尚書日記》、《書帷別記》、《春秋輯傳》、《周易私錄》、《周官私錄》、《四書紹聞編》等書，自出版以來即為時人所看重。[28]以《尚書日記》而論，清人編《四庫全書》時即如此稱揚王樵：「是書雖為舉業而設，而於經旨實多所發明。可謂斟酌於古今之間而得其通者，固非剿劌、疏淺諸家所能及也」；而這部《尚書日記》的體例正是：「不載經文，惟按諸篇原第，以次詮釋大旨」。[29]由此看來，《尚書日記》和《讀律私箋》二書體例確是類同，都符合王樵《讀律私箋》自序所標舉的體例：「先儒釋經，不連經文，自為一書」。

王樵不只在《讀律私箋》與《尚書日記》上採用「不載經文」的同種著書體例，也不僅使用「治律令，如士人治本經」語句描述他的法律閱讀習慣，當他在勸家族晚輩多多讀書、分享自己的讀書經驗，[30]以及總結他的讀書技巧時，[31]王樵也都並不區別閱讀法律條文和閱讀儒家經典的不同讀書方

28　張汝蘊在約作於萬曆二十七年（1599）的重刊王肯堂《尚書要旨》序文上說及：「海內尚書家，屈指金沙王氏御史大夫方麓公，所著有日記、別記，業家持而戶習之。而其仲子太史宇泰氏，復以得之彌見洽聞者，研以深心，勒成要旨一編」（王肯堂，《尚書要旨》，收入《四庫全書存目叢書》，台南：莊嚴文化公司，1995，經部，冊51，頁493）。其中所提的「日記、別記」即是王樵所著《尚書日記》、《書帷別記》。有關王樵出版活動的研究，參見：谷井俊仁，〈王樵の著述出版活動〉，收入磯部彰編，《東アジア出版文化研究　こはく》，東京：日本文部科の省特定領域研究「東アジア出版文化の研究」報告書，2004，頁61-103。
29　王樵，《尚書日記》（影印文淵閣四庫全書本，台北：台灣商務印書館，1983，冊64），頁221-222。王樵對撰寫科舉參考書也有一番看法，在《書帷別記》萬曆十二年（1584）自序上，王樵寫道：「舉業之陋，日甚一日，至有全不為義理而專為應舉之計者……然科舉既未可廢，則業舉之言雖陋，無亦且導之，即所業而求諸義理，即所得而正學以言乎！予先年尚書有記，意頗在此，乃學者猶謂其不近於舉業，欲予更約言之，則又為此編。誠能與《（尚書）日記》相參考而熟玩焉，於先聖之遺意，未必無所發明云」（王樵，《書帷別記》，影印明萬曆王啟疆等刻本，收入《四庫全書存目叢書》，台南：莊嚴文化公司，1995，經部，冊51，頁351-352）。
30　王樵晚年曾向子姪與諸孫描述自己一生愛好讀書的情形與成效：「吾自少至老，惟喜讀書，每日從朝至暮，手不釋卷，雖當事冗，應酬少暇，未嘗廢覽。道途車馬之上，未嘗廢思。以故六經諸史百家，靡不淹貫；發明義理，敷敘事情，文章自然流出，不假安排。所以然者，只是熟而已；其熟者，只是專而已」（王樵，《方麓集》，卷13，頁375）。
31　「讀書只在遍數多，不在強記」、「書貴熟讀，須在隔夜，多者百遍，少者七、八十遍，隨自家材性；縱然已熟，寧可加多，如此一年，何書不記」（王樵，《方麓集》，卷13，頁375-376）。

法，他將自己所歸納的「讀書三熟」（「讀得熟、看得熟、做得熟」）與「手寫」等讀書方法，都同時應用到讀經與讀律上：

> 　　吾有一法，可以兼得讀、看、做三妙者：手寫也。手之所到，眼亦到，心亦到。寫時默記，故可以兼讀；寫不妨思，有時不思，而新意自出，故可以兼看；隨經發意，訂正諸家，非有意于為文，而理趣所到，無往非文，故可以兼做。吾于經書，如《周易》、《尚書》、《春秋》、《周禮》、《大學》、《論語》、《孟子》、《中庸》，以至本朝法令，皆曾用此功、覺得此力。[32]

　　這裡寫的十分清楚，王樵將他閱讀「《周易》、《尚書》、《春秋》、《周禮》、《大學》、《論語》、《孟子》、《中庸》」的讀經過程，和閱讀「本朝法令」的讀律經驗，等同起來做舉證，用以傳授子姪晚輩自己累積多年的讀書方法。而由此處也正可見到王樵對閱讀法律的重視，一如他在閱讀儒家經典時般地認真與講究，所謂「治律令，如士人治本經」，絕非是句空話，而是王樵一生「惟喜讀書」及其閱讀習慣中的具體實踐。

　　《讀律私箋》的正式出版，是王樵多年認真讀律的心血結晶，從現有證據看，此書是他多次修改草稿的最後成果，出版該年，他已七十四歲，並於此書出版後四年謝世。而於萬曆二十年（1592）寫給姪兒王堯封的信上，王樵即曾評價《讀律私箋》在此書草稿階段《大明律解》時的重要價值：「《律解》初稿五巨冊，蓋吾三十年之精力在焉；且係手跡，用為吾姪涖官之助」。[33]此信提及的《律解》，正是《大明律解》的簡稱，這應是王樵出版《讀律私箋》之前曾經屬意的書名；[34]他並使用「吾三十年之精力在焉」一語，藉以形容自己珍視《大明律解》初稿的特殊情感。

　　事實上，早在萬曆十七年（1589）八月間，王樵在給新任職翰林院的王肯堂寫信，他將自己撰寫中的「大明律解」與其他已註解完成的儒家經典並列一處：

32　王樵，《方麓集》，卷16，頁449。
33　王樵，《方麓集》，卷9，頁281。
34　如本章前所述及，王樵《方麓集》收錄的〈大明律解序〉，其內容和之前編成王樵《讀律私箋》的序文基本相同。

附寄「春秋」五冊、「周禮」四冊，皆已脫稿，可細閱之，中有訛字、缺字，就校正之；有疑處及發明未盡處，別行箚記；並汝所自得者，俱當下記了，勿忽勿忘，此便是一遍工夫也。「周易」、「律解」，亦已脫稿，俟下次寄來。當朝典故，且以《會典》為主，參以時論，而熟講究之，此項工夫，不可看做第二義。[35]

王樵在此信裡，既勉勵王肯堂閱讀包含《大明會典》在內的「當朝典故」等書籍，也期望他能幫自己對已經脫稿的經學著作以及仍處草稿階段的「律解」專書進行校正或是建議修改。

王樵花了三十年精力撰寫這部法律專書，那麼，他又是如何看待自己這部書的貢獻呢？在萬曆二十年（1592）另封王樵給王堯封的信上，他將這部法律書籍的實際用處概括為：「此書若成，不但有資於用世，即欲學文，亦可以得法也」，[36]可見王樵實以「有資用世」和「即欲學文，亦可以得法」兩類用途概括《大明律解》這部法學專書的價值。相對來說，「有資用世」的內容比較模糊，主要指的是儒家修身、齊家、治國、平天下的一套學問，這和王樵〈西曹記〉勸人讀律時所提及的「古人為學實用處」應是同義；至於後一類的所謂「學文得法」，則指的是王樵相信他這部法律註釋書籍的內容可以有助於學習科舉考試「八股文」那類論說性文章的寫作技巧。

當王樵長子王啟疆任官他鄉時，王樵一樣交付了自己仍在修補中的《大明律解》手稿，並且同樣地深切叮嚀：

「大明律解」一部，計五本，係我手筆。汝趁閒時，可細閱一遍，此居家第一要務也。我經幾番改削，未有人謄寫。肯堂等又未暇及此，特以此付汝，汝可成父之志，清錄一遍，以為刊刻之地。又新修條例一部，可俱查收。[37]

對王樵而言，這本累積他三十多年研讀功力的法律著作，確是意義非凡，他甚至以幫他細閱和謄寫《大明律解》手稿，來要求長子王啟疆以此為「居家第一要務」。王樵在這信裡，則另外點到了他對次子王肯堂當時「未

35　王樵，《方麓集》，卷9，頁296。
36　王樵，《方麓集》，卷9，頁280-281。
37　王樵，《方麓集》，卷9，頁286。

暇及此」、不能幫他細閱《大明律解》手稿的失望。

　　王樵對法律知識的重視，不僅表現在他一體看待註釋法律書籍與註釋儒家經典的學術立場上，也表現在他一體看待閱讀法律書籍與閱讀儒家經典的讀書方法上，同時還表現在他將自己法學著述書稿一體委請愛子與愛姪閱讀校改的體己態度上。這種完全將法律書籍當作儒學書籍一般，不僅自己閱讀，也主動傳給他人閱讀，都是體現王樵重視法律知識的具體做法。然而，要注意的是，王樵此種關於法律知識的價值觀，應該不是當時的主流，就算士大夫與官員不一定「多以留心案牘為俗吏，專以文墨詩酒為風雅」，但至少可肯定的是，要像王樵那般將閱讀法律、註釋法律提升到和閱讀儒家經書、註釋儒家經書的同等地位，應該仍是不太尋常的。

　　有趣的是，王樵這種提升法律知識重要性的做法，基本上都實行的十分自然，他似乎並未感到別人不將法律條文與儒家經書一體看重的社會壓力，而只是樂此不疲地自己閱讀並勸別人閱讀法律知識。對王樵而言，若有人要問他閱讀法律條文、研究法律知識到底有何用處？王樵的回答應是和勸人閱讀儒家經典所能帶來用處一樣的，用王樵自己的話來簡單地回答，即是：「有資用世」。王樵未曾提出一套論證何以閱讀法律條文即和閱讀儒家經書同等重要的理據，他只是很自然地如此實踐：自己同時閱讀法律、閱讀儒經，同時註釋法律、註釋儒經，也同時勸人研讀法律、研讀儒經。這在一個基本上並不認為法律條文與儒家經書有同等重要性的時代環境裡，益發顯得王樵具有某種奇特的讀書習慣與知識興趣。

第二節　王肯堂對「祥刑」的新詮釋

　　當萬曆二十三年（1595）王樵出版「三十年之精力在焉」的法學專著時，用的仍是《讀律私箋》書名，而並非稱為《大明律解》；同時，王樵最終也將《讀律私箋》手稿原件贈送給姪子王堯封，而不是傳給王肯堂。[38]當

---

[38] 這是王肯堂自己說及的事實：「先公《私箋》手澤，亦已授從兄爾祝久矣」（明刊本《律例箋釋》卷首王肯堂自序）。「從兄爾祝」，指的即是王堯封（1544-1613），王堯封，字爾祝，號華崗，明萬曆十一年（1583）進士，生平與任官事績參見：（明）顧起元，《嬾真草堂集》（影印明萬曆

王樵《讀律私箋》仍是手稿階段時，王肯堂似乎未曾對父親的法學專著表現太大興趣；然而，當王肯堂在萬曆四十年（1612）出版《律例箋釋》時，他則一改前昔態度，不僅大幅擴編父親《讀律私箋》內容並增加不少自己對法律註釋的看法，更明白提出一套論述法律知識對社會如何重要以及閱讀法律如何可對個人帶來好處的理由。

在萬曆四十年（1612）《律例箋釋》自序中，王肯堂提及自己何以必須擴編出版父親法學著作的三個理由：第一，當時書商刷印王樵《讀律私箋》時發生了太多的文字錯誤：「《私箋》僅存坊刻，訛不可讀」；[39] 第二，王肯堂對當時市面上流通法律註釋書籍內容的不滿：「他家註釋，不得律意者多……《問刑條例》精嚴不下於律，而註釋不及焉」，[40] 王肯堂在這裡不僅批評了當時法律註釋書籍的解釋質量，也批評了這些書籍註解法律條文的數量。解釋質量較難一概而論，要看個別法律書籍的註釋品質；但註解法律條文的數量，王肯堂則確是足以自豪。[41] 明朝政府在作為法律正文的既有「律文」之外，又隨時間而陸續增訂公布了「問刑條例」，從而使得政府正式承認公布的法律條文數量愈來愈多。然而，在王肯堂之前的法律註釋書籍，一般都只註解「律文」而並未解釋「例文」，王肯堂認為這種體例有所不妥。第三個理由，則是王肯堂出版父親著作過程中所發生的一段心理轉折：他由原先的「聞袁了凡先生言：流傳法律之書，多招陰譴，懼而中止」，變成為二十年後悟出了「刑為祥刑」的道理，王肯堂體會到「律意必講而後明」的重要性，從而提出「細講」法律知識也可以「福祚流及子孫」的看法，因而

四十二年（1614）刊本，台北：文海出版社，1970），卷28，頁3909-3925；（明）李維楨，《大泌山房集》（影印明萬曆三十九年（1611）刊本，收入《四庫全書存目叢書》，台南：莊嚴文化公司，1995），集部，冊153，卷103，頁97-99。

39　明刻本《讀律私箋》的刊印與校對都有不錯水準，至少以我所讀內容看，很難說此書是「訛不可讀」。當然，王肯堂當時批評的「僅存坊刻」，也許並不指的是這部現存的明刻本《讀律私箋》；若當時市面流通的《讀律私箋》真如王肯堂所見的「訛不可讀」，則或許是當時真有書商重製《讀律私箋》時發生許多校刻或刷印的錯誤。

40　明刊本《律例箋釋》卷首王肯堂自序。

41　若以只註「律文」而未註或是少註「例文」的註釋法律條文數量而論，王肯堂確是足以自傲，他不僅擴增了父親對「律文」的註釋文字，更添入大量有關明朝新增法律條文「例文」的註釋，從而使《律例箋釋》註釋法律數量大幅擴增。在此要再聲明的是：比較王肯堂和王樵父子註釋法律內容的差異，並非本章重點，筆者關心的是他們父子如何論說法律知識重要性或法律價值觀的問題。有關王樵、王肯堂二部法學專書內容的比較，已有學者舉例做過些討論（參見：何勤華，《中國法學史》第二卷，頁238-242）。

毅然決然地擴編《讀律私箋》而刊印了《律例箋釋》。[42]

　　王肯堂《律例箋釋》自序所提他編著此書的第三個理由，不僅說明了王肯堂有關出版法律書籍究竟會帶來「陰譴」抑或「福祚」的心理轉折，更涉及了王肯堂對法學知識重要性的特殊定位方式，他使用了「陰譴」抑或「福祚」的範疇來討論法學知識的重要性，而不是使用王樵那種界定法律條文和儒家經典是否同樣能夠「有資用世」的討論範疇。配合晚明的時代背景做佐證，王肯堂這段關於「陰譴」抑或「福祚」的討論文字，恐怕並非只是他個人隨意造作出來的出版促銷詞句，而其實反映當時人們對於閱讀和研究法律條到底有何重要性的一種論述方式。

一、流傳法律之書，多招陰譴？王肯堂的「祥刑」論述

　　王肯堂如此形容自己二十年前一段不敢刊印父親《讀律私箋》的特殊心理狀態：

　　余久欲鋟行（《讀律私箋》）於世。聞袁了凡先生言：流傳法律之書，多招陰譴，懼而中止。二十年中，偃蹇場屋。已丑（萬曆十七年）登第，進學詞林，又以文史為職。雖法曹致律例，禮曹致會典，而翰墨鞅掌，不能讀也。壬辰（萬曆二十年），予告歸于舍；無意復出，以輯方書。[43]

　　王肯堂在萬曆十七年（1589）考中進士，初授翰林院庶吉士，萬曆二十年（1592）則因上疏朝廷言事等政治事故而辭官回鄉。由萬曆十七年到二十年間，王樵《讀律私箋》其實仍處草稿階段，王肯堂所謂的「久欲鋟行於世」，指的至少是萬曆二十三年《讀律私箋》出版以後的情形。由萬曆二十三年萬曆四十年間，在這二十年不到的時間裡，王肯堂一方面忙著整理刊布醫學著作，另一方面則是驚懾於他自己當時也深信所謂「流傳法律之書，多招陰譴」的觀念，因而不敢重新刊印父親的《讀律私箋》。

　　萬曆四十年，王肯堂毅然決然地刊行他與父親合著《律例箋釋》這部

「法律之書」，並非是他不再相信「陰譴」之說，而是他重新界定了刊布
法律書籍與招致「陰譴」之間的因果關係，王肯堂對此中關係有較長討論：
在指出「恭惟我太祖高皇帝（按：即明太祖朱元璋）……特立〈講讀律令〉一
條[44]：百司官吏務要熟讀講明律令，每年終……按治考校，不能講解、不曉
律意者，罰、笞、降級」這段史事之後；他接著批評了當時的司法弊端：

> 今之仕宦者多不體此意，為經生時，既自不知律；及有民社之
> 寄，又漫不經心，一切倚辦吏書而已。其不任吏書者，又於原籍攜帶
> 訟師、罷吏，同至任所，用為主文，招權納賄，無所不至，已多冤民
> 矣！又況鍛鍊以為能、鉤距以示察，草菅千百命，以莊嚴一官者哉！
> 夫小民無知而犯法，猶赤子無知而入井……即使刑當其罪，已為不教
> 而誅，謂之曰虐；況移情就律，枉檻實多乎！問刑官溺職若此，皆由
> 內外風憲官員不行考校之過也。冤抑不平之氣，上干天地之和，下為
> 水旱災沴，此問刑風憲官吏，安得無陰譴哉！[45]

　　在王肯堂提出的這個新看法之下，「法律之書」雖然仍與「陰譴」的觀
念密切關連，但是，其間的關連性已不再是「流傳法律之書」即會「多招陰
譴」的正比例關係，而是官員如果「不知律、移情就律」的對法律知識不夠
熟悉，則會造成社會充斥「冤抑不平之氣」，從而「上干天地之和，下為水
旱災沴」，因而使得職司審判官員「安得無陰譴哉」！至此，「法律之書」
與「陰譴」之間存在的其實是種反比例關係：官員愈少重視法律知識，即會
愈多「陰譴」；愈多重視法律知識，才會愈少「陰譴」。
　　王肯堂在《律例箋釋》自序的結語裡，是以他所理解的「祥刑」意涵來
概括他對法律知識的價值觀：

> 夫律意必講而後明者，非獨詞旨簡嚴奧博，不易討究；而刑期無
> 刑、用主不用，上帝好生之心、虞庭欽恤之意，（大明律）三十卷
> 中，時隱時見，非俗吏桎梏章句者所知，是不可以不細講也。則又安
> 敢狥樂簡惡繁之人情、而省約其文乎！世之司民命者，倘因余言而有

44　原文內容，參見：《大明律》（新校本，懷效鋒點校，北京：法律出版社，1998），卷3，〈吏律〉
篇〈公式〉門，〈講讀律令〉條（頁36）。
45　明刊本《律例箋釋》卷首王肯堂自序。

感焉，體聖祖之心，遵聖祖之訓，則刑為「祥刑」，而狗陶邁種德之一脈，為不斷矣！福祚且流及子孫，而又何陰譴之有！故余與虞倩來初捐俸流通之，固了凡先生之意也。[46]

王肯堂在此強調明代政府公布法典具有兩個性質：一是「好生之心、欽恤之意」貫穿法律條文之間而「時隱時見」，二是法律條文「詞旨簡嚴奧博，不易討究」；因此，作為法律知識主要內容的「律意」，一定要由研讀者克服「樂簡惡繁」的「人情」心理，才能「細講而後明」。在王肯堂的《律例箋釋》自序裡，「祥刑」不僅屢次與「陰譴」關連一起，更與「福祚流及子孫」相連繫。

「祥刑」是儒家經典的既有詞語，主要源出《尚書》〈呂刑〉的兩段文字。[47]明代丘濬彙輯宋、元經傳注疏家對「祥刑」字義的解釋時，將「祥刑」字義區分為三個不同層次：一是「詳細」審訊，二是「慈祥」用刑，三是透過司法判決而「以中道除去不祥」。[48]由丘濬這部討論傳統政治與法律思想的重要專書看來，「祥刑」這組源出《尚書》的經典詞語，無論是「詳細、慈祥、中道」的哪一種意涵，其解釋重點主要都偏向職司審判官員面對刑案時的個人修養工夫，概括說來，即是對案件審判要「詳細」，審訊良善百姓時要以「慈祥」心態來保障與護衛其身家安全，對罪犯則要以不偏不倚的「中道」心態來施刑與判罪。

比較說來，王肯堂《律例箋釋》自序所詮釋的「祥刑」，則分別放在兩段和「陰譴、福祚」有關的文字脈絡裡：「冤抑不平之氣，上干天地之和，下為水旱災沴，此問刑風憲官吏，安得無陰譴哉！」「福祚且流及子孫，而又何陰譴之有！」這裡其實反映了王肯堂對「祥刑」字義的重新詮釋，[49]

46　明刊本《律例箋釋》卷首王肯堂自序。

47　《尚書》〈呂刑〉兩段提及「祥刑」的原文分別是：「有邦有土，告爾祥刑」、「受王嘉師，監于茲祥刑」，在後代經傳注疏的傳統裡，「祥刑」之「祥」，多半都以引用《爾雅》字義而被解釋成「善」，譯成現用語，較近於「妥善、詳細」的意思，因此，不少傳統文獻提及「祥刑」時也直接寫作「詳刑」，例如：「如今使臧吏禁錮子孫，以輕從重，懼及善人，非先王詳刑之意也」（《後漢書》，新校本，台北：鼎文書局，1981，卷39，頁1309）。

48　（明）丘濬，《大學衍義補》，影印文淵閣四庫全書，台北：台灣商務印書館，1983，冊713，頁179-181。

49　由王樵與王肯堂父子對《尚書》〈呂刑〉的解經文字看來，王樵基本上謹守著傳統有關「祥刑」字義的看法：「刑皆得中，而有德於民，所以為祥刑也」（《尚書日記》，卷16，頁668）。同時，

在王肯堂的詮釋脈絡裡，「祥刑」字義已由原先偏重司法人員面對刑案時的個人修養工夫，轉變為更加強調「祥刑」對「天地之和、水旱災沴」的作用以及對「問刑風憲官吏」因而招致「陰譴」或是「福祚流及子孫」的不同結果。「天地之和、水旱災沴」談的可謂是法律審判的社會效果，「陰譴、福祚」談的可謂是法律審判對司法官員個人與家族利益的作用。

王肯堂由二十年前「聞袁了凡先生言」而不敢「流傳法律之書」，到二十年後刊行《律例箋釋》時強調講明律意「固了凡先生之意」，自始至終，王肯堂都沒忘了這位袁了凡先生有關「福祚、陰譴」與法律書籍之間關係的意見；只是，王肯堂對刊印法律書籍的態度，在二十年間卻發生很大轉變：以前猶豫不印，而現在則毅然刊行。這個轉變固然可由王肯堂自序對「祥刑」字義的重新詮釋中看出梗概，然而，其中更涉及當時人對法律知識抱持價值觀的轉變，需要進一步分析，才能更清楚其中意義；特別是王肯堂重複提及的「袁了凡先生」，以及晚明「功過格」思想的提倡與流行，這些人物與思潮影響了人們對法律知識的既有價值觀，說明其實際內容，將有助於釐清王肯堂《律例箋釋》自序既承繼而又有創新的重要意義。

二、「當官功過格」與「祥刑」論述的比較

袁了凡即是袁黃（1533-1606），他對明代後期「功過格」思潮的普及有很大影響。[50]萬曆三十三年（1605），袁黃門生楊士範在〈刻《了凡雜著》序〉

王樵又再加上對佛家思想的評批：「佛氏有空寂之說，有禍福之說。如空寂為真，聖人之彝倫攸敘，皆無用矣！自禍福之說行，亦幾於民神雜揉矣！」（《尚書日記》，卷16，頁657）。王肯堂註解《尚書》〈呂刑〉時，雖然並未像《律例箋釋》自序一般在「祥刑」字義中加入陰譴和福祚等觀念，他也並不反對傳統的註釋大旨：「德與中，為呂刑一篇之綱領」（《尚書要旨》，冊52，卷35，頁73），但卻在註文中拿掉了父親王樵《尚書日記》批評佛家「空寂、禍福」的相關文字。王肯堂《尚書要旨》至少成書於萬曆二十七年之前，下距他寫《律例箋釋》自序的萬曆四十年，仍有十三年。

50　有關袁黃思想與明清功過格觀念的研究，可參考：酒井忠夫，〈袁了凡の思想と善書〉、〈功過格の研究〉，二文均收入氏著《中國善書の研究》，東京：國書刊行會，1960，頁318-355、356-403；奧崎裕司，〈明末清初の利殖規範──功過格の一側面──〉，收入《佐久間重男教授退休記念：中國史・陶磁史論集》，東京：燎原株式會社，1983，頁231-261；包筠雅（Cynthia J. Brokaw），《功過格：明清社會的道德秩序》，杜正貞、張林譯，趙世瑜校，杭州：浙江人民出版社，1999；游子安，〈明末清初功過格的盛行及善書所反映的江南社會〉，《中國史研究》，1997，4（1997）：頁127-133。

上描述了袁黃對當時社會的影響力：

> 四方從游者甚眾，隨緣接引，人人各有所得……先生又以其餘
> 力，發揮古先聖人之書。讀易，則有《袁氏易傳》三十卷；讀詩，則
> 有《毛詩袁箋》二十卷；讀書，則有《尚書大旨》十二卷；讀春秋，
> 則有《義例全書》十八卷……皆未梓行。先梓四書、書經《刪正》，
> 已被指摘，然禁之愈嚴，而四方學者趨之愈眾……先生識高古今，學
> 貫天人，上自天文、地理、曆、律、兵、刑之屬，下至奇門、六壬、
> 遁甲、翻禽、陰陽、選擇之類，靡不涉其津而咀其真；聽其言者，如
> 聞蕭韶雅樂之音，愈暢愈和，有不知足之蹈之、手之舞之者。士範游
> 先生門下三十餘年矣，仰之而莫測其高，探之而莫得其底……先生著
> 述之大者，藏之名山大都以俟知己。小者十有餘種，刻之家塾，以示
> 子弟；建陽余氏傳而梓之，而命予為序。[51]

建陽余氏即是晚明福建有名的出版商余氏家族，[52]余家書坊在當時所印
書籍甚多，發行流通量很大。至於楊士範對袁黃的讚詞，雖然也有「信者愈
信」的同氣相求性質，但的確也反映袁黃在十六、十七世紀中國社會的高知
名度。王肯堂在《律例箋釋》自序特別提及袁黃的「了凡先生言、了凡先生
之意」，除了反映袁黃相關言論的影響力，也再次證明晚明「陰騭、福祚」
等觀念究係如何滲透到各種日常生活實踐裡，連刊布流傳法律書籍的活動也
不例外。

　　先簡要地討論「陰騭」和各類司法審判活動之間的關係。早在晚明王肯
堂討論「陰騭」和流傳法律書籍關係之前，陰騭觀念已經明顯表現在官方的
司法活動與民間的信仰儀式之中。陰騭觀念表現在記錄傳統官方司法活動的
文字裡，在唐代已見端倪；[53]至遲到了元代，這個陰騭與司法結合的現象則

51　（明）袁黃，《了凡雜著》，影印明萬曆三十三年（1605）建陽余氏刻本，收入《北京圖書館古籍
　　珍本叢刊》，北京：書目文獻出版社，1988，子部・叢書類，第80冊，頁513-514。
52　余象斗，字仰止；亦作余世瞻，字文台，自稱「三台山人」，福建建安縣人（參見：杜信孚，《明
　　代版刻綜錄》，揚州：江蘇廣陵古籍刻印社，1983，第一卷，「三台館」條，頁5上）。對明代余
　　氏書坊的介紹，參見：朱傳譽，〈明代出版家余象斗傳奇〉，《中外文學》，16，4（1987）：頁
　　150-168；Lucille Chia（賈晉珠），*Printing for Profit: The Commercial Publishers of Jianyang, Fujian
　　(11th-17th Centuries)*, Cambridge and London: Harvard University Asia Center, 2002, pp. 155-161.
53　唐代有關法官審判不公而「不得善終」的「冥報」主題小說情節以及當時「宗教論述」潛存於司法

更加顯著。[54]另外，陰譴觀念不僅反映在解釋官方司法審判活動的文字裡，更早已深深嵌入部分民間信仰與儀式之中。舉凡向東嶽帝、城隍等神祇「告陰狀」，或是在廟宇中執行「冥判」等相關信仰和節慶儀式，都表現了「陰譴」觀念與非正式「司法審判」活動的相互連結，成為形構民間「法律秩序」的重要場域，這些信仰與儀式沿及明清時代依然。[55]無論是反映在記錄官方司法活動的文字，或是呈顯在民間信仰中的儀式，這些陰譴觀念與法律審判之間的兩相結合，都是明末以前即已存在的現象。當王肯堂提及「冤抑不平之氣，上干天地之和，下為水旱災沴，問刑風憲官吏，安得無陰譴」的想法時，其實承繼了許多既有觀念，並無太大新意。

　　然而，當王肯堂將「陰譴、福祚」觀念帶入法律知識的討論時，一種既承繼而又創新的提法便具體成形，他在《律例箋釋》自序中所鋪陳的「祥刑」字義，其實是更有自覺地將「陰譴」觀念併入了「律意必講而後明」的法律知識討論中，當「流傳法律之書」不再是「多招陰譴」，而反倒是「福祚且流及子孫，而又何陰譴之有」，則法律知識的正當性問題，也被正式帶入了既有「陰譴」觀念與司法審判、法律秩序相結合的討論裡。

　　「福祚」和「陰譴」觀念的兩相結合，是晚明普及「功過格」思潮的一

官員審案的線索，參見：盧建榮，〈法官與政治威權：中古三法司聯合審案制下的實際權力運作（514-755）〉，《台灣師大歷史學報》，28（2000）：頁1-67，特別見頁54、63。這種司法審判招致「不得善終」的想法，已接近於宋元以後司法官員招致「陰譴」的觀念。但另一個與司法審判相關連的「陰德」觀念，則遠早於「陰譴」觀念進入與司法審判有關的言論中：「始定國父于公，其閭門壞，父老方共治之。于公謂曰：少高大閭門，令容駟馬高蓋車。我治獄多陰德，未嘗有所冤，子孫必有興者」（《漢書》，新校本，台北：鼎文書局，1981，卷71，頁3046）。「陰譴」觀念不一定是「陰譴」觀念的一體之兩面，特別是在宋代以前更是如此。由漢代于定國父親的言論看來，至少在漢代部分官員口中，已正式將「陰德」與司法活動相連繫。

54　至少到了元代，有關司法活動中涉及「陰譴」的描寫，已表現的十分明確，如《居家必用事類全集》在〈仕宦〉類收錄的〈十害箴〉，其中第一害的「斷獄不公」項下，即引用元代官員劉宣的話：「如或畏權勢而變亂是非，徇親故而交通賄賂，好惡喜怒，私意一萌，斷無平允。明有官刑，陰遭譴責，可不慎歟！」（《居家必用事類全集》丙集，影印明刻本，收入《四庫全書存目叢書》，台南：莊嚴文化公司，1995，子部，冊117，頁116）。另外，刊於十四世紀初年的《為政善報事類》（影印元刻本，有元延祐六年（1319）序，收入《官箴書集成》第一冊），編者葉留的自序有謂：「一念之善，流而為惡，況施於有政，可不慎哉！」葉留編輯該書時，原名即是《善政報應事類》，他並說：「余豈不知隱惡揚善，長厚之事，善者吾之師，不善者吾之資，非假是，無以警動之，使知為善之可樂，為惡之可懼」（頁166）。

55　康豹，〈漢人社會的神判儀式初探：從斬雞頭說起〉，《中央研究院民族學研究所集刊》，88（1999）：頁173-202，特別見頁184-189；巫仁恕，〈節慶、信仰與抗爭——明清城隍信仰與城市群眾的集體抗議行為〉，《中央研究院近代史研究所集刊》，34（2000）：頁145-210，特別見頁176-180。

個基本特徵，王肯堂以「福祚且流及子孫，而又何陰譴之有」一語批駁「流傳法律之書，多招陰譴」，基本上也反映了他對晚明流行「功過格」思潮的承繼；但是，王肯堂將法律知識對「福祚、陰譴」的作用正式帶入討論，則又同時反映著王肯堂對晚明「功過格」觀念既承續而又創新的進一步發展。王肯堂《律例箋釋》自序提及的「福祚且流及子孫」，究竟如何和晚明以來「功過格」觀念逐步滲透司法活動風潮有著既承續而又創新的關係？可以例舉當時流傳的各種《當官功過格》、《公門不費錢功德》為代表來做兩相對照。

「功過格」觀念原來並不以司法活動為主要實踐場域，其實踐方式與基本思路，可以《了凡四訓》這部晚明以來推廣功過格最力的文本做說明。「令所行之事，逐日登記，善則記數，惡則退除」，這是功過格的主要實踐方式；至於功過格的基本思路，則如：「造命者，天；立命者，我。力行善事，廣積陰德，何福不可求！」「舉頭三尺，決有神明。趨吉避凶，斷然由我。須使我存心制行，毫不得罪於天地鬼神，而虛心屈己，使天地鬼神時時憐我，方有受福之基」。雖然「力行善事」的實踐方式與基本思路看來都是清楚明白，但是，一旦碰到日常生活中的人事千形百態，「善」的標準究竟要如何判定？《了凡四訓》作者袁黃其實並未輕忽其中的複雜性，他區別了「善」的八種不同情境，提醒奉行善事者不可不辨：「若復精而言之，則善有真有假、有端有曲、有陰有陽、有是有非、有偏有正、有半有滿、有大有小、有難有易，皆當深辨。為善而不窮理，則自謂行持，豈知造孽。枉費苦心，無益也」。因此，袁黃也強調須以「窮理」來「為善」。[56]當有人逐漸將功過格的「力行善事」原則應用到官員的行政與司法實務時，以《當官功過格》、《公門不費錢功德》為名的相關文本也逐漸流行，成為眾多功過格類型中的一種。[57]

以明嘉靖年間《迪吉錄》出版時所收的《當官功過格》版本為例，官員

---

[56]　（明）袁黃，《了凡四訓》，影印重刻本，收入藍吉富主編，《大藏經補編》，台北：華宇出版社，1986，冊28，頁808、819-820、814。
[57]　如著名袁黃編輯的《功過格分類彙編》（影印清光緒二十七年（1901）儀徵吳氏「有福讀書堂」重刊本，收入《叢書集成續編》，台北：新文豐出版社，1989，第62冊），即收入「敦倫格、脩身格、勸化格、救濟格」與「居官功過格」（頁252-254）。至於大約是清刻本的《公門不費錢功德錄》（收入《叢書集成新編》，台北：新文豐出版社，1985，第32冊），則以「官長、幕友、吏胥」三類人分別開列「不費錢功德」各項條目（頁51-54）。

如何透過司法實務而「力行善事」？看來似乎都是簡單明瞭。該書以「功格」五十條、「過格」三十八條來分類列舉官員各種政治行為，其中屬於司法審判政務者至少占了一半，「功格」諸如：「免冤大辟（按：即死刑）一人，當百功；免冤永戍（按：即流刑）一人，當五十功」；「懲治訟師、扛證（按：即做偽證），不得刁唆搆釁，保人身家，算十功；能摘發奸蠹神棍，置之于法，不使騙詐愚民，算十功。凡聽訟，能伸冤理枉，一事算一功；能誨誘頑民平其忿心，使息爭訟，算十功」；「詞狀稍准，婦人非關緊要，即與抹去，算二功；人犯一到即審，不令守候，算一功；耐煩受訴，使兩造各盡其情，算二功；有力、稍力、無力，聽其自認，不以贖鍰諛上官，算一功」；「禁戢獄卒牢頭，不肆凌虐，使囚得安寧，一人算二功……牢瘟傳染，分付獄官卒掃除積穢，多燃蒼朮，[58]貯涼水，冬天給草薦姜湯，算十功」。「過格」諸如：「凡問罪成招，本有生路，不與開一線，只求上司不駁，算十過；泥成案，狗體面，不與開招，各隨事之大小算過；上司怒人，而明知其枉，不敢辯救，算一過；受人囑託，算一過，枉法者，算十過」；「人命不即簡驗傷證定案，致招情出入，拖累多人，算十過；情罪未核，杖死一人，算百過」；「事不即決，淹禁停滯，使訟中生訟，破人身家，算十過；服毒、投水、懸梁，圖賴人命，審無威逼，輒斷葬埋，以長輕生之習，一人算十過；不禁溺女惡習，算百過」。[59]這些列舉出來的司法審判活動，廣泛涉及審判結果、訴訟程序、驗屍檢傷過程以及監獄行政，而無論其被畫分為是「功」是「過」，都成為連繫「福報、陰騭」等宗教觀念以及官員司法行政等日常生活實踐之間的重要「善事」，這些「善事」不僅有「功、過」的「質性」屬性，更具有「一、二、十、百」等數字計算的「量性」屬性。而無論是由質性或質性而論，這些涉及司法實務的「善事」，看來都不難實踐，也基本上不涉及袁黃所體會的「為善」與「窮理」間的緊張性，至少對撰寫《當官功過格》的作者而言，為官者只要努力奉行「功格」、避免

---

58 晚明出版的一部本草醫書如此描述「蒼朮」的功效：「除惡氣，辟山嵐瘴氣，消痃癖氣塊、心腹脹痛，健胃，安脾，寬中，進食」（滕弘輯，《神農本經會通》，收入《四庫未收書輯刊》，柒輯，頁409），袁黃命獄官獄卒在監獄中「多燃蒼朮」以「掃除積穢」，應有所據。

59 （明）顏茂猷編，《迪吉錄》，收入《四庫全書存目叢書》，子部，冊150，頁496-499。顏茂猷為福建漳州府平和縣人，明天啟四年（1624）舉人，顏氏生平事跡及其著作對明清善書的影響，參見：游子安，〈顏茂猷與明清勸善書〉，收入羅炳綿、劉健明主編，《明末清初華南地區歷史人物功業研討會論文集》，香港：香港中文大學歷史系，1993，頁243-254。

「過格」即可。基本上，在《當官功過格》這類文本中，袁黃提及「為善」與「窮理」間的緊張性並不構成有意義的問題。

　　比起《當官功過格》對司法活動中各種「質性、量性」的列舉與定位，王肯堂《律例箋釋》展現的功過格觀念，在表面上看來當然要淡薄許多；但是，由王肯堂在自序中反映他與袁黃對待法律知識的不同態度，卻使王肯堂的「祥刑」論述反而更具體突顯了袁黃所謂「為善」與「窮理」在司法實務中的高度緊張性。流傳法律書籍、講究法律知識，這究竟是「善」或是「不善」？這個問題直接對王肯堂造成困擾：二十年前因為認為此舉「不善」而不敢刊印王樵的《讀律私箋》，二十年後則又因為轉念認定此舉為「善」而刊印自己和父親合著的《律例箋釋》，其間變化的關鍵，即是王肯堂在萬曆四十年提出的「祥刑」論述。不輕易判處重刑、不屈打成招、處罰唆訟者、改善監獄條件、下令禁止溺殺女嬰，這些《當官功過格》所謂的「善事」，究竟是只要為官者努力施行就好，還是也要配合為官者對法律知識的細心講究？一般奉行功過格者可能少有興趣對此提問，但對王肯堂這位費心研讀與註釋律例的法學書籍作者而言，則嚴重關係到他是否繼續奉行「善事」、免遭「陰譴」而需要解答的重大疑惑。從這個層面做觀察，王肯堂在《律例箋釋》自序中提出的「祥刑」論述，確是有其創新的意義。

　　若再以袁黃任官期間從事的司法審判與獄政工作做對照，也可突顯王肯堂「祥刑」論述的創新意義。袁黃言論曾對王肯堂發揮重要作用，一句「聞袁了凡先生言：流傳法律之書，多招陰譴」，拖慢了王肯堂刊印父親《讀律私箋》的速度，也帶出了王肯堂《律例箋釋》的長篇自序。由此看來，王肯堂和袁黃對法律知識所抱持的價值觀，確有不小差異。然而，儘管袁黃不一定肯定法律知識的價值，但他對司法審判和獄政工作其實是極為重視。由袁黃門生為其編著《寶坻政書》的內容看來，袁黃在司法施政上的主要作為，大致與前述《當官功過格》的「功格」內容相似，主要反映著一種「好生、慈悲」的原則。

　　袁氏曾任河北省寶坻縣知縣，《寶坻政書》的主要內容，是袁黃門生收錄其對縣衙內部吏、戶、禮、兵、刑、工「六房」等部門發布施行的公文與示諭，「刑房」一節即收錄袁黃對「刑房」屬吏的各種指示，袁氏編輯門生在該節起始處對袁黃的司法施政有以下一段說明：

先生慎用刑，常終日不笞一人，經月不擬一罪，縣中刑具，皆依《律》改正。民有犯罪者，必反覆曉諭，令其悔悟。暇則親至獄中，告諸囚以「為善得福，為惡得禍」之理，時有聞而涕泣者。故，（萬曆）十七年（1589）秋，大雨，牆圮，而重囚相戒守法，無一人敢逸。斯亦奇矣！[60]

「慎用刑」是其中的重要原則，而其親赴縣轄監獄為人犯講述「為善得福，為惡得禍」的作為，也都和《當官功過格》奉行善事的基本理路相呼應。另外，在袁黃所寫〈示諭提牢監倉吏卒〉文中，也分別提及：「今獄中諸囚，率念佛持經，有向善之意，知縣有暇，不拘早暮，親至獄中，為陳說處困履艱之理。爾獄吏獄卒，察有回心改過、實意向善者，指名舉報，知縣當厚給口糧，以優異之」；不僅如此，袁黃也叮嚀獄卒要注意解決獄中囚人的衛生與用水問題：「獄中瘟疫，皆由穢氣。知縣募二十壯丁，夜則直更看守，每日更輪二人打掃，須令潔淨。冬月，五日一通冀道；夏月，日日除之。其枷鈕、臥具，亦令時常拂飾，知縣不時親看」；「本縣城中之水，遠汲于外，故監倉中得水甚難。今各置一缸，每日雇人挑水貯滿，月給銀二錢四分，甚勿廢之！」[61]然而，袁黃對司法審判與獄政事務的重視，卻並未帶出他對法律知識重要性的討論；這方面的論述工作，要到同樣重視司法審判和獄政事務的王肯堂，[62]才有所發展。這也是我強調王肯堂對「功過格」思想既承繼而又創新的理由。

王肯堂不會反對袁黃在司法審判和獄政改良方面的絕大部分工作；但是，王肯堂與袁黃在「流傳法律之書」方面的不同評價，則是王肯堂《律例箋釋》自序有關「祥刑」論述的論辯重點，這裡其實是王肯堂在有意無意之間對當時「陰騭、福祚、功過格」既有論述所提出的挑戰。以袁黃言行與《當官功過格》為典型代表的當時既有論述看來，有關法律知識是否有其重要性的問題，就算不全都是「流傳法律之書，多遭陰騭」的那類負面評價，至少也不是一個需要論辯的有意義問題。王肯堂並不質疑司法活動和獄政事

---

60 《寶坻政書》，收入《了凡雜著》，頁803。
61 《寶坻政書》，頁805、806。
62 王肯堂對司法審判和獄政事務各種相關流程與細節的重視，直接反映在他出版《律例箋釋》時所撰寫的書末附錄《慎刑說》諸段條目之中。

務會影響「陰譴、福祚」，這是他對晚明「功過格」思潮的承繼；然而，當王肯堂將法律知識是否重要的問題導入了既有「陰譴、福祚、功過格」論述時，那便成為一個富有創新意味的新發展。在我看來，《律例箋釋》自序的關鍵意義，即是王肯堂將其對法律知識的重視，在整體認知與價值判斷上做出合理性的說明。

　　王肯堂撰著與出版《律例箋釋》時，他在自序中所特別提出的「祥刑」論述，不僅是對《尚書》〈呂刑〉經書文字的簡單繼承，也不只是對晚明以下「陰譴、福祚、功過格（特別是各類「當官功過格」）」觀念影響司法實務的承繼，而是在自己鑽研法律書籍與繼承王樵《讀律私箋》家學的過程中，將晚明流行「功過格」觀念中的「為善」與「窮理」內部緊張性，更具體地呈顯在有關法律知識的價值觀問題上，從而以對「祥刑」字義的重新詮釋而給出自己的回答。

三、知識的向度：王樵與王肯堂的法學價值觀

　　王肯堂對法律知識重要性的討論方式，其實和王樵有很大不同；簡言之，王樵在討論法律知識的重要性時，著眼的是閱讀法律書籍也可以像儒家經典一樣產生「有資用世」的作用；而王肯堂則更看重刊布和研讀法律書籍也可以帶來「福祚流及子孫」的功效。父子兩人在界定法律知識的重要性時，其實使用了不同的討論範疇，這當然是反映兩人所抱持法律知識的價值觀有所不同，而且也呈顯了父子兩人在法律書籍之外的知識興趣有所差異。

　　王肯堂的知識興趣極為廣博，他在承繼父親王樵法律註釋家學的同時，也還部分繼承了父親註釋儒家經典的學術事業，雖然所註儒家經典種類不若王樵廣泛，但王肯堂仍著有《尚書要旨》、《論語義府》等儒家註釋書籍。要之，註釋儒家經典和法律條文，是王樵、王肯堂父子的共通學術興趣，但是，王肯堂還另外兼通醫學與佛學，這兩門學問便都不是王樵擅長的知識種類。王肯堂很年輕時即開始接觸醫學書籍，嘉靖四十五年（1566），他因為母病瀕危而「銳志學醫」，[63]這年王肯堂十八歲；隆慶四年（1570），王

63　王肯堂，《證治準繩》（影印文淵閣四庫全書本，台北：台灣商務印書館，1983，冊767），頁2。

肯堂又在群醫苦無良策情況下而治癒了「束手待斃」的胞妹，此後，他也因此醫名日起而更加「究心於醫」。[64]王樵雖然欣喜次子王肯堂在醫術方面的表現，但畢竟因為妨礙科舉考試而不能完全贊同，王肯堂曾自述父親對他閱讀醫書並且為人醫病的保留：「先君以為妨廢舉業，常嚴戒之」；[65]不過，王肯堂一生始終對閱讀醫書保持很大的興趣。自萬曆十七年中進士而任職翰林院之後，王肯堂仍經常有機會幫京城高官與好友診疾治病或是提供醫藥建議。萬曆二十年辭官回鄉後，王肯堂更是「復取岐黃家言而肆力焉」，此後醫名日高一日：「鄉曲有抱沈痾、醫技告窮者，叩閽求方，亡弗立應，未嘗敢萌厭心，所全活者稍稍眾矣」；[66]萬曆三十年五月，則正式將其多年閱讀醫書與習醫心得編輯刊成《證治準繩》一書。王肯堂對醫學知識的高度興趣與多年素養，其實也影響到他撰著《律例箋釋》一書的內容，在清初重刊《王儀部先生箋釋》的書末，附錄有王肯堂編輯的《檢驗指南》和《醫救法》，這或許是傳統中國法學書籍中首次出現法條註釋學與法醫檢驗學兩種知識合為一編的專著，這是王樵《讀律私箋》所沒有的內容，係屬新創製的法律書籍出版體例。

　　王肯堂比王樵多出來的知識興趣，還不只限於醫書，佛學書籍也是他極有興趣而長年閱讀的知識範圍。王肯堂的好友湯顯祖（1550-1616），曾在王樵七十歲生日時撰寫了一篇壽序，文中即提及王樵父子的不同知識偏好：「頗聞公不愛西方聖人之書，而其子孫好之。達觀氏者，吾所敬愛，學西方之道者也。吾問彼：東南來，誰當有道者？達觀曰：必方麓王先生也。凡道所不滅者，真；王公，真人也。真，則可以合道、可以長年……壽非真人所愛，而人之所愛於真人也」。[67]這是篇善頌善禱的文字，雖然文中提及當時佛學高僧達觀大師紫柏真可（1543-1603）稱揚王樵為「有道者」，但仍委婉地提及王樵「不愛西方聖人之書」的不喜歡閱讀佛教書籍，湯顯祖同時則指出王樵兒孫輩對佛學書籍的不同態度：「其子孫好之」。王肯堂正是這些愛

64　王肯堂，《鬱岡齋筆塵》，收入《續修四庫全書》，子部，冊1130，頁33。有關王肯堂醫學著述的較仔細介紹，參見：陸拯，《王肯堂醫學學術思想研究》，收入陸拯主編，《王肯堂醫學全書》，頁2717-2735。

65　王肯堂，《證治準繩》，頁2。

66　王肯堂，《證治準繩》，頁2。

67　（明）湯顯祖，《玉茗堂全集》（影印明天啟年間刻本，收入《續修四庫全書》，上海：上海古籍出版社，1995，集部，冊1362），頁365。

好佛學書籍王樵兒孫輩中的佼佼者，他不僅名列彭際清（1740-1796）在1770年代所編輯的《居士傳》書中；[68]也是明代後期佛教唯識學復興運動中的一位重要佛教居士，王肯堂在紫柏真可、高原明昱等高僧的引領與討論過程中而鑽研佛教的唯識學，不僅自己撰有兩部唯識學專書，也成為江浙一帶推廣佛學唯識研究的積極提倡者。[69]

王樵的不喜歡佛教書籍，直接表現在他註釋儒家經典的著作中，在註釋《尚書》時，王樵即謂：「佛氏有空寂之說，有禍福之說。如空寂為真，聖人之彝倫攸敘，皆無用矣！自禍福之說行，亦幾於民神雜揉矣！」[70]。王肯堂在註釋《論語》「學而時習」章時，卻直接援用佛學觀念解釋經文中的「學」字：「此蓋禪門所謂無師智」者，[71]這種不避諱援引佛教觀念解釋儒家典籍的做法，確曾引起部分儒家衛道人士的反感，[72]但由現有資料看來，王樵並不特別反對王肯堂閱讀佛家書籍。對於佛家書籍的閱讀興趣，似乎也影響了王肯堂討論法律知識時所表現出來的價值觀，當王肯堂將是否招致「陰譴、福祚」帶入了出版與閱讀法律書籍的討論時，這當然正是王樵所批評的佛氏「禍福之說」，王肯堂不僅自己閱讀佛書，更是直接將佛教觀念帶入了他界定法律書籍是否重要的討論方式。

無論同時閱讀佛學、醫學、法學和儒學典籍的習慣如何有機地對王肯堂產生影響，至少以王肯堂援引「陰譴、福祚」討論法律知識重要性的做法看來，王肯堂其實自覺或是不自覺地將晚明有關法律知識的價值觀，從理論上賦予了某種超越於傳統儒家「有資用世」的新內容。王肯堂對於法律知識的重視，也直接反映了他對「陰譴、福祚」與前述「當官功過格」等觀念的繼

---

68 有學者曾依據彭際清《居士傳》等資料整理分析了明代的佛教居士，參見：釋聖嚴，《明末佛教的研究》，台北：東初出版社，1993，頁245-287；其中，有關王肯堂（宇泰）部分，則見該書的頁251、254、256、275。

69 王肯堂於晚明接觸並推動唯識學的經歷，參見：周齊，〈明代中後期唯識學的流行及其特點分析〉，收入黃心川主編，《玄奘精神與西部文化——玄奘精神與西部文化學術研討會論文集》，頁191-207。

70 王樵，《尚書日記》，卷16，頁657。

71 王肯堂，《論語義府》，重印明刻本，收入《四庫全書存目叢書》，經部，冊161，台南：莊嚴文化公司，1997，卷1，頁383。

72 清代四庫全書編者決定不錄入王肯堂《論語義府》時，即有如下評語：「觀其體例，似尊朱子；然其說頗雜於禪，如解子貢問貧而無諂一章，有境、無境諸義，豈可以詁儒書哉！」（《論語義府》，書末附識，頁843）。

承與發展；而在肯定法律知識重要性的同時，王肯堂其實再次印證了自己對「禍福之說、上帝好生之心」等觀念的堅信，這種討論法律知識價值觀的方式，其實是在承認法律知識對現實司法審判重要性的同時，又援入了某種能知覺、有感應的「上帝、天」，或是其他彼世的力量，這基本上並不屬於王樵以「有資用世」界定法律知識的同一層次。儘管王肯堂反對袁黃「流傳法律之書，多招陰譴」的說法，但在王肯堂「祥刑」論述中的「天」，則仍是與袁黃認定的「天」相去無多，都是一種具有使人「為善得福，為惡得禍」鑑察與執行力量的「天」，用袁黃的字眼來形容，即是：「舉頭三尺，決有神明。趨吉避凶，斷然由我。須使我存心制行，毫不得罪於天地鬼神，而虛心屈己，使天地鬼神時時憐我，方有受福之基」，這正是王肯堂也接受的「天」。只是，在王肯堂《律例箋釋》自序所提出的「祥刑」論述裡，「流傳法律之書」已不再會得罪這個能知覺、有感應的「天」，而是人們可以透過「律意必講而後明者」的行動，轉使「福祚且流及子孫，而又何陰譴之有」的「天」。

王肯堂在自己閱讀法律條文和勸人研讀法律條文時，其實展現了兩個並行不悖的論述方向：一是他的《律例箋釋》全書充塞了對法律條文的詳細考證、謹慎區辨與意義闡釋，展現了他對法律專業知識的講究與嫻熟；二是他相信講究法律知識也可以「福祚且流及子孫，而又何陰譴之有」的關於「天」的信仰，兩種方向不僅不相衝突，甚至還為當時法律知識的重要性，提供了某種能夠超越現實政治世界的正面意義，這是在王樵那類強調法律知識也和儒家經典一樣能夠「有資用世」之外的另類法律價值觀。

小　結

王樵一生長期閱讀法律和註釋法律，他並未留下有關論證法律知識重要性的長篇論說，而只是在等同看待法律書籍和儒家經典的同時，簡略論及了「有資用世」的提法，用以概括法律書籍和儒家經典的同等重要性。王肯堂則和王樵有很大不同，他要論述的不是法律知識是否真能和儒家經典一樣可以「有資用世」，而是閱讀和出版法律書籍是否可以不僅不招「陰譴」反而

還能「福祚流及子孫」。無論是長篇論述或是簡略論及，王樵和王肯堂對閱
讀法律的作用或是功效都提出了自己的說明，並形成了兩套不同的論說範
疇，前者討論是法學知識是否「有資用世」，後者則是法學知識是否「福祚
流及子孫」。由相關史料看來，這兩個討論法學知識的範疇都一直延續到後
代，具有一定的代表性。

　　康熙三十年（1691），顧鼎重新編輯與刊印了王肯堂的《律例箋釋》，
顧氏稱讚該書是：「洵屬祥刑祕笈，自當奉為指南者」[73]。而在改編《律
例箋釋》而出版成《王儀部先生箋釋》一書時，顧鼎特別擬定了〈重編八
則〉，他不僅在此文強調了法律知識的重要性，也突顯了「生、仁」等關鍵
字詞：「律意必講解而後明，（《大清律》）三十卷中，矜恤生全之德，寬
嚴開導之仁，若顯若晦，引人於義路，苟非辯論講求，卒難融會而得其指
歸」，這是以「生全之德、開導之仁」來概括他所理解的清代法律原則。顧
氏是清初協助官員政務的有名幕友，當時曾游歷各地，[74]在自述其協助官員
司法審判而受惠於《律例箋釋》時，他以「展」讀、「反覆考證」等字眼具
體描述《律例箋釋》對他長期協助官員書寫判決書（爰書）的重要影響；[75]
在總結自己二十年來「諸公卿雅相推重，借箸有年」的刑名幕友工作時，顧
鼎大力歸功於他仔細閱讀王肯堂《律例箋釋》的作用：「游歷所至，惟奉先
生之《箋釋》為兢兢，二十年來，日就月將，逐一揣摩，必期心領神會，而
後敢即安，庶可告無罪於吾友，即可告無罪於君民，皆先生《箋釋》之功
也」。[76]

　　在顧鼎回顧王肯堂《律例箋釋》對其重大影響的文字中，他對法律知識
的重視其實是溢於言表；然而，法律知識究竟何以重要？其中理據為何？這
似乎並不是顧鼎有興趣回答的課題。在這方面，他和王肯堂有很大不同，因
為顧鼎根本不覺得袁黃那類「流傳法律之書，多遭陰譴」的提法會對自己造
成困擾，而王肯堂卻覺得有必要對講究法律知識也能「福祚流及子孫」的不

---

[73] 王肯堂，《王儀部先生箋釋》，頁270。
[74] 顧鼎，字定九，於清初任職幕友工作多年。好友閔瑛稱其：「顧子定九，幕游有年，當世名公鉅卿
　　雅相推重」（《王儀部先生箋釋》，〈重編後序〉，頁706）。幕友是明清時代協助官員行政工作的
　　重要幕僚，他們不屬政府正式編制內官吏，但卻是地方官員日常倚重而不可或缺的政務輔佐。
[75] 王肯堂，《王儀部先生箋釋》，頁270。
[76] 王肯堂，《王儀部先生箋釋》，頁268。

同提法，做些澄清與論證，從而重新詮釋了「祥刑」既有字詞的含義。可以這麼說，在討論法律價值觀的問題上，顧鼎其實更像王樵，他們兩人都只是自然而然地閱讀和出版法律書籍，並不覺得真有必要提出一套法律知識確實具有價值的論述文字。

限於史料，無法判斷王肯堂對「祥刑」觀念的重新詮釋是否也同時為顧鼎這類精研法律條文的幕友所接受。然而「陰隲、福祚」觀念對從事司法審判工作官員和幕友的影響，似乎是當時頗為普遍的一種風氣；清初法學專家王明德即曾嚴厲批評此風氣：「若夫迷惑于浮屠邪教，不問理之是非，惟曰做好事，活得一個是一個，曰為記功自負，意謂其後必昌者，是又我中寓我、貪鄙迷謬之流，其所謂功德，是乃孽德，非功德也。功德可自做乎？」王氏並且試著站在受害者立場指責此種司法弊端：「生者倖矣，彼被其害者將如之何！」[77]而在反駁「曰為記功自負、做功德」等觀念的錯誤時，王明德提出參與司法審判工作者要有「不偏不倚，何有于功德」的心態，他同時進一步論證了法律知識何以重要的兩個主要理由：第一，若是「一以曲活為好事」，自己不注重司法審判的工作，則必將「授柄積胥，冤集禍叢」，其結果勢必是「積久發暴，身且為累，況望後嗣其昌乎！」第二，若是平日不能講究法律知識，則「一旦身膺民寄、位列台輔，其何以定大獄而決大理、輔聖治而熙萬姓哉！」在王氏看來，「做好事、做功德」之所以敗壞司法風氣，主要即肇因於職掌司法工作者老想著要「曰為記功自負，意謂其後必昌者」，王氏認為這主要即是「有我之念」在作祟，他直接點出了這種「有我之念」使得官員易於輕視法律知識：「有我之念，橫眩于胸，將未見刑書、即目為俗吏之學，殘忍之習；未及展卷，先已柄鑿其不相入」。[78]

王明德對司法審判實務中「有我之念」的批評，反映了當時「做好事、做功德」等觀念對司法制度的影響其實很可能是多面向的，它既可能產生類似袁黃那種因為重視人命而改善各項司法與獄政實務的行徑，也同時可以引致官員對司法實務的漫不經心與任意處置。而以後者情形來說，「做好事、做功德」觀念的影響，正好可以和「未見刑書、即目為俗吏之學，殘忍之習」的那種鄙視法律知識的態度相互合流。而這也正是王明德要大力批判的

77　（清）王明德，《讀律佩觿》，頁536。
78　（清）王明德，《讀律佩觿》，頁536-537。

對象。王明德批判「不問理之是非，惟曰做好事，活得一個是一個，日為記功自負，意謂其後必昌者」的弊端，在十九世紀依然存續於當時中國的司法體系。[79]這種只圖「做好事」而「不問理之是非」的風氣，基本上並不利於法學知識進一步發展；然而，我們卻仍然不能輕忽晚明以來一批認真研讀法律人物的集體努力。這些具備法律研讀習慣的人士，比起全國人口總數確實十分微少，但是，若單單以任職刑部與地方各級司法官員，以及應聘於全國各級行政機關中的幕友而論，這些法律專業人士也有可觀的數量與影響。這些法律專門人士在制度上必須面對繁重的司法審判與案件覆核工作，並且還有內、外兩方面因素促使他們加意研讀法律：在外部因素上，有來自審轉制度加嚴加密而構成的鉅大壓力；[80]在內部因素上，則有些人還抱持著類似王樵「治律如治經」乃至於王肯堂「祥刑」論述的自我期許。這些來自司法制度、內、外部成因的匯合，總使當時中國必須並且願意認真研讀法律人士能夠維持在一定數目。[81]儘管這些人未必都曾像王樵一樣以「有資用世」心態同時註釋法律書籍與儒家經典，也不一定直接提出類似王肯堂有關講究法律知識也可以「福祚流及子孫」的觀念，但他們因為種種制度與個人性的理由而發展出某種認真閱讀法律與注重法學知識的態度。

　　清初刑部官員徐宏先在撰寫〈修律自愧文〉時，即以「夙夜冰兢，夙夜惶恐，寢食於律例之中」、「質之同人，證之各書」等語句，傳神地描寫了他自進入刑部後認真研讀法律的情景；[82]同時，他也進一步論證了修訂法律何以重要的理由：「若修律，則事關千秋，日日遵行，開一條，即活千萬

---

[79] 如包世臣（1775-1855）在十九世紀初所寫〈讀律說〉一文，即描寫當時科舉考試「辦夾帶、倩鎗手、打關節」等考場弊端，包氏認為作弊考生「固志在求利，然未嘗不畏法」，但考場弊案之所以依然難以禁絕，關鍵則不在考生而在承審法官，因為這些法官對作弊被捕人犯太寬容：「意在保全，以為忠厚，莫肯窮究根株」；包氏如此評論這些法官的作為：「惟曲全是事，以為積福，其弊不使天下士人皆喪盡廉恥不止也」（包世臣，《齊民四術》，新校本，潘竟翰點校，北京：中華書局，2001，頁230）。包氏所指法官「曲全是事，以為積福」的心態，正和一百多年前王明德指出的「做好事、做功德」法官心態與司法弊端相去弗遠。

[80] 對清代審轉制度的詳細介紹，參見：那思陸，《清代中央司法審判制度》，台北：文史哲出版社，1992，頁193-294。至於審轉制度如何造成清代司法官員的鉅大壓力，參見：邱澎生，〈真相大白？明清案件中的法律推理〉，頁135-198。

[81] 也可由法學教育角度對清代法律專家身份做說明，參見：張偉仁，〈清代的法學教育〉（下）；鞏濤（Jerome Bourgon），〈西方法律引進之前的中國法學〉，林蕙娥譯，收入《法國漢學》第8輯，北京：中華書局，2003，頁220-249。

[82] （清）徐宏先，〈修律自愧文〉，收入賀長齡輯，《皇朝經世文編》，台北：世界書局，1964，卷91〈刑政〉二，頁2下。

人；刻一條，即殺千萬人。修之當，其功甚大；修之不當，其罪不小。嗚呼！可不懼哉！」[83]。對徐宏先而言，讀律和修律都是非常嚴肅的事業，連繫兩者的關鍵則是立法與修法者在法條中寓有不可輕忽的深義：「律文至細，律義至深，有一句一意者，有一句數意者；有一字一意者，有一字數意者，總是一片哀矜惻怛之心，不欲輕致民於死之意也。嗚呼！古人何其詳而且慎也」；因而，他期勉研讀法律者一定要細索體貼前人修訂法律時寄寓於法條文字中的「哀矜惻怛之心」深意：「惟望讀律之君子，亦皆有如修律者之盡心，則民命庶有賴乎！」[84]

徐宏先任官刑部期間，不僅自己細心研讀法律條文，並且「質之同人，證之各書」。這個例子再次驗證了明清以來刑部逐漸成為全國法律專家匯聚訓練中心的事實，早在十六世紀末王樵撰寫〈西曹記〉時，他即已描述當時刑部官員共同講求法律知識的情景：「至分理（刑案），有疑相酌。政事之外，道義切磋，真有朋友之義焉。且牘必自成，不假吏手，故居是官者，多精於吏事」。[85]十七世紀後半王明德在《讀律佩觿》書首所開列的三十八人「參訂姓氏」名錄，這些人也都是王氏任職刑部「共事分曹時，講讀在公，公為辯折而討論者」。[86]當然，並非明清兩代所有刑部官員都能如此共同研讀法律、討論刑案，只是，這股集體講究法律知識的風氣也確實是當時值得注意的已然趨勢。

王肯堂有關講究法律知識也可以「福祚流及子孫」的觀念，表面上看來，主要是他針對袁黃「流傳法律之書，多遭陰譴」提法的回應；但若進一步做分析，其實又可視為是對當時刑部官員等具有閱讀法律書籍習慣者的一種合理性說明。對晚明清初以來王樵、王明德、徐宏先等刑部官員而言，他們的閱讀法律書籍、看重法律知識，其實都是身體力行的日常實踐；就算不能都似王樵般同時兼註儒家經典與法律書籍，但許多刑部官員確實也像王樵般努力地同時鑽研法律書籍與儒家經典，形容他們也能若干程度地達到王樵「治律令，如士人治本經」的境界，應也是相差不遠的推測。因此，與其探討王肯堂講究法律知識也可以「福祚流及子孫」觀念如何影響清初司法官

83　徐宏先，〈修律自愧文〉，頁2下。
84　徐宏先，〈修律自愧文〉，頁2下。
85　（明）王樵《方麓集》，卷6，〈西曹記〉，頁225。
86　（清）王明德，《讀律佩觿》，頁528-529。

員和同樣鑽研法律知識的刑名幕友，不如將此問題倒過來看：王肯堂對「祥刑」字義的重新詮釋，其實反而是對於王樵那類「治律令，如士人治本經」具有講究法律知識閱讀習慣人物的正當性說明。而當王肯堂有關講究法律知識也可以「福祚流及子孫」的觀念被正式地鋪陳與論證之後，也很可能會再反轉過來，鼓勵那些因為接觸司法審判工作而需研讀法律的年輕新秀，對法律知識產生某種超越現實需要而與「天、上帝」相關連的特殊價值觀念。

　　講究法律知識若能與「天、上帝」等超越力量相互關連，這當然會對當時的法律價值觀產生不小影響，然而，講究法律知識可以為自己帶來何種生計財富或是生涯規劃上的好處？這其實也是當時不少人在研讀法律時的重要動力。刑部或任職其他機構的司法官員，自有其憑藉審案優劣而獲考績昇轉的正式管道，重視與研讀法律知識，基本上有助於這些官員的升遷，自是不在話下（前引王明德討論法律書籍不可不讀的文字，對此種仰賴法學知識而在官場升遷的情境，有極傳神的描述：「一旦身膺民寄、位列台輔，其何以定大獄而決大理、輔聖治而熙萬姓哉！」）。而除中央與地方各級司法官員之外，晚明以來，還有另外兩類人物的生計問題與生涯規劃也受到研讀法律知識的影響：一是幕友，一是訟師。

　　先談幕友部分。汪輝祖是清代名幕，其「歲修」薪金收入之豐厚，是當時名列全國幕友薪金之前茅，[87]而據汪輝祖寫於十八世紀末的晚年自述，他在乾隆十七年（1752）在江南地方松江府金山縣開始從事幕友職業時，時年二十三歲。[88]乾隆五十年（1785）則是五十六歲，汪輝祖由歸安縣幕友解任，此時他已擔任幕友工作「三十四年，游江蘇九年、浙江二十五年。擇主而就，凡十六人」，[89]他對自己長期從事幕友這門行業的薪金變動，有頗為仔細的記錄：

　　　余初幕時，歲修之數，治刑名，不過二百六十金；錢穀，不

---

[87] 汪輝祖從事幕友工作的心路歷程，他晚年有詳細回憶，參見：汪輝祖，《佐治藥言》（收入《汪龍莊遺書》，影印清光緒十五年江蘇書局刊本，台北：華文書局，1970）的乾隆五十年（1785）自序（頁313-314），以及相當於汪輝祖自傳性質的《病榻夢痕錄》（收入《汪龍莊遺書》）。

[88] 汪輝祖當時是「鄉試不售」科考失利，因而暫時擔任幕友以便謀生，他晚年回憶此事時，如是說道：「然余頗不欲以幕為業，當書記外，讀書如故」（《病榻夢痕錄》，頁279）。

[89] （清）汪輝祖，《病榻夢痕錄》，頁368。有關汪輝祖生平經歷與法學著述，參見：張偉仁，〈良幕循吏汪輝祖：一個法制工作者典範〉，《國立台灣大學法學論叢》，19，1（1989）：頁1-49；鄧雲鄉，〈汪輝祖及其著述〉，收入氏著《水流雲在叢稿》，北京：中華書局，2001，頁524-541。

過二百二十金。已為極豐。松江董君，非三百金不就，號稱「董
三百」。壬午（乾隆二十七年，1762）以後，漸次加增，至甲辰、乙
巳（乾隆四十九年、五十年），有至八百金者。其實幕學、幕品，均
非昔比矣！[90]

　　儘管汪氏慨嘆「幕學、幕品」日漸低下，但這是個人的主觀認知，在可
以觀察確知的幕友薪金上，則至少由乾隆初年「董三百」的相對高水平，漸
次增加到乾隆末年的有至白銀「八百金者」。這裡固然要扣除物價上漲的因
素，但知名幕友薪金的巨幅成長，以及全國官員爭相招聘與禮遇幕友的風
氣，必定也曾使幕友成為不少年輕新秀所嚮往的新興行業。

　　訟師也是晚明以來的一種熱門行業。明清訟師人數愈來愈多，以十六、
十七世紀明末江南地區為例，該地訟師不僅人數可觀，甚至還依個人勝訴能
力與名氣大小而出現等第差別：

甚矣！吳人之健訟也。俗既健訟，故訟師最多。然亦有等第高
下，最高者名曰狀元，最低者曰大麥。然不但「狀元」以此道獲豐
利、成家業；即「大麥」者，亦以三寸不律，足衣食、贍俯仰，從無
有落莫饑餓死者。[91]

　　這是有關明末江南地區民眾流行雇請訟師協助打官司的具體描寫。這些
訟師收費標準不同，分成外號「狀元」的高級大訟師，以及較次等級的「大
麥」。而如蘇州府嘉定縣的外岡鎮，在明末十七世紀初年也出現不少聞名本
地的訟師，當地人稱「狀元」或是「會元」：「沈天池、楊玉川，有狀元、
會元之號。近金荊石、潘心逸、周道卿、陳心卿，較之沈、楊雖不逮，然自
是能品……至湮沒者，不可勝數」。[92]明末外岡鎮，其實只是一個人口有限
的小市鎮，但也擁有眾多名氣不等、姓名或傳或不傳的大、小訟師，可見訟
師確已發展為明清社會頗為顯著的行業，藉此行業而發財、出名者，應也大

90　（清）汪輝祖，《病榻夢痕錄》，頁369-370。
91　（明）徐復祚，《花當閣叢談》，影印清嘉慶十三年（1808）黃廷鑑重刊本，收入《叢書集成新
　　編》，輯1，冊85，台北：新文豐出版公司，1985，卷三，〈朱應舉〉條，頁561。
92　（明）殷聘尹纂，《外岡志》，收入《中國地方志集成：鎮志專集》，上海：上海書店，1992，冊
　　2，頁893。

有人在，吸引年輕人往此行業發展的誘因也必定有所增加。

若將晚明以來幕友、訟師收入與人數增加的現象，配合王樵、王肯堂分別反映的兩類法律知識價值觀，合而觀之，其實可以豐富我們對當時法律與經濟變化的理解。以鑽研法律知識而獲取可觀報酬，以成為法律專家而得到官員或是民眾的依賴，這是晚明以降幕友與訟師兩門行業興起所反映的重要史實；[93]而當一個社會能夠容納愈來愈多人足以憑恃研讀法律知識來維持生計或是提升地位，這其實也反映了有意義的經濟變遷。本章並未直接討論訟師和幕友興起對明清經濟變遷的具體影響，然而，透過王樵與王肯堂等人討論法律知識重要性的言論，我希望證明晚明以來確實出現賦予法律知識重要性的某些特殊價值觀：當王樵以「有資用世」概括那種將法律書籍等同儒家經典的閱讀習慣時，閱讀法律書籍也連帶得到閱讀儒家經典在社會上既有的重要地位；而當王肯堂論證撰著與出版法律書籍也能夠「福祚流及子孫」時，閱讀法律書籍更獲得了某種連繫「天、上帝」等超越力量的思想憑藉。

明清傳統中國並未出現政府或是社會團體授予法律專家職業證照的正式制度，一種能夠同時兼得社會聲望、自我期許與經濟收入的專業「法律人」，[94]並未能在刑部以外的社會團體（如法律學校或是律師訓練所）公開而穩定地出現與成長，[95]這裡存在著某種傳統中國政治社會體制的制約；然而，這種正式制度的制約，仍然不能抹殺晚明以來研讀法律的官員、幕友和訟師人數愈來愈多的事實，他們或是在官場上正常地升遷，或是在經濟收入上有所增加，特別是如幕友和訟師這兩類不具官員身分的研讀法律人物，也能得到一定的社會名聲與不錯的經濟收入。更重要的是，晚明以來王樵與王肯堂提

---

93 有關明清幕友的精要研究，參見：繆全吉，《清代幕府人事制度》，台北：中國人事行政月刊社，1971；高浣月，《清代刑名幕友研究》，北京：中國政法大學出版社，2000。至於明清訟師的活躍情形以及時人對其社會地位的正反兩種反應與評價，參見：夫馬進，〈明清時代的訟師與訴訟制度〉，王亞新譯，收入王亞新、梁治平編，《明清時期的民事審判與民間契約》，北京：法律出版社，1998，頁389-430；Melissa Macauley, Social Power and Legal Culture: Litigation Masters in Late Imperial China, Stanford: Stanford University Press, 1998, pp.100-145.

94 英國於十五至十九世紀逐漸發展出好幾類不同的專業律師、律師學校與律師行會，其中演變甚為複雜，但基本上正可作為一種兼具社會聲望、自我期許與經濟收入專業「法律人」的演化實例，這方面細緻研究，參見：J. H. Baker, An Introduction to English Legal History, Fourth Edition, London: Reed Elsevier (UK) Ltd, 2002, pp.156-165；W. R. Cornish and G. de N. Clark, Law and Society in England, 1750-1950. London: Sweet & Maxwell Ltd., 1989, pp.45-53.

95 清末西方律師制度的傳入中國，是個頗為長期的演變過程，參見：孫慧敏，〈清末中國對律師制度的認識與引介〉，《中央研究近代史研究所集刊》，52（2006）：頁165-210。

出兩類有關法律知識的價值觀，也成為當時社會上已然成形的思想資源，這為有志研讀法律的讀書人，提供了增加經濟收入以外的特殊價值觀，使得在當時傳統中國社會努力鑽研法律也可能得到某種超越或是神聖的意義。

第三章　訟師與幕友對法律秩序的衝擊

　　明清中國是個廣土眾民而又交通設施、傳播工具有限的國家，儘管政府採行中央集權政治型態，也公布通用全國的法典，但在推行法典與司法審判實務中仍面臨不少難題。諸如：如何讓《大明律》或是《大清律》這兩部成文法典有效地貫徹到全國各級司法機關的審判工作？如何保證上自京師而下至省、府、州、縣各級司法官員的審判品質都能維持基本的公平性？如何減少各級司法機關在審判時出現罪行類似而刑責不同的歧異性？而當各級法庭之間發生司法個案如何適用法律條文的不同解釋時，究竟該由何種法定程序來化解矛盾與裁決疑義？此外，當政治社會局勢變動、各地風俗差異乃至經濟社會發展等因素導致既有法律條文出現嚴重的適用困難時，又要由何種統一程序來修改或是增訂法律條文？這些和司法審判相關的各種課題，可以簡單歸結為以下的關鍵問題：如何既維持成文法典的有效推行而又同時能適時合宜地修訂法律條文？

　　大致說來，明清政府至少採用了二種主要手段來維持成文法典的有效推行與彈性修正：一是在全國司法體系的層級組織內部，逐步將判決文書的「審轉」覆核制度予以嚴格化與細密化，將比較精研法律知識或是嫻熟司法實務的官員集中在上級審判機關，由其對下級司法機關的判決書內容予以查察覆核，透過這套審轉的法定程序，以維持成文法典的有效性、公平性與一致性。二是逐步改良既有的「成案」管理制度，針對那些原本由中央與地方各級司法機構貯放保管的各類司法檔案，由中央刑部等官員進行討論與篩選，藉以補充或修改既有法律條文「律」，報呈皇帝裁決後，即公布為全國通行的「例」。這套由中央司法機關定期匯整編修「律、例」的過程，即是明清成案管理制度改革的主要方向。整體來看，審轉覆核制度有助於維持既有法律條文的有效運作，而成案管理制度的改革則有助於彈性調整既有法律

條文的適用問題；在政治局勢較為承平的時期，明清政府即可以藉由這兩套
制度來兼顧一個既能變通而又不失穩定的司法體系。

　　審轉覆核的加嚴加密以及成案管理制度的改良，兩者的演變都屬於正式
司法制度的變動；這種正式制度的變動確實影響了當時民眾賴以調停糾紛或
進行訴訟的法律秩序。然而，在審轉覆核與成案管理制度改良的同時，另外
也出現了一股衝擊明清司法體系的力量，這即是十五、十六世紀以後「訟
師」與「幕友」兩類人物在全國眾多地域的普遍出現；這兩類人物都不屬於
政府正式編制內的司法官員，但相對說來，則都又是較為熟悉法律條文內容
與司法審判實務的法律專業人士，他們在全國眾多地域的普及，既深深嵌入
明清政府的司法審判流程，也或多或少衝擊當時社會的法律秩序。

　　表面上看，訟師與幕友經常是敵對的雙方。當訟師在各地介入司法實務
後，他們一方面成為涉訟民眾依賴諮詢的奧援；一方面也成為地方官員必須
面對的頭疼人物。略晚於訟師的普遍出現，幕友也逐漸成為各級官員依賴甚
深的非正式幕僚；當幕友協助官員處理訟案時，[1]對付訟師介入司法也便成為
他們的職責之一，這是造成幕友與訟師在司法審判過程中經常處於敵對狀況
的主因。然而，這個敵對關係其實只是表象，幕友與訟師間其實同時存在兩
項重要的共通性：一是訟師與幕友之所以能夠持續發展，主要是因為兩者都
在審轉與審限制度的加嚴加密過程中，利用此種制度性變革契機而更緊密地
嵌入當時的司法體系運作中；第二，幕友與訟師看待訴訟過程與法律知識的
方式，其實有著驚人的會通之處。訟師祕本與幕學是相當於職業訓練手冊的
兩種文類，一些訟師祕本與幕學的編者不僅是訟師與幕友這兩個職業中的佼
佼者，而由其編寫訓練手冊的相關內容看來，他們竟都不約而同地將司法審
判視為是一場在法律領域內競爭奪勝的比賽。

　　本章第一節說明當時開庭審理中的訟師與幕友如何介入司法流程；第二
節討論審轉與審限制度的加嚴加密過程，以及兩項制度背後所要維護的法律
秩序理想，藉以分析訟師與幕友究係如何利用此兩種制度的影響與問題而嵌

1　明清幕友並非只協助官員進行司法審判，學者曾將幕友區分為七類：「刑名、錢穀、書啟、硃墨、
　　徵比、帳房、教讀」，而「刑名、錢穀」則是地方官員依賴最深的兩項幕友（參見：繆全吉，《清
　　代幕府人事制度》，頁39-41）。為集中討論焦點以及方便行文，本書所稱「幕友」大體專指「刑名
　　幕友」而言。

入當時司法實務中；第三節分析訟師祕本與幕學書籍如何以競爭求勝看待司法訴訟與法律知識；最後則是小結。

第一節　敵對於法庭之中的訟師與幕友

　　一般說來，訟師與幕友在法庭中是敵對的雙方，而此敵對性主要是由兩者與司法官員的關係所決定。對職司審判的地方官而言，幕友協助其做成下可使百姓口服心服，而上可使自己在審結期限內送呈以通過審轉覆核的判決；而訟師則總不是老在唆使善良民眾到各級衙門「刁告」，便是在法庭內外給自己帶來各種意料之內或之外的大小麻煩。對訟師的憎惡，出現在許多明清官員的言論中。[2]有些官員更是致力於在本地查察與抓捕訟師，[3]但這些言論一般都只談訟師如何誘使民眾興訟以及如何危害民眾生活，而究竟訟師如何困擾那些在法庭審案的司法官員？一般史料較少提及。

　　清代乾隆年間幕友汪輝祖（1730-1807）在勸告官員應熟讀基本法律條文時，則留下一段描寫法庭審案情景文字，對同時身處法庭的官員與訟師做了極貼近的觀察：

　　官之讀律，與幕不同，幕須全部熟貫，官則庶務紛乘，勢有不暇，凡律例之不關聽訟者，原可任之幕友；若「田宅、婚姻、錢債、

---

[2] 不少明清官員強調訟師之令人憎惡是因他們挑撥是非從中得利而危及民眾生活。相關史料甚多，如所謂：「無風起浪，縵天結網，如許刁健，不重創之，風何可長！」（顏俊彥，《盟水齋存牘》，新校本，北京：中國政法大學出版社，2002，頁506）。或所謂：「訟之興，多由訟師、光棍唆煽而成。及其成訟，彼則從中漁利，恣意起滅」（潘月山，《未信編》，收於《官箴書集成》第三冊，頁71）。再有如：「嚴訟師以遏刁告。豫省界聯吳、楚，地多訟棍，往往哄誘愚民，譸張為幻，或小事而釀成大獄，或睚眥而妄指奇冤。及至審虛反坐，而彼則脫然事外，是以訟師例禁甚嚴，爾等百姓切勿墜其術中。」（尹會一，《健餘先生撫豫條教》，收於《官箴書集成》第四冊，頁699）。這類嚴斥訟師並勸民眾勿受訟師「哄誘」的史料，自十六世紀以來即不斷出現在官員文集與地方志中，參見：川勝守，〈明末清初の訟師について──舊中國社會における無賴知識人の一形態〉，《東洋史論集》，9（1981）：頁118-120。

[3] 十五世紀況鍾（1384-1442）在〈況公下車各政〉即開列：「訟棍訪著即辦，須在下車時，遲則無濟矣！」（轉引覺羅烏爾通阿，《居官日省錄》，影清咸豐二年（1852）刊本，收入《官箴書集成》第八冊，頁9）；十七世紀官員也強調對付訟師、光棍的迫切性：「為上者苟欲為民除害，則必嚴拿此輩，輕則責枷驅逐，重則訪其積惡，申詳按律」（潘月山，《未信編》，頁71）。明清時代史料時常混用「訟師」與「訟棍」二字。

賊盜、人命、鬥毆、訴訟、詐偽、犯姦、雜犯、斷獄」諸條，非了然
於心，則兩造對簿、猝難質諸幕友者，勢必游移莫決，為訟師之所窺
測。熟之，可以因事傅例；訟端百變，不難立時決斷，使訟師懾服。[4]

　　汪氏這段文字原本是勸勉官員熟讀基本法律條文，但卻不經意提醒了我
們：當時官員開庭時，訟師可能即在法庭現場暗中「窺測」。汪氏強調：儘
管有幕友協助審案，但原則上是限於「凡律例之不關聽訟者」，也就是說，
幕友通常是對法律條文提供援引適用的諮詢，至於官員開庭審案，要面對原
告、被告「兩造對簿」之際的各種現場突發情境；當官員開庭時碰到疑義而
無所適從時，其實並不方便在眾目睽睽的法庭上喚請幕友詢問；[5]此時，若官
員沒有基本法律素養，臨時無法得到幕友顧問時，勢必顯得「游移莫決」，
因而「為訟師之所窺測」。

　　明清地方官審案時，應該多是開放旁聽的。晚明熟悉地方政務的官員余
自強，即曾建議官員要留意自己在法庭審案時的公眾形象，特別是不可以在
當堂定罪時才匆忙翻查那些據以判處人犯罪刑的律例條文，他指出：「百姓
觀望官府，第一在當堂定罪」，正因為「當堂定罪」是官員與民眾的一種公
開互動，余自強乃建議官員不要在法庭上臨時抱佛腳式地查找藉以斷罪的相
關法條文字：「不必查是何條徒律、何條軍例，恐時候尨閣（擱），觀望不
雅」。[6]判定刑責切忌遷延不決，就算一時查不到相關法條，也只需在人犯簽
名畫押的口供上，先寫個大概罪名和刑度即可，等退庭之後，官員再好好詳
檢法條即可。[7]由余自強提及的「觀望不雅」，可以證明當時法庭確實可以開
放旁聽。此外，明末還出現提醒商人不要於旅途中旁聽審案的忠告：

　　凡到府縣巡司衙前，及水陸途中口岸處所，或見姦婦、賊犯異常
　之事，切不可擠入人叢，進衙觀看。恐問官疑人打點，關門撲捉；或

4　（清）汪輝祖，《學治說贅》，收入《官箴書集成》第五冊，〈律例不可不讀〉，頁311。
5　刑名幕友可能也並不在開庭現場，因為幕友主要工作是在開庭前與開庭後就案情細節、法律條文與
　各類判決書寫作提供官員諮商與協助，有學者即推測：幕友在官員審案時，應是不能出席法庭現
　場，參見：瞿同祖，《清代地方政府》，范忠信、晏鋒譯，何鵬校，北京：法律出版社，2003，頁
　163；繆全吉，《清代幕府人事制度》，頁45。
6　（明）余自強，《治譜》，影印明崇禎十二年（1639）呈祥館重刊本，收入《官箴書集成》第二
　冊），頁115。
7　（明）余自強，《治譜》，頁115。

強盜受刑不過，妄指左近搪塞。苟遭其害，雖公斷自明，亦受驚駭矣。[8]

何以要勸告商人少去旁聽審案？這裡至少提出了兩個重要理由：一是擔心官員自出心裁，因懷疑法庭現場有同夥罪犯打探消息而「關門撲捉」妄被波及；二是恐怕法庭現場人犯「受刑不過」而胡亂牽連。

明清法庭應該基本上是開放旁聽，但是，當時多半沒有明定通行的法庭開放旁聽規則。更重要的是，官員審案是否開放旁聽，又與「法庭」究竟是在大堂或是內衙等不同場地有密切關係。若於大堂審案，則官員的穿著與舉止都得十分正式，此時基本上開放民眾旁聽，有些衙門大堂甚至還可以同時容納「數百人」旁聽，而且大堂審案也有許多固定程序，官員也不容易隨時中止審案程序；但於內衙審案時，則官員穿著與舉止便常遠較隨意，此時不僅較難開放民眾旁聽，甚至還可依照官員興致與需要而決定是否暫時休庭。可想而知，因為大堂比內衙審案更讓官員受限制，故而一般官員聽訟時，「往往樂居內衙，而不樂升大堂」。[9]只是，較重大的案件恐怕還是得在大堂審理。

然而，也有審案官員偏好於大堂開庭的例證。像汪輝祖這樣對自己審判經驗大有自信的官員而言，他便十分喜歡開放民眾旁聽自己審案：

余日升堂，邑人及外商，環伺而觀者，常三、四百人，寒暑晴雨無閒。余欲通民隱，不令呵禁；謬致虛聲，傳播近遠。[10]

8　（明）程春宇，《新安原版士商類要》，影印明刊本，收入楊正泰編著，《明代驛站考》，上海：上海古籍出版社，1994，卷2，頁299。有關明清商書版本及內容簡介，參見：陳學文，〈關於明清商書版本與序列的研究〉，收入氏著《明清時期商業書及商人書之研究》，台北：洪葉文化公司，1997，頁239-268。

9　汪輝祖對清代地方官開庭選擇大堂或內衙等不同場所，有頗詳細的說明：「內衙簡略，可以起止自若；大堂則終日危坐，非正衣冠、尊瞻視不可，且不可以中局而止，形勞勢苦，諸多未便」，汪氏主張官員應多於大堂審案，因為如此便可透過審理個案以教導當地民眾遵守法律的公開示範效果：「內衙聽訟，止能平兩造之爭，無以聳旁觀之聽；大堂，則堂以下竚立而觀者，不下數百人」（汪輝祖，《學治臆說》，收入《官箴書集成》第二冊，卷上〈親民在聽訟〉，頁275）。

10　汪氏自敘其初任官寧遠縣時：「遇戶婚事，率傳堂下耆老，體問風俗，然後酌判」；而若當天審判較少，「是日訟簡，進堂下人，問所疾苦，曉以務本守分之利、訟則終凶之害。故民見余，不甚懼，有狡黠者，與言家常生理，輒得其情；訟費若干，民亦告余」（汪輝祖，《病榻夢痕錄》，收入《汪龍莊遺書》，卷下，乾隆五十八年（1793）條，頁494-495）。

　　這是汪氏任官湖南寧遠縣時的升堂審案情景，他那種開放「三、四百人」旁聽的審判場景，[11]在當時全國各地法庭恐怕確是蔚為盛觀。[12]汪輝祖強調其之所以要開放眾多百姓旁聽審案，主要是想趁著開庭的時機多向地方耆老「體問風俗」，並藉開庭中場休息時間主動與旁聽民眾閒話「家常生理」，藉以蒐集包含當地民眾打官司的「訟費」等訊息。[13]

　　汪輝祖詢問民眾訴訟費用，除了關心民瘼外，此舉其實也帶有打探訟師介入當地訴訟程度的用意。[14]汪氏打探訟師活動，主要即是要進行取締與懲治。訟師始終未獲明清政府承認其協助涉訟當事人的合法地位，而既有法律條文中的「教唆詞訟」罪名，[15]更是地方官可以隨時逮治訟師的法源根據。在此種不利局面下，明清訟師介入各類司法訴訟時一般都頗隱晦，甚至有些訟師還會在狀紙上變換不同名字，以避免官府查察，連帶也使官員在查找訟師時常需多費工夫。而儘管法條明令處罰「教唆詞訟」，但訟師代人書寫狀紙或是提供法律諮詢是否即算是「教唆詞訟」？這中間仍有不少法律文義的解釋空間。[16]無論如何，明清時代確實有地方官員積極取締當地訟師，而中央政府也曾嚴令官員查禁訟師，但實際用以取締與查禁訟師的辦法，則各有

---

[11]　若汪氏此段記載不算誇大，則當時何以那麼多人喜聽汪氏審案，也很值得留意。也許汪氏審案確有過人長處，這才吸引民眾觀看而至旁聽人數「常三、四百人」的局面。

[12]　雖然大多數官員不一定喜歡民眾旁觀審案，但他肯定並非只有汪輝祖重視大堂審案的重要性，如袁枚即建議官員審案時要注意民眾圍觀時的「堂皇」形象：「判事必坐堂皇，非矜眾也，以觀國人之顏色，而是非使共見也」（袁枚，〈答門生王禮圻問作令書〉，收在賀長齡編，《皇朝經世文編》，冊2，卷21，頁8）。但如某些官員審案時出現的「可茶、可煙、可小食」情景（汪輝祖，《學治臆說》，卷上〈非刑斷可用〉條，頁277），這對「判事必坐堂皇」的負面影響有多嚴重？恐怕仍也難以一概而論；畢竟，官員若於一天內承審太多案件，案牘勞形也總是需要些許飲食調劑，這也不一定不符合袁枚提出的「判事必坐堂皇」期許目標。

[13]　（清）汪輝祖，《病榻夢痕錄》，卷下，乾隆五十八年（1793）條，頁494-495。

[14]　其實，汪輝祖向旁聽審案民眾詢問訴訟花費，也是一種間接調查當地訟師的有效辦法；因為委請訟師打官司總要增添花費，故而民眾訟費的異常增加即可能反映訟師的介入程度。

[15]　《大清律例‧刑律》編〈訴訟〉章「教唆詞訟」條律文：「凡教唆詞訟，及為人作詞狀，增減情罪誣告人者，與犯人同罪（至死者，減一等）；若受雇誣告人者，與自誣告同（至死者，不減等）；受財者，計贓，以枉法從重論。其見人愚而不能伸冤，教令得實，及為人書寫詞狀而罪無增減者，勿論」。薛允升對此條法律註譯道：「此仍明律，順治三年添入小註，乾隆五年刪定」（薛允升，《讀例存疑（重刊本）》，冊4，頁1019）。

[16]　有學者指出：由於清律〈教唆詞訟〉條律文明文規定「其見人愚而不能伸冤，教令得實，及為人書寫詞狀而罪無增減者，勿論」，這使訟師介入訴訟行徑究竟違法與否，產生較大的解釋空間：從法條文義論，只要不被解釋為「教唆」誣告，則訟師也可不在官員依法取締的範圍內（參見：張偉仁，〈清代司法組織概述之一：參與中下層司法工作的個人、團體和官司〉，收入氏編《清代法制研究》，台北：中央研究院歷史語言研究所，1983，冊一，頁157）。

鬆緊寬嚴之異。在其中，汪輝祖懲治訟師的手段則應是相當獨特：

> 曩在寧遠，邑素健訟，上官命余嚴辦。余廉得數名，時時留意；
> 兩月後，有更名具辭者，當堂鎖繫。一面檢其訟案，分別示審；一面
> 繫之堂柱，令觀理事。隔一日，審其所訟一事，則薄予杖懲，繫柱如
> 故。不過半月，憊不可支。所犯未審之案，亦多求息。蓋跪與枷，皆
> 可弊混；而繫柱挺立，有目共見，又隔日受杖，宜其憊也。哀籲悔
> 罪，從寬保釋；已，挈家他徙，後無更犯者，訟牘遂日減矣。[17]

汪輝祖任官湖南寧遠知縣時曾抓到幾名訟師，他並非直接宣判罪責，而
是強迫他們同來「旁聽」自己審案；只是，汪輝祖要訟師旁聽自己審案的方
式則與別的旁聽民眾大不相同，他把被抓訟師「繫之堂柱，令觀理事」。汪
輝祖不要這些訟師在法庭開庭時暗中在旁聽席位裡「窺測」，他用化暗為明
的手法，把涉案訟師鎖在法庭前方展示，讓民眾同時看到知縣審問這些在本
地常具有一定知名度的訟師。[18]

汪輝祖開放較多民眾旁聽，以及他在法庭展示並羞辱涉案訟師，這都反
映他的個性、自信與偏好。儘管大多數明清官員較難像汪輝祖大規模開放民
眾與鎖拿訟師旁聽審案；然而，當時許多民眾喜歡旁聽聳動或是特別的現場
審案，則確是不爭的事實。[19]姑且不論旁聽人數多少，也不管其他官員是否
也曾將訟師「繫之堂柱，令觀理事」，我們至少可以整理一下幾類通常會在
法庭審判場景裡出現的人物：職司審判官員居法庭的前方上位，書吏與衙役
位居中間兩側，而原告、被告兩造當事人，以及地保與其他可能證人則隨時
由官員傳呼到達法庭正中間，此外，便是一批好奇民眾在法庭外圍佇立旁
聽；如果沒被汪輝祖這類官員逮著強迫鎖立法庭，則訟師也極可能悄悄夾雜

17　（清）汪輝祖，《學治臆說》，〈治地棍訟師之法〉條，頁282。
18　史料有缺，汪輝祖是否容許被鎖訟師在大庭廣眾下說話或是參與原告、被告與證人之間的即席談
　　問，應是個歷史謎題。
19　旁聽審判民眾中也不乏外地客商，前引晚明商業手冊《士商類要》勸商人少觀「姦婦、賊犯異常」
　　之案時已有敘及；而上述汪輝祖引文又再次反映其中線索：「邑人及外商，環伺而觀者，常三、
　　四百人，寒暑晴雨無間」。另外，清代有些地方也有親友旁聽涉訟人官司開庭的風俗：「訟人臨
　　審，親族朋友遠來看審，俱要款待」（黃六鴻，《福惠全書》，收入《官箴書集成》第三冊，卷
　　11，「刑部：審訟」條，頁336）。地方法庭常設於城市中，外來商人與同族親友等民眾齊聚圍觀
　　某些案件審判，應是構成當時法庭實景的重要環節。

在圍觀民眾中窺測法官判案。至於幕友，可能礙於司法審判或官場慣例，應無法在開庭時始終側立承審法官身旁提供諮詢與建議；[20]但在開庭前後向官員分析案情爭點與建議適用法條，並為委聘他們的承審法官出謀獻策，則總是意料中事。當訟師介入訴訟，官員受其困擾，幕友也責無旁貸要開始對付訟師。

明清各地訟師介入司法程度不一，而訟師本領高低也各自有差別。乾隆年間名幕萬維翰，即曾分析當時北方與南方的不同：

> 北省民情樸實，即有狡詐，亦易窺破；南省刁黠，最多無情之辭，每出意想之外，據實陳告者，不過十之二三。必須虛衷批斷，俟質訊以定案。[21]

不是華北沒有訟師，而是一般說來這些地方的訟師人數較少而且介入司法的手段簡單，「亦易窺破」；而南方訟師介入司法，則「每出意想之外」。面對這些更為「狡詐」的南方訟師，名幕萬維翰的建議是：「必須虛衷批斷，俟質訊以定案」。刑名幕友站在審案官員立場，協助官員應付各地本領不同的訟師；雖然幕友不公開出席法庭之上，但其與訟師間的敵對關係，仍然成為官員審案過程常難避免的情境。

隨著民間訟師人數愈來愈多，官員和訟師間的緊張關係也愈來愈大。為了對付各地訟師，早在晚明即有官員建議對付訟師的實際辦法；[22]清政府更在既有「教唆詞訟」法律條文外增添許多法令。雍正三年（1725）以後，中央政府屢屢頒布新例與上諭，要求地方官查拏訟師、訟棍，官員也被要求主動查拏訟師，否則一旦由上級官員查獲，即對該管官員懲以「失察訟師」處分。[23]這使地方官與訟師間的緊張對立，日益成為司法審判中的普遍現象。

---

[20] 汪輝祖做幕友時，即曾於委聘官員審案時「從堂後聽之」（見：汪輝祖，《續佐治藥言》，收入《官箴書集成》第五冊，「草供未可全信」條，頁329）。

[21] （清）萬維翰，《幕學舉要》，收入《官箴書集成》第四冊，頁732。

[22] 余自強對付訟師的辦法，是先向各級長官「透露」本案已有訟師介入而讓上司提防有刁棍教唆上控：「凡自理詞訟，遇刁徒強項訟師，不服縣官責罰者，察言觀色，覺有可異，即將此起申招府堂，詳內云：事干刁棍重情，合應申達本府。本府詳允後，如此人再告上司批府，亦難反汙致謗縣官；如批各廳，彼亦相諒，決不反汙。亦諧世中一制奸法也」（余自強，《治譜》，頁114-115）。

[23] （清）崑岡等奉敕著，《清會典事例》（據清光緒二十五年（1899）石印本影印），冊2，卷112〈吏部·處份例·嚴禁訟師〉，頁439-440。對清代中央與地方這類相關法令的整理，參見：張偉

幕友為官員所聘請，訟師則為訴訟當事人所委託，雙方各為其主，在法庭審案過程中相互較勁，這應是明清地方法庭中經常搬演的日常情節。

　　無論訟師或幕友，他們之中的某些人，應該已是以嫻熟法條與司法審判實務為職業的專業人士，[24]但因各為其主而又相互較勁；官員即使不是像汪輝祖那樣雅好開放民眾旁聽審判，但在他們承審的地方法庭上，其實也同樣存在訟師與幕友的相互較勁。這裡主要並不涉及官員是否真有開放民眾旁聽審判的個性、自信與偏好，而是因為審轉覆核與審結期限兩種司法制度的作用，而使訟師與幕友都被自然地捲入明清司法體系的運作。

第二節　審轉審限制度嚴密化下的法律新秩序

一、法官難為？審轉與審限制度的加嚴加密

　　明清時代全國司法案件，可依罪名大小與所繫之「笞、杖、徒、流、死」罪刑輕重，分為「州縣自理細事、上司審轉重案」兩大類，前者主要包括刑度在笞、杖以下的「細事」案件，後者則包括徒刑及徒刑以上的「重案」。[25]細事與重案在明清法律體系內部已出現較大區別：以全國各省發生司法案件而言，屬於細事者，即可由州縣官審結，只要每月造冊送上司備查，無需將案卷移送府級和府級以上司法機構覆審，故細案也經常被稱為

仁，〈清代司法程序概述之一：失盜案件的初步處理及疏防文武的參劾〉，收入氏編《清代法制研究》，冊一，頁383-384。明清中央政府立法禁止訟師的專門研究，參見：林乾，〈訟師對法秩序的衝擊與清朝嚴治訟師立法〉，《清史研究》，2005，3（2005）：頁1-12；地方政府如徽州地區官員禁止訟師與希望根治「健訟」風氣的實例，參見：卞利，《明清徽州社會研究》，合肥：安徽大學出版社，2004，頁251-261。

24　有學者對訟師做了「專業」與「兼差」的兩種不同分類，但總體說來，單由清代部分被捕的訟師身分看來，約有四成以上仍是文、武生監（參見：Melissa Macauley, *Social Power and Legal Culture: Litigation Masters in Late Imperial China*, pp.105-115），這些文武生監基本上都是能通文墨的讀書人，具有閱讀法律知識的能力。本章第三節將對訟師如何嫻熟法律知識等問題做較詳細論證。

25　全國司法案件眾多，加上社會經濟變遷，致使案情差異多少會衝擊既有的「細事、重案」界限，兩者未必總能清楚區劃。大致說來，所謂「戶、婚、田土、錢債」案件常歸於「細事」，人命、強盜、鬥毆致死、聚眾、「謀反」（「反」者云云，當然是特從掌權者的角度看），以及當事人涉及尊卑長幼「人倫」關係的人身傷害或言語辱罵案件，則多屬「重案」範疇。

是「州縣自理詞訟」。[26]至於「重案」部分，州縣官做成判決後，要將相關案件卷宗與人犯、證人、證物等，提交府、道、按察司（臬司），由這些地方上級司法機構審核案情是否有疑、引用法條是否失當。其中徒罪以上等「命、盜重案」及「謀反等十惡」罪案則再由省級最高長官總督或巡撫將相關案卷送至刑部、都察院、大理寺等所謂「三法司」詳議審覆，核查案情與法條是否可疑或可議，此即「審轉」制度大略。[27]

　　明清審轉制度是在司法行政實務工作中逐步改良的。明太祖初年原本規定全國司法案件依罪刑高低而由各級司法機關審查覆核：「笞五十者，縣決之；杖八十者，州決之；〔杖〕一百者，府決之；徒以上，具獄送行省」，但過度頻繁移送案件到上級司法機關覆核的結果是：「移駁繁而賄賂行」；政府不得不改革，洪武二十六年（1393）定制為：「布政司及直隸府州縣，笞、杖，就決；徒、流、遷徙、雜犯死罪，解〔刑〕部……情詞不明或失出入者，大理寺駁回改正；再問，駁至三，改擬不當，將當該官吏奏問，謂之照駁」。[28]雖然此後審轉內容又有幾次修改，但基本上已確立了這套州縣而府而布政司、按察司而刑部、都察院、大理寺的審轉制度骨架，相沿直至明末。[29]然而，明代審轉制度究竟落實到何種程度？特別是當各級地方承審官員送呈判決文書被中央司法官員駁回改正後是否會被處分？目前仍不太清楚。至少到清代雍正年間，審轉制度開始得到更嚴格落實，並對遭駁改正的承審官員訂出各種仔細的議處辦法，而使審轉制度日漸加嚴加密。

　　清代審轉案件以徒罪以上重案最為嚴格。當此類案件由州縣做出判決，詳報府、道官員覆審，乃至送呈省級司法機關按察司、巡撫、總督，當這些地方各級審轉流程完成後，即將本案各類司法文書送交刑部或都察院等中央司法機關。中央司法機關官員的複查重點主要有二：一是針對送呈文書中記錄案情的文字內容，檢查其間是否存有疑點或矛盾；二是本案判決在援引與

26　有學者認為：雖然清代並無當代法律體系中的民、刑事區分，但仍以徒罪以上刑罰為界限，而「形成兩種性質完全不同的程序」；只是，對於這種存於重案與細事之間不同程序的本質差異，「清代人並未明確意識到」。參見：滋賀秀三，〈清代訴訟制度之民事法源的概括性考察〉，王亞新譯，收入滋賀秀三等著，王亞新、梁治平編，《明清時期的民事審判與民間契約》，頁20、42。

27　參見：那思陸，《明代中央司法審判制度》，台北：正典出版公司，2002，頁186-250；那思陸，《清代中央司法審判制度》，頁193-294。

28　《明史》，卷94〈刑法志二〉，頁2306。

29　那思陸，《明代中央司法審判制度》，頁202-205。

解釋法條時是否恰當。若是刑部、都察院等中央司法官員認為案情有疑或是法條適用有所失誤，則逕自退回地方督撫重議，這在清代便是所謂的「部駁、院駁」。[30]

清代審轉制度的加嚴加密是個漸進過程，而此過程則和「斷罪引律令」這一法律規定[31]在清代的更嚴格落實有密切關係。[32]康熙九年（1670）已規定幾類審轉案件遭受中央司法官員駁覆改正時的地方各級官員議處方式，此規定將督撫與府州縣官員承審案件的擬罪錯誤，區分為兩類，各附不同議處辦法：第一類是在地方各級司法官員發生「應擬斬絞人犯而錯擬凌遲、應秋後處決人犯而錯擬立決、應擬軍流等人犯錯擬凌遲、將軍流等罪錯擬斬絞」等四種情形時，各級承審官員要受到降級調用或是罰俸等不同議處。第二類則是規範「將應絞人犯擬斬、將軍流等罪以下錯擬失入者」的情形，針對此種審理案情而區別為兩種不同處分：一是若此案尚未執行，則由刑部改正，而「承問官免議」；二是若此案已經發交執行造成無可彌補的錯誤時，則將「承問官革職，司、道降四級調用，督、撫降三級調用」。[33]這主要是對各級地方法官判案確有錯誤並造成涉案人喪失生命者的處分，至於那些經刑部、都察院、大理寺「三法司」查出援引法條或是案情調查錯誤者，只要並未造成涉案人喪失生命，則承審各級法官與地方督撫基本上都可予以「免議」。[34]

至少自雍正初年之後，各級地方官員被中央司法官員駁覆援引法條失誤，即已不再可因未有涉案人喪失生命而予「免議」了。雍正三年（1725）

30　有關部駁與院駁案例的介紹，參見：布迪（Derk Bodde）、莫里斯（Clarence Morris）合著，朱勇譯，《中華帝國的法律》，南京：江蘇人民出版社，1993，頁126-127、170-175。

31　《大清律例・刑律》〈斷獄〉門「斷罪引律令」條：「凡官司斷罪，皆須具引律例。違者，如不具引，笞三十；若律有數事共一條，官司止引所犯本罪者，聽。其特旨斷罪，臨時處治，不為定律者，不得引比為律。若輒引比，致斷罪有出入者，以故失論。故行引比者，以故出入人全罪，及所增減坐之。失于引比者，以失出入人罪，減等坐之」；乾隆三年（1738）定例：「除正律、正例而外，凡屬成案未經通行著為定例，一概嚴禁，毋得混行牽引，致罪有出入。如督撫辦理案件，果有與舊案相合可援為例者，許于本內聲明，刑部詳加查核，附請著為定例」（薛允升，《讀例存疑（重刊本）》，冊5，頁1276-1277）。

32　官員判決戶婚田土等「細事」案件較少引律例；但官員審理「重案」則確實在審轉過程中受上級機關運用「斷罪引律令」規定的嚴格制約。清代康熙至咸豐年間處罰官員判案援引法條失當的相關法令，參見：《清會典事例》，卷123〈吏部・處份例・官員斷獄不當〉，頁592-610。

33　《清會典事例》，卷122〈吏部・處份例・官員斷獄不當〉，頁592。

34　《清會典事例》，卷122〈吏部・處份例・官員斷獄不當〉，頁593。

明定：各省督撫在接獲來自刑部或都察院駁覆後，必須「虛心按照律例，改正具題；將從前承審舛錯之處，免其議處」；而若是在刑部或是都察院官員駁至第三次之後，地方督撫仍然「不酌量情、罪改正，仍執原擬具題」，則再次經刑部或都察院覆覈其應改正者，「即行改正，將承審各官、該督撫，俱照〈失入、失出〉例，分別議處」。[35]乾隆五年（1740）則將不遵駁改正即予議處的規定做了更仔細界定：「官員審理案件，有情罪不協、律例不符，失出失入，經上司查明，駁令再審；承審官虛心按律例改正，免其糾參……若上司飭駁之後，承審官實係錯誤，固執原擬具詳，經上司委別員審出改正，或案件已經題咨完結後經查出者，仍照失出失入例議處」。[36]嘉慶五年（1800）更進一步對那些遭駁議處的各級地方官員做成責任區分更細微的處置：「凡駁飭改正之案，刑部即檢查該府州縣原詳，據實核辦：如原詳本無錯誤，經上司飭駁，致錯擬罪名者，將該上司議處。如原詳未奉飭駁，該上司代為承當，除原擬之員，仍按例處分外，將該管上司，照徇庇例，嚴議」。[37]儘管中央政府對不同層級地方司法官員的部駁議處責任做出區分，督撫等官員所受處罰的嚴重程度，似乎不若州縣等下級地方司法官員；然而，在這套審轉制度的壓力下，各級地方司法官員在審判實務與寫作判決書方面，仍然承擔起愈來愈密切的共同責任。州縣審案判決不夠慎重而遭中央駁回重審，不僅會讓涉案民眾因延誤案情調查而受苦，同時也連累上級地方長官。[38]

　　隨著審轉制度的日趨成熟與嚴密，地方司法審判機構下端的州縣級官

35　《清會典事例》，卷122〈吏部・處份例・官員斷獄不當〉，頁596。其實，類似規定已於康熙五十七年（1718）出現，但當時只規定將「承審各官並該督撫，交部議處」（《清會典事例》，卷88〈吏部・處份例・欽部事件限期〉，頁144），仍無罰則。雍正三年，則明定懲處官員的法條。至於文中所謂「〈失入、失出〉例」，即指大清律例〈官司出入人罪〉。該條律文列舉官員援引法條刑度不符案件事實罪名時的種種罰則，針對「笞、杖、徒、流、死」等五類不同刑度罪責的誤判，對承審官員做出不同處罰，參見：薛允升，《讀例存疑（重刊本）》，冊5，卷49，頁1229-1232。

36　《清會典事例》，卷122〈吏部・處份例・官員斷獄不當〉，頁597-598。

37　（清）薛允升，《讀例存疑（重刊本）》，冊5，頁1234。這種區別輕重的議處法規，應帶有希冀破除地方各級司法官員因擔心中央駁覆而相互串通的設計用意。

38　剛毅在《審看擬式》（清光緒十五年（1899）刊本）〈自序〉中曾具體描述此中情形：「獄訟之情偽，始於州縣，成於司（按察司）、院（巡撫），定於刑部。州縣審看不當，解司、申院、達部而後，即使駁議平反，而民之拖累含冤者，已自不淺，況文致增減、是非淆亂而莫由譏詰者，正復無限。則州縣之審看，其所關尤重也」。此序雖作於光緒年間，但地方各級官員因審轉議處法令而塑成的此種共同連帶責任，則至少自雍正年間即已有效塑成。

員，最是感受壓力沈重。而在審轉制度之外，清代中央政府又依案件類型而對各級地方司法官員制訂不同的案件審結期限。[39]這些審結期限的法令絕非是中央政府發布的紙上空文，而是通行全國得到具體落實的制度，不僅督撫等地方長官送交中央的司法文書末尾要注明是否「尚在限內」，[40]州縣官上呈地方長官的司法文書也清楚交待命盜重案的審理期限。[41]除了審轉重案都要在審限內送呈上級檢查案情合理性與法條適用性之外，戶婚、田土、錢債這類州縣自理案件雖無需審轉，但也同時受審限法令規範，[42]乾隆年間即有地方巡撫召集該省布政、按察「兩司會議」後通令全省：「以一道所轄之州縣多寡遠近之不同」，「各於月底，將一月准理事年，開列事由，已結者就登銷；其有証佐未齊、原被患病，不能依期完結者，亦於冊內據實登明，各於次月之朔，呈送巡道查核，遞月倒換」。[43]固然命盜重案的審轉與審限罰

39　雍正五年（1727）已詳列州縣官審限罰則：「命案限六月；盜案限一年；欽部事件，限四月；發塚、搶奪、竊賊事件，皆限六月；其餘案件，一切未經定有限期者，皆扣限六月完結。皆以人犯到案之日起限。」有學者解釋「欽部事件」實包括三種不同情形：一是欽奉諭旨命辦之事，二是遵照諸部之咨應辦之事，三是依例應題奏經部議之事（參見：張偉仁，《清代法制研究》，冊二，頁159）。雍正五年，還同時規定州縣以上地方官的審限：「命案六月限者，州縣限三月解府州；府州限一月半解司；司限一月解督撫」。上舉雍正五年兩條法令，以及雍正至道光年間各種審限法令的增修細節，參見：《清會典事例》，卷122〈吏部·處份例·外省承審事件〉，頁578-591。簡介幾次地方官審限罰則的重要更動，參見：瞿同祖，《清代地方政府》，頁201-205。

40　反映這類審限規定的案例不少，稍檢現存各類上報中央的清代司法檔案即可證實，如乾隆二年（1737）九月八日山西巡撫石麟題報該省鐵爐作坊主人楊文忠不允雇工李貴發辭工而引致李姓雇工身死命案，題本結尾即寫道：「此案應以乾隆二年二月十二李貴發身死報官之日起限，今逾限未及一月，合併聲明」（中央研究院歷史語言研究所藏「內閣大庫」檔案，登錄號：052671）。

41　如乾隆三十年（1765）九月十九日一份發自重慶府巴縣有關竊賊拒補被毆身亡而上呈省級長官的判決書，其結尾即寫道：「此案應以乾隆三十年七月初四日報官起限，扣至本年十月初四日分限屆滿。今卑縣於九月十九日申詳，尚在限內，合併申明」（四川省檔案館編，《清代巴縣檔案匯編：乾隆卷》，北京：檔案出版社，1991，頁77）。

42　上引雍正五年「其餘案件，一切未經定有限期者，皆扣限六月完結」法令外，雍正年間又議准以下法令：「按察使自理事件，限一月完結；府州縣自理事件，限二十日審結」（《清會典事例》，卷122〈吏部·處份例·外省承審事件〉，頁578）。這個州縣自理案件限二十日審結的規定直至十九世紀皆然，如清代一部政書在羅列「自理、命盜搶等案、情重命案」三類案件審限罰則時，即對「州縣自理戶婚田土等項案件」等「自理」案件開列如下審限罰則：「限二十日完結。違限，不及一月，罰俸三個月；一月以上者，罰俸一年；半年以上者，罰俸二年；一年以上者，降一級留任」（方大湜，《平平言》，收入《官箴書集成》第七冊，卷2〈審案限期〉，頁636）。

43　（清）陳弘謀，〈飭巡道清查州縣詞訟〉，收於賀長齡編，《皇朝經世文編》，冊2，卷20，頁19。可略舉州縣自理刑案中一件錢債訴訟為例證：清道光五年（1825）四月，巴縣縣城有房東李廣順將房屋店鋪租給楊大通，但楊氏卻再將店鋪轉租龔雙全開設酒鋪而引發一樁房租訴訟，巴縣知縣判詞寫道：「集訊之下，斷令龔雙全將鋪面交給楊大通自行開設，並將家具點還；其楊大通取龔雙全租銀十兩，飭令照數退繳；雙全添置用器，聽其自行領回變賣」，而判詞文末有云：「兩造俱各欣

則對官員帶來更大壓力，但清代州縣官審判細事時所面對的審結壓力也不能輕估；當然，究竟細事審結的實際壓力有多大？那主要繫於各省司法長官執行每月月初查察結案登銷冊籍的嚴格程度，難以一概而論。

審轉議處與審限罰則的加嚴加密，讓地方官遭到較大壓力。儘管作威作福、貪財受賄或是昏庸無能的地方官員不乏其人，但這涉及不同時代整體吏治水準的演變問題，到底清代吏治受審轉制度而變好或變壞的程度如何，頗難一概而論。清代後期吏治日趨低下姑且不論，但若以雍正乾隆以至嘉慶年間各級地方官處境而論，官員確實日益感受到上級司法機關在審查司法文書時那股講究案情調查是否詳實以及法律適用是否恰當的結構性壓力，而這種壓力主要即來自當時加嚴加密的審轉與審限制度。

審轉與審限制度加嚴加密下的清代地方官到底有多難為呢？汪輝祖有段析論：「語有之：州縣官如琉璃屏，觸手便碎。誠哉是言也，一部吏部處分則例，自罰俸以至革職，各有專條」，儘管汪輝祖寫此段文字是要勸官員有關「失察、遲延」審判與徵稅期限等「公罪案件，斷斷不宜迴護」，否則「以計避之，則事出有心，身敗名裂矣」；[44]但是，光由這種「琉璃屏觸手便碎」的比方看來，「失察、遲延」指的正是審轉與審限制度的加嚴加密，而連帶而來的議處，則確實造成當時部分地方司法官員的莫大壓力。只是，壓力是否必然讓吏治清明？那仍要考慮其他層面因素，不能泛泛而論。[45]

二、「法足敝辜」與「民風淳樸」的法律秩序論述

何以清代雍正年間以後審轉與審限制度都日趨嚴格？皇帝與中央政府向

依，取俱結備案」（四川省檔案館、四川大學歷史系主編，《清代乾嘉道巴縣檔案選編》下冊，成都：四川大學出版社，1996，頁59）。州縣官員要將每月審結自理案件登錄銷案以備地方長官查核之規定，也反映於此例證。

[44]　（清）汪輝祖，《學治臆說》，頁291。

[45]　描述清代地方官負面形象的文獻也有不少，一部清末出版政書的序言即寫道：「嗟乎！吏道之蕪也久矣，平居華衣豐食，選玩具、徵歌色；出則驕從煊赫、奢汰相高；其聽訟也，據案南面，儼若神明，敲精撲髓，惟力是視，小民之是非曲直，不與焉」，參見：（清）瞿繼昌，〈序〉，收入（清）徐壽茲，《學治識端》（收入《官箴書集成》第九冊），頁422。筆者無意爭辯清代吏治因審轉而品質甚好，只想指出地方官面對審轉加嚴加密的制度性壓力；沒錯，嚴格法令並不保證官員都認真政事，壓力愈大，迴避辦法也可能更巧妙，但那是另外層面問題，不是本章重點；我強調的是：不能因為清代存在貪官暴吏即低估當時審轉審限制度嚴密的壓力與作用。

各級地方司法官員施加如此大的制度性壓力，究竟所為何來？嘉慶十七年（1812）的上諭，反映了其中重要原委：

> 州縣原為親民之官，詞訟原應速為審理，以免拖累。經朕時常降旨訓飭，而外省因循疲玩，積習相沿，置若罔聞。或性耽逸安，怠於聽斷；或豫防翻案，冀免干連；以致訟師逞其伎倆，顛倒是非。往往起釁甚微，久且釀成巨案；而上控、京控呈詞，亦日漸增多，皆不肖州縣官養成刁風，而督撫多徇情袒護，吏治、民習，日壞一日，實堪痛恨。[46]

在訓誡各省官員應儘速審理百姓訟案後，嘉慶皇帝命令各省督撫：

> 嚴飭所屬州縣，盡心民事，以聽訟之勤惰、斷獄之遲速，分別勸懲，庶吏治修明、案牘漸稀，民風日臻淳樸。[47]

綜合上引嘉慶兩段上諭內容，可看出其間實蘊含一連串因果關係的假定與論述：如果地方官能夠「盡心民事」、做到「聽訟勤、斷獄速」，同時也不要過於擔心涉案人在自己審斷後提出上控或京控而牽連自己受到參處（「豫防翻案，冀免干連」），則訟師便無法「逞其伎倆，顛倒是非」；如此一來，便能不再拖累涉訟民眾的生活，並且有效地減少民間訴訟（「案牘漸稀」），從而使「民風日臻淳樸」。嘉慶時代地方官審結訴訟的效率是否真已不如雍正或乾隆時代？未來仍需更多司法檔案的檢證；但是，嘉慶皇帝的上諭則說明了政府改革審限制度的主要用意，即是要達到「案牘漸稀、民風淳樸」的理想。

審轉制度的加嚴加密，主要和清政府更重視「斷罪引律例」法律條文的落實有關。然而，法條畢竟有待司法官員或是皇帝的解釋，而全國各地審轉呈送的刑案情節常又是千差萬別，當時定罪量刑的理想是要達到所謂的「情、罪曲當」，[48]無論是情重法輕，或是情輕法重，都在審轉制度覆核刑

---

46 《清會典事例》，卷112〈吏部·處份例·嚴禁訟師〉，頁439-440。
47 《清會典事例》，卷112〈吏部·處份例·嚴禁訟師〉，頁439-440。
48 清末撰修《清史稿·刑法志》的作者，對乾隆此種特殊法律理想有極傳神的描寫：「高宗（乾隆皇）臨御六十年，性矜明察，每閱讞牘，必求其情、罪曲當，以萬變不齊之情，欲御以萬變不齊之例。故乾隆一朝纂修八九次，刪原例、增例諸名目，而改變舊例及因案增設者為獨多」（《清史

案的駁詰之列。只是，連刑部等中央司法官員也不見得能在向皇帝報呈判決時做到「情、罪曲當」的理想，嘉慶四年（1799）正月二十六日，嘉慶皇帝即召見刑部侍郎熊枚痛責刑部官員未能精確地援引法條判案：

> 向來刑部引律斷獄，於本律之外，多有「不足蔽辜」、「無以示懲」，及「從重定擬」等字樣，所辦實未允協。罪名大小，律有名條，自應勘核案情、援引確當。務使法足蔽辜，不致畸輕畸重，方為用法之平。今引本律，又稱「不足蔽辜」、「從重定擬」，並有加至數等者。是因不按律辦理，又安用律例為耶！即案情內有情節較重者，朕自可隨案酌定。總之，「不足蔽辜」之語，非執法之官所宜者。[49]

在痛責刑部官員不能「勘核案情」而對大清律例既有法條「援引確當」後，嘉慶下令：「嗣後，看刑衙門俱應恪遵憲典、專引本律，不得於律外又稱及從重字樣。即雖字、但字，抑揚文法，俱不准用」。[50]清仁宗的法學知識是否真比一般刑部官員高？令人懷疑。但嘉慶皇帝指斥刑部官員審案「不按律辦理」的主要意義，我認為並不在於當時刑部官員是否真的無能精確援引法條，而是反映皇帝本人對「按律科斷、法歸劃一」的強烈信念；[51]至於何以一定堅持要官員審案時「按律科斷、法歸劃一」呢？這裡其實反映了皇帝所認同的有關司法訴訟或是法律秩序的理念：定罪量刑時要能做到「情、罪曲當」，或是換句話說：「法足蔽辜」。

然而，受限當時司法資源有限的外部條件，以及傳統法條的內部結構，無論是審限制度的「案牘漸稀、民風淳樸」理想，或是審轉制度的「按律科斷、法足蔽辜」理念，其實都在執行上面臨不少困難。先談審限制度的困

稿》，卷142，頁4186-4187）。

49　（清）姚雨薌原纂、胡仰山增輯，《大清律例會通新纂》，影印光緒年間刊本，台北：文海出版社，1964，卷首，頁15-16。

50　《大清律例會通新纂》，頁16。

51　雍正八年（1730）上諭也反映有關立法問題的內容：「國家法令科條，原一定而不可易；其有應行從重者，亦必待朕明其情罪。特頒論旨：此加倍二字，非臣工所可擅定者也。嗣後凡有議罪議處之條，皆應照本律定議，其有負恩犯法、情罪重大、應從重定擬，必須執中於法之至平至允，不得擅用加倍字樣，開矇混苛刻之端，負朕立法牖人、儆省防閑之至意」（《清會典事例》，卷85〈吏部‧處份例‧引用律例〉，頁97）。無論嘉慶帝或雍正帝對司法審案的評論，都同時內含著必須嚴格按律科罪，以及即使真要「隨案酌定」更改法條也必得經由皇帝發動立法的信念。

難，前引諸如「命案限六月；盜案限一年；欽部事件，限四月；發塚、搶奪、竊賊事件，皆限六月；其餘案件，一切未經定有限期者，皆扣限六月完結」，或如州縣自理案件「限二十日完結。違限，不及一月，罰俸三個月；一月以上者，罰俸一年；半年以上者，罰俸二年；一年以上者，降一級留任」等審限法令，這類法令不可謂不嚴格，但能不能做到？很多時候並不像嘉慶相信的只要官員「盡心民事」便可辦成的。即以民間經常發生的土地產權糾紛來說，[52]這通常屬於「限二十日完結」的州縣自理案件，但單是勘丈涉訟人彼此土地界域確定爭點，有時即要大費周章，[53]當時沒有專門的勘定土地界址機關配合州縣官查核審理，但政府卻強迫官員在二十日內完結自理細事，似此這般缺乏協助證據調查等司法資源外部條件做支援，而光是要求地方官員限期結案，有時真也過於強人所難。

　　官員要在有限的審結時間內處理各類轄區內發生的輕事與重案，否則即要面臨參處；在此情形下，官員至少出現兩類可能對策：一是打點串通地方上級長官，大事化小，小事化無，減少或是不要登記這類未結案件的數量。另一則是尋求專業人士協助，聘請刑名幕友正是應付加嚴加密審結期限的重要途徑。這是從官員應付審限的角度看問題，而若是由訟師介入訴訟的角度看，則官員面臨審限壓力，卻正好可以增加訟師操持運作的機會。相比之下，官員聘請幕友協助結案可以進行的較為光明正大；而官員打點上級長官，以及訟師利用審限而操持司法，便比較隱晦微妙。前引嘉慶十七年上諭，正可以解釋後兩種隱晦微妙的關係：嘉慶指責「督撫多徇情袒護」所屬州縣官員不迅速審結案件，大概可算是我所說的第一種官員應付審限對策；至於嘉慶指責官員「或性耽逸安，怠於聽斷；或豫防翻案，冀免干連；以致訟師逞其伎倆，顛倒是非」，則正是第二種微妙關係：因為擔心案情多生

52　學者曾由清代地方官判牘中討論這類案件的普遍性，參見：小口彥太，〈清代地方官の判決錄を通して見たる民事的紛爭の諸相〉，《中國：社會と文化》，3（1988），頁35-49。

53　汪輝祖對勘丈土地一事有所細論，他將土地勘丈分為「風水、水利、山場、田界、房屋基址」五類，並指出「風水」勘丈問題最是複雜，他建議地方官要會同爭訟兩造民眾親到現場：「先就兩造繪圖，認正山名方向，然後往復屢勘。凡所爭之處，及出入路徑，一一親歷，無憚勞瑣」，「將兩圖是非逐細指出，為之明白講論，諭以子孫可大可久之故，再行剖斷，自然心平忿釋，不致爭競」；而若是州縣官自己不到現場而只委託副手官員屢勘，依汪氏經驗，其結果總是「人不能服，仍歸親勘，重勞吾民」（汪輝祖，《學治臆說》，卷上〈勘丈宜確〉，頁278）。多數官員恐難做到汪輝祖建議的勤快履勘，而勘丈爭訟土地的費時費事也可想見。

枝節會增加查證需要而超過審結期限，官員當然希望要查證的事項愈單純愈好，但許多訟師正喜歡用各種手段增加官員查證的成本。[54]以訴訟策略而論，訟師在案件裡增添愈多需要查證的事項，則官員審理過程便需增加更多查證時間，訟師即可視有利勝訴方向而給承審官員更多壓力；而一旦官員做成不利己方判決後，此時案件無論是已經送呈上級審轉，或者是留貯州縣備查，若涉及證據愈多，則訟師即更容易找到官員當初查證不足的疏失而向上級官員提出有利己方「翻案」的上控事由。因此，我認為審限制度的加嚴加密應可增加訟師介入操作訴訟的機會。而這和州縣官員串通上級長官一樣，都不會是嘉慶皇帝樂見的結果，至於審限制度原先標舉的「案牘漸稀、民風淳樸」理想，當然也更是與之南轅北轍漸行漸遠。

　　至於審轉制度所懸諸的「按律科斷、法足蔽辜」理念，其實也因當時法律條文的內部結構限制，而產生不少法律適用上的困境。明清法典都採用較嚴格的法定絕對刑形式，而和當代刑法條文經常規定高、低刑度的相對刑形式有所差異。[55]明清律例嚴格規定各種罪名的唯一法定刑度（絕對刑），主要著眼於不能讓全國審案官員在斷罪量刑時出現同一罪名而判定不同刑度，這是「按律科斷、法足蔽辜」理念的特殊展現方式；[56]這種絕對刑立法的立

---

54 王又槐即對訟師手段有以下觀察：「或囑證佐徂覆藏匿，或以婦女老稚出頭；或搜尋舊抵搪，或牽告過跡挾制。或因契據呈詞內一二字眼不清，反覆執辨；或捏造改換字據，形色如舊。或串通書吏捺擱，或囑託承差妄棄。詭詐百出，難以枚舉」，參見：（清）王又槐，《辦案要略》，收入《官箴書集成》第四冊，頁770。站在官員角度想，這些都是陰險而不入流的手段，但由訟師幫委託人勝訴角度看，這其實又都是可增加官員查證時間的拖延謀略。

55 當代刑法所列各種法定刑，除少數例外條文外，大多採用「相對刑」規定，從而使得法官定罪量刑具有很大的彈性空間（參見：林山田，《刑法通論》，下冊，台北：作者發行，1998第6版，頁740）。如中華民國刑法第277條規定「傷害人之身體或健康者」的「普通傷害罪」刑度，即為「處三年以下有期徒刑、拘役或一千元以下罰金」；而清代法律的「鬥毆」罪，則依所列「手足毆人、不成傷者；（手足毆人）成傷，及以他物毆人不成傷者；（以他物毆人不成傷者)成傷者；拔髮方寸以上；毆人血從耳目中出及內損吐血者；折人一齒及手足指、眇人一目；折二齒、二指以上及髠髮者……」等不同罪行，而各自繫以「笞二十；笞三十；笞四十；笞五十；杖八十；杖一百；杖六十、徒一年……」等不同刑度（沈之奇，《大清律輯註》，新校本，北京：法律出版社，2000，頁714-715）。相對來說，清律中的每種罪行原則上都處以一項特定刑度（「絕對刑」），而不像當代刑法對同一罪行反而繫以某刑度以下與某刑度以上的相對刑。此方面問題的細緻分析，參見：陶安，〈律と例の間──明代贖法を通じて見た舊中國法の一班〉，《東京大學東洋文化研究所紀要》138（1999），頁1-65。

56 當代刑法高低刑度的設計，是配合相關法律規定賦予承審法官刑罰裁量的權力，讓法官可以斟酌案情而決定適當刑罰；對傳統中國刑法而言，這是相當不同的立法理念或技術（參見：滋賀秀三，〈中國法文化的考察：以訴訟的形態為素材〉，王亞新譯，收入滋賀秀三等著，《明清時期的民事

意，是希望防止各地素質不一的法官枉法量刑，藉以提升刑罰公平性；然而，另一方面，又同時減少了真有法學素養法官依案情輕重而調整合理刑度的自由心證空間，使得幾乎任何合理而有需要的刑度調整都得呈請三法司與皇帝核可，把原本可由地方法官合理裁量的刑度調整，都變成有待中央司法官員討論以及皇帝最後裁決的冗瑣爭議。[57]

每年全國審轉送呈中央三法司的案件眾多，現仍難清楚當時地方官被要求遵駁改正的案件比率究係如何變化。而且，在被三法司駁覆的案件中，有些確是因為法條援用錯誤或是案情調查有問題而被檢查出來，曾經審閱並做較仔細的討論，對於保障當事人權益應有所助益；[58]並不全然都是因為法典缺乏高、低刑設計容易導致刑罰裁量爭議的結果，更不必然皆反映皇帝個人專斷或是三法司官員揣摩上意而枉法裁判。

然而，乾隆四十五年（1780）二月發生的一樁江蘇省送呈審轉案件卻頗為特別，值得做些簡要介紹。這案子是由江蘇省巡撫吳壇所送呈，主要事由是該省山陽縣民倪玉因為續弦妻子倪顧氏對待倪玉前妻所留四子不好，在屢與倪顧氏爭執無效後，倪玉在家自縊身亡。吳壇核定送呈的判決文書是援引「威逼人致死」律的「妻妾逼迫夫致死」例規定：「擬絞，奏請定奪」，[59]吳壇因而在審轉文書上判定：「倪玉之死，實由倪顧氏不賢逼迫所致，倪顧氏應依例擬絞監候，奏請定奪」。吳壇為乾隆二十六年進士，不僅有研讀刑律的家學，更曾先後任職刑部二十餘年，此時由刑部外放江蘇巡撫，是當時有名的法學專家。然而，刑部審轉這份判決的結論是：「查例載：妻妾逼迫夫致死者，比依妻毆夫至篤疾律，擬絞，奏請定奪。又，律載：妻毆夫至篤疾者，絞決[60]」；此案「是倪顧氏居心悍刻、致夫自盡，自應照律擬以絞

審判與民間契約》，頁12）。

57　有學者即認為：「在中國的法律實踐中，從我們的感覺來講是屬於量刑範疇東西，卻總是被作為沒有裁量餘地的法律的解釋適用問題而展開繁冗瑣細的議論」（滋賀秀三，〈中國法文化的考察：以訴訟的形態為素材〉，王亞新譯，頁12）。不過，當代法律以相對刑形式賦予法官刑罰裁量的做法，也並非沒有爭議空間，雖然法官被要求本其職務意識與職責良知而定罪科刑，但在實踐上，法官個人的教育背景、家庭成長經驗乃至其人生觀、政治觀與社會價值觀等情感或信仰因素，不同法院對同一罪刑的不同裁量傳統，以及受判決人的外型、舉止、談吐等因素，都足以影響法官的刑罰裁量（參見：林山田，《刑法通論》，下冊，頁742-743）。

58　邱澎生，〈真相大白？明清刑案中的法律推理〉，頁164-172。

59　（清）吳壇，《大清律例通考校注》，頁811。

60　律文相關內容為：「凡妻毆夫……至篤疾者，絞（原加注：決）；死者，斬（原加注：決）；故殺

決，請旨定奪。今該撫（吳壇）將倪顧氏擬絞監候，與律不符，應將倪顧氏依妻逼迫夫致死者比依毆夫至篤疾絞決律，擬絞立決，奏請定奪」。刑部的題本在乾隆四十五年十一月五日送呈皇帝，隔天即發來了乾隆的上諭，除了核可刑部對吳壇的「部駁甚是」同意改照刑部所擬的絞立決罪刑之外，乾隆更發表了一段議論，略云：「婦之於夫，猶臣之君、子之如父，同列三綱，所關綦重。律載：人子違犯教令致父母自盡者，皆處以立絞，豈婦之於夫竟可從輕！今乃逼迫其夫致令自盡，此等潑悍之婦，尚可令其偷生人世乎！」此案倪顧氏「凶悍如此，該撫（吳壇）僅擬絞候，豈明刑弼教之意乎？律既載妻毆夫至篤疾者絞決，本屬允當；乃例又載妻妾逼迫夫致死者比依妻毆夫至篤疾律擬絞奏請定奪之條，以致引用牽混，殊未妥協。著交刑部將此例另行妥議、改正通行」。[61]乾隆不僅要求刑部藉此案討論之便順便修訂既有律例，更接著斥責吳壇等江蘇地方官員：

> 此案係吳壇審擬具題。吳壇在刑部司員任內，辦理案件最為諳練，不應援引失當若此。使其尚在，必將伊交部嚴加議處。至臬司為刑名總匯，塔琦亦由刑部出邑司員簡放，審擬此案，失於寬縱，殊屬非是。塔琦著傳旨嚴行申飭，並將此通諭知之。[62]

此案江蘇省臬司（按察使）塔琦被議處，而吳壇則因在該年十一月上諭傳達前即已在江蘇巡撫任上過世而免予議處。吳壇和塔琦判擬此案是否真像乾隆批評的犯了明顯失誤（「援引失當若此」）？其實是很可爭議的，乾隆自己也承認既有律、例條文之間有所矛盾「以致引用牽混，殊未妥協」，但他仍在吳壇按例文規定判決倪顧氏「依例，擬絞監候，奏請定奪」之後認為吳壇本來也該和塔琦一樣交由吏部「嚴加議處」。這種過嚴的議處方式似乎反映了乾隆皇帝極端重視「婦之於夫，猶臣之君、子之如父，同列三綱，所關綦重」的理念，[63]這影響到他認為絞監候不能使該案「情、罪曲當」，而惟有

者，凌遲處死」（參見：吳壇，《大清律例通考校注》，頁845）。

61　本案細節與三段引文，參見：《駁案新編》，影印清光緒十年（1884）朱梅臣輯《駁案彙編》本，收於《續修四庫全書》，上海：上海古籍出版社，史部，冊873，卷18，頁456-458。

62　《駁案新編》，卷18，頁457。

63　事實上，自秦漢以至唐代的「三綱」理念內容，自有其時代變遷上的差異，如何由對在上位者的責任要求轉為對在下位者的服從義務，其間種種關鍵變遷與細緻區辨，參見：閻鴻中，〈唐代以

絞立決才能讓倪顧氏「此等潑悍之婦」得到「法足蔽辜」的懲罰。姑且不論吳壇與乾隆皇帝的法學知識孰精孰粗，也不管當時駁覆吳壇的刑部官員是否更能掌握乾隆好惡，我們在這裡可以做個設想：如果當時立法技術真的規定「妻妾逼迫夫致死者」罪名可有高、低刑，而不是只能在絞監候與絞立決裡二選一的話，則地方官員在定罪量刑便有較多的合理調整空間；然而，絕對刑的立法理念使得這樣情形不容易在當時審轉制度的運作過程中發生，地方官員只有更加確定一個罪名一個刑度，否則即可能面臨駁覆議處，這是當時法律條文的內部結構限制。

　　刑名幕友的普遍出現與進一步發展，似乎有助於當時司法體系裡摸索出一些具有默契性質審轉運作技術的形成，有助於讓地方官碰到判罪量刑困難時稍稍有所依循，不會太輕易遭到駁詰。乾隆年間名幕王又槐在提及當時「案之干駁者，難以言盡」的同時，也強調任官州縣衙門幕友協助官員送呈司法文書時，只要做到「案無疑竇，處處妥協周密，無隙可入」，則即無需過於害怕上級司法機關的「苛求」。[64]王又槐對地方層級的審轉過程提出自己的看法：

　　　　人多各上司幕友、書吏之指駁，見而驚恐。抑獨不思：所駁者，是情理乎？非情理乎？果合情理，事出公論，府、司不駁，而部、院必駁，上司豈肯代人受過！若非情理、意欲苛求，彼既可以不情不理之語牽強駁之，我何難以有情有理之話委婉覆之。案有可駁，雖不駁，亦足懼也；案無可駁，雖駁之，又何畏焉！[65]

　　王又槐一方面表明他個人認為「案無可駁，雖駁之，又何畏焉」的專業自信，但另一方面也點出當時不少州縣官員與幕友面對駁詰時所感到的「驚恐、可懼」。如果幕友都能像王又槐那般自信地能讓官員不用害怕審轉駁詰，則地方官競相禮聘這類刑名幕友幫忙，也便勢所當然。

前「三綱」意義的演變——以君臣關係為主的考察〉，《錢穆先生紀念館館刊》，7（1999）：頁56-75。乾隆的理解，並不代表「三綱」理念的初始意義。

64　「大凡上司駁案，多因其案內屍傷、情節、口供及情罪較勘，實有可駁之處，方加批飭。若案無疑竇，處處妥協周密，無隙可入，上司幕友斷不肯於情理之外苛求於人；雖欲苛求，無從措詞；倘或好事者欲從案外搜求，而於情罪無所增減，縱駁亦易覆詳」（王又槐，《辦案要略》，頁778）。

65　（清）王又槐，《辦案要略》，頁778。

　　審轉制度對官員的壓力，其實也是訟師更能施展其能力的重要背景：州縣官需要面對地方與中央各級長官覆核案情調查與法律援引失誤的可能議處，加上配套的審結期限，以及連帶而來民眾不服州縣官處置而向上級司法單位提出上控，這些都是地方官審理糾紛與做成判決後即無從逃避的壓力；[66]地方官對這些壓力當然不會愉快，但對訟師而言，這則是重要憑藉；否則，訟師既無任何合法地位（甚至是某些官員試圖努力捉拿的對象），即使寫出多麼文辭流暢而詞意感人的狀紙與說帖，州縣等地方官其實又何須在意？審轉制度的加嚴加密，官員面對壓力增強，也給予訟師更多操作揮灑的空間。

　　檢查明末以來幾種流行訟師手冊的內容，可以發現其中收錄有幾件「脫罪稟帖」或是「告脫死罪」，[67]這是用以教導訟師寫作訴訟文書的範本，而其主要內容即是扣緊著地方官判決已經遭到上級長官的駁詰。[68]這份訟詞仍然只是明末情形，當時地方官所受上級駁覆議處的罰則仍不若清代確實而嚴格；雍正年間之後，審轉三次駁覆後仍不遵從改正的處分規定加嚴加密，地方官面對壓力愈來愈大，要想再像明代訟師祕本「脫罪稟帖」所反映的屢遭上司駁詰而遲遲未受議處，已杳不可得了。官員所受上級長官審轉覆核壓力愈大，則訟師愈有機會試著在各類進入審轉程序或是等待結案備查的司法文書中找到活路，也才能為當事人增加「脫罪」的各種可能管道。

　　道光初年山東巡撫程含章曾勸勉全省地方官要熟讀律例，程氏自道光二年（1822）奉派為山東巡撫以來，即曾特別留意全省州縣官員的審案表現，

66　即使細事案件也是如此，有學者指出：表面上看，州縣官處理細事糾紛時的任意裁決權很大，從而「阻礙了民法制度的充份細緻化和標準化」，但實際上官員仍要面對涉案民眾可能上訴與或者隨之而來的上司覆審與懲處，「在實踐中，縣官只是個下級官員，他必須在已確立的制度中循規蹈矩，以免危及自己的仕途」（黃宗智，《民事審判與民間調解：清代的表達與實踐》，劉昶、李懷印譯，北京：中國社會科學出版社，1998，頁15、17）。汪輝祖即提及他上任湖南寧遠縣知縣前，該縣境內「俗素囂健，動輒上控」（汪輝祖，《學治臆說》，卷上〈親民在聽訟〉，頁275）。因上控發回知縣重審的案例，參見：《清代乾嘉道巴縣檔案選編》所收道光三年（1823）六至七月間巴縣熊氏家族爭產案件（下冊，頁463-454）。

67　參見：（明）樂天子編，《按律便民折獄奇編》（明末翠雲館刊本），卷2「說帖類」、卷4「脫罪類」，以及不著撰人所編的《新鐫訂補釋註霹靂手筆》（明刊本），卷1「說帖類」。

68　「刑莫重於死刑，冤莫冤於枉死；仇里某糾呈身與某等劫掠，賄供，與某同死。蒙送……察院，審未得贓，又未同行，駁回再招。豈又坐身同謀造意，枉法曲擬。蒙刑部駁批：同謀造意，惟同盜之人知之，里排等案得與聞，此本部終不免有疑也。續值恤刑審批：未見失主舉首，又未見盜犯，扳扯有何根據？仰理恤刑官速究。豪俱延玩，重賄獄卒，非則凌虐，惟在窄死黑獄、快洩私忿。乞天早救冤窄，上告」（《按律便民折獄奇編》，卷4「脫罪類」）。

他指出當時不少官員在審案時呈顯出兩種不同的個性與流弊：一種是「自居謹慎者」，其弊是「一味畏葸，當斷而不斷」；另一種則是「自詡才華者」，其弊則為「任意草率，應慎而不慎」；在程氏看來，官員無論是何種個性與流弊，都可能在「承審案件、聽斷詞訟」過程中被訟師「持官之短長，而挾制逞刁」。[69]清代審轉制度既有前述絕對刑所造成的內部法律結構問題，則各級地方官員在定罪量刑方面其實都只剩下很小的合法裁量空間，即使有得力幕友相幫，也不一定都能常保妥當不被駁詰。而連吳壇那樣熟悉律例的法律專家都可能在審轉制度中出事，更何況是別的官員？案情有時千差萬別，但法條罪名卻有時而盡，若官員定罪量刑的合法空間愈小，則法條與案情之間的細微落差便無法由法官做合理的填補，每種落差都要藉由地方長官、三法司審轉乃至皇帝批准才能核定，州縣官判決內容面對這麼長串的審核過程，當然會升高駁詰的可能性。這種局勢的發展，不僅讓刑名幕友協助官員的作用增加，也讓訟師可以更有效地利用官員害怕駁詰的心理而介入與操作各類訴訟。從此角度看，訟師與幕友都是在審轉制度加嚴加密的過程中得到茁壯的機會，雖然出諸政府審轉制度蘊含的「法足蔽辜」理念原意之外，但兩者竟都成為此制度發展下的「意圖之外結果」。

第三節　訟師與幕友的法律秩序觀

一、百戰百勝：訟師祕本的訴訟理念

　　訟師與幕友除了同樣因為審轉制度加嚴加密而興起，若再分析從事這兩類職業一些菁英人物看待法律知識與司法訴訟性質的態度，還可再發現兩者的一些共通性。

　　先談訟師情形。「訟師」成為一種顯著現象，至少自宋代即已肇端，當時一些地方出現以協助民眾訴訟為職業的「健訟之徒、譁徒訟師」；而在現

69　（清）程含章，〈通飭各官熟讀律例〉，收於賀長齡編，《皇朝經世文編》，冊2，卷21，頁15。

今江西省等地方，更出現教導人學習打官司相關經驗與知識的「訟學」。[70]
北宋神宗元祐元年（1086）四月，刑部官員更建議朝廷設置禁止「聚集生徒
教授辭訟文書」的「編配法」及「告獲格」等法律文書，皇帝核可此項建
言，[71]可見當時部分地區訟師活動頻繁而且對司法訴訟影響非淺，因而引發
中央立法禁止。明清兩代，訟師更是日益遍及全國許多地區，從業人口也
愈來愈多。以十六、十七世紀明朝末年江南地區為例，該地訟師不僅人數可
觀，而且還依名氣大小出現「狀元、大麥」的級別。[72]明末蘇州府嘉定縣的
外岡鎮雖只是個小鎮，但在十七世紀初卻也出現「沈天池、楊玉川」和其他
名姓或傳或不傳的本地聞名訟師，當地人稱這類大有名氣的訟師為「狀元」
或是「會元」。[73]看來訟師在當時江南地區確已成為一項頗受注意的行業，
藉此行業而發財、出名者應是不少。

　　儘管華北訟師整體看來不若南方普遍，[74]但由十六世紀直至清朝結束，
幾乎全國各地的司法訴訟都總常出現訟師的介入與運作。[75]政府取締訟師的
法令已如前述，有些官員甚至編寫押韻文詞勸導民眾遠離訟師的愚弄：「勤
吾民，要息訟。訟師與爾寫呈詞，教口供，不過貪爾酒肉，將爾銀錢弄。贏
了官司，百般索謝；一有不遂，架人將爾控。輸了官司，說你不會說話，丟
財惹氣，落個不中用。訟師之言，千萬不可聽」。[76]只是言者諄諄，不少地

70　宋代訟師與訟學情形，參見：陳智超，〈宋代的書鋪與訟師〉，收入《劉子健博士頌壽紀念宋史研
　　究論集》，東京：同朋舍，1989，頁113-119；郭東旭，〈宋代之訟學〉，收入漆俠編，《宋史研究
　　論叢》，保定：河北大學出版社，1990，頁133-147；陳景良，〈訟學、訟師與士大夫——宋代司法
　　傳統的轉型及其意義〉，《河南省政法管理幹部學院學報》，2002，1（2002）：頁58-73。
71　（宋）李燾，《續資治通鑑長編》，新校本，北京：中華書局，2004年二版，卷374，冊15，頁
　　9076。
72　吳地「俗既健訟，故訟師最多。然亦有等第高下，最高者名曰狀元，最低者曰大麥。然不但狀元以
　　此道獲豐利、成家業；即大麥者，亦以三寸不律，足衣食、贍俯仰」（引見：徐復祚，《花當閣叢
　　談》，卷3〈朱應舉〉，收入《叢書集成新編》，冊85，頁561）。
73　「沈天池、楊玉川，有狀元、會元之號。近金荊石、潘心逸、周道卿、陳心卿，較之沈、楊雖不
　　逮，然自是能品……至湮沒者，不可勝數」（殷聘尹纂，《外岡志》，收入《中國地方志集成：鎮
　　志專集》冊2，頁893）。
74　有官員在乾隆年間觀察到：「南方健訟，雖山僻州邑，必有訟師…….若北方則不然，訟牘既簡，來
　　訟者皆據事直書數行可了」，引見：（清）袁守定，《圖民錄》，收入《官箴書集成》第五冊，頁
　　202-203。
75　訟師介入各地司法情形與程度不一，以明清經濟最發達的江南地區為例，乾隆年間即有人批評訟師
　　介入蘇州司法之嚴重：「吳中有三大蠹，一為訟師，民間凡有獄訟，出為謀主，幻辭狡詐，惑亂官
　　長，往往傾人之家……司牧者為民除弊，當以此為首務」（乾隆《元和縣志》，影印乾隆二十六年
　　（1761）刻本，收入《續修四庫全書》，上海：上海古籍出版社，1997，卷10，頁107）。
76　（清）柳堂，《宰惠紀略》，收入《官箴書集成》第九冊，卷1，頁493。

區民眾仍然不惜花費委請訟師打官司；[77]而有時當官員懷疑訟師介入而想查找懲處時，一些被質問的民眾竟還主動為訟師掩飾：

> 訟師嚇以利害之言、騙以決勝之說。鄉僻小民被其所惑，不管事之曲直，祇圖官司得贏；供其財物，聽其指使，隱真捏假，羅織牽連，使案得一日不結，則伊得逞其詐騙之計。迫官研訊之下，多屬子虛，追詰主唆代寫呈詞之人，尚執迷不悟，非捏稱過路之人、不知姓名，即云算命先生、業已他往。[78]

由文中所用「執迷不悟」一語看來，應是樂於為訟師掩飾而非被強迫使然，很多官員都把民眾委請訟師形容為「鄉僻小民被其所惑」的結果，而文中指稱民眾與訟師之間關係為「不管事之曲直，祇圖官司得贏；供其財物，聽其指使」，也點出了官司輸贏是民眾與訟師共同關心的關鍵。各地訟師固然良莠不齊，但民眾之所以花錢找訟師協助或是「執迷不悟」幫訟師掩飾，應該也不會是只靠各種騙人技倆或是陰險手段而已。[79]

官司輸贏會影響訟師在本地名氣，從而也影響其收費高低，但要如何增加名氣？有些地方訟師已使用一些較公開的宣傳手法。乾隆二十七年（1762）一位江西省級官員由江西九江府入境省會所在的南昌府城時，他在「沿途所到之處，留心查看，見有各縣審斷事件所發讞語，俱刊刻，隨處刷貼；更有好事之徒，於讞語之後，復自敘訟勝情節，任意誇張」；[80]不僅如此，這位官員還由所屬江西省湖口縣官員的報告中，發現了如此可異的情景：「該縣民風，凡訐訟之輩，每逢審結案件，必將官發讞語刷貼城鄉。在

77　委請訟師要花費多少錢？主要和訟師能力高下與在本地名氣有關，難以概論。有清代官員批評委請訟師耗費錢財：「兩造構訟，自進城做詞之日起，至出結歸家之日止，無一日不花錢。拖延日久，則花錢愈多；花錢愈多，則富者必窮，窮者必死」（方大湜，《平平言》，影印清光緒十八年（1892）刊本，收入《官箴書集成》第七冊，卷2〈為百姓省錢〉，頁638-639）。這位官員盼民眾莫請訟師，可能也誇大訟師收費之昂貴。

78　（清）穆翰，《明刑管見錄》，影印清光緒七年（1881）《臨民要略》序刊本，收入《叢書集成續編》，集部，168冊，上海：上海書店，1994，〈查辦訟棍〉，頁633。

79　直至清末，有些地方官仍喜用這類分析模式：本縣「素稱好訟，皆緣訟棍播弄教唆，於中取利，以致奸偽萌起，亂獄滋豐」（徐壽茲，《學治識端》，頁446）。官員所觀察現象也不能說全無道理，但各地民眾何以總甘心受訟師「播弄教唆」？除騙人技倆外，難道訟師真無其他正經本領？仍值得分梳。

80　《西江政要》（清刊本，中央研究院歷史語言研究所傅斯年圖書館藏），「民間詞訟禁刊讞語」條。

理曲者，既經審輸，已遭譴責；復被張揚，從此嫌隙日增，多方訐訟以洩其
忿」。[81]文中所指的訐訟之輩多半是類似訟師職業的人物，他們將司法判決
文書到處刻印與刷貼，這些判決文書的內容，多半少不了原本由他們擬稿撰
寫狀紙的主要內容。他們不顧敗訴當事人的感受，擅自將原本只有當事人才
能拿到的判決書公開傳播於城鄉之內，而動機則主要是為了「自敘訟勝情
節，任意誇張」。在訟師的裁剪與宣傳下，原先主要存貯於政府衙門裡的司
法判決文書也出現了性質變化，本地成案不再是只能躺在地方政府檔案庫中
只受胥吏管理利用的法律資源，訟師也開始參與整理部分成案。一件件關涉
到本地民眾田產、債務利益乃至情緒衝突的訴訟紀錄，都成為訟師可以利用
收費的謀生工具。

　　訟師之能成為一門新興職業，並嵌入當時民眾日常生活中，也和其較嫻
熟司法審判實務與法律條文有密切關係，這多少可由許多現存「訟師祕本」
收錄法律條文、原被告訴訟書與官員判決書等內容得到證明。[82]訟師祕本品
質不一，有的認真，有的則相對草率。但無論品質如何，自明代嘉靖以迄萬
曆初年間出現《蕭曹遺筆》以來，由明末到清代，訟師祕本的編輯體例已大
體確定，[83]成為固定的法律文類。明清不少官員都曾試圖在其轄區內禁止訟
師介入司法活動，但訟師仍然逕自發展成一個官方無由禁絕而又獲利頗厚的
行業，這反映了明清訟師在不少地區已成為司法體系實際運作中不可或缺的
一環，甚至還進而改變了部分士大夫對訟師的評價。

　　清人王有孚曾試圖區分「訟師」與「訟棍」之不同：「彼播弄鄉愚、恐
嚇良善，從而取財者，乃訟棍耳，安得以師字加之」，他認為「訟棍必當

81　《西江政要》，「民間詞訟禁刊讞語」條。有學者根據此史料強調當時訟師刊印判決書是希望用以
　　招攬顧客，參見：夫馬進，〈明清時代の訟師と訴訟制度〉，收入梅原郁編，《中國近世の法制と
　　社會》，京都：京都大學人文科學研究所，1993，頁464。
82　有學者搜羅三十七種訟師祕本並分析訟師祕本的基本內容，參見：夫馬進，〈訟師祕本《蕭曹遺
　　筆》的出現〉，鄭民欽譯，收入寺田浩明編，《中國法制史考證》丙編第四卷《日本學者考證中國
　　法制史重要成果選譯：明清卷》，北京：中國社會科學出版社，2003，頁460-490；夫馬進，〈訟師
　　祕本の世界〉，收入小野和子編，《明末清初の社會と文化》，京都：京都大學人文科學研究所，
　　1996，頁189-238。
83　訟師祕本主要體例為法條、案例與關鍵法律文書用語；而其收錄各類案件時，則並列原告、被告狀
　　詞以及官府判決，做成應用範本。除以一般平民身分進行訴訟沙盤演練外，貪官污吏也被訟師祕本
　　假想為一類被告對象。此外，不少訟師祕本也收錄幫人申請保證人、牙行、米鋪等官方執照文書的
　　寫作範本。參見：夫馬進，〈訟師祕本《蕭曹遺筆》的出現〉，頁485、467-475。

懲，而訟師不必禁」。[84]但何以政府法律又要禁止訟師？王氏區辨如下：

> 訟師教唆詞訟，例禁綦嚴，惡其播弄鄉愚、恐嚇良善也。若夫安分良民，或為豪強欺壓，或為仇盜扳累，大則身家幾陷，小則名節攸關，捶胸飲恨，抱屈莫伸，僅假手于庸碌代書，具詞呈訴，非格格不吐，即草草敷衍，徒令閱者心煩，真情難達，于此而得一智能之士，為之代作詞狀，摘伏發奸，驚心動魄，教令對薄當堂理直氣壯，要言不繁，卒致冤者得白，奸者坐誣，大快人心。是不惟無害于人，實有功于世。[85]

訟師其實是可幫那些「或為豪強欺壓，或為仇盜扳累」的無辜老百姓伸張冤屈，特別是真有本領的訟師，所寫狀紙能夠讓原告或被告的當事人在法官開庭時能夠「理直氣壯，要言不繁」，進而使「冤者得白，奸者坐誣，大快人心」，在王有孚看來，這是官方設立官代書幫民眾書寫詞狀所無法望其項背的；王氏對官代書所做狀詞的評價甚低：「非格格不吐，即草草敷衍，徒令閱者心煩，真情難達」。[86]

王有孚高度稱讚訟師所寫的狀詞，將其形容為具有「摘伏發奸，驚心動魄」的作用，而且還將訟師的作用總結為「有功于世」。但對大多數官員而言，訟師手段其實並不高明，經常只是靠迷惑鄉愚百姓來賺黑心錢而已。名幕王又槐也對訟師能力評價甚低：「訟師技倆，大率以假作真，以輕為重，以無為有，捏造妝點，巧詞強辨。或訴膚受，或乞哀憐……詭詐百出，難以枚舉。總在隨事洞察，明晰剖辨，庶使技無所施，訟師不禁而自絕矣」。[87]如果相信王有孚與王又槐兩人對訟師評價都是經過他們親身觀察而提出的

84　（清）王有孚，《一得偶談》初集，頁39下，轉引：夫馬進，〈明清時代の訟師と訴訟制度〉，頁479。
85　王有孚，《一得偶談》初集，頁39下。
86　宋代即設有協助民眾書寫狀紙的「書鋪」，參見：戴建國，〈宋代的公證機構——書鋪〉，《中國史研究》，1988，4（1988），頁137-144。元代仍存此制；明代初年，「書鋪」卻自政府法令中消失，可能只零星存於部分地方司法機構中，時稱「代書人」。十六世紀，呂坤（1536-1618）曾設法提振「代書人」功能，任官山西時下令：「凡各府州縣受詞衙門，責令代書人等」為民眾書寫狀紙（呂坤，《新吾呂先生實政錄》，收入《官箴書集成》第一冊，卷6〈風憲約〉，頁555）。但到底多少明代地方官曾設官代書，則並不明確。雍正年間，清廷通令全國司法衙門依考選辦法設立官代書，協助民眾書寫狀詞。《大清律例·刑律》，〈訴訟〉「教唆詞訟」條所附例文第十條，即規定「考取代書」的相關內容，參見：薛允升，《讀例存疑（重刊本）》，冊4，頁1022。
87　（清）王又槐，《辦案要略》，頁770。

話，則這兩種對訟師本領的迥異評價，便可能是當時訟師彼此間的能力高低差異甚大。王有孚稱讚的可能真是江南人稱「狀元、會元」的高級訟師，而王又槐貶抑的則恐怕多是「捏造妝點，巧詞強辨」的無賴棍徒。

訟師本領高下差異很大，究竟該如何理解訟師對法律知識性質的看法？王又槐所貶抑的訟師，很難找到足以反映相應問題的史料。此處只能針對寫作或編輯訟師祕本的訟師做些討論。

明末訟師祕本《霹靂手筆》卷首即刊印以下警語：「凡作狀詞之人，甚不可苟圖一時潤筆之資……坑陷生靈，致兩家蕩產傾家、大小驚惶不寧。眼前雖得錢度活，而自己方寸有虧，陰隲損壞」。[88]另一本訟師祕本《新刻法筆新春》，則在所收《詞訟指南》內提及寫作狀詞的原則：

> 凡作狀，先須觀其事理、情勢輕重大小緩急，而後用其律意，符合某條，乃從某條；止揀其緊要字眼切於事情者，較達其詞，使人一看，便知其冤抑、誣告或牽連之類。務要周詳……徒取刁名，無益於事，明者辯之。[89]

這裡提及的作狀原則並未禁止訟師可以趁機耍弄權謀詭計，但是，編者明白提醒人切記：「徒取刁名，無益於事」，他要傳授的作狀重點在於：「先須觀其事理、情勢輕重大小緩急，而後用其律意，符合某條，乃從某條」。「律意」指的是法律的本義，那麼，這位訟師祕本的編者是否重視法律呢？這大概便要看我們所說的「重視」究竟指的是什麼意思，若指的是人們可以藉著熟悉法律條文而靠訴訟當事人而發財謀利，則這位訟師祕本編者應該也可以算是重視法律；但若我們說的重視，是指賦予司法體系或法律知識某種神聖崇高的地位，則訟師祕本編者似乎少有此種觀點。[90]

我們可以換個方向討論訟師如何看待法律知識的問題。一些明清訟師祕本都收錄了稱為〈十段錦〉或〈做狀十段錦〉的文字，其作者在文中起首處即強調：

88　《新鐫訂補釋註霹靂手筆》，卷首。
89　不著撰人，《新刻法筆新春》（東京大學東洋文化研究所大木文庫藏清刊本），〈詞訟指南〉，頁1。該書又名《刑台秦鏡》。
90　當然，如果像前面王有孚所舉的他見過的「為之代作詞狀，摘伏發奸，驚心動魄」那類「智能之士」的訟師，則這類訟師是否也不曾賦予法律知識某種神聖崇高的地位？恐怕便又仍然有待研究。

作詞之狀，慎毋苟且，必須斟酌。機有隱顯、奇正；罪有出入、重輕。譬如時文，自破題、破承、起挑、泛比、正講、後股、小繳、大結也，先後期順序，脈絡貴相聯。得其法，則如良將用兵，百戰百勝，無不快意。不得其法，則有司不准，終致反坐。[91]

　　這裡同時用了八股時文與良將用兵兩個比方來比喻訴訟過程中寫作狀詞的情境，而「百戰百勝」則正是這位訟師作者高懸的理想。〈做狀十段錦〉接著便將一份標準狀詞分為「硃語、緣由、期由、計由、成敗、得失、証由、截語、結尾、事釋」等十個重要段落，仔細教導讀者體會其中具備的種種細微訣竅。在第一段「硃語」中，作者的建議是：「凡立此段，必要先將事情起止、前後精細，議論明白，按事而立。此硃語，或依律，或借意，必要與第八段截語相應，始稱妙」。[92]至於什麼是「截語」的訣竅？作者寫道：

　　截語乃一狀中之總斷，務要句句合局、字字精奇，言語壯麗。狀中有一段，名曰「閂閉狀」，府縣見之，易為決斷；無此一段，名曰「開門狀」，人犯窺之，易為辨變也。都中之狀，不可閉門，恐上司難辨；上司之狀，不可開門，恐人犯乘隙瞰入有變。大抵作狀之法，不可太開門，亦不可太閉門，惟半開半閉者，始稱妙手。[93]

　　這裡傳達的主旨，是要預先揣度各級法官的審案心理（「府縣見之，易為決斷」、「恐上司難辨」），同時還要幫助或是預防訴訟當事人（「人犯」）當庭申辯時的各種活路與藉口（「易為辨變」、「乘隙瞰入有變」），作者將此中作狀要訣以「開門」與「閉門」的比方區分成兩種不同類型，並小結為「半開半閉者，始稱妙手」。第九段「結尾」的寫作重點則是：

　　結尾乃一狀之鎖鑰，先要遵奉有司，後要闡明律法，用者務宜詳審。[94]

91　《折獄明珠》，卷1〈十段錦〉。再如署名樂天子所編的《按律便民折獄奇編》（明末翠雲館刊本）也收有一份〈做狀十段錦〉，內容基本一樣，只有個別文字的較小差異。
92　《折獄明珠》，卷1〈十段錦〉。
93　《折獄明珠》，卷1〈十段錦〉。
94　《折獄明珠》，卷1〈十段錦〉。

作者又再次以官員為訴求對象，但和「截語」揣度法官審判心理不同的是：要先「遵奉有司」，然後再「闡明律法」。

既揣測法官如何審判斷案的的各種可能性，又稍稍吹捧承審法官，同時又要隨時記得可以幫自己勝訴的法律條文應該如何運用，應該是〈做狀十段錦〉傳授這三段狀詞寫作的關鍵，作者在寫狀詞的同時，似乎是將自己同時扮演成法官、原告與被告等幾個不同角色，預先設想對方會如何行事，然後決定自己該採取何種行動，這種猶如紙上談兵的設想，也非常符合作者在〈做狀十段錦〉起首處懸諸的「如良將用兵，百戰百勝」理想。另一份也是訟師祕本經常收錄的文字〈法家體要〉，則根本即是將這個提筆寫作狀詞的訴訟過程比喻為棋盤上的對決：

> 大凡治世有情、理、法三者。在我興訟告人，須防彼人裝情敵我；如小事可已則已，不宜起釁，必不得已，迫切身家，然後舉筆。先原情何如，次據理按法何如，熟思審料，如與人對奕然。酌量彼我之勢、攻守闔闢之方，一著深於一著，末掉如何結局；智炳機先，謀出萬全，則制人而不受制於人，此百戰而百勝也。[95]

作者指涉的「情」，不止是五倫關係中的長幼尊卑、男女有別等倫理人情，而更包括了案件本身的各種情節（相當於〈做狀十段錦〉在第一段「硃語」中描述的「事情起止、前後精細」），甚至於還納入了撰寫狀詞前夕的情勢評量：看看對方是否可能「裝情敵我」。而這些林林總總的「情」的內容，則是要與「理、法」配合在一起，同時將三者「熟思審料，如與人對奕然」。作者的棋局比方，正反映了他看待司法訴訟過程的心態，所謂「酌量彼我之勢、攻守闔闢之方」、「一著深於一著，末掉如何結局」、「制人而不受制於人」等等詞句，都再次歸結到「百戰百勝」這個理想。明清訟師如何看待法律知識呢？至少由〈做狀十段錦〉和〈法家體要〉這兩份流行於訟師祕本的文字看來，這些身為訟師的作者與讀者們，大概都分享了一個重要訊息：法律知識對寫狀詞很重要，所以不能不重視，但重視法律知識主要是為了什麼呢？一個最直接的答案就是勝訴，而且最好是要能「百戰百勝」。

95　《按律便民折獄奇編》，卷首〈法家體要〉。

二、無縫天衣：刑名幕友的高明本領

　　再談幕友如何看待法律知識。幕友的興起與普及，似乎比訟師為晚，但幕友這種職業興起的時間可能也不易考訂，只能約略推估。十六世紀後半的萬曆年間，知名律例註釋學家王肯堂有如下觀察：「今之仕宦者……於原籍攜帶訟師、罷吏同至任所，用為主文，招權納賄，無所不至」。[96]這似乎是「訟師」作為「幕友」前身的一個證據，當然這不能作為後來幕友都由訟師起源的證據，只能說，在幕友興起的初期，也有由訟師轉變為幕友的例子。有學者推測：幕友可能起源於明代外派京官出作地方督撫時「隨帶京吏」的官場習慣。[97]無論幕友起源如何，早期幕友的來源可能仍是較多樣的，前引王肯堂對晚明官員多半自「原籍攜帶訟師、罷吏同至任所」的觀察，也可證明此點。而此時訟師與幕友之間，可能還有些相互流動性，與後來有些幕友協助官員努力查抓訟師的光景不同。

　　十七世紀後半的清初，官員聘用幕友協助司法審判或賦稅徵收等各類政務已十分普遍。隨著十八世紀以來審轉制度的加嚴加密，刑名幕友在司法實務中扮演的角色更是日益吃重。在此過程中，那些專精法律知識的刑名幕友便日益得到各級司法官員的信任與依重。官員上任前要謹慎地聘請適任的幕友，已然成為當時重要的為官準備工作之一，如何選擇幕友？開始成為教人成為稱職官員等所謂「官箴書」收錄開列的重要項目：

　　　幕友一席，最為要緊。至好者推薦，不可遽許，亦不可遽辭，務細訪察所薦之友品學何如。擇其善者，延之赴任；有期拜見，下關書；聘金一項，量缺致送……加以水禮八色，隨時配合。其起程船

96　（明）王肯堂，《王儀部先生箋釋》，收入《四庫未收書輯刊》第1輯，第25冊，〈序〉。引文中所謂從事「主文」的工作，應即類似後來成形的「幕友」，只是這項工作在十六世紀後半時，似仍主要由官員自「原籍攜帶訟師、罷吏」而產生。

97　明代幕友初興時，多來自長期任官京城六部的胥吏。這些胥吏自明代即以原籍紹興者居多，他們長期熟悉包含司法實務在內的各種政務，並時常由父子師弟間的同鄉相承，接續在京師六部中的職位；日後應聘赴外協助地方任事，更成為代代相承、同鄉相繼的幕友養成團體。大體看來，由督撫「隨帶京吏」而開啟了「內吏外幕」的先河，此即後來幕友的雛形，參見：繆全吉，《清代幕府人事制度》，頁7-11。

腳，或我備，或折價，商酌辦理。各處情形不同，隨時酌奪。[98]

聘請幕友，不僅要訪察其品格、學問，更要用儀式表示尊重：約會親送「關書」（聘書）、磋商薪資「聘金」之外，還要講究應時的「水禮八色」以及安排赴任交通工具。

清代前期全國幕友人數眾多，上自總督巡撫、下至縣官，地方各級官員普遍聘請幕友協助包含司法審判在內的公務。隨著幕友的重要性日益增強，也為這個職業人士帶來明顯的新自覺，如所謂：「幕與官相表裡，有能治之官，尤賴有知治之幕，而後措施無失，相與有成也」[99]。這種幕友的自尊自重，和清代長期以來不少名幕專業能力受到肯定大有關係，如萬維翰在《幕學舉要・總論》上即說：「辦事以見解為主。呈狀一到，要識得何處是真、何處是偽，何處是起釁情由、何處是本人破綻，又要看出此事將來作何結局，方定主意，庶有把握」。[100]萬氏更傳授如何應付審轉駁詰的要領：

事件不必怕駁，斬、絞大案，上司未有不駁。總要成招之時，預料其在何處駁詰、作何頂覆，則胸有成竹，愈駁而案愈定。若中無定見，案情本屬舛悞，一遭駁詰，手足無措矣！[101]

只有像萬維翰這類熟悉法律條文與各類司法成案的名幕，才能敢說出「事件不必怕駁」的話，而官員若真能找到這類有本領、有自信的刑名幕友，也便不枉他當初親送「關書」、磋商「聘金」等等備極禮遇的心血。[102]

汪輝祖做幕友時的歲脩薪金在當時應屬前茅。[103]汪輝祖晚年曾提及他經歷的幕友薪金長期變動：

98　（清）褚瑛，《州縣初仕小補》（影印清光緒十年（1884）森寶閣排印本，收入《官箴書集成》第八冊），卷上〈聘請幕友〉，頁739。
99　這是光緒九年（1883）張廷驤準備重刊乾隆年間名幕萬維翰《幕學舉要》序文的文句，引見：《幕學舉要》，頁730。
100　（清）萬維翰，《幕學舉要》，頁731。
101　萬維翰，《幕學舉要》，頁732。
102　有關清代幕友禮聘、待遇與生計情形，參見：繆全吉，《清代幕府人事制度》，頁169-223；郭潤濤，〈試析清代幕業經濟生活狀況〉，《中國社會經濟史研究》，1996，4（1996），頁38-48。
103　乾隆十七年（1752），汪輝祖在松江府金山縣出任幕友時剛滿二十三歲，而當乾隆五十年（1785）他由歸安縣幕友解任回家時，則已五十六歲；汪氏晚年詳細憶述他從事幕友三十四年來的心路歷程，參見：汪輝祖撰於乾隆五十年（1785）的《佐治藥言》（收入《官箴書集成》第五冊）〈自序〉及其撰寫具有「自傳」性質的《病榻夢痕錄》。

　　余初幕時，歲修之數，治刑名，不過二百六十金；錢穀，不
過二百二十金。已為極豐。松江董君，非三百金不就，號稱「董
三百」。壬午（乾隆二十七年，1762）以後，漸次加增，至甲辰、乙
巳（乾隆四十九年、五十年），有至八百金者。其實幕學、幕品，均
非昔比矣！[104]

　　汪氏除慨嘆「幕學、幕品」日漸低下外，也記下他所見及知名幕友薪金
由「董三百」而加增為「八百金」（白銀八百兩）的過程。這裡固然需扣除
十八世紀貨幣數量增加、經濟發展導致物價普遍上漲的因素，[105]但知名幕友
薪金的倍數性成長，也極可能促使幕友更成為吸引民眾注意的新興職業。這
使幕友在清代日益成為一種介於官、民之間的人物，也成為許多科考不順利
的士人暫時謀生管道。

　　在汪輝祖的時代，刑名、錢穀幕友的薪金頗高，而書記、掛號、徵比等
其他類幕友則大概每年在四十兩到一百兩之間。[106]刑名幕友應也和江南訟師
區別為狀元、大麥等不同等級類似，能力與名氣高下也影響他們在幕友聘任
市場上的身價。而即使是那些領取豐厚薪金的有名刑名幕友，恐怕也不能安
穩坐領高薪，否則若是老讓官員在審轉制度中遭受駁詰，恐怕便難常保信任
與禮遇。[107]而全國各地幕友人數眾多，能力、品格各有不同，當其愈被官員
依重時，也難免不發生招權納賄或是營求濫充等弊端。[108]

　　然而，即使有幕友結黨營私，或是知名幕友偶而發生的失誤，這些現象

104　（清）汪輝祖，《病榻夢痕錄》，頁369-370。
105　全漢昇，〈美洲白銀與十八世紀中國物價革命的關係〉，收入氏著《中國經濟史論叢》，香港：新
　　亞研究所，1972，頁475-508。
106　當時刑名、錢穀、書記、掛號、徵比等幕友中，「惟刑名、錢穀歲修較厚，餘則不過百金內外，或
　　止四、五十金者」（汪輝祖，《佐治藥言》，〈必輕令人習幕〉，頁322）。
107　汪輝祖曾云：「刑名、錢穀，諳練而端，方者當道，每交相羅致，得館尚易。其他書記、掛號、徵
　　比各席，非勢要吹噓，即刑、錢引薦……其得館較難」（汪輝祖，《佐治藥言》，頁322）。刑名幕
　　友協助官員撰呈案件文書，多要再經上級長官覆核，若無法讓官員在審轉中不受駁詰，恐怕也總要
　　危及其原先受官員「交相羅致」的局面。
108　有清代奏摺也直接表露這問題，如乾隆九年（1744）九月十二日一份刑部「移會」所載：「內閣稽
　　察房川陝總督慶復等，參奏西安布政使帥念祖，縱容幕友、家人，招搖納賄等款。奉旨，著該督撫
　　嚴審定擬」（參見：中央研究院歷史語言研究所藏「內閣大庫」檔案，登錄號：100929）。而嘉慶
　　五年（1800）御史張鵬展的〈請釐吏治五事疏〉（收於賀長齡編，《皇朝經世文編》，冊2，卷20，
　　頁9-10），則詳論督撫任用屬員為幕友、上級長官強迫推介幕友給下級官員，以及幕友相互勾結謀
　　取私利等弊端。

也不能否定部分幕友協助官員處理政務與司法實務的重要貢獻，[109]特別是某些名幕出書公開自身經驗心得的「幕學」作品，[110]這類書籍的刊印與流傳，都有助於當時有志習幕者。[111]幕友若真能學有專長而又聲名遠播，則不僅能獲官員在物質條件上的禮遇，有時更能得到地方官的真心敬重。如極熟悉審案流程的清代官員穆翰，在勸地方官研讀法律條文與既有成案時，即建議官員要能與幕友虛心討論：

> 凡辦理案件，幕友是其所長。然自己亦須講論辦法，於公餘之暇，用心討論。為幕友者，見為實在虛心，亦未有不竭盡所學，與我談論。再將辦過成案、初報招解各冊，先看款式，再看轉合之處，用心細閱。[112]

穆翰是司法經驗極為豐富的官員，他也強調官員在「用心細閱」過往成案等相關判決文書時也要常向幕友虛心討教。何以連穆翰那樣熟悉司法實務與法律條文的官員都建議向幕友虛心學習？幕友到底在這方面有何長才？

可先看《幕學舉要》對有志幕學者的建議：「入幕本領，原非容易，必胸懷高朗、筆力明通、參觀事變有素，然後可當一面。若徒恃聰明，矜才使氣，每多僨事」，[113]這相當於給初習幕友者的入門總則。總則之外，需學習的內容很多，而刑名幕友必備的法律知識部分，汪輝祖則如此描述：「幕客佐吏，全在明習律例。律之為書，各條具有精蘊，仁至義盡，解悟不易，非就其同異之處，融會貫通，鮮不失之毫釐、去之千里」，明明白白地將研讀法律視為是幕友的關鍵功課。汪氏進一步比較了研讀法律與準備參加科考的士人在閱讀儒家經典時的同異之處：「夫幕客之用律，猶秀才之用四子書

109 有學者乃強調應同時注意幕友「在司法行政中的重要作用與嚴重危害」，參見：趙世瑜，《吏與中國傳統社會》，杭州：浙江人民出版社，1994，頁279。
110 對幕學所做深入研究，參見：繆全吉，《清代幕府人事制度》，頁143-168；張偉仁，〈清代的法學教育〉（下）；高浣月，《清代刑名幕友研究》，頁142-171。
111 當然，除了閱讀幕學刊印書籍之外，師徒之間口頭或抄本的經驗傳授，也是重要的幕友養成途徑。此種私人傳授幕學的情誼與利益，構成當時社會上一種重要的人際交往關係，參見：王振忠，〈十九世紀華北紹興師爺網絡之個案研究——從《秋水軒尺牘》、《雪鴻軒尺牘》看「無紹不成行」〉，《復旦學報》，1994，4（1994）：頁71-107。
112 （清）穆翰，《明刑管見錄》，〈講求律例〉第三，頁619。
113 （清）萬維翰，《幕學舉要》，頁734。

也。四子書解誤，其害止於考列下等；律文解誤，其害乃至延及生靈」，[114]這等於隱然強調了幕友研讀法律協助官員斷案其實遠比秀才閱讀儒家經典準備科舉考試更困難也更重要。然而，極弔詭的是，汪輝祖在教導習幕者研讀法律的文字結尾，強調的竟是：

> 故神明律意者，在能避律而不僅在引律。如能引律而已，則懸律一條，以比附入罪一刑，胥足矣，何藉幕為！[115]

這裡涉及汪輝祖個人對司法訴訟抱持的「福報、陰譴」價值觀，[116]這裡無法深論；簡言之，汪氏的基本態度是要在用法從苛與曲法從寬之間找到一個平衡點，如此才能在司法審判過程中得到上天的福報並且避免對自己和子孫的陰譴。他說的「避律」不是要幕友幫官員枉法從寬任意輕赦人犯，而是要在符合法律解釋的正當範圍之內避免援用過重的法條判決人犯。所以，汪氏同時主張：「一部律例，精義全在名例；求生之術，莫如犯罪自首一條」。[117]學習法律的困難處，即在於要在適當時候為人犯抱著求生之心，在能夠通過上級法官審轉覆核的限制下避開過苛的刑罰而援引刑度較輕的法定罪刑。

汪輝祖之所以認為學習法律很難，還不僅於在法條內部拿捏「引律、避律」之間的輕重程度，更在於要能配合各地風土民情：「幕之為學，讀律尚已，其運用之妙，尤在善體人情。蓋各處風俗往往不同，必須虛心體問，就其俗尚所宜，隨時調劑，然後傳以律令，則官聲得著、幕望自隆。若一味我

---

[114] （清）汪輝祖，《佐治藥言》，頁319。在汪輝祖看來，法律知識對審判工作有關鍵的重要性：「聽訟不協情理，雖兩造曲遵，畢竟是孽。斷事茫無把握，以覆訊收場，安得不怠！原其故，只是不諳律例所致」（汪輝祖，《學治說贅》，〈律例不可不讀〉，頁311）。

[115] 汪輝祖，《佐治藥言》，頁319。

[116] 簡言之，汪輝祖具有一種將司法審判結合「福報、陰譴」觀念的法律價值觀：「州縣一官，作孽易，造福亦易……余自二十三歲入幕至五十七歲謁選，三十餘年所見所聞牧令多矣。其干陽譴、陰禍親於其身，累及嗣子者，率皆獲上胺民之能吏。而守拙安份、不能造福、亦不肯作孽者，閒亦循格遷官。勤政愛民、異於常吏之為者，皆親見其子為太史、為侍御、為司道。天之報施，捷於響應……吾願居是職者，慎毋忘福孽之辨也。惟是造福云者，非曲法求寬之謂也……姑息養奸，則寬一枉而群逞凶；能除暴安良，則除一枉而群枉斂跡。是即福孽之所分也」（汪輝祖，《學治說贅》，〈福孽之辨〉，頁309-310）。有關明清法律價值觀中支持與反對結合「福報、陰譴」觀念的種種不同主張，參見本書第二章第二節的分析。

[117] （清）汪輝祖，《學治說贅》，〈名例切須究心〉，頁311。名例指的是《大清律例》首編的「名例律」。

行我法，或且怨集謗生」。[118]汪氏心中的「風俗、人情」是要用來和政府頒定施行的法律條文相互配合運用，不能只是純粹相信自己對政府法律的理解即可以壓倒一切其他的社會規範。這是汪輝祖對法律知識的基本看法。

汪輝祖這些言論都不似訟師祕本中的「百戰百勝」論調，然而，同樣是十八世紀後半名幕的王又槐，他對法律知識的看法便是另一種基調，那便和訟師基調距離不遠。

先看王又槐對經常置於各類司法判決書前頁的「敘供」部分是如何說的：「作文者，代聖賢以立言；敘供者，代庸俗以達意。詞雖鄙淺，而前後層次、起承轉合、埋伏照應、點題過脈、消納補幹、運筆布局之法，與作文無異。作文以題目為主，敘供以律例為主。案一到手，覈其情節何處更重，應引何律、何例；猶如講究此章書旨重在何旨、此一題旨又重在何字也」。王氏接著即以「前後層次、起承轉合、埋伏照應、點題過脈、消納補幹、運筆布局」等五個層面教導幕友如何寫成一份理想的敘供。[119]

敘供即是承審官員將人犯、證人與其他干係人的口供改寫成正式的文字紀錄。為了擔心官員擅改涉案民眾口供而造成冤錯假案，明清法律都禁止官員改動口供，但因為口供中經常存在許多冗長無關的內容、官員不能辨別的本地方言，或是難免出現皇帝或高官視為不雅或不敬的俚俗用語，官員有時候也不得不予以稍稍潤飾修改，這便在捏造口供中假情節以及修飾口供中不雅用詞之間出現了一些灰色地帶。[120]然而，王又槐卻用了很長篇幅來交待寫作敘供的五個不同層面，這裡便不是簡單的潤飾修改以讓上級長官或皇帝讀懂讀順而已。以王又槐所謂的「埋伏照應」內容為例，他是如此教導幕友改寫敘供中出現多名人犯或證人口供的：「人人口供，均須畫一，乃前後照應之法也。但各人地位有不相同者，須設身處地、恰似其人；彼此說話次序不勻，則供詞句語不可雷同，惟善敘者分而視之、詞不重複」，[121]這麼費心地設想說出不同口供人物的身分地位差異，究竟所為何來呢？王氏的用意是：

118 汪輝祖，《佐治藥言》，頁323。

119 （清）王又槐，《辦案要略》，〈敘供〉，頁774-776。

120 萬維翰對其中兩難有很好描繪：「刪改供詞，久有例禁。然閒冗處，不必多敘，令人煩悶。並意到而詞不達者，必須改定；土語難曉者，亦須換出。但不可太文也」（萬維翰，《幕學舉要》，頁731-732）。

121 王又槐，《辦案要略》，〈敘供〉，頁774。

> 合而觀之，理無參差，一氣呵成，儼若無縫天衣也。[122]

幕友費力改寫一份嚴謹如「無縫天衣」的敘供是要讓誰覺得「合而觀之，理無參差」呢？在我看來，主要即是要讓地方與中央各級上司法官在審轉覆核時能夠找不到駁詰的憑藉。

王又槐教幕友改寫敘供時要注意：「供不可文，句句要像諺語，字字人能解，方合口脗；曾見有用之字、及字、而字，並經書內文字者，非村夫俗人口氣也」；這是模仿平常百姓的口供，而當案件中涉及瘋病人犯時又該如何呢？王又槐教導的原則是：「必然含糊錯落，似是而非，所對非所問，或有問而無供。若頭緒清楚，便非真瘋。亦有瘋病時發時止者，臨審辨明，不可假捏」，[123]連患瘋病者的口供，也要區分真瘋或是有時發作有時不發作的半瘋。王又槐並不教幕友製造假口供：「供不可假，事有根基則固，話不真寔，則敗也」，[124]而這條不做假供的敘供要點則意外點出了王氏的關心重點：「話不真寔，則敗也」。敗給誰呢？當然主要指的是送呈審判書被上司駁詰而失敗。訟師祕本談的是「百戰百勝」，而王又槐這本著名幕學作品談的則是「敗」或不敗，在他們心中，司法訴訟其實像是個競技場，法律知識則是他們用來擊敗對手的工具。這是本章強調訟師與幕友在對待法律知識上的共通處，所略為不同的是：訟師大都受僱於民間委託人，其對手是敵對的涉案當事人以及負責審案的官員；幕友受聘於官員，其對手則是負責審轉覆核僱主官員送呈審判書的中央與地方各級長官。

無論是訟師或幕友，這兩類能以嫻熟法律知識而揚名、得利的傳統法律專家，其實都是在明清審轉覆核與審結期限制度改革過程中而得到進一步發展，從而成為同一套司法制度演化架構下不可分割的一部分。除此之外，訟

---

[122] 王又槐，《辦案要略》，〈敘供〉，頁774。

[123] （清）王又槐，《辦案要略》，〈敘供〉，頁776。當然，中央司法官員在審轉案件時，也不必然都相信幕友模擬的真瘋或半瘋話語。現存清代內務府刑司呈稿（第13包，嘉慶11年元月）與道光朝刑科題本（道刑第24包，道光15年10月）等檔案中，都留有刑部傳喚醫士診視或治療瘋犯的紀錄。這兩案應都是發生於京師附近的刑部現審案件，是由刑部傳喚醫生診視人犯。而占審轉案件最大宗的全國各省案件，則一般不押送人犯到京；刑部審轉此類案件時，主要是透過書面文書審查，即使真覺需要重審人犯，也是發回各省覆審。這些省級以下司法機構是否也傳喚醫生診視瘋犯，待考。無論如何，筆者並無意說幕友可以完全假捏瘋人瘋語，而是呈顯幕友改寫敘供時那種但求不敗的特殊心態。

[124] 王又槐，《辦案要略》，〈敘供〉，頁775。

師與幕友更是不約而同地將司法訴訟視為是一種競爭求勝的過程，訟師的理想是希望自己的經手訴訟能夠「百戰百勝」；而幕友則希望自己協助官員撰寫的司法文書能夠有如「無縫天衣」般不會在送呈上司審核或查察過程中遭到駁覆，雙方以此心態學習法律並運用法律，從而分享著某種看待司法訴訟與法學知識的共通心態。

小　結

在明清審轉與審限制度加密加嚴的背景下，形成一套「幕與官相表裡」的互動情境與制度架構。儘管明清中央政府從未將幕友正式納入司法體制中，但幕友卻透過官員「擇其善者，延之赴任；有期拜見，下關書；聘金一項，量缺致送」等手段，逐漸變成「專業化」的司法從業人員。而某種官員延攬優質幕友的風氣，更使幕友薪金出現由「董三百」到「八百金」的變化，使幕友成為一種吸引未能順利通過科考而任官者的不錯職業選擇，這可謂為一種司法專業人員的「利益化」發展，同時，這還是一種未經政府有意設計的「專業化、利益化」法律發展趨勢。

和幕友的發展類似，訟師也體現了一種未經政府有意設計的「專業化、利益化」法律發展趨勢。在訟師這門職業中，既出現「為之代作詞狀，摘伏發奸，驚心動魄，教令對薄當堂理直氣壯，要言不繁，卒致冤者得白，奸者坐誣，大快人心」的專業化現象，也發生「不但狀元以此道獲豐利、成家業；即大麥者，亦以三寸不律，足衣食、贍俯仰」的利益化發展。

隨著幕友增多與幕學內容的發展，全國職司法審判工作的各級官員也愈來愈不能離開刑名幕友的協助，幕友也成為與刑部官員、民間訟師鼎足而三的法律專家培育管道。幕友的培育管道主要來自向名師學幕與研讀幕學著作；訟師的訓練管道，則主要來自閱讀訟師祕本與實際參與各種訴訟文書與公文執照的運作經驗。至於刑部官員，則因為他們最有機會接觸各類爭議與困難案件，而使他們長期浸潤於法律知識的研讀與討論風氣之中，無論是熟讀法律條文、審核全國各類案件判決書、編纂刪削新的律例，在在都使刑部

官員有更多機會發展出較精細的法學知識。[125]雖然三種不同管道培育的法律專家各有特色，但是，刑部官員、各級政府官員聘請的刑名幕友，以及民眾賴以協助訴訟的訟師，都在各類司法審判過程中互動與較勁，逐漸演化成明清時代特殊的法律秩序。

　　訟師與幕友人數的擴增對明清法律秩序的影響，不僅表現在學習與運用法律人數的增加，更因為這是當時兩門可供社會才智之士賴以謀生、發財的新興職業，連帶造成了法律知識的「專業化」和「利益化」，兩相結合，並且成為制度性的存在，在在使得當時法律知識的傳承、累積與傳播能有更多種多樣的不同途徑。相對而言，幕友在「明」，訟師在「暗」，兩類人物都透過幕學與訟師祕本的出版，來傳播並增強自己對法律知識的看法與立場；幕學與訟師祕本兩種文類，也便同時成為形塑明清法律秩序的重要媒介，他們對法律知識的價值觀念，透過全國各類細事與重案司法審判的發生，以及相關案件調解與訴訟程序的進行，既左右民眾權益，也影響官員審判。

　　明清時代的法律知識與法律執行，不僅有皇帝與全國司法官員在審轉與審限等正式制度運作過程中的操作，強調「案牘漸稀、民風淳樸」或是「按律科斷、法足蔽辜」等理念才是值得維護與追求的法律秩序；然而，與此同時，另有訟師、幕友這兩類「職業化、利益化」人物，憑藉審轉審限加嚴加密的制度變遷，而另行發展出一套與官方理念極不相同的法律價值觀：一種要求寫出「百戰百勝」呈詞訟狀或是撰成「無縫天衣」不遭駁覆司法文書的特殊心態。

　　綜合看來，一端是皇帝與官員，一端則是訟師與幕友，他們表面上看來都看重司法訴訟，也都不忘強調法律知識的重要性，但是，兩端人物看待司法訴訟與法律知識的心態，則存有鉅大差異。當訟師與幕友人數愈來愈多，並分別得到涉訟民眾與地方官員的信任與依賴時，兩類人物也便更深地嵌入當時司法體系，進而暗中形塑當時中國社會的法律秩序。

125　「西曹、秋曹」在明清兩代都意指刑部。明代刑部已逐漸成為當時官員集體研讀討論法律知識的重要場所，王樵〈西曹記〉對箇中情形有具體描寫（《方麓集》，頁225-229），而清代材料也反映同類現象的持續發展：「我國家厚澤深仁，明慎刑獄，大司冠推用宿望，必惟其人。而士之讀書釋褐、觀政秋曹者，無不詳研令甲，博觀成牘，以期有當於明刑弼教之古訓」，引見：（清）吳潮、何錫儼彙纂，薛允升鑑定，《刑案匯覽續編》，影印清光緒二十六年（1900）成都重刊本，冊1，〈後序〉，頁54-55。「大司冠」即刑部尚書。這段文字雖對清代刑政不無溢美，但仍點出明清刑部始終作為官員法律素養重要養成場所的事實。

第四章　刑案匯編中的法律推理

　　明清政府原本主要根據「律、例」等成文法典進行審判，因此，無論政府或是民間書商在編輯刊印法律書籍時，多以律、例法條為主。但是，由於發生在全國各地司法案件的案情差異，以及司法人員解釋與運用法條的學識才能不同，「成案」也逐漸成為各級司法人員據以判案的重要基礎。一方面是各地司法審判所累積的「成案」愈來愈多、愈來愈紛歧；另一方面，則是中央審判機構對地方政府上呈判決內容採取愈來愈嚴格的「審轉」制度，逐步確立了各級司法機構之間的覆審程序，經由上級審判機構核定通行的重要刑案判決結果，便經常補充甚或修訂了成文法典「律、例」，從而影響司法人員的審判工作。因而，「律、例、案」三者，便逐漸成為明清司法審判的主要法源，不僅出現更多講究司法個案的專門法律人才；政府官員和書坊商人在印行律例書籍之外，也更重視刊印「案」類法律書籍。

　　明朝初年刊印《大明律》、明朝中期刊印《問刑條例》，兩者原本單獨印行；但自十六世紀後，「律、例」合刊的法學書籍編輯與刊印體例已大致確立。然而，經中央政府核定通行的「案」，不僅編輯刊布時間較晚，刊行體例也較不確定，直到十九世紀前期《刑案匯覽》流行後，才使「刑案匯編」成為更具官方核可色彩的法律文類，並使這類法律文類成為傳遞、討論與累積法律知識的更重要媒介。

　　然而，《刑案匯覽》並非「刑案匯編」法律文類的唯一形式。至少自十六世紀開始，民間即已流傳、刊印不同體例的刑案匯編。而且，即使在《刑案匯覽》流行後，也仍有不同編輯體例的刑案匯編。本章挑選三種刑案匯編：十六世紀編成的《折獄明珠》、十九世紀前期編成的《刑案匯覽》，以及十九世紀後期編成的《審看擬式》。首先，介紹三種刑案匯編的編輯體例，並分析其各自產生的不同制度性背景；其次，進而探究三種刑案匯編所運用的主要「法律推理」（legal reasoning），檢視不同編者在編選、排比、討論司法案件時，對於諸如有關重建案情事實、引用法律條文、解釋法條文

義、發現法條矛盾，或是處理法律漏洞等問題，這些刑案匯編的編者，究竟如何進行說理與推論？

比較三種刑案匯編產生的制度背景，及其所運用的法律推理，本章討論的核心議題是：這些法律書籍如何教人發現、蒐集、看待與處理案情的「真相」？在運用法律條文處理案情「真相」時，這些法律書籍展現的主要法律推理方式，是否出現某種由「建構事實」到形成「客觀知識」的特殊模式？

第一節　刑案匯編的編輯體例及其制度背景

明清「刑案匯編」是當時存在眾多不同法律文類中的一類，其基本特色是將法律案件分門別類匯集成書，藉以討論「法律個案、法律條文」之間的關係，既有別於律例、會典、則例、省例等政府公布成文法典，[1]也不同於律例註釋、[2]幕學指南[3]等等私家法學著述，無論政府官員或是民間人士，都曾編輯這類「刑案匯編」，並形成不同的風格特色與編輯體例。[4]

---

[1] 有關明清律例、會典、則例、省例等各類法律文獻的比較與分析，參見：蘇亦工，《明清律典與條例》，北京：中國政法大學出版社，2000，頁167-246。

[2] 明清私家註釋律例的傳統與種類，參見：張晉藩，〈清代私家注律的解析〉，收入氏著《清律研究》，頁164-188。何敏，〈從清代私家注律看傳統注釋律學的實用價值〉，收入梁治平編，《法律解釋問題》，北京：法律出版社，1998，頁323-350。

[3] 「幕學」研究專論，參見：繆全吉，《清代幕府人事制度》，頁143-168；James H. Cole, *Shaohsing: Competition and Cooperation in Nineteenth-Century China*. Tucson: The University of Arizona Press, 1986；張偉仁，〈清代的法學教育〉（下）；高浣月，《清代刑名幕友研究》，頁142-171。至於當代人士曾經親歷幕友訓練及實務工作的回憶錄，參見：陳天錫，〈清代幕賓中刑名錢穀與本人業此經過〉，收入《慶祝蔣慰堂先生七十榮慶論文集》，台北：台灣學生書局，1968，頁161-175。

[4] 傳統中國「刑案匯編」的源流與簡介，參見：何勤華，〈明清案例匯編及其時代特徵〉，《上海社會科學院學術季刊》，2000，3（2000）：頁107-115。何氏將明清官員的「判牘」也列於他定義的「案例匯編」，一律視為是「記載和匯編判例的作品」（頁107）。本章基本上並不處理判牘與「刑案匯編」的關連。雖然明清判牘也影響部分官員的審判實務，但筆者認為其體例其實更近似官員個人的「文集」；即使彙刊多位官員判牘的書籍，編輯用意也多半近於表揚名家判案的「合集」。相對而言，這些判牘偏重表彰審判者個人善於書寫判詞的名氣與才能，而本章處理的「刑案匯編」則偏重「案情、法律」間的適用關係，兩者差異較大。明清判牘的專門研究，參見：濱島敦俊，〈明代的判牘〉，徐世紅、鄭顯文譯，收入中國政法大學法律古籍整理研究所編，《中國古代法律文獻研究》，成都：巴蜀書社，1999，頁196-222；森田成滿，〈清代の判語〉，收入滋賀秀三編，《中國法制史：基本資料的研究》，東京：東京大學出版會，1993，頁739-757；童光政，《明代民事判牘研究》，廣西師範大學出版社，1999。

　　如何區分刑案匯編的風格特色？筆者依「法內／法外」、「平常／疑難」二組判別標準，將明清「刑案匯編」分為四類：「法內平常」刑案匯編、「法內疑難」刑案匯編、「法外平常」刑案匯編、「法外疑難」刑案匯編。「法內」刑案匯編，意指所收案件多為本朝的原始審判紀錄，所收案件具有當代政府認可的合法地位，可以直接提供官員檢索並做量刑參考。「法內」刑案匯編又可細分為兩種：一是專收容易援引既有法律條文或法律程序做成判決的「平常」案件，《審看擬式》即為此種刑案匯編；二是特別收羅不易澄清案情真相與困難決斷適用法律的「疑難」案件（hard cases），《刑案匯覽》即為此種刑案匯編。「法外」刑案匯編，則指所收案件無法直接為官員檢索與援引，在現行司法制度上未具合法地位，但卻為訟師或其他民眾與官員私下廣為閱讀。「法外」刑案匯編也可細分兩種：專收一般「平常」案件與特殊「疑難」案件兩種，前者如《折獄明珠》，後者如《疑獄箋》。[5]

　　《審看擬式》、《刑案匯覽》、《折獄明珠》等三種分屬「法內平常、法內疑難、法外平常」刑案匯編，都具有較強的實用手冊性質，分別為地方官員、中央官員與民間訟師用做訓練、檢索上的參考。但是，相對而言，《疑獄箋》這種「法外疑難」刑案匯編，則主要更接近純粹閱讀的性質。本章只討論前三種刑案匯編。

　　區分明清刑案匯編的不同風格特色後，以下則簡介《折獄明珠》、《刑案匯覽》、《審看擬式》的編輯體例；其後，再分析三種刑案匯編編輯出版的主要制度背景。

一、三類刑案匯編的成書背景

　　《折獄明珠》約成書於十七世紀初年，書前有明萬曆三十年（1602）的編者自序，[6]但全書在每卷起始處，則刻上一串更長的「書名」：《新刻摘

5　（清）陳芳生，《疑獄箋》，影印清康熙三十年（1691）刻本，收入《四庫全書存目叢書》，子部，冊37，台南：莊嚴文化公司，1995，頁780-909。該書區分兩類「疑獄之屬」：「情事之疑、法律之疑」（頁780）。作者自承：編輯此書其實是想追續五代和凝、和蒙父子《疑獄集》，乃至明代張景《補疑獄集》的著書傳統（頁909）。
6　我所閱讀的《折獄明珠》為傅斯年圖書館攝自日本內閣文庫藏本的微捲，書前有明萬曆三十年（1602）署名「清波逸叟」的自序，而書末頁則刷印「辛丑仲秋刊行」。故其成書年代當為十七世

選增補註釋法家要覽折獄明珠》，此很符合明末以來書坊商人刊印書籍的作風，基本上可視為一種吸引讀者的書籍命名與行銷策略。《折獄明珠》共計四卷，每卷都採取兩欄式編排，全書分「上層、下層」兩欄；《折獄明珠》上層較短，多收〈六律總括歌〉、〈六律碎語〉以及田土、水利、姦情、婚姻、人命等不同案件狀詞可用的「法律套語」；《折獄明珠》下層內容一般較長，是全書主要內容。《折獄明珠》內容同屬日後被政府明令查禁的「訟師祕本」，而該書編者署名「清波逸叟」，也似「訟師祕本」作者不具真實姓名的風格。

《折獄明珠》上層內容所收法律套語包含甚廣，有簡詞，如「酷官、污吏、縣霸、學霸」等；有單句，如「勢宦吞民、奸吏侮法、囑官枉法」等；有複句，如「私債騙害，違禁取利」、「一夫一婦，豈容姦占」、「違律教唆，扛幫健訟」等，大致都是狀詞上可經常套用的詞庫與成語。

《折獄明珠》下層內容可分兩大部分：第一部分，是對政府法律所做的摘要以及對書寫訟狀所做的提綱，前者如《六律輯要》、〈六贓辨異〉、〈七殺辨異〉、〈八字須知〉、〈五服喪制〉等法律摘要，後者如〈十段錦〉、〈十不可箴規〉、《法家管見》等訟狀提綱。第二部分則分類收錄法律案件狀詞、判語以及各類執照等書寫範本，收錄法律案件分為十類：爭占（12件）、盜賊（6件）、人命（12件）、戶役（5件）、繼立（3件）、婚娶（7件）、姦情（4件）、負債（7件）、商賈（4件）、衙門，[7]共計至少六十餘件案例。以分量看，下層內容的第二部分，也就是收錄的十類法律案件狀詞與判語，是《折獄明珠》的最主要內容。

《刑案匯覽》成書於道光十四年（1834），收錄乾隆元年至道光十四年（1736-1834）九十九年間經中央司法機關處理之五千六百四十餘件刑案，[8]本

紀初，但刷印或重製的「辛丑年」，則目前有兩種不同推測：一是明萬曆二十九年（1601）（東京大學東洋文化研究所編，《仁井田文庫漢籍目錄》，頁34）；二是清康熙六十年（1721）（張偉仁，《中國法制史書目》，第一冊，頁320）。

7　最後的「衙門」類，因為兼收案件狀詞與執照範本，較難確定案件數目。

8　本章所用版本為：（清）祝慶祺編次、（清）鮑書芸參定，《刑案匯覽》，影印清光緒十二年（1886）刊本，台北：成文出版社，1968。對《刑案匯覽》全書的專門分析，參見：Derk Bodde and Clarence Morris, *Law in Imperial China: Exemplified by 190 Ch'ing Dynasty Case*. Cambridge, Mass.: Harvard University Press, 1973. （本書已有中譯：《中華帝國的法律》，朱勇譯，南京：江蘇人民出版社，1993）；中村茂夫，〈清代の刑案：《刑案匯覽》を主として〉，收入滋賀秀三編，《中國

書署名祝慶祺（原籍浙江會稽縣）「編次」、鮑書芸（原籍安徽歙縣）「參定」，兩人共同編輯、討論與校正此書，但祝氏花費氣力最久最多，鮑氏稱其「殫精疲神者，閱十餘載」。祝慶祺在道光初年任職刑部雲南清吏司時開始編輯此書，後因轉任閩浙總督孫爾準幕友而暫停編務，道光十二年（1832）離職，與同樣長期任官刑部的鮑書芸，在揚州共同完成本書的定稿與出版工作。[9]

　　《刑案匯覽》將所收五千六百四十餘件刑案，依照大清律例分編分章分門名稱，分別匯錄，其中主要包括了因為疑難司法案件而產生的法律解釋與法條修改，可以區分為「說帖、成案、通行」三大類。「說帖」為刑部律例館官員針對「例無專條、情節疑似」案件所做的討論與說明，共錄兩千八百餘件，時間包括乾隆四十九年至道光十三年。「成案」專收「例無專條、援引比附、加減定擬」案件，共錄一千四百餘件。「通行」係針對「例無專條」而由刑部建請皇帝核准增入全國通行條例的案件，大概總計六百餘件，此外，還有祝慶祺任職刑部期間「遇案自行記存」五百餘件，以及分別選錄自「邸鈔」與坊本《所見集》、《平反節要》、《駁案彙鈔》等書的三百四十餘件「例無專條」案件。同時，還在書末收入「例無專條之案，有情同議異、介在疑似者」二十九案，錄成《拾遺備考》。[10]《刑案匯覽》主要收錄「例無專條、情節疑似」的法律案件，可謂是中央司法官員對全國疑難司法案件的解釋匯編。

　　《審看擬式》成書於光緒十三年（1887）左右，[11]是剛毅在山西巡撫任內，選擇平日「與僚屬切磋問難、擬題考試」中可供州縣官員審判參考的案例，交由幕友葛士達校訂刊印，發給山西各級地方官，「教以治獄之楷則」。[12]葛氏特別強調本書收錄案件「皆係州縣衙門尋常習見之案」，並不收錄「疑難案件」。[13]

法制史：基本資料の研究》，頁715-737。
9　祝氏與鮑氏生平簡介，參見：Derk Bodde and Clarence Morris, *Law in Imperial China: Exemplified by 190 Ch'ing Dynasty Case*, p.148；張偉仁，《中國法制史書目》，第一冊，頁310。
10　《刑案匯覽》，〈凡例〉，頁8。
11　筆者所用《審看擬式》為光緒己丑年（十五年，1889）江蘇書局刊本（中央研究院歷史語言研究所傅斯年圖書館藏），書前有光緒十三年剛毅〈自序〉，書末則有光緒十三年葛士達〈跋〉。
12　（清）剛毅，《審看擬式》〈自序〉。葛士達，《審看擬式》〈跋〉。
13　（清）葛士達，〈附審看論略十則〉：「是編所輯無多，皆係州縣衙門尋常習見之案……其疑難案

　　《審看擬式》也以收錄刑案為主體，並依大清律例編目格式，將所收八十三則刑案依序排比：名例（1種1則）、吏律（1種2則）、戶律（7種10則）、禮律（2種4則）、兵律（2種3則）、刑律（47種63則）。在收錄案例之外，《審看擬式》又在卷首收入三篇文章：〈論律義〉、〈論案情〉與〈論敘供〉，並在卷末附錄〈審看論略〉十則。

　　《折獄明珠》、《刑案匯覽》與《審看擬式》三類刑案匯編，各有其產生的制度背景，以下分別討論。

二、訟師祕本的潛在讀者

　　由明末以來書坊商人刊刻發售的三十餘種「訟師祕本」看來，[14]這些影響訟師「養成教育」的重要書籍，的確有一些內容表現出對各類法律知識的講究，並且經常以蒐集各類案例的相關訟狀為主要內容。儘管有些訟師祕本對收錄案件的實際原、被告姓名不太仔細，甚至完全略掉案例內人名，但是，這些訟狀一般應是轉錄實際發生的案件。不過，也的確存在內容粗糙的訟師祕本，[15]所錄案件與訟狀，可能早已轉錄多手，對「案情」與「法條」間關係根本不講究，這和《折獄明珠》這些用心編輯的書籍，對法律知識的重視，高下相去遠甚，不可同日而語。

　　編輯者與刊印書商用心講究與否，會對「訟師祕本」造成不小的內部差異，不能一概而論。然而，大致說來，不管是否認真編輯與刊印，明末清初以來的訟師祕本，其編輯體例已大體確定，成為一種固定的法律文類。訟師祕本主要體例如下：蒐集曾經發生的案件，添入相關控訴、抗告的狀詞，做成應用範本；同時，將不同刑案分門別類，一般分人命、姦情、賊盜、婚姻、田產、戶役、騙害、鬥毆、繼立等類。這些編印內容當然是為了用於打官司，被假想為打官司「被告」身分的對象，主要是一般平民，但也包含以「貪官、污吏、豪強」為對象的被告。另外，不少訟師祕本也蒐集那些能

件既不多有，亦非憑空所能懸揣，未暇悉備」（《審看擬式》，卷末，頁5）。
14　夫馬進，〈訟師祕本の世界〉，頁189-238。
15　例如管見子編，《新刻法家蕭曹兩造雪案鳴冤律》（清刻本，中央研究院歷史語言研究所傅斯年圖書館藏），此書內容與編排便皆比較粗糙。

幫人申請各種官方執照文書的寫作範本，像是申請擔任保證人、牙行、米鋪等。這些內容含有大量實用的法律知識，因而為民間所重視。然而，與民間重視這類法律知識的態度相反，不少明清官員都十分敵視這些訟師祕本。

「訟師祕本」其實是政府對這類民間刑案匯編書籍的敵視稱呼，儘管政府明文禁止，但仍可由政府禁令看出這類書籍在民間社會的廣泛流行。乾隆七年（1742），四川按察使李如蘭上奏禁止書商刊印「訟師祕本」，經中央官員討論、皇帝同意後，李氏奏議的要旨乃成為頒行全國的新修例文：

> 坊肆所刊訟師祕本，如《驚天雷》、《相角》、《法家新書》、《刑台秦鏡》等一切搆訟之書，盡行查禁銷毀，不許售賣。有仍行刻印者，照淫詞小說例，杖一百，流三千里。[16]

然而，政府事實上無法禁阻訟師祕本的刊印與流傳。薛允升在清朝光緒年間的觀察仍是：「刻本可禁，而抄本不可禁；且私行傳習，仍復不少，猶淫詞小說之終不能禁絕也」。[17]

政府禁止訟師祕本的心態，其實主要和「無訟」的理想有關，許多官員內心深處總是不喜歡藉助「打官司」來解決民間糾紛，認為「無訟」的和諧狀態才是處理公共事務的理想政治。然而，「無訟」其實在很大程度上只是部分官方人士表達的「理想」，由眾多明清方志與司法檔案看來，無訟的理想其實與當時不少民眾在實際生活中經常和法律打交道，有著不小距離。[18]不僅「無訟」只是部分官員的不切實際理想，「刁訟、健訟」反而才是不少地方官公開指責的社會常態。民眾何以「刁訟、健訟」？如何解決這些司法與社會問題？有官員直指這是「刁徒、訟師」惹的禍，[19]解決之道是以究治

16　（清）薛允升，《讀例存疑（重刊本）》，冊4，頁1021。
17　（清）薛允升，《讀例存疑（重刊本）》，冊4，頁1021。
18　對這類官方「表達」與司法「實踐」矛盾現象的分析，參見：黃宗智，《民事審判與民間調解：清代的表達與實踐》，頁191-212。明清時代，訴諸國家審判與經由民間調解，兩者其實是「多元的結合關係」，而非互斥的選擇，明末清初的上海實例可為明證，參見：岸本美緒，〈清初上海的審判與調解——以《歷年記》為例〉，收入中央研究院近代史研究所編，《近世家族與政治比較歷史論文集》，上冊，台北：中研院近史所，1992，頁241-257。
19　「訟師」在中國的歷史至少早自宋代開始，當時一些地方已出現專門協助民眾訴訟的「健訟之徒、譁徒訟師」；甚至在現今江西省等地方，更已出現教人打官司的「訟學」。宋代訟師與「訟學」情形，參見：陳智超，〈宋代的書鋪與訟師〉，收入《劉子健博士頌壽紀念宋史研究論集》，頁113-119；郭東旭，〈宋代之訟學〉，收入漆俠編，《宋史研究論叢》，頁133-147。

嚴懲為第一要務。十五世紀明朝官員況鍾（1384-1442）留下的〈況公下車各
政〉十七條，即標示：「訟棍訪著即辦，須在下車時，遲則無濟矣！」[20]主
旨是勸告官員一赴新地就任（「下車」），必得馬上調查與找抓「訟棍」。由
明到清，不僅中央政府明令公布處罰「教唆詞訟」的法律，[21]更屢有官員提
倡各類對付訟棍的實際辦法，[22]以清代最負盛名的司法人員汪輝祖為例，他
在任官寧遠縣時，曾經執行如下辦法：

> （地棍訟師）黨羽鉤連，被累之人，懼有後累，往往不敢顯與為
> 仇，重辦亦頗不易。曧在寧遠，邑素健訟，上官命余嚴辦，余廉得數
> 名，時時留意。兩月後，有更名具辭者，當堂鎖繫，一面檢其訟案，
> 分別示審；一面繫之堂柱，令觀理事。隔一日，審其所訟一事，則薄
> 予杖懲，繫柱如故。不過半月，憊不可支。所犯未審之案，亦多求
> 息。蓋跪與枷，皆可弊混；而繫柱挺立，有目共見，又隔日受杖，宜
> 其憊也。哀籲悔罪，從寬保釋；已挈家他徙，後無更犯者，訟牘遂日
> 減矣。[23]

　　訟師的存在確是造成不少地方訴訟數量的增加；然而，以汪輝祖對司
法實務之熟悉，訟師雖然不敢在他任知縣境內活動，但依然可以「挈家他
徙」，繼續到別處活動。總的看來，訟師在明清司法實務上的作用總是存
在，簡直是禁無可禁。
　　何以訟師極難禁絕？這其中不僅僅是因為訟師善於躲藏或是與地方不肖

---

[20] （清）覺羅烏爾通阿，《居官日省錄》，影印清咸豐二年（1852）刊本，收入《官箴書集成》第8
冊，頁9。
[21] 《大清律例》〈刑律〉編〈訴訟〉章〈教唆詞訟〉條律文：「凡教唆詞訟，及為人作詞狀，增減
情罪誣告人者，與犯人同罪（至死者，減一等）；若受雇誣告人者，與自誣告同（至死者，不減
等）；受財者，計贓，以枉法從重論。其見人愚而不能伸冤，教令得實，及為人書寫詞狀而罪無增
減者，勿論（姦夫教令姦婦誣告某子不孝，依謀殺人造意律）。薛允升注：「此仍明律，順治三年
添入小註，乾隆五年刪定」（薛允升，《讀例存疑（重刊本）》，卷39-40，冊4，頁1019）。
[22] 明代官員余自強倡導如下對付訟師的辦法，是先向上司透露本案可能會有訟師介入：「凡自理詞
訟，遇刁徒強項訟師，不服縣官責罰者，察言觀色，覺有可異，即將此起申招府堂，詳內云：事干
刁棍重情，合應申達本府。本府詳允後，如此人再告上司，批府，亦難反汗致謗縣官；如批各廳，
彼亦相諒，決不相反。亦諧世中一制奸法也」（《治譜》，影印明崇禎十二年（1639）重刊本，收
入《官箴書集成》第2冊，頁114-115）。
[23] 汪輝祖，《學治臆說》（影印清同治十年（1871）慎間堂刻《汪龍莊先生遺書》刊本，收入《官箴
書集成》第8冊），〈治地棍訟師之法〉條，頁282。

胥吏勾結而已，民眾面對財產損失與人事糾紛而不得不訴諸司法的實際需要，其實也是重要因素。不少明清官員也確能面對民間司法訴訟需求而「反求諸己」，強調官員必須要認真處理民間各式不涉人命、強盜「重案」的戶婚、田土「細事」，才是正本清源之道。如明代官員海瑞（1514-1587）所說：

> 刁訟，惟江南為甚，略無上事，百端架誣，蓋不啻十狀而九也……刁訟日甚，非府州縣官召之使來也耶？又，告狀人往往稱府、縣官告不受理。軍民，赤子；府州縣官，父母也。凡爭鬥戶婚，雖是小節，當為剖分；衣食等項，當為處理……為此再行曉諭，今後，凡民間小訟，州縣官俱要一一與之問理。[24]

海瑞不將「刁訟」一律歸咎訟師，反而同時要求所屬地方官更要勤於理訟，即使「民間小訟」也不得輕視。到了清代，中央政府更不斷定訂法律節制各級地方官要在限期內審結民眾訟案，命案、盜案、姦案，乃至戶婚、田土、錢債案件，依不同案件、不同審判級別，都制訂不同的結案期限。[25]清光緒年間流行的一部政書即記載「自理、命盜搶竊等案、情重命案」等三類案件的「審限」罰則，其中「自理」類的「州縣自理戶婚田土等項案件」，其審結期限處罰如下：「限二十日完結。違限，不及一月，罰俸三個月；一月以上者，罰俸一年；半年以上者，罰俸二年；一年以上者，降一級留任」。[26]

嚴格的審案限期規定，固然逼使地方官重視包含戶婚田土各類訟案，官員審案不認真，將直接面臨「罰俸、降級」等行政處罰，這種審限規定的設計原意，是要透過加速司法案件處理效率以減少民眾金錢花費並減少訟師干預謀利機會。[27]然而，官員被迫限期內結案的壓力日增，其實也同時讓熟悉

24　（明）海瑞，《海忠介公全集》（收入《丘海二公合集》，清康熙四十七年（1708）刊本，中央研究院歷史語言研究所傅斯年圖書館藏），卷二〈告示〉，〈示府縣狀不受理〉。

25　由清代雍正到道光年間審案期限規定的細部變化，參見：（清）崑岡等奉敕著，《清會典事例》，卷122〈吏部：處份例：外省承審事件〉，冊2，頁578-591。

26　（清）方大湜，《平平言》，收入《官箴書集成》第七冊，卷2〈審案限期〉條，頁636。

27　方大湜對司法訴訟之費錢傷財有具體陳述：「兩造構訟，自進城做詞之日起，至出結歸家之日止，無一日不花錢。拖延日久，則花錢愈多；花錢愈多，則富者必窮，窮者必死」；對訟棍干預訴訟謀取金錢，也有生動描寫：「戶婚、田土、錢債，及一切口角細故，乃民間常有之事，本人雖然嘔

司法實務的訟師增加了可供操持的籌碼。

姑且不管清代加嚴的審案期限罰則有效性如何，就算官員多能認真審案，民眾也依然要花費時間、金錢來打官司。既然要打官司，而且多半是想打贏官司，則和司法勝訴的相關要訣與技巧，便成為切身實用的法律知識。從提供法律諮詢、書寫合用而有效的狀紙、揣擬法庭審判時有利於己的應答，到預估涉訟對方的策略，都成為實用價值很高的法律知識。這些知識基本上都不可能由職司調查、調解與審判工作的政府官員來提供，若有熟悉此方面問題的訟師可以提供幫助，涉訟民眾當然願意花錢購買這些法律「服務」。明清政府固然也理解民眾在這方面的司法實務需要，然而，卻一直不能在國家法制上承認訟師職業的合法地位，政府的主要因應之道，則是設立「官代書」以解決涉訟民眾的實際需求。

早自宋代，政府即設有協助民眾書寫狀紙與其他證明文件的「書鋪」，[28]元代仍存此制。然而，到明代初年，「書鋪」則似乎自政府法令中消失，可能只零星存於部分地方審判機構中，時稱「代書人」。十六世紀，明代官員呂坤（1536-1618）曾設法提振「代書人」功能，任官山西時，下令全省：「凡各府州縣受詞衙門，責令代書人等」為民眾書寫狀紙；同時，呂坤更進一步將不同案件「類型化」，設計了二十七種標準狀詞格式，內容包含「人命告辜式、人命告檢式……告姦情狀式……告地土狀式……告財產狀式、告錢債狀式……」等等。[29]不過，這個狀詞格式「類型化」的司法改革，似乎並未擴散與持續。到了十八世紀初，清代中央政府也只是通令全國各地方政府依考選辦法設立「官代書」，協助民眾書寫狀詞，[30]雖然官代書

氣，未必一定告狀」，「棍徒從中挑唆，輒自謂熟識衙門：門丁、書役，與我相好，我可包告、包准；既可出氣，又不必多花錢文。迨既告之後，百般盤剝，卻不怕他不花錢、不由他不多花錢。借債、賣田，案猶未結；傾家蕩產，職此之由」（參見：《平平言》，卷2，〈為百姓省錢〉條，頁638-639）。

28 戴建國，〈宋代的公證機構——書鋪〉，《中國史研究》，1988，4（1988）：頁137-144。

29 （明）呂坤，《新吾呂先生實政錄》，收入《官箴書集成》第1冊，卷6，頁555-558。

30 《大清律例》〈刑律〉編〈訴訟〉章〈教唆詞訟〉條所附例文十二條，第十條規定「考取代書」如下：「內外刑名衙門，務擇里民中之誠實識字者，考取代書；凡有呈狀，皆令其照本人情詞據實謄寫。呈後，登記代書姓名，該衙門驗明，方許收受。無代書姓名，即嚴行查究；其有教唆增減者，照律治罪」。薛允升云：「此條係雍正七年（1729）及十三年（1735）例，乾隆六年（1741）改定。謹按：此專為考取代書而設。鄉民不能自寫呈詞者頗多，覓人代寫，則增減情節者，比比皆是矣。代書之設，所以不容已也。現在外省有代書，而京城仍未遵行」（薛允升，《讀例存疑（重刊

的設置在全國似乎得到更有效的落實，但是，並未見到類似呂坤創制的「類型化」狀詞格式。

即使政府採行嚴禁訟師與設立官代書的雙管齊下政策，但是，不少涉訟民眾依然找訟師幫忙。其中原因，固然可能和各地官代書人數可能少於實際需要有關；更重要的是，一般官代書不僅少能提供書寫狀詞以外的服務，而且，也多半只能書寫較「平凡無奇」的狀詞；許多涉訟民眾寧願多花錢聘請各地著名訟師，以得到更好、更多的法律諮商與司法協助。

明清訟師人數愈來愈多。以十六、十七世紀明朝末年江南地區為例，該地訟師不僅人數可觀，甚至還依個人勝訴能力與名氣大小而出現等第差別：

> 甚矣！吳人之健訟也。俗既健訟，故訟師最多。然亦有等第高下，最高者名曰狀元，最低者曰大麥。然不但「狀元」以此道獲豐利、成家業；即「大麥」者，亦以三寸不律，足衣食、贍俯仰，從無有落莫饑餓死者。[31]

這是對明末江南地區民眾流行雇請訟師的具體描寫。這些訟師收費標準不同，分成外號「狀元」的高級大訟師，以及較次等級的「大麥」（大概是蘇州地區的方言）。蘇州府嘉定縣外岡鎮，在明末十七世紀初年也出現不少聞名本地的訟師，當地人稱「狀元」或「會元」：「沈天池、楊玉川，有狀元、會元之號。近金荊石、潘心逸、周道卿、陳心卿，較之沈、楊雖不逮，然自是能品……至湮沒者，不可勝數」。[32]明末外岡鎮，其實只是一個人口有限的小城鎮，但也擁有眾多名氣不等、姓名或傳或不傳的大、小訟師，可見訟師確已發展為明清社會頗為顯著的行業，藉此行業而發財、出名者，應是不少。

訟師成為一個官方無由禁絕而又獲利頗厚的行業，不僅反映訟師實際上成為明清司法制度實際運作中不可或缺的一環，也成為《折獄明珠》訟師祕本這類刑案匯編得以編輯、流行的制度背景。

本）》，冊4，頁1022）。

31　（明）徐復祚，《花當閣叢談》，收入《叢書集成新編》，冊85，卷三〈朱應舉〉條，頁561。

32　（明）殷聘尹纂，《外岡志》，收入《中國地方志集成：鎮志專輯》，冊2，頁893。

三、司法官員製作刑案範本的實用意圖

　　《刑案匯覽》、《審看擬式》兩類刑案匯編的編輯與出版，都反映政府司法官員挑選與製作刑案範本的實用意圖，此意圖並與明清司法體系逐步完善的「審轉」制度密切關連。

　　明清審轉制度是在司法行政實務工作中逐步形成的。這個制度發展到清代，已能更完整而有效地運作，這個制度大致如下：全國司法案件依罪名大小與刑度輕重，分為「州縣自理細事、上司審轉重案」兩大類，前者主要包括刑度在笞、杖以下的「細事」案件，後者包括徒刑及徒刑以上的犯罪「重案」。因為全國司法案件眾多，加上社會變遷，案情差異總會多少衝擊既有「細事」與「重案」的界限，兩者不一定總能清楚區劃。大致說來，所謂「戶、婚、田土、錢債」等案件，通常被劃入刑度較低的「細事」；至於人命、強盜、鬥毆、聚眾、「謀反」，以及當事人涉及尊卑長幼「人倫」關係的人身傷害或言語辱罵案件，則一般屬於「重案」。儘管明清法律體系並未使用類似現代意義「民法、刑法」法典區分來嚴格界劃「細事」與「重案」，但兩類案件在明清司法體系的處理流程上則確有很大不同。清代對細事、重案的規定已很明確：細事可由州縣官審結，只需每月造冊送上司備查，無需將案卷移送府級和府級以上司法機構覆審，故細案也經常被稱為是「（州縣）自理案件、自理詞訟」。[33]在「重案」部分，州縣官做成判決後，要將相關案件卷宗與人犯、證人、證物等，提交府、道、按察司（臬司），由這些地方上級司法機構審核案情是否有疑、引用法條是否失當。其中徒罪以上等「命、盜重案」及「謀反等十惡」罪案則再由省級最高長官總督或巡撫將相關案卷送至刑部，再度審核案情與法條等是否可疑，此即「審轉」制度大略。

儘管州縣官可以審結這些「細事」案件無需上司覆，但爭訟兩造仍可向府級或省級官員再次申告，此稱「上控」。清代法律雖禁止「越訴」，可是也有但書：「其業經在該管衙門控理，復行上控，先將原告窮詰，果情理近實，始行准理。如審理虛處，除照〈誣告〉加等律治罪外，先將該犯枷號一箇月示眾」（薛允升，《讀例存疑（重刊本）》，冊4，頁977、982）。由清代地方審判實務看，「上控」確實也會影響州縣「細事」的審判，清道光年間著名官員劉衡即勸告州縣官員：遇到審判錯誤時，應該「自行改正，以免上控」；即使是無需上級覆審的「自理案件」，也該如此。否則，上控紛陳，便可能致使「既累民，又自累也」（劉衡，《庸吏庸言》，收入《官箴書集成》第6冊，上卷〈理訟十條〉，頁196）。

在審轉制度運作下，中央與地方上級長官都對各級下屬地方官審理案件造成莫大壓力。特別是「斷罪引律令」的規定，也在審轉制度發展過程中得到更嚴格的落實。[34]儘管戶婚田土等「細事」審判，官員在判決時較少直接引用律例條文；但是，地方官員對「重案」的審理，則確實不斷在審轉過程中受到上級司法機構依照「斷罪引律令」規定而予以嚴格制約。[35]

這個發展趨勢其實也與當時「刑名幕友」角色日益重要有密切關係。那些專精法律條文的刑名幕友，日益在明清地方司法行政體系中得到各級官員的信任與依重，[36]這個制度性發展不僅便利了審轉制度中有關「斷罪引律令」規定的有效落實，從而也促使講究法律條文與探討法律知識的風氣更為普及。

在審轉制度壓力下，地方和中央司法機構其實處於一種既緊張、又協調的關係。透過向刑部主動諮詢疑難刑案，地方督撫可以要求刑部官員對特殊個案所帶來的法律適用難題，預先做出說明與裁量，這種情形便比較接近地方與中央司法機構的相互協調關係。反之，若是在完成所有州縣、府、道乃至按察司、巡撫、總督的全部審轉作業流程，送交刑部，才被刑部等中央審判官員以案情有疑或是援引法條失誤等理由而駁回原判，這便是所謂的「部駁」，地方各級司法官員即要因此遭到懲處，「部駁」正是中央與地方司法機關間緊張關係的典型表現。

清代各省每年都要上呈數量眾多的刑案，其中預先主動諮商刑部的案件

---

34 《大清律例》〈刑律〉編〈斷獄〉章〈斷罪引律令〉條：「凡官司斷罪，皆須具引律例。違者，如不具引，笞三十；若律有數事共一條，官司止引所犯本罪者，聽。其特旨斷罪，臨時處治，不為定律者，不得引比為律。若輒引比，致斷罪有出入者，以故失論。故行引比者，以故出入人全罪，及所增減坐之。失于引比者，以失出入人罪，減等坐之」。乾隆三年（1738）定例：「除正律、正例而外，凡屬成案未經通行著為定例，一概嚴禁，毋得混行牽引，致罪有出入。如督撫辦理案件，果有與舊案相合可援為例者，許于本內聲明，刑部詳加查核，附請著為定例」（薛允升，《讀例存疑（重刊本）》，冊5，頁1276-1277）。

35 清代處罰官員判案援引法條失當的相關法令已然十分繁細，由康熙以至咸豐年間的各項罰則規定，參見：《清會典事例》，卷123〈吏部：處份例：官員斷獄不當〉，冊2，頁592-610。

36 到了清代，謹慎聘請幕友已成為官員上任時最重要的準備工作之一。如所謂：「幕友一席，最為要緊。至好者推薦，不可遽許，亦不可遽辭，務細訪察所薦之友品學何如。擇其善者，延之赴任；有期拜見，下關書。聘金一項，量缺致送⋯⋯加以水禮八色，隨時酌配。其起程船腳，或我備，或折價，商酌辦理。各處情形不同，隨時酌奪」（褚瑛，《州縣初仕小補》，收入《官箴書集成》第8冊，卷上〈聘請幕友〉條，頁739）。幕友的重要性日增，也為這個職業人士形成更明顯的新自覺，如所謂「幕與官相表裡，有能治之官，尤賴有知治之幕，而後措施無失，相與有成也」（參見：萬維翰，《幕學舉要》，收入《官箴書集成》第4冊，張廷驤〈序〉，頁730）。

畢竟所占分量較少，因此，審轉之後而可能遭到部駁的緊張關係才是中央與地方司法機關的常態。地方督撫接到部駁後，並不是一定要照單全收，也可以和刑部官員覆文討論，但是，若「刑部駁至三次，督撫不酌量情、罪改正，仍執原議題覆」，則「刑部自行改擬，將承審各官，並督撫，俱照〈失入、失出〉各本例議處」。[37]

為了免於遭到部駁而受懲處，地方各級司法官員及其所聘幕友，自然要留意審轉上呈的刑案格式及內容，《刑案匯覽》與《審看擬式》這兩類法律書籍，正適合官員藉以參酌撰寫符合格式及內容的標準判案，從這個意義看，兩書可謂是審轉制度壓力下的產物。

在部駁壓力下，作為基層審判機構的州縣官員，他們的審案紀錄格式便十分重要，光緒年間在山西省主導《審看擬式》編輯工作的剛毅，對此有清楚說明：

　　獄訟之情偽，始於州縣，成於司（按察司）、院（巡撫），定於刑部。州縣審看不當，解司、申院、達部而後，即使駁議平反，而民之拖累含冤者，已自不淺，況文致增減、是非淆亂而莫由議詰者，正復無限。則州縣之審看，其所關尤重也。[38]

州縣審案不夠慎重，遭到刑部駁回重審，不僅民眾受累，案情真相也受蹉跎而更難明白。同時，部駁更會連累省級官員，萬一省級官員未能查明州縣判案疏失而逕送中央，則也會一體遭到刑部的駁回與處罰。在審轉制度有效運作下，講究個別案情的真相，以及對法條的援引適用，成為省、府、州、縣職司審判官員的共同利益，在此情勢下，編輯符合標準的刑案「範本」，便很有實用價值。

37　（清）方大湜，《平平言》，卷4〈公事錯誤須改正〉條，頁698。〈官司出入人罪〉律文頗長，規範了官員司法判決時引用法條「刑度」與案件事實「罪名」不一致的處罰，除分別「全出全入、增輕作重、減重作輕」不同情形外，更對「笞、杖、徒、流、死」等五刑不同刑度的誤判情形，對承審官員分別定訂罰則。詳見：薛允升，《讀例存疑（重刊本）》，冊5，頁1229-1232。清嘉慶五年（1800），更對遭到部駁議處的不同層級地方司法官員，分別對待：「凡駁飭改正之案，刑部即檢查該府州縣原詳，據實核辦：如原詳本無錯誤，經上司飭駁，致錯擬罪名者，將該上司議處。如原詳未奉飭駁，該上司代為承當，除原擬之員，仍照例處分外，將該管上司，照徇庇例，嚴議」（薛允升，《讀例存疑（重刊本）》，冊5，頁1234）。
38　（清）剛毅，《審看擬式》〈自序〉。

　　審轉制度既對地方司法官員造成「部駁」壓力，也對中央司法官員帶來必須更加講究與論辯法律知識的「以理服人」壓力。表面上看，中央司法機構固然可依〈官司出入人罪〉等律例，有權對各級地方司法官員加以懲處；但事實上，這些懲處卻絕對必須要有法律知識方面的合理論辯為後盾，必須要針對司法個案進行案情真相探究、法條適用解釋等方面的合理論辯過程，才能「以理服人」。審轉制度的有效運作，雖然確立了刑部成為全國司法審查體系的中心地位，但也增加了中央司法官員以書面文字進行法律論辯的壓力，他們不僅要寫成要求地方官員改正重審的「部駁」文字，更要針對疑難案件撰寫「說帖」。[39]無論部駁或是說帖，都需要刑部官員辨明相關案件的法條適用、文義解釋等問題，有時更要進一步發現法律相互衝突或是未予規範的法律漏洞，撰寫較詳細的法律見解。在審轉制度有效運作下，刑部累積了大量部駁、說帖等書面形式的法律見解；同時，有能力撰寫部駁、說帖的專門法律人才，也更加集中刑部，使清代刑部逐漸成為全國最權威的法律知識生產中心。

　　《刑案匯覽》即是專門收錄以刑部為主體而產生的法律知識，特別是針對其中的「說帖」。說帖在當時居於全國法律知識體系的中心地位，這不僅有審轉制度上行政權力運作的原因，也有相對而言較為純粹的說理論辨上的理由。嘉慶十六年（1811），有官員描述說帖如何撰成的實際過程：

　　　　僕濫竽刑曹十年，蓋灼然有以見夫用刑之難也。天下大矣，生民情偽日滋，作姦犯科，百出而不窮，苦于人不能先知而偏防也。三尺法所不能盡，而窨於議擬者，往往而有……自雲坡胡大司寇為少寇時，始以此等案交「律例館」查核，權衡至當，而後行之，至於今不衰。其查核也，旁參他條，詳檢成案，剖別疑似，辨析微茫，折衷而歸于是，然後繕具「說帖」，備陳是非之旨，蓋近於古之參經義以斷獄者。自茲以往，其可以通律法所未備，而無畸輕畸重之患矣。[40]

39　自清乾隆四十九年（1784）起，刑部正式將那些較詳細的法律見解定型化，形成主要由刑部「律例館」負責撰寫詳細法律意見書的「說帖」（陳廷桂，〈說帖輯要敘〉，收入宋謙重編，《說帖輯要》，清道光年間抄本，中央研究院歷史語言研究所傅斯年圖書館藏）。有關「說帖」制度的簡介，參見：Derk Bodde and Clarence Morris, *Law in Imperial China: Exemplified by 190 Ch'ing Dynasty Case*, p.130-131.

40　（清）陳廷桂，《說帖輯要》〈敘〉。

文中所謂：「旁參他條，詳檢成案，剖別疑似，辨析微茫，折衷而歸于是」，大致描寫了刑部官員撰寫說帖時所進行的「法律推理」。

在《刑案匯覽》出版前，至少在十八世紀末，即已有人開始編輯名為《說帖》、《通行》、《駁案彙鈔》、《平反節要》等刑案匯編，這些都成為書市上流通販售的法律文類。《刑案匯覽》的最大特色，應是其力求匯整成更完備、更通貫的刑案匯編，鮑書芸在《刑案匯覽》〈序〉中所謂：「於廣搜博採之中，寓共貫同條之義。臚陳案以為依據，徵說帖以為要歸，一切謹按、通行，無不備具。散見者會之，繁稱者簡之。其有未盡，更緝拾遺，以備參考。門分類別，條理秩然。以是見祝（慶祺）君刑名之精而用心之苦也」。[41]這裡面當然也多少帶有一些區別《刑案匯覽》與其他書市上已經販賣銷售刑案匯編書籍的「廣告」用意；但由《刑案匯覽》內容，及其出版後所獲回響看來，《刑案匯覽》一書的編輯出版，應可標誌「刑案匯編」在十九世紀前期正式成為中國一種明確而獨特的法律文類。

由十六到十九世紀之間，刑案匯編逐漸成為明清流行的一種特殊法律文類，《折獄明珠》、《刑案匯覽》與《審看擬式》三種不同刑案匯編，各有其不同風格特色與編排體例，也各有其產生與流傳的制度背景。

第二節　刑案匯編建構的不同類型法律推理

基本上，《折獄明珠》是以訟師為預設的主要讀者；《刑案匯覽》與《審看擬式》則是以職司審判工作的官員與幕友為主要讀者。[42]預設讀者的不同，不僅影響各書所經常使用的法律推理，也產生了各自對待「案情真相」的不同態度。

41　（清）鮑書芸，《刑案匯覽》〈序〉，頁3。
42　如鮑書芸在道光二十年（1840）指出祝慶祺編輯《刑案匯覽》此書的認真情景：「殫精疲神者，閱十餘載，因說帖、議案，層見疊出，皆司法者所欲比引參考，乃復續纂此帙」（《續增刑案匯覽》，（清）祝慶祺編次，影印清光緒十二年（1886）刊本，台北：成文出版社，1968，冊9，頁3811）。而剛毅也是希望《審看擬式》編成後能使「為牧令者，人置一編」，從而達致「治獄庶有眉目，不至仰幕、胥之鼻息，而官能自主，獄無滯留」（剛毅，《審看擬式》〈自序〉。葛士達，《審看擬式》〈跋〉）。

　　《折獄明珠》在三類刑案匯編中的出現時間最早，編者清波逸叟在《折獄明珠》〈引〉中訴諸的編輯理想是：「天下之物，不得其平則鳴……苟不鳴，則曲直不分、涇渭共溷，下情不得上通，是安得不假于詞以鳴！」《刑案匯覽》出現在後，編者宣稱的理想是：能使各類疑難案件呈現的法律問題討論，達到既能「窮其理於律例之中」又能「通其意於律例之外」的目標。[43]《審看擬式》出現時間最晚，主要是為州縣官員提供上呈省級長官的標準判決書格式。三書有各自的預設讀者，以及隨之而來的對法律推理與案情真相的不同態度。

一、《折獄明珠》的內容結構及其傳達的訴訟策略

　　《折獄明珠》主要包含法律條文摘要與案件訟狀選編兩類內容。明清時代出版的訟師祕本，並非都像《折獄明珠》一般列入較詳細的法律條文摘要，這涉及編者的法律素養或是書商的出版態度。由現存明清訟師祕本看來，在收羅訟狀陳詞之外也同時協助讀者熟讀法律條文的作品確實存在，《折獄明珠》也是典型代表。這類訟師祕本之所以協助讀者熟讀法律條文，當然是為了想要打贏官司，究竟熟讀法律條文對打贏官司有何重要性？另一訟師祕本《詞訟指南》也有清楚說明：

　　　　凡作狀，先須觀其事理、情勢輕重大小緩急，而後用其律意。符合某條，乃從某條，止揀其緊要字眼切於事情者，較達其詞，使人一看，便知其冤抑、誣告或牽連之類。務要周詳……徒取刁名，無益於事，明者辯之。[44]

　　分析個別案件的「事理、情勢」，注重法律條文的「律意」，配合能真正打動法官理解與同情當事人冤曲的「文詞」，三者同等重要。等而下之的訟師，才會亂套罪名誇張狀詞。所謂「徒取刁名，無益於事」，並非《折

43　（清）鮑書芸，《刑案匯覽》〈序〉，頁3。

44　《詞訟指南》，收入不著撰人，《新刻法筆新春》（清刊本，日本東京大學東洋文化研究所「大木文庫」藏），頁1。

獄明珠》這類訟師祕本的編輯目標，[45]書中所收《六律輯要》、〈六贓辨異〉、〈七殺辨異〉、〈八字須知〉、〈五服喪制〉等內容，具體反映著編者希望讀者掌握現行法律條文中各種「罪名、刑度」關係的用心。

　　然而，訟師祕本畢竟不是以政府官員或是刑名幕友為預設讀者，全書對法律知識的理解與操作，仍然有其獨特的風格。以《折獄明珠》為例，儘管其中教導傳授的「六贓、七殺、八字、五服」等法學術語，並不異於當時官員、幕友主要理解與運用的法律知識，然而，這些法律知識畢竟只是訟師用來書寫訟狀的重要工具之一。訟師應用法律知識的主要目標，是協助涉訟當事人勝訴，無論所協助的當事人究竟是原告或是被告。當然，訟師祕本編者也可以訴諸較堂皇的理由，如《折獄明珠》編者「清波逸叟」所說：「下情不能上通，是安得不假于詞以鳴！」但是，如何寫成能使當事人勝訴的有效訟狀？才是編者意欲教讀者領會的關鍵，在如何勝訴的大目標下，「事理、律意、文詞」三者同時成為訟師祕本考量的要素。這是《折獄明珠》看待法律條文的基本態度，也是其教人體會各類案件背後相關「律意」的主要宗旨。

　　構成《折獄明珠》的最主要內容，是對案件兩造訴訟狀詞與官員判決審語的選輯。以這些法律案件為主要教材，配合本朝法律條文為輔助教材，《折獄明珠》編選了十類司法案件，約計六十餘案。各案大體上都同時包含三份文件：原告〈告詞〉、被告〈訴詞〉以及承審官員〈審語〉。透過〈告詞〉與〈訴詞〉對司法個案相關「事實」的不同描述，以及承審官員斷定或懷疑案件「真相」的處理方式，訟師祕本最少可教給讀者兩種重要技巧：第一，如何熟練地操作不同的法律術語，由正面與反面兩種不同的可能面向，來書寫同一樁案件的「真相」？第二，當書寫不同正、反立場的狀詞後，承審官員可能會如何判斷案件的「真相」？這兩種技巧其實都涉及對「事理、律意、文詞」三要素的操作，正是訟師手冊要傳授的官司致勝祕訣。

　　第一種技巧，既訓練自己書寫狀詞，也可以對付敵對的訟師。《折獄明

45　以訟師宋世杰為主角的明代戲曲《四進士》，在劇本中也出現劇中人物「河南八府巡按」毛朋所引用諺語：「牛吃房上草，風吹千斤石；狀子入公門，無賴不成詞」（《四進士》，收入劉烈茂、蘇寰中、郭精銳主編，《車王府曲本菁華》，廣州：中山大學出版社，1991，冊五，頁259），反映當時人（特別是官員）對訟師胡亂寫狀的惡劣印像。然而，並非所有訟師祕本都在教人撰寫「賴詞」，援用法條的能力其實也是《折獄明珠》這類訟師祕本提供的基礎訓練。

珠》收錄的作狀〈十段錦〉，要讀者首先體會的重點是：「作詞之狀，慎毋苟且，必須斟酌。機有隱顯、奇正；罪有出入、重輕……如良將用兵，百戰百勝，無不快意」。[46]而在所錄〈法家管見〉文章中，則教人揣測訴訟對手或是敵對訟師的策略：

> 凡與人詰告，必先料彼之所恃者何事。如所恃者在勢力，先當破其勢力之計。所恃者欲到官，先當破其到官之計，引而申之，虛虛實實，實實虛虛，人之變詐盡矣。[47]

第二種技巧則是針對司法官員對各種狀詞寫法的可能反應，要求讀者體會狀詞中如何「起、承、轉、合」的種種細微訣竅：

> 茲列十段錦之法，以為法家機軸，使學者有所效持……八曰「截語」，乃一狀中之總斷，務要句句合局、字字精奇，言語壯麗。狀中有一段，名曰「門閉狀」，府縣見之，易為決斷；無此一段，名曰「開門狀」，人犯窺之，易為辨變也。都中之狀，不可閉門，恐上司難辨；上司之狀，不可開門，恐人犯乘隙瞰入有變。大抵作狀之法，不可太開門，亦不可太閉門，惟半開半閉者，始稱妙手。九曰「結尾」，乃一狀之鎖鑰，先要遵奉有司，後要闡明律法，用者務宜詳審……[48]

這些被稱為「十段錦」的書寫狀詞訣竅，並非《折獄明珠》編者的首創，而是當時流傳的訟師「專業技術」，《折獄明珠》編者將其收錄而已。然而，這裡重要的不是知識的原創性，而是操作的實用性。如何讓讀者在收錄案例中體會到種種訟師必備的「專業技術」？如何寫成兼擅「事理、律意、文詞」的有效狀詞？訓練有志訟師者能在代人作狀之際，找到「機有隱顯、奇正，罪有出入、重輕」的關鍵，以使地方官做成對自己訴訟當事人有利的司法處理或是審判結果。而當訴訟對手也有訟師相幫時，還要能顧及各種虛實相間的敵情判斷與應對策略。

46　《折獄明珠》，卷1〈十段錦〉。
47　《折獄明珠》，卷1〈法家管見〉。
48　《折獄明珠》，卷1〈十段錦〉。

　　筆者無法在此詳細分析《折獄明珠》所收六十餘件案例，這裡主要是提供一點索引，介紹案例中如何表現上述〈做狀十段錦〉、〈法家管見〉等文字所指稱的作狀精義。

　　「姦情類」收錄一則伯父告姪兒強姦其媳婦的案件，我認為即很富典型意義。原告指陳被告強姦其媳婦（即被告的嫂嫂），為原告妻子吳氏撞見，原告聲稱握有其媳婦當天被強姦未遂而被撕裂的裙子，並在〈告詞〉末段文字寫道：「切思，嫂、叔分嚴，強姦罪重。若不剪懲，倫風掃地。上告」。被告〈訴詞〉末段寫道：「不思菜園非行姦之所，白晝豈捉姦之時。仇口稱誣，難逃洞察。上訴」。〈孔侯審語〉則說：「審得：姦從姑捉，理固然也。吳氏既稱姦媳，胡不捉姦於房幃而乃捉姦于菜園乎？若區區以裂裙作証，吾恐白晝之事未可以絕纓例論也。情涉狐疑，姑免究」。[49]以前述〈十段錦〉引文為例，〈告詞〉中的「嫂、叔分嚴，強姦罪重」以及〈訴詞〉中的「不思菜園非行姦之所，白晝豈捉姦之時。仇口稱誣，難逃洞察」，大概即是同時結合了所謂的「截語」與「結尾」。以這個案例來看，該名孔姓知縣採用了〈訴詞〉的截語要旨：「菜園非行姦之所，白晝豈捉姦之時」，雖稱不上「字字精奇，言語壯麗」，但仍能算是「句句合局」。而由「府縣見之，易為決斷」的標準看，這份〈訴詞〉大概屬於「門閉狀」吧？

　　再如「債負類」收錄一則「告取財本」的商業合夥人間債務訴訟。該案的原告胡佩，與被告倪遂之間原本有商業合夥關係，後來，因為倪遂購買一塊土地而發生債務糾紛，胡氏〈告詞〉寫道：「吞本坑生事。倪某領身本銀一千兩，貿易五載，獲利萬金，廣置地基。取銀，稱說分地；求地，又約還銀。延今，銀不還，地不分。伊富身貧，情極可憫。乞提給判，上告」。倪遂的〈訴詞〉則稱：「妬謀重騙事。胡某將銀千兩付某營覓，五年，不過一千七百餘兩，親筆領存。豈豪妬買地基，計誣吞本謀分。不思：月尚有虧盈，商豈無得失？虎口難填，乞杜騙謀，上訴」。[50]原告胡珮著重的是：倪遂「吞本」而使「伊富身貧」，故意「隱晦」倪遂五年來借入自己資金而獲利還本的實際數字，並且力圖將被告「獲利萬金，廣置地基」的「事實」連繫到自己的借本合夥；被告倪遂則強調胡珮其實只是「妬忌、謀騙」自己購

49　《折獄明珠》，卷3「姦情類」，〈告強姦〉案。
50　《折獄明珠》，卷4「債負類」，〈告取財本〉案。

地的利潤，一方面凸顯自己五年來已經還本「一千七百餘兩」，另一方面還宣稱胡珮早已「親筆領存」此筆款項。據《折獄明珠》收錄承審官員李姓知縣的〈審語〉：「審得，倪遂付本銀一千兩，秉心于胡珮，合夥貿易。僅五載，已還銀一千七百兩。若倪遂者，亦知恩稱報之偉人也。今為一片地基，切齒仇爭，是二人者，又易反易覆之小人也。仰中、親速為允釋」。[51]倪遂〈訴詞〉具體提到的五年還本一千七百兩，看來確令這位知縣印象深刻，但是，大概很難判定涉訟雙方在買地行為上是否仍為兩人原訂「合夥貿易」的內涵，李知縣的判決是先請雙方「中人、親友」調處。

　　這件案子並未援用法條判決，另一件船戶盜賣客商棉布案件則有不同。客商李雪在〈告詞〉上說：「盜貨事。船戶某，攬身某貨，議載某處交卸。殊惡欺孤，沿途盜賣；論阻，成仇，且言：身在伊船，財命任由佈置。遭此強徒，禍患莫測。乞提追給盜貨，駁船保命。上告」。這位被告船戶張風則在〈訴詞〉中描述了另一套事件的「真相」：「誣騙船價事。刁客僱船載貨，議至某處交卸，舡價十兩，付三存七，餘約抵岸，方行湊足。豈意刁商中途架身盜貨。不思：貨有稅單可查，指盜何贓可據！叩天算追舡價，電誣超貧。上告」。[52]客商李雪應是在經商的沿途提出這件告訴，承審的劉姓知縣在調查各項證據後做成判決：「客人李雪販布，誤募張風之船裝載，憑牙立價，船錢當付一半，餘議到彼湊足。豈（張）風半途竊貨魅賣。李雪幸覺，此天道之所不容者也。及研審，反以船價不償，誑付其咎。深為可恨。合以：盜賣他人物業者，計贓擬徒。其貨物，理合追還」。[53]看來，張風〈訴詞〉所用「截語」雖然言詞不凡：「貨有稅單可查，指盜何贓可據」，但承審劉知縣仍是對他引法判刑。

　　上述客商告船戶的案件，可以實際看到當時法律對民間商業運輸契約的保障，以及船業牙行在這類運輸契約中的法律角色。[54]同時，承審官員也在〈審語〉中提及了「此天道之所不容者也」，似乎是將客商財貨受到船戶盜

51　《折獄明珠》，卷4「債負類」，〈告取財本〉案。
52　《折獄明珠》，卷4「商賈類」，〈告船戶〉案。
53　《折獄明珠》，卷4「商賈類」，〈告船戶〉案。
54　明清船行牙人（時稱「埠頭」）在商業運輸中的「寫字」契約等法律規範，參見：Ts'ui-jung Liu（劉翠溶），*Trade on the Han River and Its Impact on Economic Development*, c. 1800-1911, pp.28-32；邱澎生，〈由市廛律例演變看明清政府對市場的法律規範〉，頁325-326。

賣的財產損失，提升到某種具有「天道」價值的層次。然而，什麼是「天道」？也許仍是包含劉知縣、《折獄明珠》編者等當時人只能意會而無法言傳的道理，這些道理具體展現在這種客商告船戶「經濟事務」的司法個案中。另一件糖業商人控告牙行商人的案子，則更加突顯了「經濟事務」在司法案件中的地位。

該案中，糖商耿文「揭本買糖，往蘇（州）貿易」，在蘇州碰到牙人朱秀「口稱高價，攔河餌接，囑稍撐載貨船彎至伊家發賣」，然而賣完糖斤，耿文卻遲遲收不到貨款：「議限十日帳完，延今半載無取」，耿文在〈告詞〉上寫道：「孤客牢籠，號天追給。上告」。朱秀在〈訴詞〉中辯稱是仲介費用起衝突而遭糖商誣告：「刁客耿某將糖投賣，現價交易，並無賒帳。因取牙用餘錢，算銀八兩。梟圖白騙，黑心反誣。乞准明查，若係吞騙，罪甘斧劈。上訴」。葉姓知府查明案情後，宣判：「夫糖日五十兩，亦已多矣。價日六十兩，不為少矣。豈惡令無恥棍徒，一概鯨吞，而俾異鄉孤客，纍纍然如喪家狗耶！理合追還，疏通客路。朱秀量問〈不應〉」。[55]明清兩代蘇州是全國經濟中心，該地客商與牙人間商業糾紛很多，也因此發生不少司法訟案。[56]前案客商告船戶，與本案客商告牙人，這兩案都是當時「經濟事務」進入司法審判的典型案件，前案與後案分別援引了不同法條斷案：〈盜賣他人物業〉與〈不應〉，然而，除了法條之外，承審官員也都強調了某種似乎可作為法律「原則」的道理，一是「此天道之所不容者也」，一是「疏通客路」，相比之下，後者更加明確地點出承審官員進行「法律推理」時同時作用的論證理由。這些論語理由，不僅表現在當時官員的〈審語〉中，也透過《折獄明珠》這類訟師祕本而流傳推廣。

基本上，《折獄明珠》並不透過所收案例討論特定法條是否更適用個案的法律文義解釋問題，更不涉及如何填補「既有法條」與「個別刑案」間可能存在「法律漏洞」的問題；但是，在個別案例同時收錄相關「告詞、訴詞、審語」文字的過程中，編者預先揣想著：何種法律條文最能配合案情？如何寫成一份兼顧「事理、律意、文詞」的訟狀？這裡面確實寓含對相關法

55　《折獄明珠》，卷4，「商賈類」，〈告經紀〉案。
56　拙文對此有些介紹，參見：邱澎生，〈由蘇州經商衝突事件看清代前期的官商關係〉，《文史哲學報》，43（1995）：頁37-92，特別見頁66-72。

律知識與法律條文的運用，這種運用法律條文的表現方式，或可稱之為寓「律意」於「訟狀」之中。但是，「律意」與司法個案間的關係如何？《折獄明珠》只是要讀者在文字中自行體會與揣想，如何勝訴才是關鍵目標，至於政府現行法條究該如何統一解釋？如何修補法典中現存的法律漏洞？都不是《折獄明珠》編者期待提供讀者的「法律推理」內容。

二、《刑案匯覽》標舉的「法理、法意」均衡

　　《刑案匯覽》則明顯地運用與討論各種法律條文，無論是在解釋既有法條的文字定義與適用範圍，或是在發現與修補既有法律漏洞以期創修法條等方面，都表現出更明顯的「就案論法、就法論案」作風。基本上，《刑案匯覽》就是要透過處理「例無專條」的疑難刑案，來尋求「法條文字」與「刑案事實」間的一致性與通貫性，那是《刑案匯覽》設定的理想目標，要提供全國任職政府部門法律專家檢索與參考的法律知識。

　　鮑書芸強調《刑案匯覽》的特色是：「於廣搜博採之中，寓共貫同條之義」。[57]由《刑案匯覽》收錄五千六百餘件案例的龐大數量，以及《刑案匯覽》〈凡例〉徵採刪錄各類眾多刑案來源看，「廣搜博採」應是毋庸置疑；問題在於如何在這麼多案例中做到「寓共貫同條之義」？「參定」此書編輯工作的鮑書芸對此有所描寫：

　　《易》曰：「君子以明慎用刑，而不留獄」。[58]至哉言！不窮其理於律例之中，未足為明慎也；不通其意於律例之外，亦未足為明慎也。天下刑名匯於刑部，凡直省題達各案，刑部詳加核議，苟有可疑，必援彼証此、稱物而類比之，剖析毫釐。律、例之用，於是乎盡；情與法，皆兩得矣。[59]

　　這段話可謂是鮑氏心目中理想的「法律推理」，這有兩個標準，一是要能「窮其理於律例之中」，一是要能「通其意於律例之外」。如何能在全國

57　（清）鮑書芸，《刑案匯覽》〈序〉，頁3。
58　語出《易經》〈旅〉卦象辭：「象曰：山上有火，旅。君子以明慎用刑，而不留獄」。
59　（清）鮑書芸，《刑案匯覽》〈序〉，頁3。

司法案件中同時發現法律體系中的「法理」與「法意」？鮑氏稱許的實際作法即是：「苟有可疑，必援彼證此、稱物而類比之，剖析毫釐」，這種實際作法的最高目標就是要使「律、例之用，於是乎盡；情與法，皆兩得矣」。若是做個大略比較，「援彼證此」可能接近對法律適用問題進行合宜的「法律文義解釋」，而「稱物而類比」則接近於在缺乏適當法律條文可用時所進行的「類推適用」。[60]以下，我將依「法律文義解釋」與「類推適用」兩類法律推理，討論《刑案匯覽》收錄的幾則案例。

　　我在這裡所指的「法律文義解釋」，主要是指進行審判時對於特定個案究竟應該如何適用法律條文的討論，但這裡面至少又包括兩個不同層次：一是釐清案情「真相」，二是確定援引法條的文義界定範圍。這兩個層次有很密切的關係，特別是《刑案匯覽》的特殊性質。《刑案匯覽》並非專門解釋法條文義的律例註譯書籍，撰寫「部駁、說帖」等刑部官員一般也不真正「開堂」審理案情，而是透過審轉制度下的「文書作業」形式，針對各地審轉上呈的審判紀錄或是地方督撫諮請解釋的案件，對「案情」與「法條」間關係做成說明。因此，雖然「法律文義解釋」至少可以區分成兩個不同層次：釐清案情「真相」，以及確定援引法條文義範圍，但兩者在實際案例的討論中，也經常關連在一起。

　　如清嘉慶十年（1805）貴州巡撫審轉題送「陳因搶奪傅朝貴等行李、復將其妻劉氏等搶回姦污」一案，貴州巡撫認為陳恩等人所犯搶奪罪行，因為犯罪人「僅止二人」，在犯罪人數的界定上，「固與聚眾夥謀搶奪路行婦女」律例有別，因此，貴州官員判決陳恩「絞監候」。上呈刑部，主審官員則認為：有關「聚眾夥謀搶奪路行婦女」律例的規範重點，在於「因搶奪財物，而將人婦女搶回姦污」，並不在於是否符合「聚眾」的人數條件。因此，刑部官員認為此案判刑「尚覺情浮於法」，要求貴州巡撫重新按例擬罪後再題交刑部覆審。[61]本案中，刑部「部駁」貴州承審官員的法律推理方

---

60 這裡面固然帶有現代法律體系下的法律推理分類概念，但我認為，這樣的分類其實仍對本章下面討論《刑案匯覽》若干案例有所幫助。現代法律體系如何區分與討論「法律文義解釋」與「類推適用」，參見：王澤鑑，〈舉重明輕、衡平原則與類推適用〉，收入氏著《民法學說與判例研究》第八冊，台北：自印本，1996，頁1-98；王文宇，〈論類推適用與法律解釋〉，收入氏著《民商法理論與經濟分析》，台北：元照出版公司，2000，頁279-300。

61 《刑案匯覽》，卷15，頁1106。

式，表面上用的是「情浮於法」的理由，但實際上，則是刑部官員通過「法律文義解釋」方式，對本案所用法律條文的適用範圍做成不同於貴州承審官員的解釋。更值得注意的是：本案中，貴州官員強調案情的「真相」是犯罪人與法律規定「聚眾」定義不合，而刑部官員則強調案情「真相」中的確有「因搶奪財物，而將人婦女搶回姦污」。

刑部對本案所做的「部駁」，究竟是否符合法條文字的明確定義？這可能要回到當時法律體系是否真對「聚眾」有一個嚴格的定義。嚴格來看，刑部對本案所做的部駁判決，其實已超過相對單純的解釋法條文字（文理解釋），其訴諸的理由是「立法原意」而非「聚眾」人數的限定，因而，這已相當於是既有法律文字中的「法律漏洞」所做的修補。而無論是解釋法條文字或是填補法律漏洞，這都是因為特殊案例而對既有法條所做的法律推理。

《刑案匯覽》也收錄一些特別著墨如何探討案情「真相」的案例。清道光五年（1825），刑部直隸司針對一件據信是姦夫「調姦」不成而殺死「姦婦」的審轉案件，提出了和承審直隸官員大不相同的案情「真相」。刑部對本案提出的不同見解，並不直接表現在地方官所引用的〈鬥殺〉法條是否錯誤，而是刑部官員依審判紀錄，推斷該名被殺身亡婦人王何氏，其實應非「姦婦」，而反而是被凶手強姦不成而慘遭殺害的受害人。刑部官員從兩點推論案情的「真相」：第一，凶手王隨聲辯稱，他原是和王何氏約定到王何氏夫家通姦，但突然被王何氏小叔王四書撞見，因而心慌逃走，忙亂中拿出隨身小刀扎傷王四書，同時，更錯手殺死王何氏。但是，刑部官員認為，婦人屍體不僅「疊扎多傷」，依凶手初次口供，「該犯目擊王何氏氣絕，始行走避」，刑部官員以此推定：凶手不是錯手殺死王何氏，而其實是「顯有不死不休之勢，謂非有心欲殺，殊難憑信」。若真約會通姦，是否會如此狠心下手殺人？此可疑者一。第二，在王何氏公公王同芳的口供中，提及他是約略同時聽到小兒子王四書和王何氏大聲呼叫，才由睡夢中起身察看，當他到達隔壁房間現場時，已看到小兒子受傷倒地而媳婦王何氏則已受傷身死。然而，刑部官員同時在直隸官員問案「看語」內讀到：「王四書喊嚷，在堵門捕捉之時；王何氏聲喊，在王四書受傷之後。且該氏被扎多傷，時非傾刻，何以王同芳聞喊往視，該氏業經氣絕？」刑部官員認為證人供詞與官員審問之間明顯矛盾（「供、看尤屬支離」）。

　　由地方官的審判紀錄中，刑部官員推論了一個新的案情「真相」，並對地方承審官員做成部駁：「案關奸匪逞凶，一死一傷。孰先孰後，最為緊要關鍵。承審各官並不詳悉根究，僅將王隨馨照〈鬥殺〉律問擬縊首，殊未平允」。在刑部官員仔細推敲審判紀錄文字後，事關「奸匪」而非「姦婦」，也算是要還王何氏一個死後清白。然而，「真相」似乎仍然無法澄清，因為直隸官員接到部駁重審再行題覆後，仍然強調：「遵駁覆審，並無別故，仍照原擬題結」。[62]王何氏是否「清白」？看來若是夫家不再持續上告，大概也很難被「平反」吧？也許，刑部官員以純粹案情「真相」進行部駁時，地方官「文過飾非」的可能性應是較高的。這也許是《刑案匯覽》收錄部駁案件多屬法條釋義結合實際案情的重要原因。然而，這份道光五年刑部直隸司官員所做的案情「真相」推論，仍令後世讀者印象深刻。

　　再舉一份清乾隆五十六年（1791）說帖為例。江蘇巡撫主動諮請刑部說明「祁二等拐帶王朝銀兩潛逃擬流一案」的法條適用問題，刑部官員分析案情與法條後，撰成「說帖」如下：「查，祁二販賣糧食為生，與王朝素識交好，時為王朝寄帶銀信、件物，從無錯誤。王朝復將攬帶銀信一千五百餘兩，託伊轉寄。該犯因見銀多，起意逃匿。是祁二代人寄送銀信、中途拐逃、贓至一千餘兩，固不便僅以〈費用受寄財物〉律科斷，但究由王朝所託非人致，較之店家、船戶為商民倚靠、乘間伺竊、為害商旅者，情罪為輕，似應照覆」。[63]這份說帖同意江蘇巡撫的審轉見判決，但刑部官員在撰作說帖時，也論證了本案疑似涉及三條不同法條的法律罪刑及其間的區別標準：

> 　　查律載，「費用受寄他人財物」者，坐贓論，減一等，罪止杖九十、徒二年半。「誆騙拐帶人財物」者，計贓，准竊盜論，罪止杖一百、流三千里。至實犯〈竊盜〉，贓至一百二十兩以上，罪即應擬絞候。推原律意，蓋以「竊盜」乘間肶篋、為事主防範所不及，故贓數逾貫，即應縊首。至「費用受寄財物」及「拐帶財物」，究由寄託者之昧於審擇、信任非人，以致該犯得乘機所用，是以，不論贓數多寡，罪止徒、流，不與實犯〈竊盜〉一律問擬也。[64]

62　《刑案匯覽》，冊8，卷52，頁3279-3281。
63　《刑案匯覽》，冊3，卷19，頁1357。
64　《刑案匯覽》，冊3，卷19，頁1357。

　　這裡涉及清律〈費用受寄財產〉本律、[65]〈詐欺官私取財〉律文第三款〈冒認及誆賺局騙拐帶人財物〉、[66]〈竊盜〉本律（或〈竊盜〉律附例「店家、船戶、腳夫、車夫有行竊商民及糾合匪類竊贓朋分者」）[67]等三條法律的文義解釋。這些法條處罰不同犯罪行為，並以「六贓」中不同的「罪行輕重、刑度高低」規定，[68]分別適用對於「費用受寄財產、冒認及誆賺局騙拐帶人財物、竊盜」三種犯罪行為的處罰，第一種犯罪行為以「坐贓」論，第二種「計贓，准竊盜（贓）」論，第三種「竊盜贓」；前二種「不論贓數多寡，罪止徒、流」，第三種刑度最嚴：「贓至一百二十兩以上，罪即應擬絞候」。本案討論焦點，即在「祁二代人（王朝）寄送銀信、中途拐逃、贓至一千餘兩」一案，究竟屬於上開三種罪行的哪一種？江蘇官員擬處「流」刑，顯然是當作第二種（坐贓刑度最高至徒三年、杖一百，竊盜贓以本案一千餘兩計算則可至斬刑）。刑部官員在對法律文義加以解釋後，同意江蘇承審官員的原判。由本案運用法律文義解釋的方式看來，刑部官員是以「為事主防範所不及」，作為界定「竊盜」犯行的關鍵判準；並以「究由寄託者之昧於審擇、信任非人，以致該犯得乘機所用」，用來界定「費用受寄財物」或是「拐帶財物」。這裡面存在一種透過法律文義解釋而重新確立犯罪行為界限的法律推理。

　　清道光元年（1821），江蘇巡撫再以一件同類案件請求刑部解釋，刑部官員撰寫說帖，以類似理由「照覆」同意了將犯罪人「依拐帶人財物律，計贓，擬流，免刺」的原判。這件案子大略是「楊撝吉與王冠群合雇船隻」同

---

[65]　《大清律例》〈戶律〉編〈錢債〉章〈費用受寄財產〉條（薛允升，《讀例存疑（重刊本）》，冊3，頁401）。

[66]　《大清律例》〈刑律〉編〈賊盜〉章〈詐欺官私取財〉條（薛允升，《讀例存疑（重刊本）》，冊4，頁721）。本條律文的第三款，規定對「冒認及誆賺局騙拐帶人財物」行為的處罰，許多清代法律書籍也將此款條文簡稱為「誆騙律」。

[67]　《大清律例》〈刑律〉編〈賊盜〉章〈竊盜〉條（薛允升，《讀例存疑（重刊本）》，冊3，頁649-650）；同條附例「店家、船戶、腳夫、車夫有行竊商民及糾合匪類竊贓朋分者」（乾隆二年‧1737例，嘉慶十三年‧1808改定。見：薛允升，《讀例存疑（重刊本）》，冊3，頁663）。

[68]　明清「六贓」為監守盜贓、常人盜贓、枉法贓、竊盜贓、不枉法贓與坐贓，是對侵奪財物犯罪行為的六種「罪行輕重」與「刑度高低」標準，刑度分四級，各級刑度又以受「贓」金額多寡而再做細分。清代情形如下：「監守盜贓」最重，刑度可至斬刑；「常人盜贓」與「枉法贓」刑度大體同級，可至絞刑；「竊盜贓」與「不枉法贓」刑度同級，最重至流三千里、杖一百；「坐贓」最輕，刑度至於徒三年、杖一百。清代註律名家沈之奇對所謂的〈六贓圖〉有仔細說明，見：沈之奇注，洪弘緒訂，《大清律集解附例》，影印清乾隆朝刊本，頁254-256。何以要區分不同標準的「贓」罪？有清代法學家提出理由：「所以明差等、便觀覽，兼以發人恥心之萌，而自動其羞惡之良也」（王明德，《讀律佩觿》，影印清康熙十五年（1676）王氏冷然閣重刻本，頁569）。

行，王氏因上岸追討欠債，託楊氏保管自己行李箱和開箱鎖匙，楊氏乘機開
箱將箱中部分白銀掉包成價值較少的銅錢。事發若干日後，王氏追獲並控告
原已潛逃他地的楊氏。江蘇地方官雖然是依〈拐帶人財物〉律判處楊氏流
刑，但可能還是覺得無法確定「拐帶」與「盜竊」的界限，所以仍請刑部解
釋。刑部官員所撰說帖，以兩個理由支持原判，兩個理由分別是：

> 《集解》云：攜帶人財物、乘便取去，曰拐帶，等語。是拐帶與
> 竊盜，跡相類而實不同，罪名亦有生死之別。誠以拐帶財物雖亦係取
> 非其有，惟究由事主所託，非人所致，不得與實犯竊盜同科，故贓數
> 逾貫，擬罪止於滿流。[69]

該犯本係商販生理，並非積慣掉匪，且與王冠群素識相好，其乘便竊取
王冠群箱貯銀兩，究由王冠群信任不當、妄託照管、並將鎖匙交付收執所
致，與實犯偷竊者有間。[70]

這和前引清乾隆五十六年說帖的意見基本一致，都強調區分「事主防範
所不及」和「事主信任不當」是判斷「竊盜」犯罪行為的重要標準。不過，
這份說帖直接徵引了書市販賣流傳的《大清律集解》，引用該書對「拐帶」
法律名詞的定義，可以看到民間法律註釋書籍對政府實際審案的影響。[71]這
都反映《刑案匯覽》透過法律文義解釋所進行的法律推理。

綜合上引兩份說帖，可看到《刑案匯覽》中的刑部官員，在解釋「竊
盜」行為成立與否時，不僅考慮犯罪人的身分職業（「係商販生理，並非積慣掉
匪」），也考慮被害人是否也該負起一定「責任」（「究由寄託者之昧於審擇、
信任非人；信任不當、妄託照管、並將鎖匙交付收執」）。被害人當然不可能因為這
種類似「道義責任」的「責任」而受罰，但是，加害人卻可能因為這種「道
義責任」有無而直接面臨或生或死的刑度（所謂「拐帶與竊盜，跡相類而實不同，
罪名亦有生死之別」）。[72]表面上看，因為清律對「竊盜」罪行的處罰刑度上限

69　《刑案匯覽》，冊3，卷19，頁1356。
70　《刑案匯覽》，冊3，卷19，頁1357。
71　討論法律註釋書籍對《刑案匯覽》法律解釋的影響，參見：何敏，〈從清代私家注律看傳統注釋律
　　學的實用價值〉，頁345-350。
72　即使現今刑法規定法官可將「犯人與被害人平日之關係」列為酌科加減刑度的「情狀」（可見《中
　　華民國刑法》第57條的規定：「科刑時，應審酌一切情狀，尤應注意左例事項，為科刑輕重之標

太重，一般偷竊得財等罪，只要滿一百二十兩，即處以「絞監候」死刑。這麼重的刑度，可能會使承審官員用來定罪量刑時較易心生猶豫，不願輕易使用，只好透過法律「文義解釋」來重新界定「竊盜」的構成要件。但深一層看，其實這未嘗不是反映既有〈竊盜〉法律條文，已無法使審案官員「心安理得」地運用在許多「形似而實不同」的罪行上。因此，官員在審案過程中，嚴格限制「竊盜」罪的適用範圍，甚至一併考量財物受侵害人的「道義責任」，這可能也是官員有意限制〈竊盜〉重刑法律條文適用範圍的結果。

　　以上都是刑部官員試圖縮減「竊盜」罪適用範圍所做的法律文義解釋，從中可以看出各級承審法官希望減輕一般人侵犯財物罪刑時的基本態度。但在某些侵犯財物罪的案例中，刑部官員則以這種法律推理加重對侵犯商人財物的定罪與量刑。清乾隆五十六年（1791）的另一份說帖，刑部官員除重申「竊盜、詃騙、拐帶、費用受寄財物」四種犯罪行為的文義區別外，更針對商人財物受到運輸與旅店業者的不法侵害，做成比一般民眾財物受侵犯更嚴厲的判決，並建議根據本案判決結果修改原有的法律條文：

　　客商投行雇夫，所有貨物，悉交運送，即與店家、船戶為客途所依賴者，情事無異。一被拐挑，則血本罄盡，進退無門，其情節較之尋常鼠竊為可惡，是以各省有因為害商旅即照實犯〈竊盜〉律定擬者。通查彙核，詳加參酌，似應以腳夫挑負運送客民行李財物中途潛逃、贓至逾貫、實係為害商旅者，俱照〈竊盜〉治罪。若非行路客商，止係託帶銀信、寄送貨物、致被拐逃者，悉照〈拐逃〉律科斷。謹具說帖，候示。[73]

　　這其實是以被害人職業是否屬於為標準，區分出「竊盜」重罪或是「拐逃」等其他較輕罪行的法律適用範圍，加強對於侵犯「行路客商」財物者的刑罰。這份說帖除了強調「為害商旅」其實是「情節較之尋常鼠竊為可惡」的罪行之外，更運用了一種「類推適用」的法律推理：「客商投行雇夫」所發生的商人財物損失嚴重程度，也可類推為「店家、船戶為客途所依賴者」，兩者「情事無異」，因此，都可依〈竊盜〉律例治罪。這可謂是一種

「類推適用」的法律推理方式。[74]

　　由這份加強保護商人經商財物安全案例而撰寫的說帖看來，很可以表現出明清中國商人經商與市場發展現象對既有法律體系的具體影響。一般研究中國法制史學者對明清中國的經濟發展太過陌生，總輕率將明清中國歸類為「農業社會」，從而理所當然地認定與商業發展有關的法律一直沒有變化；[75]然而，這種刻板印象其實嚴重阻礙對明清經濟與法律領域間實際變化的深入理解。單由《刑案匯覽》案例中的法律推理看來，至遲在十八世紀末，針對商人財物受損的「竊盜」罪，其實反而是被漸趨嚴格定罪的，這和明清商人在市場上活動日益頻繁，[76]有著直接關係。

　　以「竊盜」罪刑引發的法條適用疑難案件為例，各級承審官員其實在臨案審判時，都可能產生現行法典處罰規定過重或是過輕的法律認知或是情緒感受，《刑案匯覽》面對此種情形一般會出現兩種不同作法：一是在來不及建議修法的情形下，官員可能迂迴地發展出某種諸如兼顧被害人「道義責任」的「法律文義解釋」；一是透過類推適用，形成日後足以填補法律漏洞

---

[74] 類推適用作為法律推理，其特色在於「相類似者，應為相同之處理」（王澤鑑，〈舉重明輕、衡平原則與類推適用〉，頁68），它是以「類似性」（likeness）作為法律推理時藉以比附援引的基礎，是一種「由特殊到特殊、由個別到個別」的推理方式，既非「由一般到特殊」的演繹推理，也非「由特殊到一般」的歸納推理（參見：王文宇，〈論類推適用與法律解釋〉，頁280-281；吳家麟，《法律邏輯學》，台北：五南圖書出版公司，1993，頁263-265）。

[75] 早在晚清，強調中國為「農業社會」而不能發展歐美「工商之國」法律體系的論述即已漸露端倪。清宣統二年（1900），勞乃宣（1844-1927）即謂：「法律何自生乎？生於政體。政體何自生乎？生於禮教。禮教何自生乎？生於風俗。風俗何自生乎？生於生計。宇內人民生計，其大類有三：曰農桑，曰獵牧，曰工商」，勞氏認為中國屬於「農桑之國」，故「其禮教、政體，皆自家法而生」而「一切法律皆以維持家法為重」；至於歐美則由於經濟上屬於「工商之國」，故「其禮教、政體，皆自商法而生」而「一切法律皆以商法為表裡」（勞乃宣，《新刑律修正案彙錄》〈序〉，收入氏著《桐鄉勞先生遺稿》，影印1927年桐鄉盧氏校刊本，台北：藝文印書館，1964，頁1-2）。勞氏立論固然有清末修訂《大清新刑律》前夕的「禮、法之爭議」背景（該爭議的精要介紹，參見：黃源盛，〈大清新刑律的禮法爭議〉，收入氏著《中國傳統法制與思想》，台北：自印本，1998，頁335-367），故而，勞氏這段言論具有為「禮教派」尋求理論基礎的濃厚意含。然而，生計或農或商竟然足以決定法律與政體，則勞氏在法律變遷問題上可謂是某種典型的「經濟決定論」。很弔詭地，沈家本於近代中國法律改革過程中常被學者稱揚是「變法派」的代表人物，但在如何理解法律變遷的基本認識框架上，卻真可算是勞乃宣這類「經濟決定論」的同道。只是，法律與經濟之間的互動關係十分複雜，又豈是「經濟決定論」所能拍板定案。

[76] 半世紀來的明清經濟史研究已對當時商人貿易與市場經濟擴張積累了極豐富成果，相關研究的精要入門，參見：張海鵬、張海瀛編，《中國十大商幫》，合肥：黃山書社，1993（該書收錄多篇介紹明清山西、陝西、寧波、山東、廣東、福建、洞庭、江右、龍游、徽州等地商人團體活動概況的論文）；吳承明，《中國資本主義與國內市場》，頁217-246、247-265；李伯重，〈中國全國市場的形成，1500-1840〉。

的修法建議，諸如增入因應商人經商財物受不法侵害的相關條例。

　　除此之外，刑部官員甚至可以直接透過案例，建議皇帝修法。[77]清道光十三年（1833），透過一件「房主人等失於查察」容留犯罪人私鑄鉛錢的案子，官員便直接提出修法建議。主張修法官員的意見如下：既有法律對私鑄銅錢的處罰要比私鑄鉛錢為重，但是私鑄銅錢未成之「房主人等」，卻能援用「不知情者，不坐」規定而不受處罰，反倒是私鑄鉛錢未成的不知情房主人，竟得依法求刑「杖八十，遞減科斷」。官員從而認為：如此刑罰，則「較私鑄銅錢之案，辦理轉重，不足以示持平，自應將例文酌加修改，應請於例內未成、為從及房主人等之下，添入知而不首四字；於遞減科斷之下，添入不知情者不坐六字，以便引用」。[78]這裡幾乎沒有法律文義釋義的問題，就是單純的修改法條藉以填補法律漏洞，這也是《刑案匯覽》使用的法律推理。

三、《審看擬式》提供的援用法條模組

　　《審看擬式》一般不收錄疑難案件，其目的是為地方州縣官員提供上呈省級判決書的標準格式，這些標準格式可分三大類：州縣自理刑案之一、州縣自理刑案之二、命盜審轉重案。第一類處理戶婚田土案件中不涉及判罪擬刑結果者，其格式大略如下：「（某）府（某）縣知縣（某）審看得：（……包含「人名、案由」……）一案。緣，（……包含呈詞大略，以及簡要案情……）。經卑職傳集（……呈請相關人與證人姓名；簡要證詞；處理經過；官員斷處結果與雙方和息允狀……）。所有審斷緣由，理合詳請憲台查核立案」。第二類處理戶婚田土案件中涉及判罪擬刑結果者，其格式大略如下：「（某）府（某）縣知縣（某）審看得：（……包含「人名、案由」……）一案。緣，（……包含控詞大略，以及簡要案情……）。經卑職傳集研訊（……涉案人與證人姓名；簡要供詞與証詞），殊屬不合，自應按律問擬，（……判刑人姓名……）合依（……某條律例罪名，判處某種刑

---

[77] 清代將重要判決變為拘束全國司法官員法律條文的主要途徑有三：由皇帝敕刑部通行；由刑部奏准通行；由刑部發給所屬各司遵行（張偉仁，〈研究計劃概述〉，收入氏編《清代法制研究》第一輯第一冊，頁75，註11）。但是，增刪《大清律例》現行條文的正式管道，則只有前兩種。

[78] 《刑案匯覽》，冊7，卷51，頁3217。

度……），擬（……笞、杖刑罰……），折責發落。（……相關人證……），訊非知情，應毋庸議（……若有贓物，則發還原主……）。除將人犯管押候示外，所有審擬緣由，是否允協，擬合詳呈憲台查核示遵」。第三類命盜重案格式大略如下：「（某）府（某）縣知縣（某）審看得：（……包含「人名、案由」……）一案。緣，（……包含控詞大略，以及簡要案情……）。報經卑職詣驗，（……驗屍、驗傷或檢查失物結果；涉案人與證人姓名；簡要供詞與證詞……）。案無遁飾，查律載：（……某條律例罪名，判處某種刑度……），此案（……符合該條律例罪名要點……），自應按律問擬（……判刑人姓名……）。（……相關人證……），訊非知情，應毋庸議，無干省釋（……若有凶器或贓物，則發解存庫或交還原主……）。是否允協，理合連犯解候憲台審轉」。以《審看擬式》收錄案例看，第一類格式數量最少，第三類最多。

這是一種非常標準的審案格式，雖然收錄案例確屬實際發生，但因為太過「規格化」，也許是剛毅等人在編輯《審看擬式》時即已通盤潤修過原案文字。本書大部分案例，都極為注重對法律條文做「精確」的援引。如所收「劉玉挪用王安寄存銀兩」一案，在署名某知州所寫的判決書文末，出現以下文字：「此案劉玉因置貨無錢，輒將王安寄存銀四十兩挪移費用，日久不還，殊屬不合，自應按律問擬：劉玉，合依『受寄人財而輒費用，坐贓論，減一等』，應於坐贓四十兩、杖六十律上，減一等，擬笞五十，折責發落。挪用銀兩，勒限追還給主。所有審擬原由，是否允協？伏候憲台查核」。[79]這種刑案判決書所表現的主要精神，正是對清代法律條文的「精確」援引。

然而，《審看擬式》對法律條文的「精確」援引，其實主要是表現在「形式」上而非「內容」上。在所錄案件的判決書文字中，編者更加注重的，是在判決書的適當位置援引了適當法條原文的「論證形式」，而不是在精確剖析案情與法條間的可能矛盾究該如何克服的「論證內容」。為了追求「論證形式」的精確，即使發生法條與案情間的矛盾，《審看擬式》也只是用兩案並陳的方式來解決，書中「賣空買空」案類所收錄的兩起案例，最為典型。

兩案同屬商民在貨幣市場上進行「遠期」交易，一案經過如下：錢鋪商

79　《審看擬式》，卷1〈戶律〉類，「費用受寄財產」，頁14。

人趙甲「因逐日（銀、錢）市價大有漲落，起意售賣空銀，得利花用。即於是月某日在市上聲言：按照時估，願賣空銀二千兩。經某（錢鋪）號錢乙如數承買，立時過帳，約定十日為期，無論輸贏，屆時清結。至二十日，銀價增長，計趙甲應賠錢一百二十千文，趙甲應無錢付給，央一月後再行歸償，錢乙應允，各先記帳而散。即經卑職訪聞，差拏一干人証，起獲帳簿到案」。另案經過如下：錢鋪商人王長盛「探知各處現錢缺少，意料銀價必落。起意售賣空銀，得利花用。適李進財欲買空銀，即於是月十五日，按照本日市價，王長盛空賣足銀一萬兩，李進財全數承買，議定：對月毋論輸贏，屆時結算，遂各登帳。至四月十五日，銀價減落，王長盛與李進財算帳，李進財應賠制錢一百六十千文，李進財無錢央緩，王長盛不允。正在爭論間，適卑縣巡役踵至，問明情由，拿獲兩造，並調起帳簿，送案」。[80]表面上看，這兩案同樣屬於預先買賣白銀（文中所謂的「空銀」）的貨幣交易犯罪，最後援引法條也完全相同，但在認定與處理這筆「空銀」交易「贓款」問題上則發生不小差異。

　　清朝政府希望維持銅錢和白銀間的穩定比價，[81]所以不容許不當貨幣交易過度干擾銀錢比價。咸豐七年（1857），在山西巡撫王慶雲條奏並經刑部等官員討論後，皇帝下令增添如下條例：「姦民賣空買空、設局誘人、賭賽市價長落，其賣空者，照用計詐欺局騙人財物律，計贓，准竊盜論，罪止杖一百、流三千里；買空之犯，照為從律，減一等」，[82]上述《審看擬式》收錄兩案全引此例文，但是，對於「空銀」贓款的處理則不同：前案是「趙甲應賠錢文，係彼此俱罪之贓，照追，入官冊報」，後案則是：

　　王長盛……賣空圖利，計應得錢一百六十千文，應作銀一百六十兩，贓已逾貫，[83]實屬不法，惟贓未入手，係屬虛贓，自應酌減問

80　《審看擬式》，卷4〈刑律〉類，「賣空買空」，頁19-20。
81　清朝貨幣供給包含銅錢、白銀與「私票」三大部門，銅錢由政府合法制錢與民間非法私鑄構成，白銀則由國內外生產銀錠與晚清進口外國銀幣構成，私票則主要由錢莊與票號發行。錢鋪主要職能在買進政府鑄造制錢，以及提供民眾銅錢以找換白銀。白銀、銅錢間的找換比價，經常發生市場波動。有關清代貨幣與信用供給的精要介紹與分析，可見：王業鍵，《中國近代貨幣與銀行的演進（1644-1937）》，台北：中央研究院經濟研究所，1981，頁5-37。
82　《大清律例》〈刑律〉編〈賊盜〉章〈詐欺官私取財〉條附例，參見：薛允升，《讀例存疑（重刊本）》，冊4，頁726。
83　按：指其數額已超過計算「竊盜贓」最高額度的白銀一百二十兩。

擬……李進財應賠錢文，既係虛贓，應免著追。[84]

　　前案趙甲與錢乙買賣「空銀」雖也未「清結完帳」，但審案官員則認定帳目既已記載則這次貨幣交易行為即已全部完成，故而充分符合該條罪刑，「計贓，准竊盜論」當然要追繳公庫。後案官員雖然也認為王長盛與李進財觸犯該條法律，但既然只入帳目而未真正交款，所以「贓未入手，係屬虛贓，自應酌減問擬」。《審看擬式》編者並未討論兩案在解釋法條與判別「俱罪之贓、虛贓」標準上的差異，只是羅列兩案。相信編者應是發現兩者的差異，只是並不嘗試針對法律適用問題做解釋，而只簡單地羅列兩案。

　　這是對兩案內部用法差異「存而不論」的兩案並陳方式，此外，《審看擬式》也記錄案情稍有不同但卻可以「類推」同等處理的案件，這即是所謂的「援引比附」案件。基本上，《審看擬式》編者應是將這些案件視為雖有法律適用困難但仍可為上級審轉允許範圍內大致解決的案件，並非是那些真正需要呈送刑部說明的疑難案件。《審看擬式》收錄某知縣對「強占良家妻女」一案的如下判決文字：「查，律載：豪勢之人強奪良家妻女，姦占為妻妾者，絞監候。又，例載：強奪良家妻女，尚未姦污者，照已被姦占律，減一等定擬。又，律載，斷罪無正條，援引他律，比附定擬。各等語。此案，張某因李某之妻何氏少艾，意圖姦占為妾，向何氏調戲不從，起意強霸，勒逼李某寫立約據、賣給為妾。殊屬不法。查：該犯強占何氏為妾，並非強奪，亦無姦污情事。遍查律例，並無強占良家婦為妾、並未姦污、作何治罪專條。惟，強占與強奪，情事相同，自應比例問擬。張某應比依強奪良家妻女、尚未姦污者，照已被姦占、律減一等例，擬杖一百，流三千里，到配，折責安置。何氏訊無被污情事，仍交本夫領回完聚。無干省釋。是否允協？擬合連犯解候憲台審轉」。[85]對承審官員來說，這個案子所以「遍查律例」無法可引而需「比例問擬」的原因，在於出現在判決書前段的如下案情事實：加害人張某，與被害人李某之妻何氏，在日常生活上有著特別的關係：「某年月間，張某雇李某之妻何氏，作針黹，言明每月工錢一千文，平日爾

84　《審看擬式》，卷4〈刑律〉類，「賣空買空」，頁20。
85　《審看擬式》，卷1〈戶律〉類，「強占良家妻女」，頁10。

我相稱，並無主僕名分。[86]何氏向在張某家住宿。張某見何氏少艾，意圖姦占為妾」。[87]因為本來因職業關係而同居，所以，承審官員覺得此行為雖然確是「殊屬不法」，但在法律文義解釋上，則並不符合律例懲罰罪刑構成要件中的「強奪」意涵，最後乃依「強占與強奪，情事相同」的類推方式，將張某「比例問擬」。

　　無論是對兩案內部差異的「存而不論」，或是逕行「援引比附」，《審看擬式》編者所要提供的，是各類「平常案件」的標準判案格式。這當然是因為論證法律適用問題、發現並修補法律漏洞，並非《審看擬式》收錄案件的編輯主旨，提供州縣官員足以避免錯誤、分歧的標準判決書格式，以免連累省級官員遭到部駁，這才是《審看擬式》編者的直接關懷。因此，《審看擬式》的確在案例中極注重援引法條文字，但其真正重視的，畢竟仍是如何讓法條文字出現在判決書適當位置的「論證形式」，而非如何發現法條與案情矛盾的「論證內容」。《審看擬式》運用法條，是要寫成「形式完美」的審案記錄，有別於《刑案匯覽》慣用的法律推理。

小　結

　　綜合《折獄明珠》、《刑案匯覽》與《審看擬式》三書慣用的法律推理做比較，三書都試圖在「案例」與「法條」間架構出某種關連性；同時，對於如何對待案情的「真相」，三書其實也各自帶有不同的考量。

　　《折獄明珠》編者寓「律意」於「訟狀」之中，其所架構出來的「案例」與「法條」關係是：預先揣想何種法律條文最能配合案情，從而寫成一份足以兼顧「事理、律意、文詞」的訟狀，進而說服承審官員打贏官司，可謂是「以案例為主，法條為客」。《刑案匯覽》注重「案例」與「法條」間

86　這段文字涉及明代萬曆年間以迄清代乾隆年間有關〈雇工人〉條例的長期法律修訂過程，其間所發生的中央與地方官員種種法律論辯，相當精采。這方面研究參見：經君健，〈明清兩代「雇工人」的法律地位問題〉；經君健，〈明清兩代農業雇工法律上人身隸屬關係的解放〉，二文收入李文治、魏金玉、經君健編，《明清時代的農業資本主義萌芽問題》，北京：中國社會科學出版社，1983，頁243-260；261-317。

87　《審看擬式》，卷1〈戶律〉類，「強占良家妻女」，頁10。

如何協調與貫通，既調整法條解釋內容以使涉案當事人的刑責輕重合宜，甚至要主動發現法律漏洞、增修法律條文，可謂是「主、客互用」。《審看擬式》則強調如何將「法條」合宜地擺放在「案例」中，至於兩者是否真在內容上通貫協調，便不是編者真正措意的重點，可謂是「以法條為主，案例為客」。這三種對「案例」與「法條」關係的不同定位，正是三書運用法律推理時的主要差異。

三書既對「案例」與「法條」關係有不同的定位方式，那麼，這些刑案匯編書籍是否也展現出對待「法學知識」的特殊立場呢？大致說來，無論法律條文在法律推理中是「主」是「客」，《折獄明珠》和《審看擬式》二書在看待法學知識的基本態度上，其實是殊途同歸：「法律」只是一種合用的工具，前者用法學知識來贏取勝訴，後者則用法學知識來避免部駁。然而，對《刑案匯覽》編者而言，「法律知識」則是在「主、客互用」的法條與案例交互論證過程中，展現出某種追求「客觀知識」的法學知識偏好。參與《刑案匯覽》編輯工作的祝慶祺、鮑書芸等人，在他們所整理出來的部駁、說帖文字中，展現出許多清代中央司法官員追求「客觀」法學知識的集體努力。雖然，這裡所指的「客觀」法學知識並非當時人習慣的用語，用他們自己的術語說，主要指的是：在司法個案與法律條文之間，追求「法理」與「法意」的均衡。

每件送上刑部審轉覆核或是撰寫說帖答詢的司法疑難案件，在《刑案匯覽》中撰文的官員眼中，大都是需要仔細運用法律推理的知識挑戰。追求「法理、法意」間的均衡，不僅需要進行法律文義解釋或是類推適用等法律論證（legal argumentation）；同時，也經常需要在各省送上判決書的「供語、看語」文字，重建案情的「真相」。案情「真相」與法律「真義」一樣，都沒有簡單的答案，而是需要仔細的推敲與耐心的梳通。透過努力建構案情「真相」以及論證法律「真義」，「法理」與「法意」間的均衡才能達成，客觀的法學知識才能不斷地累積與成長。至少，這應該是《刑案匯覽》這類刑案匯編所展現的信念。[88]

---

[88] 楊鴻烈先生對清代學術有下面的觀察：「數學與法學，可說是有清一代科學方法的總源頭。清代最大多數的漢學家不是深懂得勾股開方，就是擅長刑律。數學之為科學方法，可毋庸多說；而法律的本身最是講究條理的明晰，而在審判案件應用牠的時候，又最注重蒐集及調查證據」（楊鴻烈，

　　至於《審看擬式》與《折獄明珠》，則主要只是工具性地看待法律條文，對這兩類書籍的編者而言，法律條文的重要性不在於法律文義的「真義」究竟何在，而更是如何才能幫助當事人勝訴，或是下級承審官員的判決書如何才能通過審轉覆核。兩種刑案匯編雖然也視實際需要而述說案情的「真相」，但是，《折獄明珠》反覆練習著如何依原告、被告不同立場述說多種「真相」，《審看擬式》則教育官員寫出那種上級長官無可懷疑的一種「真相」。

　　當然，追求「法理、法意」間的均衡，仍然只是《刑案匯覽》編者宣稱的理想，在《刑案匯覽》收錄的五千六百多件案例中，究竟能夠實踐到什麼程度？以及其他多種多樣的法律推理究竟如何運作？這些問題都需要做更全面而仔細的分析，這不是本章有限篇幅所能做到。然而，由本章分析案例來看，我認為，目前學界對傳統中國法律推理的理解，不僅單薄，也太片面，幾乎都只集中在與近代歐洲「罪刑法定主義」異同問題的討論。[89]

　　明清政府一方面明確規定判案必須「斷罪引律令」，[90]但另一方面也容許在「斷罪無正條」時可以「援引他律比附，應加應減，定擬罪名，申該上司，議定奏聞」。[91]這種「援引他律比附，應加應減，定擬罪名」的法律推理，即是學者通稱的「援引比附」。有學者早已指出：除了針對謀反、謀叛等少數罪刑外，一般而言，清代法律體系中所運用的「援引比附」，大體表現出「一致性、規則性與公平性」。[92]張偉仁先生也指出：清代司法審判中的「比附」，政府在法律規定上的限制極嚴，最後都要經過中央司法官司及皇帝的認可，「經過此種程序，便與立法無異。雖然所立的是溯及既往之法，有不教而誅之嫌（原註：西方法制中雖有所謂nulla poena sine leges的原則，但仍有

　　《大思想家袁枚評傳》，上海：商務印書館，1927，頁168-169）。固然可以深究楊氏所謂「科學方法」何指，然而，楊氏上述觀察仍可提供檢證清代法律推理與學科建構的線索。

89　針對傳統中國法律有無「罪刑法定主義」的眾多研究，黃源盛先生將其區分為四種見解：有此趨向，但不能認其確實存在；間接承認其存在；根本不存在；古代曾有類似思想存在，但自漢代「決事比」開始消失，以迄清朝皆無「罪刑法定主義」可言。參見：黃源盛，〈傳統中國「罪刑法定」的歷史發展〉，收入氏著《中國傳統法制與思想》，頁427。

90　（清）薛允升，《讀例存疑（重刊本）》，冊5，頁1276-1277。

91　（清）薛允升，《讀例存疑（重刊本）》，冊2，頁138。

92　Fu-Mei Chang Chen（陳張富美），"On analogy in Ch'ing Law," Harvard Journal of Asian Studies 30 (1970): pp.223-224.

很多ex post facto的法律），[93]但不能算是司法權的氾濫」。[94]由本章對《刑案匯覽》案例的分析看來，「援引比附」不僅在具體案例中受到尚稱嚴謹法律文義解釋的制約；同時，無論是「部駁、說帖」中出現的對案情、法條關係的用心論辯，或是對案情「真相」所做的仔細推敲，這些豐富細緻的法律推理，都不是簡單一句「援引比附」所能概括。[95]

　　總有學者喜歡片面強調「援引比附」在傳統中國法律推理中的重要性及負面性，並喜歡將傳統中國法律推理視為是近代歐洲「罪刑法定主義」進步法學的對立面。這裡面至少存在可能原因，一種是出於純粹學術研究上的論斷，一種則是出於現實政治評論的需要。「援引比附」與「罪刑法定主義」問題涉及學術討論中的材料證據與是否充分以及推論是否有效等問題，這需要更多研究與論辯才能進一步解決。然而，基於某種關懷現實中國法治發展前景，帶著某種「以古諷今」心態，也是其中的關鍵原因。突顯「援引比附」結合「君主專制」的作用，這類學者藉此對人權保障問題提出嚴肅的批判，既針對傳統中國，也針對清末民國以來君權、黨權不受節制的惡劣國內政治局勢。因為關心未來法治發展與人權保障的前途，這些學者恐怕已經混淆了「現實批判」與「史實討論」之間不能不謹慎維持的份際。

　　然而，即使是為了提倡保障人權、批判專制政治，這種將「援引比附」與「罪刑法定主義」相互對立的預設，其實充滿了對近代歐洲「罪刑法定主義」歷史發展過程的片面簡化與輕率美化。

　　影響十八世紀中期以後歐洲法典化運動甚鉅的「古典自然法哲學」，其倡導者相信：「僅用理性的力量，人們能夠發現一個理想的法律體系」，因此，這派學者與立法者都「力圖系統地規劃出各種各樣的自然法規則與原則，並將他們全部納入一部法典之中」，為當代法學家盛稱的《普魯士腓特烈大帝法典》（1794）、《拿破崙法典》（1804）、《奧地利法典》

93　nulla poena sine lege與ex post facto兩詞，皆為拉丁文法學用語，前者意指「法無明文規定者不為罪」，後者意指「有追溯效力的」，參見：馬汀（Elizabeth A. Martin）編，《牛津法律詞典》，蔣一平、趙文侶譯，余振龍審譯，上海：上海翻譯出版公司，1991，頁339、194。

94　張偉仁，〈研究計劃概述〉，收入氏編《清代法制研究》，第一輯第一冊，頁75，註10。

95　如有學者根據清代「比照大逆律，凌遲處死」的部分案例，即結論道：「罪名也比附，刑罰也比附……罪、刑之判斷，毫無標準，犯罪無定加上刑罰無定，雪上加霜，法之安定性與平等性徹底瓦解，法而無法，徒有法制，而無法治，乃當時之最佳寫照」，參見：鄭逸哲，〈沈家本之「罪刑法定主義」思想〉，《國立台灣大學法學論叢》，19，1（1989），頁56。

（1811）、《德國民法典》（1896）、《瑞士民法典》（1907），都在「通過賦予其效力範圍內所有人以一定的自由、平等和安全」，而實現了古典自然法學派所提出的理想法律的基本要求。[96]「罪刑法定主義」正是這波近代歐洲「理性」立法運動下的一項重要訴求，「刑法上所謂的禁止類推」也於焉出現，刑法條文只能被適當的解釋，但卻不能「類推」。然而，在一位當代著名德國法哲學家看來，「只要查閱一下相關文獻，對於可允許的解釋與被禁止的類推」之間是否真能區別？不少法學家只能承認：「根本性質上，二者無從區分」。那種「無法律，無犯罪，無刑罰」的罪刑法定原則，其實是十八、十九世紀自然法哲學與實證法哲學在「理性主義哲學體系」下的共同匯合與展演。[97]而若變換一個角度觀察近代歐洲「理性」影響下的「罪刑法定主義」與法典化運動，則在當時眾多法學家與立法者筆下，無論是「制定法典、確定違法行為、確定刑罰尺度、制定程序規則，確定司法官的職能」，除了使用包含保障人權等「啟蒙思想家已經建構的話語」之外，其實同時也是「一種關於精密、有效和經濟的權力技術學」。這些十八、十九世紀的歐洲立法者與法學家們，透過精心設計出來的諸如「最少原則、充分想像原則、側面效果原則、絕對確定原則、共同真理原則、詳盡規定原則」，重新安排更有效的懲罰策略與技術，這也是當時歐洲「刑法改革」的重要根源之一。[98]

　　當代學者在看待傳統中國法律推理問題時，固然不少人也有批判現實專制政治的良善願望，但可惜竟以兩個不好結果為代價：一是因為過度強調「罪刑法定主義」的優越性，簡化與美化了歐洲近代理性主義如何促使「法學昌明」的西方法制史；一則是過度突顯與貶抑「援引比附」在明清司法審判中的作用，簡化與醜化了傳統中國的法律推理。

　　大力稱揚近代歐洲法學長處的清末修法關鍵人物沈家本（1840-1913），因為希望在《大清新刑律》確立「罪刑法定」理想，而極力論證「援引比附」

---

[96] 博登海默（Edgar Bodenheimer），《法理學：法哲學及其方法》，鄧正來、姬敬武譯，結構群審譯，台北：結構群出版社，1990，頁81-82。

[97] 考夫曼（Arthur Kaufmann），《類推與「事物本質」──兼論類型理論》，吳從周譯，顏厥安審校，台北：學林文化公司，1999，頁7-21、35。

[98] 傅柯（Michel Foucault），《規訓與懲罰：監獄的誕生》，劉北成、楊遠嬰譯，北京：三聯書店，1999，頁104-113、89-90。

對傳統中國司法審判公正性的嚴重危害。[99]然而，沈家本同時也是《刑案匯編三編》的編者，雖然該書最後因某些原因而遲至今日仍未出版，[100]但沈家本在為編完該書所撰寫的序文中，一方面明言編輯此書是要繼承祝慶祺、鮑書芸的《刑案匯覽》傳統，另一方面也回憶其三十年來與刑部同僚針對各類「難似難決之案」而長期「互相講求，頗獲切磋之益」的經過，但在盛讚《刑案匯覽》具有「尋繹前人之成說，以為要歸」、「參考舊日之案情，以為依據者」、「晰疑辨似，回惑祛，而游移定」、「故法家多取決焉」等種種優良法學傳統的同時，沈氏卻也自問自答了一個有趣的問題：

　　顧或者曰：今日法理之學，日有新發明，窮變通久，氣運將至，此編雖詳備，陳跡耳！故紙耳！余謂：理固有日新之機，然新理者，學士之論說也；若人之情偽，五洲攸殊，有非學士之所能盡發其覆者。故就前人之成說而推闡之，就舊日之案情而比附之，大可與新學說互相發明。[101]

　　這段文字主要是先自己問道《刑案匯覽》的法學傳統在面對西方「今日法理之學」的挑戰時，是否仍有保存的價值？沈氏的答案是肯定的，因為他相信《刑案匯覽》以來傳統中國法學的「前人之成說」仍然可與西方移入的種種新學說「相互發明」。

　　寫序這年，沈家本約是五十九歲，並且已由刑部官員外放地方官，任職於直隸保定府知府，[102]此時的沈家本對於傳統中國法典精義以及司法實務中援用的各種法律推理，相信已然甚為熟悉，而他在這部未出版的《刑案匯覽三編》序文中，正面肯定了傳統中國法學與西方法律「新學說」足以相互發明，這確實值得我們注意。雖然沈家本日後可能因為接觸西方法學日深，以

99　沈氏對「援引比附」害處的廣泛論證，及與清末官員間對此問題的辯論，參見：黃源盛，〈傳統中國「罪刑法定」的歷史發展〉，頁435-445。

100　該書編成於清光緒二十五年（1899），正文有一百二十四卷，後附中外交涉案件；後因八國聯軍侵華而使此書未能刊行，稿本現藏北京圖書館，刻正整理出版中。參見：李貴連編著，張國華審訂，《沈家本年譜長編》，台北：成文出版公司，1992，頁79。

101　沈家本，《寄簃文存》，影印民國年間沈寄簃遺書刊本，台北：台灣商務印書館，1976，下冊，卷6〈刑案匯覽三編序〉，頁17-19。

102　李貴連編著，張國華審訂，《沈家本年譜長編》，頁69。沈氏生平及其學術與事業的全面性介紹，參見：黃源盛，〈晚清修律大臣沈家本〉，收入氏著《中國傳統法制與思想》，頁307-334；李貴連，《沈家本傳》，北京：法律出版社，2000。

及親自主持修訂《大清新刑律》工作引來種種政策論辯、人事攻詰甚至是官場鬥爭，再加上後來國內外時局轉變等等因素的作用，沈氏對傳統中國法律的評價可能會出現某種程度的不安與游移。

　　然而，至少在編輯《刑案匯覽三編》的當下，沈家本基於久任刑部審轉工作的長期經驗，使得沈氏在面對西方法學知識與背後知識權力的壓力下，他依然深信：刑部長期累積「部駁、說帖」等這些「前人之成說、舊日之案情」，即使面對西方「日有新發明」的「法理之學、學士之論說」，也仍然保有「大可與新學說互相發明」的可能性。如果我們由制度變遷的角度來做觀察，則沈家本盛讚的那些反映在「前人之成說、舊日之案情」中的種種能夠「晰疑辨似」的法律推理，其實正是法學知識在明清兩代日趨嚴密的審轉制度下，由許多刑部官員與法學專家相繼參與審判實務與彼此討論辯難，而長期累積烊煉成就的集體智慧。

　　儘管《折獄明珠》與《審看擬式》對於案情「真相」的探究並不若《刑案匯覽》的講究與細緻，三書慣用的法律推理確是有所差異。然而，從三書的編輯方式看，卻又同樣都是藉由編選法律案例以討論「案情」與「法條」之間的適用關係，這又使三書彼此具有較大的共通性，從而都成為一種可以提升「案例」重要性的法學知識，同樣係屬十六至十九世紀之間傳統中國新興的法律文類。

　　另外值得注意的是：這些法律文類重視「案例」絕非是孤立現象。不僅法學領域存在這種重視「案例匯編」的風氣，在當時中國醫學以及其他領域的知識也有重視案例的潮流，而這些現象其實也可能相互影響。如十六世紀刑部官員王樵（1526-1590）在強調法律案例重要性時，即將法律家的「治獄」斷案與醫家的「按方」診病合在一起打比方：「治獄之難，在得情。嘗譬之醫，治律如按方，鞫事如診病。有人方書雖明，而不中病；如人明法，而不能得情。則所謂明，竟亦何用？」[103]王樵清楚地是以醫學與法學相互類比。而到了王樵的兒子王肯堂（1549-1613），則更是一人同時兼擅律例註釋與各科醫學，著作等身，成為聞名明清兩代的法學界與醫學界重要人物。

　　再如清光緒十一年（1885），彭祖賢在警告官員不可單讀法條而忽略「成案」時，也做了方向類似但內容更為具體的比方：「居官者，固無弗讀

<hr>

103　（明）王樵《方麓集》，影印文淵閣四庫全書本，卷6〈西曹記〉，頁225。

律例矣，而歷年成案，或不暇一覽；此猶醫家之僅熟《素問》、《靈樞》，兵家之僅熟《陰符》、《六韜》，當未知其果堪一試否也？」彭祖賢當時是為《刑案匯覽續編》這部刑案匯編寫序，為了勸勉官員熟讀這套刑案匯編，他繼續就法學與醫學關係加以發揮：「有斷獄之責者，既熟讀律例後，更得是編覽之；亦猶各家醫案、歷代兵事，後之人雖不必過泥其跡，而所以剖別是非、權衡輕重，大致固不越乎是矣！」[104]可見，無論是法學或醫學，在這些傳統中國的法學專家看來，研讀「案例」都正是精通這兩門學問的關鍵處。

　　總的來說，在這些刑案匯編的提倡者看來，法學領域確實必須要藉由蒐羅與研讀案例，才能更好地發現案情的「真相」。這種對案例重要性的認知，確實構成十六世紀以後傳統中國法學知識建構的重要一環。

---

104 （清）彭祖賢，〈敘〉，收入吳潮、何錫儼彙纂，薛允升鑑定，《刑案匯覽續編》，影印清光緒
　　二十六年（1900）成都重刊本，台北：文海出版社，1970，冊1，頁17-18。

第五章　十七世紀的法律批判與法律推理

　　傳統中國的工商業不發達，以及傳統社會不重視法律知識，致使傳統中國的商業法律很不發達，從而也不可能出現近代西方的「商法」，這是頗為流行的看法，但並不真確。本章將透過十七世紀中國有關法律批判與法律推理的三類實例，檢視上述一般人的刻板印象究竟有何問題，並進而改換一個不同角度重新考察傳統中國的「商法」問題。

　　十六世紀至十九世紀前期之間的中國市場經濟有顯著成長，這已是近年來許多學者的共通看法。十六世紀以後中國國內長程貿易以及海外市場的擴展，促使明清中國市場經濟有明顯成長，特別是江南地區的商業與手工業發展，更為學界眾多具體研究所證明。明清經濟史大家吳承明先生曾將十六世紀以後中國市場經濟的新發展，綜括為以下六大分項：一、大商人資本的興起；二、包括散工制（putting-out system）在內工場手工業的巨大發展；三、因一條鞭法普及，而更加確立的財政貨幣化發展；四、押租制與永佃制普及，導致經營權與土地所有權分離而形成的租佃制演變；五、由短工與長工在法律上人身自由的進一步解放，所帶來的雇工制演變；六、民間海外貿易帶來的大規模世界白銀內流中國。[1]

　　吳承明先生特別指出：這六大分項內的變化基本上都「屬於新的、不可逆的」經濟變遷。然而，在指出十六到十九世紀前期中國這段「新的、不可逆的」經濟變遷大趨勢的同時，吳先生卻也同時點出：因為未出現「保障私有產權和債權的商法」，以及滿清入主中國「加強專制主義統治」，[2]從而致使傳統中國無法在制度變遷上獲得更顯著的進展。

---

[1]　吳承明，〈現代化與中國十六、十七世紀的現代化因素〉，《中國經濟史研究》，1998，4（1998）：頁6-7。

[2]　吳承明，〈現代化與中國十六、十七世紀的現代化因素〉，頁7。

　　整體看來，吳承明先生對明清中國經濟與法律關係的論斷，似乎構成一種「雙元格局」論述。十六世紀以後的中國，一方面在經濟與社會關係上出現「新的、不可逆的」大趨勢，但另一方面，這些新發展又受到「專制主義」以及沒有「商法」等現實的政治法律條件所限制；簡單地說，十六世紀以後的中國歷史變遷，掉入一種似非而是的「雙元格局」悖論：經濟社會上確實發生種種有意義的變遷，但在政治法律上則沒有有效支撐與繼續發展的前景。

　　這種「雙元格局」論述當然要比過去以為傳統中國缺乏市場經濟的看法來得真確，然而，筆者要繼續追問的是：在政治、法律層面不出現立憲政體與「商法、民法」等體制變動的前提下，難道經濟、社會層面的變化都不伴隨任何有意義的政治、法律變動？本章將選取法律層面的個案來做微觀式的考察。我選擇十七世紀中國有關法律變化方面的三類個案做考察：一是1670年代王明德出版《讀律佩觿》時，他如何建構一套「法天之學」的理論來批判當時司法審判的弊端，並進而為法律知識的重要性提出比較體系性的觀點；二是十七世紀初年編成訟師祕本《折獄明珠》中的「商賈類」訴訟文書範本，我將分析當時訟師協助商人進行訴訟時如何揣摩法官判案所應用的法律修詞；三是針對十七世紀後半松江、蘇州地區棉布商業糾紛所引發的幾件司法訟案，我將分梳當時官員審斷商業案件時所使用的法律推理。

　　綜合這三類個案所呈現的法律批判與法律推理，我希望能對前述經濟、社會有發展而政治、法律無突破的「雙元格局」論述做些補充。本章分為三節，第一節討論王明德《讀律佩觿》提出的法律批判觀點；第二節分析訟師祕本《折獄明珠》商業訴訟文書範本以及蘇州、松江棉布業訟案中使用的法律推理；第三節則綜論本章處理有關法律批判與法律推理的三類個案，並簡單導入十八世紀英國「商法」發展的例子以資比較，既指出那些認為傳統中國沒有「商法」的歷史認識過於簡略，經常掉入一種不當的歷史迷思；也希望能對考察當時中國「經濟、社會」與「政治、法律」如何相互銜結的問題，提供一些有用的線索。

第一節　《讀律佩觿》的「法天」之學

《讀律佩觿》為十七世紀後半出版的一部法學專書，出版以來即深受清代法學家注意，[3]並屢被翻印，有時在翻印時還在書前做了些增補，從而形成內容略有不同的版本。[4]王明德在書前一篇題於清康熙十三年（1674）的〈本序〉上，詳細的提出了他個人主張的一套法律實為「法天之學」的法律批判理論，充分反映了王明德對法律知識的看重。而由《讀律佩觿》卷首刊列的三十八位「參訂姓氏」看來，更可知道在王明德周圍，還有一批共同愛好研讀法律的同志，可知看重法律知識重要性的見解，並非只是他的個人看法，而王明德在《讀律佩觿》中所欲表達的法律批判內容，也若干程度地反映當時一群中國法學家的法律價值觀。

王明德，字亮士，[5]江蘇高郵人，於康熙年間曾任職刑部陝西司郎中。王明德為王永吉長子，而王永吉在當時也以嫻熟法律與司法審判而知名，[6]可知家學淵源或許也是形塑王明德法學素養的重要背景。而除了法律「家學」的陶冶外，《讀律佩觿》的主要內容，則出諸王明德任職刑部期間與朋友們共同研讀法律條文的讀書筆記。[7]任職北京刑部期間，王明德也在參與覆核全國

3　當代法制史家也很看重此書，如有學者即認為：清代諸多律學書籍中，王明德《讀律佩觿》是承繼明律注釋學而又能「邁出創新步伐的代表作」（張晉藩，〈清代律學及其轉型〉（上），《中國法學》，1995，3（1995）：頁86）；另有學者指出：《讀律佩觿》是「明清律學著作中流傳最廣的一部，在大陸，各大圖書館幾乎都有該書的藏本」，該書無論在結構與體系上，都「具有鮮明的創新特色」（何勤華，《中國法學史》，第二卷，頁236、281、297）。

4　筆者基本採用清康熙十五年（1676）王氏冷然閣重刻本的《讀律佩觿》（收入《四庫全書存目叢書》）。有學者已注意到此本與日本東京大學法學部圖書室藏本的不同，指出前者減掉了詹惟聖、王豫嘉、彭師度、嚴沆四篇序文（何勤華，《中國法學史》，第二卷，頁281）。在新校本《讀律佩觿》（北京：法律出版社，2001）中，已補入書前四篇序文。

5　清嘉慶年間增修的《高郵州志》收有王明德簡傳：「王明德，字亮士，少保永吉長子」（收入《中國方志叢書》，台北：成文出版社，1970，頁1313），但另有史料則稱王明德「字金樵」（永瑢、紀昀等撰，《四庫全書總目》，影印《文淵閣四庫全書》本，台北：台灣商務印書館，1983，冊3，頁187）。

6　《讀律佩觿》卷首〈小序〉有云：「先文通公，起家縣令，歷任李官，繼領廷尉之職。凡所論斷，一本律例為重輕，被者皆自訟為不冤」，「先文通公」即指當時已過世的王永吉。王永吉，字修之，明天啟年間進士，官至薊遼總督，清順治二年（1645）改任清廷入主北京後的大理寺卿（《清史稿》，卷238，頁9501）。

7　王明德自謂：「隸職西曹，歷有年所。緬懷遺訓，夙夕不遑」（《讀律佩觿》，頁771），「西曹」即指刑部。

各地送呈刑部審轉案件的過程中，增加了對如何援用法律判決司法案例的實務理解，他自己說及這段個人研讀法律與參與判案的歷程：「數載勤劬，微通窺度。偶有疑見，反覆推詳。筆而誌之，以俟就正」，[8]這也說明《讀律佩觿》實為王明德長期接觸法律條文與司法實務後的心得與見解。

　　《讀律佩觿》雖是王明德「窺度」法條文義與「推詳」案件法律適用疑義的筆記，但透過本書自序與書前收錄「讀律八法」等文字，王明德不僅強烈批評當時的司法運作，還進一步對法律知識的基本性質與歷史演變過程提出一整套理論。

　　王明德將法律知識提升為一種「法天」之學，強調「法乃天下之公」，法律真義與司法個案既不容任何權勢人物的偏袒與曲解，愛好與有志研讀法律的人，也不該被人們再用所謂「蕭、曹刀筆吏」、「所學非同儒術」等不當字眼所貶抑。不僅如此，王明德還以「法天之學」為標準，比較並批判中國歷代法典的優劣得失。這些批評當時司法運作弊端並且提升法律知識重要性的言論，正是王明德建構這套「法律批判」理論的主要內容，以下我將分別做介紹。

一、判別法律中的「公」與「私」

　　先談王明德對當時司法運作弊端的批評。王明德首先點名批判的司法弊端，即是當時不少官員在審判過程中強調的「仁慈」或「好生之德」等法律理念，他將這類司法流弊概括為法官的私心自用，在王明德看來，這些「不問理之是非，惟曰做好事」的法官，其實是受到佛教與「功過格」思想的不良影響：

> 　　迷惑于浮屠邪教，不問理之是非，惟曰做好事，活得一個是一個，日為記功自負，意謂其後必昌者，是又我中寓我、貪鄙迷謬之流。其所謂功德，是乃孽德，非功德也。[9]

　　文中的「浮屠邪教」反映著王明德對當時佛教的敵視，而同被王明德批

8　《讀律佩觿》，頁771。
9　《讀律佩觿》，頁536。

判的所謂法官「日為記功自負」現象，則主要指的是當時人稱「當官功過
格」或是「公門不費錢功德」的影響。[10]以「當官功過格」內容在司法審判
領域實踐「日為記功自負」的現象，是晚明以來日漸普及的「功過格」思潮
中的一個支流。[11]王明德認為，當時不少官員因受佛教與功過格思想影響，
而常做成偏袒甚或縱容犯罪者的判決結果，所謂「不問理之是非，惟曰做好
事，活得一個是一個」，在王明德看來，這種假借司法「做好事」的行徑，
根本是「我中寓我、貪鄙迷謬之流」，不僅不能有「功德」，反而是造「孽
德」。

　　批評法官輕判人犯以追求「福報」的言論，已見於南宋的朱熹
（1130-1200）。朱熹曾說：「今之法家，惑於罪福報應之說，多喜出人罪以
求福報。夫使無罪者不得直，而有罪者得倖免，是乃所以為惡爾！何福報
之有！」[12]這與王明德批判的「不問理之是非，惟曰做好事，活得一個是一
個」，的確頗為類似。同時，朱熹與王明德也都站在受害人立場，向「惑於
罪福報應」或是「日為記功自負」而輕判人犯的官員，提出抗議：「是乃所
以為惡爾！」「彼被其害者將如之何！」但總的說來，王明德批評十七世紀
法官藉輕判人犯而積累功德的現象，則反映晚明「功過格」思潮對司法領域
的進一步影響，這種「日為記功自負」的「當官功過格」實踐，仍和朱子觀
察的「出人罪以求福報」現象不同，王明德批判的已是演變為一種更加講究
「計量化」的特殊司法審判行徑，[13]兩者仍有差異。王明德強烈批評「日為

10　晚明以來「當官功過格、公門不費錢功德」的發展，以及功過格重要提倡者袁黃任官時講究照顧監
　　獄受刑人生活的分析，參見本書第二章第二節相關內容的分析。
11　明清「功過格」思潮對社會、經濟、政治乃至文化思想等不同層面的影響，參見：酒井忠夫，〈功
　　過格の研究〉，收入氏著《中國善書の研究》，頁356-403；包筠雅（Cynthia J. Brokaw），《功過
　　格：明清社會的道德秩序》；游子安，〈明末清初功過格的盛行及善書所反映的江南社會〉，《中
　　國史研究》，1997，4（1997）：頁127-133。
12　《朱子語類》（收於《朱子全書》，上海：上海古籍出版社，2002），卷110，頁3553。此處朱子所
　　論「為惡」之「惡」，似乎只是汎論，並不涉及他對人們既屬「性善」但卻何以仍有「陷溺」等惡
　　行的道德解釋。朱子討論人們何以行惡的道德論述，參見：傅武光〈朱子對惡的來源的說明〉，收
　　入氏著《中國思想史論集》，台北：文津出版社，1990，頁155-195；另有學者由「自然之惡、道德
　　之惡」的區分，論證朱子這方面論述實屬「重智論的倫理學」（intellectualistic ethics），參見：李明
　　輝，〈朱子論惡之根源〉，收入鍾彩鈞主編，《國際朱子學會議論文集》，台北：中研院文哲所，
　　1993，頁551-580。
13　「當官功過格」反映官員以功過格實踐於司法事務時，不僅有「功、過」區別的「質性」分類，更
　　有以「一、二、十、百」等不同數字計算的「量性」區別，相關討論參見本書第二章第二節相關內
　　容的分析。

記功自負」的司法官員：「慕慈仁之虛譽，虭不易之大公，生者倖矣，彼被其害者將如之何」！[14]「功德可自做乎？」，這是王明德對功過格思想提出的根本質疑。

王明德的批評其實有些偏頗，不能以「生者倖矣，彼被其害者將如之何」此種負面結果，來全盤概括當時「當官功過格」勸導官員重視審判工作的整體內容。[15]但值得注意的是，王明德的法律批判不僅停留在對「我中寓我、貪鄙迷謬之流」的負面批判，他進一步導出法之「私」與法之「公」的判準，試圖建構一種理想的法律秩序：

　　法乃天下之公，即天子亦不容私所親，夫貴為天子尚不敢私其法，況其下焉者乎！[16]

王明德宣稱法律應為「天下之公」，強調面對法律運作及司法審判，即使貴為皇帝，都該「不容私所親」，那麼，其他大小官員又怎能為了「日為記功自負、意謂其後必昌者」而輕縱人犯罪刑！用王明德的話說便是：任何官員都不該「私其法」！

「法乃天下之公」，是王明德強調的法學核心價值，而透過「公」與「私」這組二元對立觀念的操作，他將「法乃天下之公」的價值觀，延伸到閱讀法律者所該具備的基本心態上，他稱此種心態為「無我」。「無我」被列為《讀律佩觽》書前揭櫫「讀律八法」中的一條，王明德勸人閱讀法律時，應放棄「日為日功自負」的「私其法」心態，而要秉持「無我」的態度研讀法律。何謂「無我」？王明德再由正、反兩面向做了解釋：

　　聖賢立教，惟有一中，中則洞洞空空、不偏不倚，何有于功德！倘意見微有執著，雖公亦私，難免乎有我矣。[17]

14　《讀律佩觽》，頁536。
15　如以「當官功過格」內容看，這類文本並非只鼓勵法官「輕判」人犯才能記「功」，正好相反，能為受害人伸冤，也被列入重要的「功」範疇：如所謂「凡聽訟，能伸冤理枉，一事算一功」；而若讓無辜民眾受苦，則更會被列入「過」範疇：如「事不即決，淹禁停滯，使訟中生訟，破人身家，算十過；服毒、投水、懸梁，圖賴人命，審無威逼，輒斷葬埋，以長輕生之習，一人算十過；不禁溺女惡習，算百過」（顏茂猷編，《迪吉錄》，頁496-499）。
16　《讀律佩觽》，頁536。
17　《讀律佩觽》，頁536-537。

　　「中」是王明德詮釋「法乃天下之公」的另一個字眼，其實際內容即是「洞洞空空、不偏不倚，何有于功德」。王明德以「有我」與「無我」相對舉，前者是「私」，而後者是「公」，他再次使用「公‧私」這組二元對立觀念來建構其法律價值觀。

　　研讀法律若不能做到「無我」，則會產生哪些不良影響？王明德說：「有我之念，橫眩于胸，將未見刑書、即目為俗吏之學、殘忍之習，未及展卷，先已柄鑿其不相入。一旦身膺民寄、位列台輔，其何以定大獄而決大理、輔聖治而熙萬姓哉！愚恐其寄權左右，授柄積胥，冤集禍叢，積久發暴，身且為累，況望後嗣其昌乎！」「有我、日為記功自負」的私心作祟，不只影響司法審判品質，還會形成一連串負面的連鎖反應。這個連鎖反應的前提假設是：若讓「有我之念」起作用，則人們於研讀法律之初，即可能在心中先將法律想像成只是處罰人、傷害人、殺人的「殘忍之習」，或只是胥吏用來殘害百姓的「俗吏之學」。而有了這些先入為主的想法，則法律知識的價值便會被貶抑，進而產生兩層結果：一是淪為消極面的「授柄積胥，冤集禍叢」乃至「身且為累」；二是在積極面上不能以法律知識而獲取高官，由於平日貶抑法律知識價值，則有朝一日皇帝命自己參與疑獄大案時，即不能大展長才，一旦「身膺民寄、位列台輔」，則將「何以定大獄而決大理、輔聖治而熙萬姓哉！」。

　　「讀律八法」列於《讀律佩觿》卷首，是王明德用以勸導讀者用心研讀法律知識的一整組原理、原則，而「無我」在「讀律八法」中則有其獨特的重要性。所謂「讀律八法」，共包括「扼要、提綱、尋源、互參、知別、衡心、集義、無我」等八個綱目，[18]「無我」相當於八法中的壓軸。由「讀律八法」各條綱目內容，不僅可看出王明德對法條解釋方法學上的講究，也反映一位十七世紀法學家如何以「無我」、「天下之公」等價值觀念建構其法律批判的內容。

二、存於法律中的「自然」律則

　　除了「讀律八法」外，《讀律佩觿》的長篇〈本序〉更具體展現了王明

18　《讀律佩觿》，頁531-537。

德法律批判的精義。這篇自序長達「十七頁」，算是罕見的法律專書序文。在〈本序〉裡，王明德將法律知識的本質、起源與流變，界定為某種「法天之學」的存有、彰顯與隱伏；同時，還將這種「法天之學」的存有、彰顯與隱伏，配以「歷史」做佐證，王明德用不少篇幅綜述並評價了中國歷代的法典特色與優劣。

《讀律佩觽》〈本序〉寫於康熙十三年（1674），在我看來，這篇序文基本上已是一篇由十七世紀中國法學家撰成的「中國法制史」。以「法天之學」為基軸，王明德歷數了孔子作《春秋》、子產鑄刑書、李悝作《法經》、商鞅訂秦法，乃至漢律、曹魏律、六朝與隋唐律、宋律、金元律、明律以迄清律的流變與演進，從而論證了一套以歷代法典演變為基礎的「法律史觀」。

《讀律佩觽》〈本序〉雖然也批評時人「掩目錮聰」的鄙視法學行徑，[19]但更多篇幅仍在詮釋中國歷史上法律知識的本質、起源與流變。何為法律知識的本質？王明德認為這個問題最直截的答案，即是「法天之學」。但「法天之學」的實際內容為何？以歷代政府法典名稱中所慣用的「律」字做引申，王明德指出：在中國的學問體系中，只有刑、曆、樂三者，才在名稱上被人們賦予「律」的稱謂，從而出現「刑律」、「曆律」與「樂律」這三類獨特的學問體系。王明德想論證的是：「律」字之所以不見於刑、曆、樂三者之外的中國學問，並非是純屬巧合，而是有其內在的道理。「刑律」、「曆律」與「樂律」三類學問之所以能被長期賦以「律」的名稱和地位，[20]不僅說明了這三種學問的地位與眾不同，更反映這三種知識的本質：對「天、自然之氣」的倣效：

　　明刑必本乎律天，天聽高而體圓，故郊見乎圜丘。圓數六，莫極

19　王明德說：「孔子曰：聽訟，吾猶人也，必也使無訟。鄭僑鑄刑書，孔子誦為惠人。豈無說歟！惜乎世也鄙之為刀筆之傳，薄之為殘忍之習，抑之為俗吏之司，泥之為拘牽之具，甚或身膺民牧、職隸司刑，終其職、終其身，終莫別其科條之為魚魯亥豕者，是豈學富五車、識攻金石、反目迷乎此而不悟！良由薄之、鄙之、群非而群厭之，堅中囿習，掩目錮聰」（《讀律佩觽》，頁520）。

20　由「律曆、律樂、律法」三個傳統習用字詞為論據，強調以「律」為名只見於法律、音樂、天文三種學問中，似是清初一些學者的共同看法，徐旭齡於康熙二十年（1681）寫〈引用律例疏〉中也說：「古者樂律曰律，法律亦曰律，其義一也。律差累黍，則聲音即變，故立法者取之，言一定而不可移易也」（收入賀長齡編，《清朝經世文編》，卷91，〈刑政〉二，頁4上）。

于五，故氣至六而極。律曆之數六，律樂之數六，故律刑之數亦以六：六曹、六殺、六臟是也；証災祥于五星，審治乎于五音，而祥五刑、明五聽、簡五辭、服五罰、正五過，何一非極于五而正其失哉。然而，歲有僭差，氣有盈縮；節奏有登降，風雅有正變；世有興替之遞遷，道有污隆之異制，人有賦性剛柔強弱之不等，俗有淳固浮澆之不一，習有溫良悍獷之異。齊，則不得不各致其閫，以恰合天自然之氣。此刑所以一同夫曆與樂，而功用固毫髮其不爽者也。[21]

　　這段文字想證明「刑、曆、樂」三種學問都具有同樣本質，都是人們對「天」與「自然之氣」的體會與模倣。王明德不斷例舉「五、六」等數字如何被同時運用在《尚書》、《禮記》等儒家經典，以及「刑律、曆律、樂律」等各種專門術語中，藉此論證這正是「天」與「自然之氣」盈縮消長於這些知識內容的體現。不只用「五、六」等數字論證「自然之氣」的存在，王明德還進一步論及法律與所謂「自然之數」之間的密切關係：「深原夫刑之所自，寔本道德仁義以基生，初非全乎天地自然之氣。雖然，謂非自然之數哉！」[22]單以法律一種知識而論，對「天、自然之氣、自然之數」律則的倣效，不僅是這門知識的本質，也是中國法律之學的起源。

　　「自然之數」的提法，反映王明德對法律中的「數字」有相當程度的著迷，在《讀律佩觿》本文中，作者在解釋清代〈官司出入人罪〉律文時，即針對該條法律使用「原包杖、原包折杖」等術語，直接援用當時的數學方法做佐證：

　　　增笞、杖，從徒，原包杖一百；增徒，從流，原包五徒折杖二百；及以徒從徒、以流從流，不必包杖數語。命義深微，似難通曉。因細為詳推，乃知：原包杖、原包折杖二語，乃數學中還原之法，又即歸除所謂遇一無除、作九一；而不必包折杖一語，即一歸不須歸之妙也。[23]

　　這本是一條用來處罰司法人員審判時援用法條不慎而造成當事人受刑過

21　《讀律佩觿》，頁518-519。
22　《讀律佩觿》，頁514。
23　《讀律佩觿》，頁601。

重或過輕的法條，但是，王明德竟然直接援用數學中「還原之法、歸除」等
術語，用以解釋律文中的「原包杖、原包折杖」等字義。針對法律中的「數
學」，王明德還做了如下按語：

> 此等算法，雖極顯明，然不先明減杖、加徒之源，則不能分解此
> 中折算精微之妙。[24]

在王明德看來，利用數學不僅可有效解釋法律條文的「折算精微之
妙」，甚至於可以證明「前人立法」之精密：「乃知前人立法，字字斟酌，
字字周詳，一字不容輕忽如此，不可不細為究心，以盡其妙耳」。[25]

三、法律的歷史演化

法律條文呈現的有如數學般的「折算精微之妙」，以及「前人立法」的
「字字斟酌，字字周詳」，正是刑律與樂律、曆律一樣同屬「法天之學」的
體現。王明德更進一步將「前人立法」與「法天之學」間的密切關係，連繫
到孔子作《春秋》與子產鑄刑書以來的一系列中國法律發展史上：

> 嘗攷往古，統乎「律」為用，惟曆與樂，刑則未之前聞。三代而
> 上，勿論已，自周室東遷，五侯迭霸，功利競圖，狡詐是崇，王綱紐
> 解……督法任刑，痛酷慘烈，莫可抵極。孔子幸生三代之末，去古未
> 遠，然以世卿顯祿，崛起無資，弗獲得位行其道，因作《春秋》，伸
> 筆削以人心。子產雖賢而在位，復以鄭風靡弱，局處一隅，終不得大
> 行其志于天下，懼乎刑失而求諸野，爰鑄刑書。[26]

王明德將體現「法天之學」的中國法律起源問題，連繫到孔子作《春
秋》與子產鑄刑書的歷史事件，在王明德的觀念裡，孔子與子產書寫的法律
之學，不僅是「法律之學」的體現，也是他所上追「前人立法」的典型。雖
然，王明德也承認：「刑之以律名，端自有漢始」，[27]但是，體現「自然之

24　《讀律佩觿》，頁601。
25　《讀律佩觿》，頁603。
26　《讀律佩觿》，頁514-515。
27　《讀律佩觿》，頁515。

氣、自然之數」的「前人立法」之心的法律之學，實則早見於孔子與子產。

自孔子與子產後，「法天之學」與「前人立法」的發展則有起有伏，既有彰明較著之時，也有隱晦不顯之際。接著孔子與子產，王明德又歷數了「簡約、和易」的李悝《法經》、「約法悅民、務歸簡易」的漢代九章「律」、廢除「兩氏連坐法」的曹魏律、乃至「變重為輕，削繁袪蠹」的唐代貞觀「律令」、「因時參訂、節然可觀」的明律、「增損明律、歸宗有漢」的清律，這一串法典製作的過程，在王明德看來，即是中國法律之學「發達」的歷史。而與此相對照，無論是秦、晉、南北朝、隋、五代乃至宋代的法律之學，都因為種種不同原因而未能使「天地自然之氣」較完備地表現在當時的法律上，這可謂是一串法律「不發達」的歷史。

特別值得注意的是，在上述法律發達與不發達的歷史敘事中，王明德論證了一種「隔代繼承」的法律演化系譜，並提出一套與法律演化相關的解釋框架。如在提及西漢九章「律」時，他寫道：「本悝之《法經》，益以擅興、廄、戶三篇，並列為九，則刑之以律名，端自有漢始」。再如，簡介唐代貞觀「更定律令」歷史時則說：「議定刑名二十等，減大辟九十二，省流入徒七十一，加居作以寬絞刑五十餘，變重為輕，削煩袪蠹，定枷、杻、鉗、鎖、笞、杖長短廣狹之制，斯一代之律成。規其要，寔本漢始九章，為加詳」；而寫到明律則是：「本唐律，因時參訂，後復世為修明，絲累條貫，節然可觀」；最後，對清律的評論則是：「我清入定中原，首申律令，一本明律，為增損。源而溯之，則寔歸宗乎有漢」。[28]

質言之，王明德將清代法律視為由明律、唐律乃至漢律的「隔代繼承」。而對這個「刑之以律名，端自有漢始」的法律傳承過程，王明德做了總評：

> 孔子曰：「殷因于夏禮，所損益可知也，雖百世可知也」。禮、法殊分，寔相長而並峙，則律之為律，固百世不刊之典、古聖王不易之矩度也。……子思子曰：「仲尼祖述堯、舜，憲章文、武，上律天時」，則刑之以「律」著也，其殆有取乎法天之意云耶！[29]

28　《讀律佩觿》，頁515、516、517。
29　《讀律佩觿》，頁517-518。

　　對王明德而言，法律以「律」名雖始於漢代，但這一部由漢上追李悝、子產、孔子，並由漢律下啟唐律、明律、清律的法律發達史，隔代相承，不僅印證著「律之為律，固百世不刊之典、古聖王不易之匭度」，更是孔子早已發現「上律天時」儒家學術精義的「法天之意」的體現。從此角度看，「禮、法殊分，寔相長而並峙」，法律之學與禮儀之學，根本相輔相成；禮、法雖殊途，但卻同屬「法天之意」，也都是「天地自然之氣」的體現。[30]

　　王明德很看重「讀法者」的重要性，因而面對「蕭・曹刀筆吏、所學非同儒術、可盡薄而莫可宗」的批評，[31]其實無需理會，因為，研讀法律的人其實正是在學習承繼一套和儒家經典有同等重要性的「法天之學」，「讀法者」該努力的，是在研讀法律過程中體會「前人立法」之精義：「讀法者生乎千百世而下，仰讀千百世以上之書，務當論其世、友其人，上下乎千百世之義，以想見乎千百世以上之心，而後可服乎千百世以下之人，而平其法」。[32]在王明德看來，只要細心體會表現在歷史裡隔代相承的法律之學，「讀法者」完全可說是孔子之學與「天地自然之氣」的繼承者與闡揚者，「讀法者」當然有很重要的貢獻，法律知識的重要性也不言可喻。因而，王明德在《讀律佩觽》〈凡例〉中，便直截了當地宣稱：「律例一書，乃治世體要，非據理空談，古人謂之『法經』」。[33]以「治世體要」形容「律例」重要性，並將法律知識的地位提升為「法經」的說辭，充分說明了王明德如何極力地強調法律知識的重要性。

　　總之，王明德建構的法律批判，不只是對「日為記功自負」當時司法運作弊端的攻擊，也呈現於他有關法律實乃仿效「天地自然之氣」的本質與起

30　漢、唐間的立法與司法政策主張中，即有言論反映「以自然為法、禮樂與政刑合一、順天則時」等法律思想，從而構成傳統中國法律思想中的「自然觀」。參見：馬小紅，《禮與法：法的歷史連接——構建與解析中國傳統法》，北京：北京大學出版社，2004，頁288-293。至於先秦法律思想中，荀子與墨子也都「肯定實體法的制訂與執行必須遵從一更高的原則」，從而「都具有自然法的法理理論」（參見：陳弱水，〈立法之道：荀、墨、韓三家法律思想要論〉，收入劉岱總主編、黃俊傑分冊主編，《中國文化新論：思想篇》二，台北：聯經出版公司，1982，頁99）。筆者無意誇大王明德「法天之學、自然之氣」法律思想的重要性，但至少以明清法律著作而論，王明德費心建構這套「法天之學」的法律批判理論則仍有其重要性，不宜略而不論。

31　《讀律佩觽》，頁517-518。

32　《讀律佩觽》，頁517-518。

33　《讀律佩觽》，頁530。

源式說明上。此外，他還將批判對象帶到中國歷代法典的演進上，一方面批評那些有違「天地自然之氣」的各朝代法律弊端，並論證那些足以充分展現「天地自然之氣」的歷代法典究係如何「隔代繼承」；另一方面則批判那些貶低「讀法者」為「蕭・曹刀筆吏、所學非同儒術」的誤解，並極力強調法律知識有如「法經」的重要地位。綜觀王明德的種種主張，其實已是一套結合法律「本質、起源」與歷史「演化」的法律批判理論。

第二節　訟師祕本與棉布訟案的法律推理

　　王明德在1670年代進行的法律批判，反映當時法學家對法律知識何以有重要意義的一種理論建構。但在法學家之外，包含商人在內的民眾，又是如何看待法律知識並與當時司法實務做互動呢？這當然是龐雜的課題，需要更多實證研究做驗證。本章只能挑選兩類文本做討論，一是十七世紀初年訟師祕本《折獄明珠》有關訟師協助商人訴訟的文書範本，二是十七世紀後半蘇州、松江地區發生幾件棉布業訟案所遺留下來的碑刻司法文書紀錄。針對這兩類文本，我將依序討論訟師代理商人打官司時所運用的修辭策略，以及地方各級官員在棉布訟案中用以審理裁決的法律推理（legal reasoning）。[34]

一、十五、十六世紀的商人打官司

　　在討論訟師祕本與商業訟案相關法律推理前，必須先對明清時代規範商人打官司的一些法條變動做些簡介。早在十六世紀初修訂完成的《弘治問刑條例》單刻本中，即曾以專門法條限制商人到京城打官司：「江西等處客人，在於各處買賣生理，若有負欠錢債等項事情，止許於所在官司陳告，提問發落。若有齎越赴京奏告者，問罪遞回。奏告情詞，不問虛實，立案不

---

[34]　「法律推理」可有廣、狹兩層含義，廣義指的是「法官在面對其所審理案件做成裁定之際，所經歷的種種心理過程」，狹義則主要指「法官在提出其判決結果時（通常是書面判決），用以支持其判決的種種論證」（參見：Martin P. Golding, *Legal Reasoning*, Broadview Press, 2001, p.1.）。由於歷史材料的限制，分析法官判決心理過程層面的廣義法律推理極為困難，本章所欲分梳的法律推理乃取其狹義者。

行」。[35]這是明代正式公布施行全國的法律條文，而其規範的重點，即是當時一群「江西等處」商人，因為經常赴北京打官司，造成官員不勝其擾，中央政府認為商人此舉有違當時禁止「越訴」的法律規定，因而特別制訂這條例文，明文禁止包含江西商人在內的商人越過該管衙門到北京打官司。

在萬曆四十年（1612）出版的《律例箋釋》中，王肯堂則考訂上開例文原出於明英宗天順年間（1457-1464）的「舊例之文」，同時，他還建議修改這條例文的文字以使規範內容更加精確：「賈客不止江西，江西亦非首省，似宜改此二字」。[36]雖然直至清雍正三年（1725），本條例文才由刑部律例館奏准將「江西等處客人」改為「直省客商」，[37]但由王肯堂修訂例文的建議看來，當時商人打官司現象仍然引起了法學家的注意。

法律條文所載江西商人經常到北京打官司的情形，也有其他史料可資佐證。十五世紀著名學者王士性（1436-1494），即曾記錄了他當時遊歷所見徽州與江西等地商人集體打官司的普遍風氣：「（休歙）商賈在外，遇鄉里之訟，不啻身嘗之，釀金出死力，則又以眾幫眾，無非亦為己身地也。近江右人出外，亦多效之」。[38]文中的「江右人」，指的即是江西商人。可見被中央政府法律明文禁止越訴打官司的江西商人，其實在好打官司方面，還是仿效當時徽州商人的「釀金出死力、以眾幫眾」打官司風氣。十六世紀汪道昆（1525-1593）在為眾多徽州商人作傳時，也記錄不少當時徽州商人外地經商涉及訴訟的情形，如寫朱節（字介夫）這位經商杭州的休寧屯溪商人生平事蹟時，汪道昆即寫道：「諸賈人苦二大猾，數以告訐橫索錢，對簿窮，則援（朱）介夫為信，介夫忼直自負，輒暴其罪狀譙之」，[39]這裡記錄的，正是一位勇於為同鄉商人出頭抵抗地方豪強勒索，而出席作證對簿公堂的徽州商

35　黃彰健編，《明代律例彙編》，頁855。

36　萬曆四十年出版了王樵、王肯堂合著的《律例箋釋》，此書在清康熙三十年（1691）由顧鼎重編再版並改名《王儀部先生箋釋》（影印清初重編刊本，收入《四庫未收書輯刊》第1輯第25冊）；王肯堂對江西商人條例文的考訂與批評，即可見於《王儀部先生箋釋》，卷22〈刑律：訴訟：越訴〉條例文，頁604。清代律學名家薛允升也轉引王肯堂此條修訂例文的意見（《讀例存疑（重刊本）》，冊4，頁982）。

37　（清）吳壇，《大清律例通考校注》，頁871。

38　（明）王士性，《廣志繹》，收入周振鶴編校，《王士性地理書三種》，新校本，上海：上海古籍出版社，1993，卷2，「兩都」部，頁276。

39　（明）汪道昆，《太函集》（據日本內閣文庫藏明萬曆19年（1591）序刊本影印，傅斯年圖書館影藏），卷28，〈朱介夫傳〉，頁15a~17b。

人。[40]證諸王士性所謂的「遇鄉里之訟，不嗇身嘗之，釀金出死力」、「以眾幫眾」，朱節的行事，正與此兩相呼應。

　　由十五到十六世紀，部分地域商人不怕或是習慣打官司的風氣，已是時人親眼見及的史實。同時，部分商人好打官司的風氣，甚至還直接影響到現行法律，連中央政府都被迫制訂專門法規限制商人越訴打官司。

　　那些「江西等處商人」勞師動眾到北京打官司，究竟為了何種訴訟案件？儘管目前案件檔案有闕，但由前述法條內容看，應是以債務糾紛為主要訴訟內容，該條法律開頭即寫道：「江西等處客人，在於各處買賣生理，若有負欠錢債等項事情，止許於所在官司陳告，提問發落」，這明顯是規範商人債務關係的法律條文。儘管沒有案例檢證這條法律保證商人財產安全的實際效果，但以法律論述的大方向而論，政府立法之際，並不抹殺商人提出要求保障債務安全，這則極為清楚明白。至於限制商人「越訴」，這也是當時適用全體民眾的司法訴訟程序，並非單獨貶抑商人的訴訟地位。[41]

　　民間債務糾紛也展現在明代法律的修訂內容上。嘉靖七年（1528）九月，一條由刑部奏准通過的〈費用受寄財產〉新例，即針對一般民眾的債務糾紛做了新規範：「今後有犯該〈費用受寄財物〉者，雖係親屬，與凡人一體坐贓論，減等科罪，追物還主，不須以服遞減」，[42]這條例文等於補強了該例所屬〈費用受寄財產〉的律文內容，將所有民眾不分有無親屬關係，一律置於〈費用受寄財產〉所保障受寄人財物的法律規範下。王肯堂不僅贊同此條例文，還對該例文的「立法主旨」做出解釋：「寄託財畜，多係親屬，若以服制減罪，則負者眾矣！故與凡人一體科之」。[43]王肯堂贊成此例文的

---

[40] 徽商不畏訴訟，甚至主動透過訴訟爭取權益的習慣，由明至清依然，這方面情形，可見：卞利，〈論明清徽商的法制觀念〉，《安徽大學學報（哲學社會科學版）》，23，4（1999）：頁70-76。

[41] 明代法律中特別標舉債務糾紛案件不得「越訴」的規定，仍有另外一條，規範對象即是包括商人在內的全有民眾。這另外一條法律，是附屬於《明律》〈戶律〉編〈錢債〉門〈違禁取利〉律的新增例文，該例規定：「凡負欠私債，兩京不赴法司，而赴別衙門；在外不赴軍衛有司，而越赴巡撫、巡按、三司官處各告理，及輒具本狀奏訴者，俱問罪，立案不行。若兩京別衙門聽從施行者，一體參究，私債不追」（參見：姚思仁，《大明律附例注釋》，卷9，頁451）。

[42] 黃彰健編，《明代律例彙編》，卷9，頁575-576。明嘉靖四十二年（1563）重刊的雷夢麟《讀律瑣言》，所記此條例文文字則已稍有出入：「親屬費用受寄財物，並與凡人一體科罪，追物還主，不須論服制遞減」（卷9，頁198），行文更為簡潔通暢，確是經過潤飾的例文，也可見到十六世紀間明代中央政府修訂法律的軌跡。

[43] 《王儀部先生箋釋》，卷9〈戶律：錢債：費用受寄財產〉例文，頁604。

主要理據，其實內含著以下的因果推論：他認為，當時社會上欠錢或是欠牲口財物不還的現象，多半發生於親屬之間，這是其推論的前提；而在此前提下，王肯堂認為，如果法律還依親屬欠債不還仍可按「服制減罪」的話，則結果便會是：「負者眾矣！」這是王肯堂支持這條嘉靖七年新例費用受寄財產「與凡人一體坐贓論」的主要論據，王肯堂的推論，其實已使用了某種類似於我們今日所稱的「經濟」理由，為了減少債務糾紛避免出現「負者眾矣」的現象，所以他支持「親屬費用受寄財物，並與凡人一體科罪，追物還主，不須論服制遞減」的新立法。

　　王肯堂以避免民間債務「負者眾矣」現象為理據，對這條法律文字進行釋義。在明清法學家中，像王肯堂這樣使用擔心「負者眾矣」這類「經濟」論證而考慮如何制訂法條文字的法學家人數，到底主流或非主流？這仍要再做探究。然而，當徽州、江西等地商人「以眾幫眾」進行包含債務糾紛在內的種種訴訟活動時，法學家如何解釋相關法律條文，相對而言，其實仍是比較間接的因素，[44]真能立即而明顯地幫忙商人打官司的，除了「以眾幫眾」的同鄉或好友之外，仍是當時人們習稱「訟師」的人物。

二、訟師祕本收錄商業訴狀中的法律修辭

　　晚明以降，江南即已是訟師最活躍與普遍存在的地區。[45]十七世紀江南訟師介入地方司法程度頗深，不僅人數可觀，且還出現外號「狀元」與「大麥」等高級訟師。[46]在明末以降的江南地區，訟師確已成為當地頗受注目的新職業。而隨訟師人數增多，人們對其評價也愈趨兩極化，正面評價訟師者，以「狀元、會元」或「能品」等讚詞稱揚之；而負面評價訟師者，則常

44　此處也可套用「長期、短期」的時間分析：從短期看，法學家詮釋並支持有利商人訴訟請求的法條，基本上是遠水難救近火；而從長期看，法學家影響修法而重塑當時影響商人訴訟的法律架構，則依然是很重要的因素。

45　明清訟師的活躍情形及時人對其社會地位的不同評價，參見：夫馬進，〈明清時代的訟師與訴訟制度〉，頁389-430；Melissa Macauley, *Social Power and Legal Culture: Litigation Masters in Late Imperial China*, pp.100-145.

46　（明）徐復祚，《花當閣叢談》，卷三〈朱應舉〉條，頁561。而人口有限的嘉定縣外岡鎮，在明末也出現人稱「狀元、會元」的大訟師，並還有被封為「能品」的許多知名訟師：「沈天池、楊玉川，有狀元、會元之號。近金荊石、潘心逸、周道卿、陳心卿，較之沈、楊雖不逮，然自是能品」（殷聘尹纂，《外岡志》，頁893）。

以「訟棍」貶抑之，某些方志編者甚至視其為一種地方禍源，如所謂：「吳中有三大蠹，一為訟師，民間凡有獄訟，出為謀主」。[47]姑且不論稱揚或貶抑訟師的言論孰是孰非，至少對十七世紀江南有意打官司的商人而言，當地訟師的普遍存在，總是商人面臨「買賣生理」過程中「負欠錢債等項事情」訴訟時，可用以維護自身權益的有用資源。

訟師如何幫商人打官司？除了各種合法、半合法或非法的手段之外，為商人代寫狀紙，是訟師所能提供的重要幫助。十六、十七世紀間，儘管因政府禁止涉訟當事人雇請「官代書」之外的代理人介入司法審判，訟師也在受禁止代理訴訟之列。這種禁令雖然無法防止訟師私下收費代打官司的趨勢，但畢竟妨礙了民間傳授訴訟技藝正式機構的建立與發展。不過，十六世紀以後廣為流傳的各種「訟師祕本」，[48]卻為傳播訟師技藝提供了方便之門。由訟師祕本內容，可對訟師如何協助商人寫狀紙等問題做些論證。以《折獄明珠》為例，這部訟師祕本即編列「商賈類」這門用以協助商人書寫訴狀的範本。針對「告合夥追本、告經紀吞錢、告經紀吞貨、告光棍假銀坑騙、告船戶盜貨」等五種個案，「商賈類」內容分為原告呈詞、被告訴詞以及蒐集或是揣摩得來的官員判詞等三方面文字範本，為有志訟師職業的讀者提供習作；此外，「商賈類」內容還為販木商人提供要求官府儘速放行木材完稅通過稅關等兩種陳情文書。[49]

《折獄明珠》除傳授寫作各類訟詞範本外，也重視通論性狀紙寫作的原理原則，[50]為了練成寫作「百戰百勝」狀詞的技藝，〈十段錦〉將狀詞標準結構區分為「硃語、緣由、期由、計由、成敗、得失、証由、截語、結尾、事釋」等十個段落，依序教導各段訣竅。在諸種訣竅中，也強調要準確地引用政府法律。[51]同時，部分訟師祕本的編者還將書寫狀紙比喻為行軍打仗：

---

[47] 乾隆《元和縣志》，收入《續修四庫全書》，卷10，頁107。列名所謂「吳中三大蠹」的蘇州訟師活躍情形，參見：夫馬進，〈明清時代的訟師與訴訟制度〉，頁406。

[48] 訟師祕本主要收錄法條、案例、關鍵法律用語與各類案件訴訟文書範本，夫馬進先生根據所收三十七種訟師祕本做過基本內容分析，參見：夫馬進，〈訟師祕本《蕭曹遺筆》的出現〉，頁460-490；夫馬進，〈訟師祕本的世界〉，頁189-238。

[49] 《折獄明珠》，明萬曆三十年（1602）序刊本，卷4，頁6-11。

[50] 《折獄明珠》分上、下兩層排版，上層收〈六律總括歌〉與田土、姦情、婚姻、人命等案件可用的法律套語，下層內容包括兩部分，一是摘述政府法律要義與書寫訟狀的原則；二是收錄狀詞、判語與執照範本。對《折獄明珠》編排方式與部分案例的分析，可見：邱澎生，〈真相大白？明清刑案中的法律推理〉。

[51] 「凡立此段，必要先將事情起止、前後精細，議論明白，按事而立。此硃語，或依律，或借意，必

「得其法，則如良將用兵，百戰百勝，無不快意。不得其法，則有司不准，終致反坐」，[52]這是將訴訟視為「勝」與「敗」的對決，而「百戰百勝」則成為訟師的努力目標。[53]而除了「百戰百勝」之外，所謂「妙手」的「妙」字，也是訟師祕本作者教導寫作狀紙時頗為留意追求的一個境界。[54]

　　然而，理想與現實之間總難免落差。儘管訟師祕本編者將「百戰百勝」與「始稱妙手」列為努力目標，但真要博得當地人稱「會元、狀元」的訟師名聲，恐怕也絕非單憑通讀訟師祕本即能獲致。以下以《折獄明珠》「商賈類」所收五樁商人訟案以及兩件木商陳情文書為例證，分析《折獄明珠》收錄商業訟案的司法文書範本究竟如何運用各種法律修辭。

　　《折獄明珠》「商賈類」五樁商人訟案，分別是販魚商人控告合夥同伴於販魚途中捲款潛逃、賣糖商人控告蘇州牙行侵吞糖貨、賣鐵商人控告牙行盜賣貨物、賣布小商販控告顧客使用「銀面包銅」的偽劣貨弊、布商控告船戶於委託運送途中盜布潛逃。至於兩件陳情文書，則都是代替木商寫呈，主要都是請求主管稅關官員親至現場核查以加速木料通關程序。

　　由《折獄明珠》「商賈類」所收兩件陳情書看來，木商藉以訴求的最關鍵文字，都與商人生計與政府稅課有關，其主要文句分別是：「朝夕徬徨，□（按：原文缺一字）天矜恤，曲賜轉移。俾得上完國課，下保殘貲，上告」，以及「身家切係，國課攸關。是以望切雲霓，伏乞俯舒引領，軫念下情，即賜親丈」。[55]商人保護自身財產的「身家切係」與「下保殘貲」等訴求，被直接連繫到商人繳納賦稅對「國課」的貢獻，這是訟師在兩份商人陳情書中建構的一種相同論證方式。

　　而五樁商業訟案文書中所使用的關鍵文句，則因案件情形不同而有較多差異，難能一概而論，但由所錄官員審判文字而論，仍有一些判決時常用的

　　要與第八段截語相應，始稱妙」（《折獄明珠》，卷1〈十段錦〉）。

52　《折獄明珠》，卷1〈十段錦〉。

53　部分訟師祕本傳遞的這種「百戰百勝」理念，也意圖之外地因為明清審轉制度的加嚴加密而得到更好的制度性支撐，此間關連性可參見本書第三章第三節的相關分析。

54　如《法家須知》以小說筆法描寫明宣德年間訟師朱顯的事蹟時，即有如下形容：「家甚貧，乃博古通經之士也。無可度日，專代人作詞狀，但人之求者，無有不勝，中間曲折婉轉，妙不可言」（（明）野叟，《法家須知》，〈外附奇狀六條：作狀被訪〉），正是兼用「無有不勝」與「妙不可言」兩詞句形容本領高強的訟師。

55　《折獄明珠》，卷4，頁10-11。

法律修辭：如第一樁販魚商人吳計控告合夥同伴陳清於販魚途中捲款潛逃案例，審案法官的判決文字有謂：「同行同命，（陳）清則先回，而（吳）計獨留後，又未能釋然于人心。合究前銀，以正律法」；第二樁案件是賣糖商人耿文控告牙人朱秀；第三樁案件為賣鐵商人鄧鳳控告牙人丁端，兩案都是客商與牙行之間的債務訟案，前案是糖商告牙行賣糖不交貨帳：「議限十日帳完，延今半載無取，孤客牢寵，號天追給，上告」，後案是鐵商告牙行賣鐵不交貨款：「婉取則推張、推李，急取則加辱加刑，遭此冤坑，坐斃性命，情苦徬徨，乞天剪究，上告」。兩案原告狀紙不約而同都以「孤客牢寵，號天追給」、「情苦徬徨，乞天剪究」強調了客商的無助，以此哀求官員協助追回財貨。而兩案官員的判決文字，則分別是：「惡令無恥棍惡一概鯨吞，而俾異鄉孤客纍纍然如喪家狗耶！理合追還，疏通客路，朱秀量問〈不應〉」；「客人有貨，主家須要擔當；鋪戶無錢，經紀豈應出貨！某等之脫騙客貨，是丁端誤之也。理合賠還，無得異說」。[56]分析兩案官員的法律推理，前案官員主要以「疏通客路」為論據，而後案官員則強調牙行作為中介商人，有義務要善盡第三人責任，若買賣對手「鋪戶無錢」，則經紀牙行「豈應出貨！」大致界定牙行在客商與鋪戶交易過程中應負連帶的保障交易安全責任。

第四案原告是一位鄉民帶著自家所織棉布進城做筆零星小買賣，在市場裡碰到位使用假銀兩買東西的鄭姓人士，在一時不察以棉布換回假銀後，鄉民「哀求更換」，但鄭某「執布不還」，訟師代此鄉民做狀時宣稱：「荒年遭騙，一家絕食，苦口含冤，上告」。被告鄭某也有狀紙，詞稱：「切思人非異面，市屬通衢，法禁嚴明，誰敢行詐，乞剪刁風，不遭枉騙，上訴」。官員的判決包括如下推理：在調查到鄭某素行不良乃「市中翼虎」後，官員指責鄭某以前即有「假銀買布，剝削害民」的惡行紀錄，而此案發生地點雖然是如被告所言「市屬通衢」的公開場所，眾目睽睽，本應不易行詐，但是，「以市棍而遇鄉民，或明欺故騙耳」，也就是說，官員推論鄉民質樸因而不敵市棍的欺騙。[57]

---

56 《折獄明珠》，卷4，頁7、7-8。〈不應〉為律條名稱，指《明律》〈刑律〉編〈雜犯〉門〈不應為〉律，律文為：「凡不應得為而為之者，笞四十（原註：謂律令無條，理不可者）；事理重者，杖八十」（見：《大明律》，懷效鋒點校，新校本，頁205）。
57 《折獄明珠》，卷4，頁9。

　　第五案則是布商李雪控告船戶張風於承載布匹途中「沿途盜賣」，李雪在船行間察覺而提質問，張風竟威脅李雪：「身在伊船，財命任由佈置」。被告張風則以訴狀反控李雪圖賴行船運費：「刁客僱船載貨，議至某處交卸，舡價十兩，付三存七，餘約抵岸，方行湊足。豈意刁商中途架身盜貨。不思貨有稅單可查，指盜何贓可據。叩天算追舡價，電誣超貧，上告」。面對兩造所指控的不同內容，官員在開庭「研審」相關證詞後，認定張風反控李雪「船價不償」為虛詞，「殊為可恨」，最後判決結果為：張風「合以盜賣他人物業者，計贓擬徒。其貨物，理合追還」。而值得注意的是，在官員寫判決文字時，主動提及布商的處境：張風「半途貨魊賣，李雪幸覺，此天道之所不容者也」。[58]前及幾案中的商人原告，常會在狀紙中強調自己處境之可憐，但收於李雪告張風這樁訟案文書中的〈劉公審語〉，則主動運用「天道之所不容」的強烈語詞，藉以形容商人經商過程所受到到的不公平對待。

　　我們可以懷疑《折獄明珠》等明清訟師祕本中的原、被告狀紙與官員判決等文字存在不少「虛構」的內含，[59]但是，除非訟師不想打贏官司，否則其收錄文書範本中「虛構」的情節結構，便不能太有違於當時常見的商業習慣以及法官常用的法律推理。職此之故，訟師祕本出現的訴訟當事人與判案官員名字可能虛構，甚至文字描述也可能已與原始案件經緯有所差距，但是，其範本文字採用「天道之所不容」等強烈詞句形容商人經商的辛酸委曲，則仍可能是當時常用的法律修辭，值得注意。

　　不僅如此，運用「天道之所不容」形容商人財貨受到不法侵害的修辭，並非僅是在訟師祕本中出現的特例，明代萬曆年間（1573-1619），李樂在描述地鄰蘇州府的湖州府屬烏鎮、青鎮客商與牙行糾紛時，即也使用類似語句形容客商所受牙行侵欺之可憐情境：牙行「主人私收用度，如囊中己物，致（客）商累月經年坐守」，「這商貨中間，又有借本置來者，舉家懸望，如合負了他？負了他，天不容，地不載，世間極惡大罪也。余目擊心傷」，[60]

58　《折獄明珠》，卷4，頁10。
59　夫馬進先生即認為：晚明以來「訟師祕本」實以《蕭曹遺筆》這部書為最早的原型，影響所及，《折獄明珠》也是基本承繼著《蕭曹遺筆》的體例，書中收錄「訟案」中出現的司法官員其實經常是虛構的人物，參見：夫馬進，〈訟師祕本《蕭曹遺筆》的出現〉，頁460-490。但筆者以為人名可虛構，而敘說訟案故事的情節結構，則仍常能反映當時實際。
60　（明）李樂，《續見聞雜記》，卷11，第29條。

這是十六世紀一位江南士人對當地客商的深切同情，不約而同地，他也使用了「天不容，地不載，世間極惡大罪」這樣字句，用以強調牙行侵欠客商財貨的深可痛惡。

　　不只訟師祕本與地方士人用「天道之所不容」或是「世間極惡大罪」等強烈辭句強調商人財貨不該受到侵犯，十七、十八世紀之交的福建巡撫張伯行，也曾以「誰憐越陌度阡、目斷家園於異國？遂使本虧貨折，淚灑憫救之無門，種種弊端，深可憐惻」等極富感情的文句，表達他對商人處境的同情。[61]沒錯，我們很難客觀評估十七世紀官員重視商人財產安全的普遍性，但若將李樂、張伯行等同情商人處境的言論與禁令，與《折獄明珠》以「天道之所不容」判決李雪勝訴的官員判詞合起來看，我們還是不該忽略當時部分官員以鮮明語句強調商人經商與財產安全不容侵犯的史實。

　　《折獄明珠》「商賈類」範本固然只是訟師練習訴訟文字攻防的教材，其中相關的人名、地名可能是「虛構」的文字，但是，這些教材記載諸如「客人有貨，主家須要擔當；鋪戶無錢，經紀豈應出貨」這類有關商業風險如何畫分「過失、責任」的問題，則極可能反映當時法官確實承認民間通行的商業習慣，這種商業與法律的「情節」，應該不屬於訟師祕本編者「虛構」的範圍，其真實性應可肯認。此外，訟師祕本訴訟範本所使用的「上完國課，下保殘貲」與「身家切係，國課攸關」等陳情訴求，以及用「天道之所不容」強調商人經商財貨不該受船戶侵犯，拿這些語句去印證前述江南士人李樂或福建巡撫張伯行用以表達同情商人處境的言論與禁令，更可證明訟師祕本所運用的這些法律修辭，其實都足以反映十七世紀中國用來處理商業訟案時常見的一種法律推理。

三、蘇州、松江地區棉布訟案中的法律推理

　　比訟師祕本記錄審判案件更「真實」的，是當時以碑刻形式留下的審判紀錄摘要，以下將把法律推理問題帶到對十七世紀蘇州、松江地區官員有關

---

[61] 福建巡撫張伯行在其於清康熙四十六年（1707）就任之初，即於省城「開期放告」，而在「披閱所屬呈詞，所控負欠客債者甚多」之後，隨即頒布〈嚴禁牙棍扛吞示〉，他除了明令保障商人財貨安全之外，也明確指出商人經營的辛苦：「為商賈者，出其汗，積微資，越境貿易」，參見：（清）張伯行，《正誼堂集》，收入《三賢政書》，卷5，頁32。

棉布訟案司法文書的分析上。清順治十六年（1659）四月，蘇州、松江地區三十七家布商字號，聯名將官府頒發的〈蘇松兩府遵奉撫院憲禁明文〉刊刻碑石，這份碑文轉載了蘇松地區各級官員為棉布訟案做成的幾件判決書摘要，該件訟案起因於「奸牙沈青臣假冒三陽號記，私刊刷（布）」，作為仿冒商標受害者的眾多棉布字號商人，到兩個不同衙門對沈青臣提出告訴。一是松江府的「金三陽」字號商人到「奉欽差巡撫江寧等處都御史」衙門控告沈青臣仿冒棉布商標，欽差大人隨即發文蘇州知府：「仰蘇州府立提，限三日連人解報」；二是由蘇、松兩府布商朱嘉義、朱金蘭、查弘義等人聯名到江蘇巡撫衙門以「虎牙恣偽亂真事」控告沈青臣，江蘇巡撫下令蘇州知府「仰府嚴究，速解報」。蘇州知府很快傳齊被告、原告與相關人證，調查清楚後，蘇州府將調查與審理結果一併送呈江蘇巡撫，江蘇巡撫做成最後判決：「據詳，『金三陽』字號歷年已久，乃沈青臣勾同別商，射利假冒，奸徒技倆，真難方物矣。念經悔過，處明歸還，姑不深究外，該（蘇州）府仍行嚴飭永禁，不許再行混冒，致起各商釁端」。[62]

在江蘇巡撫做成上述裁決後，松江地區布商又請求將這份發給蘇州府的公文同時移文到松江府，以便一體執行此裁決。這份陳詞說明了當時棉布字號商人的生產銷售方式：「（金三）陽等，布店在松（江府城），發賣在蘇（州府城），且牙行亦多居松」。[63]布商之所以要說明他們在松江府生產棉布、蒐集棉布而到蘇州府開店販賣棉布的產銷組織，主要是為強調自己在蘇州府取得勝訴後何以仍有需要移文松江府的合理性。

江蘇巡撫同意布商請求，下令蘇州府將裁決結果移文松江府。松江府接到移文後，也為金三陽等棉布商人頒發一道可供「勒石示禁」的公文：「為照：商賈貿易布匹，惟憑字號識認，以昭信義，是處皆然，毋容混冒」，「為此，仰府屬布牙知悉，自禁之後，各照本記字號印刷貿易，不許仍前構通混冒，致起釁端，取究未便！」這等於承認棉布市場上以布料所縫「字號」區別品牌的商業習慣，具有不容冒用的法律保障效果。這次訟案與相關禁令固然未列為全國通行的法律，但至少在十七世紀中葉的松江、蘇州地區，這已成為一個將「自生自發」商業習慣連結到地方政府公告法律規範的

---

62 上海博物館編，《上海碑刻資料選集》，上海：人民出版社，1981，頁84。
63 《上海碑刻資料選集》，頁84。

典型案例。

蘇州府為本案所做判決文，被部分地保存在這份順治十六年四月的〈蘇松兩府遵奉撫院憲禁明文〉碑石上，其中有云：

> 為照，眾商各立號記，上供朝廷之取辦，下便關津之稽查，取信遠商，歷年已久，向有定例，不容混冒。何物奸牙沈清臣，敢於壟斷居齊，私翻摹刻，以偽亂真，丑布射利，以致同商駢控。今三陽之字號，原歸金姓，竊號之青臣，業經創懲。但邇來奸徒險猾效尤者，藏奸巨測，為此，奉憲給帖眾商，永為遵守，勒石通衢，志為定例。今後商、牙，各守各業。如有奸牙地棍，覬覦字號，串同客賈，復行假冒，起釁生端，上誤國課，下病商民，許即指名報府，以憑立拿究撫院，正法施行，決不輕貸！[64]

「上誤國課，下病商民」，成為這位蘇州知府禁止冒用棉布字號的重要論據，而由這份判決文書末尾思欲防阻「奸牙地棍，覬覦字號，串同客賈，復行假冒」看來，不同棉布商人間的商業競爭真是十分競烈，這其實反映了十七世紀松江、蘇州棉布市場的基本格局：牙行、客商、字號商人三者間，彼此既常合作，而又時相競爭。

當時棉布業商人有以地域區分不同商幫的現象，牙行人數以本地人居多，客商則以徽州、山陝、洞庭、福建商人為大宗；至於字號商人，在清初原以徽州商人和洞庭商人各擅勝場，但至康熙年間，則徽州商人已更居領導地位。[65]只是，在競爭激烈的棉布市場上，商幫團體並無能力限制市場競爭，客商攜鉅款至松江、蘇州買布，進而行銷全國。字號商人則憑優良棉布品牌，以搶接客商訂單；但是，有企圖心的牙行，仍可設法吸引客商搶奪字號商人生意。更何況，字號商人彼此間競爭客商訂單，也總屬勢所難免。激烈競爭中，品牌乃日益成為影響棉布市場中買方訂單數量與賣方出貨占有率的關鍵。理解這個商業背景，也就能更清楚順治十六年〈蘇松兩府遵奉撫院憲禁明文〉記載商業訟案中的「金三陽」品牌為何可成為原告的爭執焦點；而沈青臣之串聯部分客商「壟斷居齊，私翻摹刻」金三陽的品牌棉布，也顯

64　《上海碑刻資料選集》，頁85。
65　范金民，〈清代江南棉布字號探析〉，《歷史研究》，2002，1（2002），頁91。

得更加勢使之然。

　　上引蘇州知府的判決書中，很可能採納了摘自「金三陽」等原告棉布商人狀紙中的詞句，從而把棉布字號商人「號記」扮演的角色，提到頗重要的地位：「眾商各立號記，上供朝廷之取辦，下便關津之稽查，取信遠商，歷年已久，向有定例」。無論是否是官員心中真意，至少，蘇州知府使用這段結合「朝廷取辦、關津稽查」與「取信遠商」的判決文字，這等於是呼應了前述「上誤國課，下病商民」的論據，而國家賦稅收入與商人營業安全之間的關係，也再次被直接連繫起來，成為十七世紀官方判決商業訟案中所使用的一種法律推理。[66]

　　康熙三年（1644），一些松江府屬棉布牙行，聯名控告少數假借官府名義強編牙行承值供布的自稱「小甲、月首」的特權牙人，得到當時江蘇巡撫的支持，從而禁革日後再有自稱小甲、月首人等非法擾害棉布牙人與客商。康熙九年（1670），「批發布牙」劉純如、張斌候、姚辛等人呈請地方長官重申康熙三年官方禁革小甲、月首的法令，並准其刻石立碑。在陳情書書中，這些松江布牙商人又搬出了類似訴求：「松屬海隅，惟賴民間布匹，標商貿易，上□（按：原文缺一字）國課，下濟民生」；[67]康熙十一年（1672）六月，正式刻立了〈奉憲勒石禁革索貼擾害碑記〉，文中記錄了松江府屬各級長官保障這些批發布牙權益的文字，諸如華亭縣知縣所頒公文有如下內容：「松（江府）屬所產惟布，其所以上完國賦，下資民生，賴此商賈貿易」；婁縣知縣的公文很獨特，上面竟有對話體：「傳集原呈張斌候、姚達等到縣訊問：『你們到大衙門具這呈紙，想是還有不遵依的麼？』張斌候、姚達齊供：『沒有』。問：『你們但要勒石，還有甚麼別說？』又供：『沒有別說，只恐日久弊生，又復照舊，所以小的□（按：原文缺一字）求勒石杜患』」。這位婁縣知縣在由對話體轉回書寫體裁後，做成如下結論：「事關恤商美政，相應允其所請，聽從勒石通衢者也，等因」。松江知府也在上海

66　有學者也以十七世紀松江、蘇州這兩份涉及棉布「字號」的碑刻資料為基礎，指稱其可反映當時中國商人的「商號權」，並謂其內容足以拆解成「使用權、轉讓權、專有權、變更權、依法請求保護權」，參見：孫麗娟，《清代商業社會的規則與秩序》，北京：中國社會科學出版社，2005，頁148-149。事涉與近代歐洲各國不同時期以及不同國家或地區商法的比較，實在難以判斷，略誌於此，謹供有興趣的讀者進一步參考。

67　《上海碑刻資料選集》，頁90。

知縣、青浦知縣分別表達同意呈詞意見後，接著做了裁定：「恤商既屬美政，去害務絕根株」，從而批准了這群「批發布牙」的陳詞。

　　特別值得注意的是，無論是順治十六年的棉布字號仿冒牌記訟案，或是康熙初年棉布牙行呈請禁革強編「小甲」，這些司法行政事務都係屬於當時分類為「錢債、市廛」的「州縣自理」商業訟案，原本只要州縣官處理即可，但卻同時由巡撫等省級長官下令交辦，要求所屬知府與數個縣份的知縣分級審理或是表示意見。由蘇、松地區各級官員處理棉布商人經商請求的兩椿實例看來，其涉及官員層級之高，實在很難說該時該地的地方官員忽略商業訟案。而地方官員對棉布商標牌記商業習慣的充分承認，更是令人印象深刻。

　　由兩椿棉布訟案文書或是示禁文書內容看來，文書中訴求的重點，由避免「上誤國課，下病商民」，到「恤商既屬美政，去害務絕根株」，這中間的遣詞用字實在具有很高的共通性，這清楚反映十七世紀中晚期松江、蘇州官員審理棉布訟案與處理商人陳情時，其所應用的關鍵法律推理，已出現將商人對財政貢獻連繫到保護商人經商權益的某種基本論證格局。若再配合前述十七世紀初年成書《折獄明珠》「商賈類」訟案與呈詞文字中的「身家切係，國課攸關」等訴求綜合做考察，則這些證據都表明十七世紀江南地區在商業訴訟與商業行政中，已在有益國家賦稅與保障商人財產的訴求之間，發展出相互加強的正面連繫關係，這不僅於判決中用以強化商人勝訴的正當性，更清楚成為當時司法文書慣用的一種法律推理。

小　結

　　本章首先以王明德成書於清康熙十三年（1674）左右的《讀律佩觿》為討論焦點，分梳王氏如何以「法乃天下之公」為主軸觀點，既批判當時司法界「日為記功自負」的現象，又藉以呈顯法律乃是仿效「自然之氣、自然之數」的「法天之學」，從而強調法律在知識來源上的神聖性。同時，王明德還以「法天之學」的法律神聖性，批判中國歷代法典的優劣得失，從而提出一種中國法典「隔代繼承」的法律演化觀。法律知識的神聖性以及法律知識

的演化觀，構成了王明德「法天之學」這套法律批判觀點的基本內含。

　　至於明萬曆三十年（1602）前後成書的《折獄明珠》，以及清順治十六年（1659）、康熙十一年（1672）間蘇州、松江地區的幾份碑刻史料，也可對其中的法律文書與行政告示進行分析。由這些廣義的司法文書看來，無論其內容究竟是由職司審判工作的官員發布，或是由訟師祕本作者所擬作改寫，這些司法文書都在處理商業訟案或商業糾紛中，有意識地建構一種強調「恤商」可以有益「國課」的因果關連性，這可謂是當時頗為明確的一種法律推理。

　　從法律變遷的角度看，十七世紀中國其實是個多元而豐富的時代。王明德將刑、曆、樂並列為「法天」之學，直指「律例一書，乃治世體要，非據理空談，古人謂之『法經』」，強調「禮、法殊分，實相長而並峙」，並宣稱「法乃天下之公，即天子亦不容私所親」，在在顯示當時法學家極力提高法律地位的企圖心。而十七世紀後半蘇州、松江地區地方官員在審判與裁決文書中，結合「恤商美政」與「有益國課」的法律推理，更是當時經濟與法律互動的具體展現。這些法律批判與法律推理的出現，其實也可反映十七世紀後半中國歷史變遷的一個重要側面。

　　在十七世紀初年成書的《折獄明珠》「商賈類」商業訟案文書範本之中，出現了以「天道之所不容」強調商人財貨不容侵犯的法律訴求；十七世紀後半，清初蘇、松地區棉布訟案文書則正式使用了「恤商」有益「國課」的法律推理。而在此同一世紀中，則有十七世紀七〇年代王明德以「法乃天下之公、法天之學」建構的法律批判。然而，回到本章開始時所引吳承明先生對十六至十九世紀中國社會、經濟有發展而政治、法律無變遷的提問，面對這個筆者簡稱為「雙元格局」的提問，透過本章分梳十七世紀有關法律批判與法律推理的一些個案，下面將續對當時中國未能出現「保障私有產權和債權的商法」課題做些申論。

　　有關十六至十九世紀之間中國沒能出現「商法」的問題，對一般人而言，至少含有以下兩個相互關連的假想或推論。一是當時中國因為不重視法律知識或是經濟不夠發達而未能出現商法，二是歐洲因為重視法律知識或經濟發達而能出現「商法」。第二個問題涉及近代歐洲「私法」（private law）與「商法」（law merchant）的不同發展途徑，我所知有限，但也要指出：如果

真要將「商法」理解為足以「保障私有產權和債權」的一套法律體系，則其在歐洲真正開始出現的時間，也大約是自十八世紀後半葉之後；而且，英國情形主要透過Lord Mansfield在其大法官任期內（1757-1788）以商人出任陪審團成員等系列司法改革所建立的商業判例而啟動，[68]而歐陸則基本上依循濫觴於十八、十九世紀之交頒布各種民法典的立法原則，從而制訂各種商業法律。[69]兩種路徑也不宜一概而論。

以本章討論對象的主要時間而論，拿十八世紀後半歐洲才逐步發生的「商法」現象來探究何以十七世紀中國未出現「保障私有產權和債權」的商法，有些不切實際。因此，我這裡要討論的是第一個假設或推論：因為不重視法律知識或是經濟不夠發達，所以中國未能出現商法。而有關明清中國經濟是否不夠「發達」？近年來已有幾部專書做了更講究比較方法的分析，其結論大體認為：直至進入十九世紀初期以前，明清江南的經濟發展並不遜於同時期的西歐國家。[70]因而，是否是經濟不夠發達而導致「商法」未能出現於明清中國？這個問題的前提假設，本身即有不小問題。

至於有關明清中國是否因為「不重視法律知識」而未能於十八世末葉出現「商法」？這問題倒是值得多做分辨，筆者在本章提供十七世紀中國法律批判與法律推理的三類個案，應可對此問題做較直接的回應。

在十七世紀中國，對法律知識漠不關心或是評價不高的言論與心態固然很多，但強調法律知識重要性的言論亦復不少，其內容反映當時人們高度評

68　David Lieberman, *The Province of Legislation Determined: Legal Theory in Eighteenth-century Britain.* Cambridge: Cambridge University Press, 1989, pp.88-121.只是，與司法改革同時併存的，則是十七、十八世紀倫敦城市地區法官收錢受賄影響判決之普遍，這現象引發當時民眾的極度憤慨，論者有謂：「十八世紀倫敦城市法官，已是貪污腐敗的代名詞（a byword for corruption）」（參見：Norma Landau, "The Trading Justice's Trade," in Norma Landau ed. Law, Crime and English Society, 1660-1830. Cambridge: Cambridge University Press, 2002, p.46.）

69　維亞克爾（Franz Wieacker），《近代私法史：以德意志的發展為觀察重點》，陳愛娥、黃建輝譯，台北：五南圖書出版公司，2004，頁309-329。

70　經濟夠不夠「發達」？其實是個比較而論的相對性問題，既涉及不同地區在同一時間內的比較，也涉及相同地區在不同時間的比較，不該泛泛而論，特別是不宜再將十九世紀以降中國經濟的「落後」上推到十八世紀以前歐洲經濟的「進步」。這般不問比較對象在時間、空間上的差異，而只簡單以成敗論英雄的舊見成說，近年來受到不少明清經濟史家的有力批判，參見：王國斌，《轉變中的中國──歷史變遷與歐洲經驗的局限》；李伯重《江南的早期工業化（1550-1850）》，北京：社會科學文獻出版社，2000；彭慕蘭（Kenneth Pomeranz），《大分流：中國、歐洲與現代世界經濟的形成》。

價法律重要性的事例，令人印象深刻。王明德是很有代表性的例子，雖然他宣稱「法乃天下之公，即天子亦不容私所親」其實有些空想，在當時君主權力在現實上幾乎不面臨任何有力挑戰的制度條件下，這種言論顯得頗為迂腐，但由王明德擬定的「讀律八法」，以及他在《讀律佩觽》〈本序〉中並列「刑、曆、樂」為「法天」之學、將法律起源拉到孔子作《春秋》與子產鑄刑書、由歷代法典發展建構一套法律內容體現「自然之氣、自然之氣」的「隔代繼承」法律史觀、強調「禮、法殊分，實相長而並峙，則律之為律，固百世不刊之典、古聖王不易之軌度」等有關法律批判的內容看來，仍然具體呈顯當時中國法學家如何大力提升法律知識的重要性。

　　王明德絕非特例，另外有位徐文青，他也極愛好閱讀法律：「自為諸生時，即嗜讀律。瀾翻背誦，雖專門名家不逮。既舉孝廉，官中翰，所至，必以律自隨」。不僅如此，徐文青任官刑部後，更經常與朋友討論法律精義：「據律斷事，益伸其志。其同修律例也，每樹一議、設一難，或援彼以喻此，或沿流以討源，無不疏通證明，折衷至當」。[71]同時期的刑部官員徐宏先也有類似態度：「自入律館，追陪修律之列，夙夜冰兢，夙夜惶恐，寢食於律例之中」。而何以徐宏先如此認真研讀法律？他自己即有答案：「修律，則事關千秋，日日遵行，開一條，即活千萬人；刻一條，即殺千萬人。修之當，其功甚大；修之不當，其罪不小。嗚呼！可不懼哉！」[72]這裡已是一種親身參與修法與立法活動者對法律知識重要性所展現的強烈自覺。

　　然則，問題應該不在於十七世紀中國是否也重視法律知識，而是人們所以重視法律知識的價值觀，究竟能否順利地連繫到有利於在中國出現「保障私有產權和債權」的「商法」？

　　王明德出版《讀律佩觽》後，隨即有盛魯得撰《讀律辯訛》做辯駁。趙俞在〈《讀律辯訛》序〉上，透露了十七世紀一批同樣重視法律知識的人們究竟與王明德有何種不同的法律價值觀。在稱讚《讀律佩觽》有益解讀法條難懂文義後，盛魯得批評王明德的「法乃天下之公」論述：「夫刑者，聖人仁天下之大法；而律也者，則義理之權衡也」，「天下固有持廉秉公，而不得其平者矣！無他，好作聰明而恣行妄臆，權衡一爽，大法倒置。每以生人

71　（清）張玉書，〈《刑書纂要》序〉，收入《皇朝經世文編》，卷90〈刑政〉一，頁2下。
72　（清）徐宏先，〈修律自愧文〉，收入《皇朝經世文編》，卷91〈刑政〉二，頁2下。

之意，出為殺人之具，其初不過逞一時之見、伸一己之說，而不知其貽禍烈
也。夫用刑之失，其所失猶止在一事耳；況乎講讀律令，筆之于書，傳之于
世，其流弊又何所底耶！」盛氏的主張是，當司法官員只強調「公平」而
忽略「生人之意」時，則法律即可能淪為「殺人之具」。針對盛魯得的「生
人之意」與王明德的「天下之公」不同法律主張，趙愈則試做調和：「《辯
訛》之作，其王氏之諍友，而律家之功臣也歟！」[73]意思是兩種主張各有其
道理。

　　王明德強調的法律核心價值，偏重在「公平」；而盛魯得則偏重於研讀
法律者要更加具備「仁慈」之心。簡言之，盛魯得強調的是「仁慈」在法律
知識體系中的優先性。而趙愈之所以認為王明德與盛魯得的著作其實同是
「律家之功臣」，其實即是同時強調「公平」與「仁慈」在法律知識上的重
要性，這正反映當時法律知識體系內部的兩種核心價值，對趙愈而言，兩者
同樣重要，但至於孰先孰後，恐怕即是閱讀、解釋與執行法律者的臨事權衡
問題。

　　由現有資料看來，「仁慈」派可能是當時的法學主流。有關「仁慈」作
為法律的核心價值，徐宏先有極具體的鋪陳：「律文至細，律義至深，有一
句一意者，有一句數意者；有一字一意者，有一字數意者，總是一片哀矜
惻怛之心，不欲輕致民於死之意也」。[74]徐宏先所提「總是一片哀矜惻怛之
心，不欲輕致民於死之意」，正是以「仁慈」作為法律的核心價值，在當時
強調法律知識重要性的人們中，這種看法應該仍是主流。至於王明德強調
「聖賢立教，惟有一中，中則洞洞空空、不偏不倚，何有于功德」，甚至宣
稱「法乃天下之公，即天子亦不容私所親」，這種強調「公平」優先性的主
張，可能仍是人數較少的非主流。但無論「仁慈」與「公平」在法學價值中
孰占優先地位，這才是主宰當時中國法學家的關鍵課題。

　　若拿一百年後英國「商法典」（the commercial code）的發展實例做比較，
更可看出十七世紀中國法學家們論辨「仁慈」與「公平」孰先孰後問題的特
殊性。

　　在Lord Mansfield擔任英國「王座法庭」（the Court of King's bench）法官的

73　（清）趙愈，〈《讀律辯訛》序〉，收入《清朝經世文編》，卷91〈刑政〉二，頁2下-3上。
74　（清）徐宏先，〈修律自愧文〉，頁2下。

三十年間（1757-1788）以前，英國的商業訴訟其實也常被時人批評為不能得到法官的合理判決。而Mansfield大法官的貢獻，則是他經常徵詢倫敦商人對司法個案所涉及商業經營的專業意見，並將這些徵詢結果結合到他自己對有關著作權（copyright）、匯票（bill of exchange）、本票（promissory note）、保險等商業行為運作的整體性看法中，從而透過各種具體判決，有意識地去發展一套有關「商人之法」（law-merchant）的法律體系，他企圖建立的是一套「能為人易學易記」（easily learned and easily retained）的商業法律原理（rules）。有意識地追求所謂「清晰明確的通則（general principles）」，正是Mansfield所以能開創十八世紀後半英國商法典實質進展的原動力。[75]由此實例做比較，則無論是王明德法律批判重視的「法乃天下之公」，或是十七世紀其他中國法學家更強調的「一片哀矜惻怛之心」，這類「仁慈、公平」孰先孰後的辯論，與十八世紀後半英國法官試圖建立「清晰明確的通則」的努力方向，兩者頗不相同。

　　英國Mansfield法官所關心的以「清晰明確的通則」來建立一套「能為人易學易記」的商業法律原理，正與十七世紀中國法學家有關「仁慈、公平」孰先孰後的關懷構成有意義的對比。王明德、徐文青、盛魯得、徐宏先等人，雖然也重視法律知識，但建立一套「能為人易學易記」的商業法律原理，卻不是當時「公平、仁慈」爭議所欲包含的法律議題，即便是王明德提倡的「法天之學」與「自然之數」，也不一定能轉化成對商業法律建立「清晰明確通則」的努力，這是不同地區、不同時代法學家以不同模式展現法律知識重要性的方向問題，而不是誰比誰更重視法律知識的問題。

　　大體上看，儘管十七世紀以後中國江南等地區有更多法官與訟師介入數量眾多的商業訟案，但上述存於不同地區、不同時代法學家內部如何關懷法律知識重要性的方向差異，確實會影響商業法律的發展模式。若說十七世紀中國較難出現英國十八世紀後半的「商法」發展模式，這是合理的推論，但要說當時中國並不出現「保障私有產權和債權」的商業法律，則此語便有些含混，較難反映當時江南地區官員處理商業訟案的實際情形。

　　由十七世紀訟師祕本與蘇、松地區棉布訟案中的法律推理看，當時法律

[75] David Lieberman, *The Province of Legislation Determined: Legal Theory in Eighteenth-century Britain.* p.95, pp.104-119.

知識與司法體系在面對商人產權與債權保障問題時，在某些商業發達的城鎮裡，仍是曾經做出有意義的回應。《折獄明珠》商人訴訟範本出現「上完國課，下保殘貲」與「身家切係，國課攸關」等商人陳情訴求，以及「天道之所不容」等強調商人財貨不容侵犯的判案文字，不一定只是訟師祕本為寫作商人訴訟狀紙而提供的範本文字，若將這些強調商人經營辛苦與財產安全不容侵犯的語句，結合到晚明以來日益普遍的「厚商以利農」種種士大夫建言與政策主張，[76]則訟師祕本所用的「上完國課，下保殘貲」等法律修辭，便絕非孤立的現象，而是反映訟師對當時保護商人財產與商業「利益」種種流行術語與觀念的借用或「挪用」。至於十七世紀後半蘇、松地區棉布訟案與官府示禁文書中使用的「恤商既屬美政，去害務絕根株」等文字，則更是訟師、司法官員以共通術語保護商人財貨與商業利益的具體展現。

　　總而言之，筆者以為：當我們檢視明清中國是否出現「保障私有產權和債權的商法」這樣「看似簡單」的課題時，答案不該是黑白立判的是非題，而需要更細緻地區分至少三個不同層次：第一，要更嚴肅地理解近代歐洲「私法」（private law）與「商法」（law merchant）的不同發展途徑，以深入理解我們究竟是在討論何種產生途徑與歷史意義的中國「商法」問題。

　　第二，若姑且以近代西方龐統意義的「商法」發展為標準，則也不宜以明清中國商業不發達而使法學家不看重法律知識做說明，在商業發達、重視法律知識以及「商法」發展三者之間，不一定只有一種連結方式，明清中國的商業也發達，法學家也重視法律知識，但仍不必然要出現近代西方的「商法」。在這個出不出現「商法」的複雜歷史問題中，明清中國法學家對法律知識重要性的不同核心價值觀，可能也扮演關鍵角色，這中間的關連性，絕非一句簡單的「不重視法律知識」能說明其中的問題。由王明德建構法律批判的內容，以及《讀律佩觿》、《讀律辯訛》反映當時中國法學家有關「公平、仁慈」法律核心價值觀爭辯，可幫助我們理解其中的關鍵。

　　第三，就算沒有出現近代西方意義下的「商法」，那也並不足以論證明清中國某些地區不曾出現「保障私有產權和債權」的商業法律發展。由十七世紀訟師祕本商業訴訟範本中的法律修辭以及蘇、松棉布訟案判決援用的法

76　林麗月，〈試論明清之際商業思想的幾個問題〉，收入《近代中國初期歷史研討會論文集》，台北：中研院近代史研究所，1989，頁711-733。

律推理看來，當時商人在商業訴訟中所運用的主要訴求，其實正與晚明以來「厚商以利農」的思潮若合符節，這裡涉及當時中國如何在商業相關事務上重新形塑「利益」觀念的歷史發展。而在兩樁當時棉布訟案與禁令實例中，介入保護商人財產與商業利益的蘇、松地方官員，其層級則上自巡撫而下至數縣知縣，地方官員在判詞中為涉訟商人提供法律援助，這絕非是輕忽商業訴訟的表現。

　　最後，筆者要再次強調：儘管明清司法官員並不透過訟案判決建立商業法律「通則」，而直至清末以前傳統中國法律也始終未曾建立「總則、物權、債權、親屬、繼承」與公司、票據、保險、海商等民、商法體系，然而，就算沒有這些近代西方意義的「商法」，這也並不表示當時中國商業法律不曾出現重要的變化。十七世紀蘇州、松江官員在司法判決中充分承認棉布商人在商標、牌記等方面的商業習慣，進而成為影響日後地方上類似商業訟案的商業判例，這確是清楚可見及的發展。因而，本章結論是：就算沒出現近代西方意義下的「商法」，我們也不能不正視十七世紀以降中國在商業法律發展上的一些重要變化，以及這些變化反映當時中國「經濟、社會」與「政治、法律」現象間相互補強關係的實際存在。

第六章　十八世紀商業法律中的債負與過失論述

　　十六至十八世紀中國的全國市場規模日益成長，進入長程貿易的主要商品性質也有重要轉變，當時中國經濟主要因為區域性的專業化與分工化而有進一步發展，帶動了整體經濟的可觀成長。[1]伴隨著全國各地區之間所形成的經濟專業化與分工化現象，江南許多城鎮漸次成為十分顯著的商業或工業中心。[2]棉花、生絲以及其他經濟作物的生產並販入市場，[3]也逐漸為江南各城鎮及其周邊農村吸入更多的商業資本。由於商業資本投入的作用，各式各樣的商品化現象開始更加影響當時的物質生活以及工匠、農民的工作習慣。這波商品化現象與近代西歐經濟發展情形的最大不同，可能即在於其並未引導出工廠制與機器大規模生產，然而，這波商品化現象仍然為明清社會帶來衝擊，而其中有關經濟組織與經濟論述的種種變動，則是本章最關心的議題。

　　明清許多經濟組織的既有形式與運作方式都有所改變，甚至出現了某些制度創新，由十六到十八世紀，這些經濟組織的制度創新現象愈來愈明顯，諸如鹽業「商專賣」制度改革與鹽商組織的發展；[4]牙行制度的變革；[5]私營

1　王業鍵，〈清代經濟芻論〉；吳承明，《中國資本主義與國內市場》，頁217-246、247-265；李伯重，〈中國全國市場的形成，1500-1840〉；王國斌，《轉變的中國——歷史變遷與歐洲經驗的局限》，頁7-55。

2　全漢昇，〈清朝中葉蘇州的米糧貿易〉，收入氏著《中國經濟史論叢》，頁567-582；劉石吉，〈明清時代江南地區的專業市鎮〉，收入氏著《明清時代江南市鎮研究》，北京：中國社會科學出版社，1987，頁1-72；樊樹志，《明清江南市鎮探微》，上海：復旦大學出版社，1990，頁134-261。

3　劉翠溶，〈明清時代南方地區的專業生產〉，《大陸雜誌》，56，3-4 (1978)：頁125-159；鄭昌淦，《明清農村商品經濟》，北京：中國人民大學出版社，1989，頁326-447。

4　徐泓，《清代兩淮鹽場的研究》，台北：嘉新水泥公司，1972，頁87-126；徐泓，〈明代後期的鹽政改革與商專賣制度的建立〉，《台大歷史學系學報》，4 (1977)：頁299-311；王振忠，〈徽商與明清兩淮鹽政〉，收入氏著《明清徽商與淮揚社會變遷》，北京：三聯書店，1996，頁1-57。

5　吳奇衍，〈清代前期牙行制試述〉；Kuang-ching Liu (劉廣京), "Chinese Merchant Guilds: An Historical Inquiry." *Pacific Historical Review* 57,1(1988)：1-23；Susan Mann, *Local Merchants and the Chinese Bureaucracy, 1750-1950*. Stanford: Stanford University Press, 1987. 鄧亦兵，〈牙行〉，收入方行、經君健、魏金玉主編《中國經濟通史‧清代經濟卷》，北京：經濟日報出版社，2000，中冊，頁

與官營當鋪體系的發展；[6]棉業「字號」與絲業「賬房」等放料制生產組織的演變；[7]錢鋪、銀鋪與錢莊、票號等金融組織的演化；[8]以及會館、公所或以其他不同名稱出現的各種工商業者團體組織。[9]

　　而與這些經濟組織同時變化的，則是一些討論當時經濟事務的公共政策主張或是社會評論等相關論述，無論是單一論述的形成，或是不同論述之間的論辯與對抗，都有可觀之處。諸如以「保富」等主題嘗試說明富人何以有益於社會民生與國家利益；由銀錢比價、糧價管制等經濟政策而引申出對市場運作具有「一定之理」的觀察；[10]對部分商業發達地區普遍存在的「奢靡」現象所產生的批評與辯護等正反雙方意見；[11]以及在諸如滇銅採買等經

　　1311-1352；山本進，《明清時代の商人と國家》，東京：研文出版，2002，頁11-50、121-159、161-192、193-224。

6　潘敏德，《中國近代典當業研究（1644-1937）》，台北：國立師範大學歷史研究所，1985；韋慶遠，《明清史辨析》，北京：中國社會科出版社，1989，頁70-288；賴惠敏，〈乾隆朝內務府的當鋪與發商生息（1736-1795）〉，《中研院近代史研究所集刊》，28（1997）：頁137-175；劉秋根，《明清高利貸資本》，北京：社會科學文獻出版社，2000，頁176-226。

7　傅衣凌，〈論明清時代的棉布字號〉，收入氏著《明代江南市民經濟試探》，上海：上海人民出版社，1957，頁127-130；寺田隆信，《山西商人の研究——關於明代的商人と商業資本》，京都：京都大學東洋史研究會，1972，頁337-410；田中正俊，〈關於明清時代的包買商制生產——以絲、棉紡織業為中心〉，欒成顯譯，收入劉俊文主編，《日本學者研究中國史論著選譯》第二卷，北京：中華書局，1993，頁248-310；徐新吾，《中國經濟史料考證與研究》，上海：上海社會科學院出版社，1999，頁165-194、145-164；李伯重，《江南的早期工業化（1550-1850）》；范金民，〈清代江南棉布字號探析〉；邱澎生，〈由放料到工廠：清代前期蘇州棉布字號的經濟與法律分析〉。

8　彭信威，《中國貨幣史》，上海：上海人民出版社，1965，頁741-752、941-973；王業鍵，《中國近代貨幣與銀行的演進（1644-1937）》，頁15-18、64-79；史若民，《票商興衰史》，北京：中國經濟出版社，1992，頁85-153；黃鑒暉，《山西票號史》，太原：山西經濟出版社，1992。

9　洪煥椿，〈論明清蘇州地區會館的性質及其作用〉，《中國史研究》，1980，2（1980）：頁40-59；傅築夫，〈中國工商業者的「行」及其特點〉，收入氏著《中國經濟史論叢》，北京：三聯書店，1980，下冊，頁387-492；許滌新、吳承明主編，《中國資本主義發展史》第一卷《中國資本主義的萌芽》，北京：人民出版社，1985，頁289-318；羅威廉（William Rowe），《漢口：一個中國城市的商業和社會（1796-1889）》，江溶、魯西奇譯，北京：中國人民大學出版社，2005；邱澎生，《十八、十九世紀蘇州城的新興工商業團體》，台北：國立台灣大學出版委員會，1990；王衛平，《明清時期江南城市史研究：以蘇州為中心》，北京：人民出版社，1999，頁182-252；范金民，《明清江南商業的發展》，南京：南京大學出版社，1998，頁242-249。

10　William T. Rowe, "State and Market in Mid-Qing Economic Thought: The Career of Chen Hongmou, 1696-1771," *Etudes Chinoises*12,1（1993）: 7-39；William T. Rowe, *Saving the World: Chen Hongmou and Elite Consciousness in Eighteenth China*. Stanford: Stanford University Press, 2001, pp.204-5；Pierre-Etienne Will, "Discussions about the Market-Place and the Market Principle in Eighteenth Guangdong."收入《中國海洋發展史論文集》第七輯（台北：中研院社科所，1999），上冊，頁331-357。

11　楊聯陞，〈侈靡論——傳統中國一種不尋常的思想〉，陳國棟譯，收入楊聯陞《國史探微》，台北：聯經出版社，1983，頁169-188；陳學文，〈明中葉「奢能致富」的經濟思想〉，《浙江學

濟政策制訂過程中所出現的「公利之利」論述，[12]或是民間社團會館、公所成立時強調的「義中之利，利中之義」，[13]這些論述都在明清經濟變遷過程裡漸漸地被更有意識地提出與討論，很值得進一步做探究。

　　本章關心的主要課題是：這些經濟組織與經濟論述方面的變化，究竟如何成為十八世紀整體法律運作架構中的一環？我將特別針對十八世紀有關商業經營的兩類法律規範做討論，一是牙行直接或間接積欠客商錢財的「債負」問題，一是典鋪、染坊失火或失竊時如何以「過失」等相關議題界定賠償責任的問題，希望能對這兩方面的法律論述做較詳細的分梳，主要檢視《大清律例》、地方「省例」如何討論並規範這兩類問題，進而將十八世紀這些法律規範的演變線索扣連到當時的經濟發展過程裡。

第一節　由客商──牙行關係看商業債務的法律規範

　　十六世紀以降明清全國長程貿易的發展，愈來愈多的商人經常往來於全國各主要水運與陸運的商道上，[14]無論是往來商道販貨，或是定居各地城鎮

刊》，1984，4；徐泓，〈明代社會風氣的變遷—以江、浙地區為例〉，《第二屆國際漢學會議論文集‧明清與近代史組》，台北：中央研究院，1989，頁144-159；林麗月，〈陸楫（1515-1552）崇奢思想再探──兼論近年明清經濟思想史研究的幾個問題〉，《新史學》，5，1（1994）：頁131-151；林麗月，〈《蒹葭堂稿》與陸楫「反禁奢」思想之傳衍〉，收入《明人文集與明代研究》，台北：中國明代研究學會，2001，頁121-134；陳國棟，〈有關陸楫〈禁奢辨〉之研究所涉及的學理問題──跨學門的意見〉，《新史學》，5，2（1994）：頁159-179；鈔曉鴻，〈明清人的「奢靡」觀念及其演變──立足於地方志的考察〉，《歷史研究》，2002，4：頁96-117。

[12] Helen Dunstan, *Conflicting Counsels to Confuse the Age: A Documentary Study of Political Economy in Qing China*, 1644-1840. Ann Arbor: Center for Chinese Studies, The University of Michigan.1996, pp.164-8.；邱澎生，〈十八世紀滇銅市場中的官商關係與利益觀念〉，《中央研究院歷史語言研究所集刊》，72，1（2001）：頁97-104。

[13] 劉廣京，〈後序：近世制度與商人〉，收入余英時，《中國近世宗倫理與商人精神》，台北：聯經出版公司，1987，頁25-53。

[14] 晚明張瀚在所著《松窗夢語》（北京：中華書局，1985）一書，即對明代全國性商幫分布現象有很著名的詳細描寫。商幫經商路線的相關研究，參見：寺田隆信，〈明清時代的商業書〉，收入氏著《山西商人の研究──關於明代的商人と商業資本》，頁279-336；韓大成，〈明代的富商巨賈〉，收入氏著《明代社會經濟初探》，北京：人民出版社，1986，頁168-220；Timothy Brook, "The merchants' network in 16th century China: a discussion and translation of Chang Han's 'On merchants,'" *Journal of the Economic and Social History of the Orient*, 24,2(1981): 165-214；水野正明，〈《新安原板士商類要》について〉，《東方學》，60（1980）：頁96-117；陳學文，《明清時期商業書及商

經商，這些商人和所謂的「車、船、店、腳、牙」等五類人物，有著愈益密切的互動，特別是在商人與牙行之間出現的債務關係，更是當時許多文獻提及的社會現象。

　　由十六到十八世紀之間，進入長程貿易的前四種最主要商品排名發生了有意義的轉變，在位居第一名的糧食項下，手業品的棉布逐漸取代了原先占第二名位置的食鹽，成為進入長程貿易愈來愈重要的主要商品。[15]江南是這波長程貿易變動過程中的中心區域，當時的棉布貿易與絲織貿易數量很龐大，有學者估計，僅以清代前期江南棉織手工業做估算，「整個江南年產布興盛時，多達7,800萬匹，進入市場的商品量當在7,000萬匹之譜」。[16]作為棉布與絲織品的重要生產中心，江南吸引並累積了愈來愈多的白銀。每年出產棉、絲與兩種紡織品的旺季，眾多來自外地的客商紛紛為江南本地帶入了鉅額白銀，而牙行即在此間扮演了重要角色。無論是自原產地蒐集棉、絲原料，為客商中的包買商協調放料加工事宜，或者是替客商居間轉付白銀，這些商品與銀錢的轉手往來，都加多了客商與牙行間出現債務糾紛的機會。由十六到十八世紀間，不僅社會輿論看到了這些現象，政府法律也逐漸試圖予以規範。本節將略述這方面的演變軌跡。

一、「天不容，地不載，世間極惡大罪」：對羈旅遠商的同情

　　不少史料都反映當時「白銀─生絲」或是「白銀─棉布」兩類商品交換的興盛繁榮與規模龐大。如自己即曾經擔任過牙人（當時也稱「經紀」）的唐甄（1630-1704），他對十七世紀湖州府雙林鎮的絲業貿易即有如下描述：「吳絲衣天下，聚於雙林。吳越閩番，至於海島，皆來市焉。五月，載銀而至，委積如瓦礫，吳南諸鄉，歲有百十萬之益。」[17]其後，定居松江府的葉夢珠也如此回憶了晚明當地龐大的棉布貿易規模：「前朝標布盛行，富商巨賈，

<hr />

人書之研究》，頁99-133。

15　吳承明，〈論清代前期我國內市場〉。

16　范金民，《明清江南商業的發展》，頁29-30。

17　唐甄，《潛書》，收入《續修四庫全書》，上海古籍出版社，1997，頁428。有關唐甄從事牙人工作的經歷及其社會政治思想，參見：熊秉真，〈從唐甄看個人經驗對經世思想衍生之影響〉，《中研院近代史研究所集刊》，14（1985）：頁1-28。

操重資而來市者，白銀動以數萬計，多或數十萬兩，少亦以萬計，以故行奉布商如王侯，而爭布商如對壘。牙行非藉勢要之家不能立也。」[18]這段記載不僅反映了當時棉布貿易規模的鉅大，也說明當時牙行間競爭客商生意的手段競烈，牙行經營者不僅要多方討好客商，甚至還要講究援引幕後政治勢力以為奧援。

與牙行各使手段拉攏客商的同時，十六世紀以來的許多商業書也不斷諄諄教導客商如何慎選可供合作經商的牙人。如晚明一部商業書《客商規鑑論》，不僅舉例大略區別各地牙人的不同性格：「北方經紀，直而慢客；江南經紀，一味虛僥」，更提供客商評斷牙行優劣的實用判準：

> 到彼投主，須當審擇，不可聽邀接之言，須要察貌，言行動靜。好訟者，人雖硬，而心必險，反面無情。會飲者，性雖和，而事多疏，見人有義。好賭者，起倒不常，終有失。喜嫖者，飄蓬不定，或遭顛。已上之人，恐難重寄。驕奢者，性必懶；富盛者，必托人。此二等，非有弊，而多誤營生。真實者，言必忻；勤儉者，必自行。此二般，擬著實，而多成買賣。語言便佞撲綽者，必是誆徒。行動朴素安藏者，定然誠實。[19]

看來，這本商業書的撰者比較相信外貌與言語「真實、朴素」而行為「勤儉、安藏」的牙人，至於「好訟、會飲、好賭、喜嫖」四類，甚或是有「驕奢、富盛」兩類言行特徵者，這六類特徵都被歸類為「多誤營生」的牙人，該書編者建議客商要多予提防。但在真實的商業世界裡，不管客商如何審慎尋找性格優良的牙人，糾紛或衝突總是在所難免。既是在市場中買賣交易，客商與牙行間的矛盾、糾紛乃至訴訟，都會經常出現，其中小焉者，諸如度量衡的選定、牙佣的談判、代雇腳夫或是船戶費用的商定；而較嚴重事項，則像是債務糾紛愈演愈烈而變成錢債訟案，甚或是爆發竊盜、侵占、鬥毆、搶劫乃至人命事故。

18　（清）葉夢珠，《閱世編》，成書於清康熙年間，新校本，台北版：木鐸出版社，1982，頁157-158。

19　《新刻天下四民便覽三台萬用正宗》，影印明末刻本，收入酒井忠夫監修，小川陽一編，《中國日用類書集成》，第三卷，東京：汲古書院，2000，卷21《客商規鑑論》，頁347、295。

十六世紀江南地區士大夫，即對發生當地的客商與牙行間債務糾紛多所描寫，有時並對客商異地經商的處境寄予高度同情。如居於湖州府烏鎮、青鎮的李樂，即如此記錄並評論了當時「牙主人」巧取豪奪客商財貨的情景：

> 兩鎮通患通弊，又有大者。牙人以招商為業，（商貨初至）牙主人豐其款待，……（牙）主人私收用度，如囊中己物，致（客）商累月經年坐守……，情狀甚慘。……這商貨中間，又有借本置來者，舉家懸望，如合負了他？負了他，天不容，地不載，世間極惡大罪也。余目擊心傷。[20]

李樂用了「天不容，地不載，世間極惡大罪」這類嚴重詞句來描寫客商受到牙行侵吞財貨的事實。足堪呼應的是，晚明出版的一部訟師祕本《折獄明珠》，在編者纂輯的知縣判決〈劉公審語〉裡，也如此譴責船戶張風暗中竊賣布商李雪託運布匹的行徑：「（張）風半途竊貨越賣，李雪幸覺，此天道之所不容者也」。[21]雖然這裡出現的訴訟情節，是客商控告船戶而非牙行，但拿「天道之所不容」形容客商不幸遭遇，似乎也和前述李樂使用的「天不容，地不載」同屬一類敘事手法。

李樂以及《折獄明珠》中的「劉公」，[22]兩人都對客商經商所受不幸遭遇給予高度同情，但這兩人對司法運作的影響力，畢竟都比不上清代前期曾任福建巡撫的張伯行（1651-1725）。張伯行在福建巡撫任上努力改善省內客商的經商環境，他在康熙四十六年（1707）對全省官民發布告示：

> 為商賈者，出其汗，積微資，越境貿易，……乃牙店無體恤之意，而棍豪懷詐騙之謀，或仗衙胥而硬取，或勾黨類而朋吞，或飾詐於賒營，或狡情於揭借，誆銀入手，視為己財，營室肥家，罔知客困。……（商賈）赴公府而投訴，其如吏黠官尊，誰憐越陌度阡、目斷家園於異國！遂使本虧貨折，淚灑憫救之無門，種種弊端，深可憐

20 （明）李樂，《續見聞雜記》，卷11，第29條。

21 《折獄明珠》，卷4〈商賈類：告船戶〉，頁10。

22 是否真有「劉公」其人？以及「劉公」是否真在此案件中做了這等判決？這些問題都涉及訟師祕本中出現人名、地名甚至案件情節等文字是否純屬「虛構」的問題，不宜一概而論，參見本書第五章第二節有關《折獄明珠》法律修辭的討論。

惻。23

　　張伯行譴責了本地「牙店」與「棍豪、衙胥」等人對外來客商所進行的「硬取、朋吞、賒營、揭借」等共謀犯罪行為，同時，也連帶指斥了本地官員受理客商投訴時處理態度不夠積極，從而無法有效補救「本虧貨折」客商的不幸遭遇。

　　張伯行對官員的指斥，當然不見得一定能使地方各級政府更積極而有效地處理本地牙行等人物對客商的財貨損害，但是，結合李樂和張伯行的言論，仍然可以清楚看出當時對客商經商處境的關心。無論是「天不容，地不載，世間極惡大罪」，或是「誰憐越陌度阡、目斷家園於異國！」這些用來描寫客商與牙行經營糾紛的詞句，仍然不能等閒視之，反映了當時一定數量的士大夫與官員對改善客商經營環境的積極態度。這類態度總是會提高當時部分官員處理客商與牙行訟案的效率。更重要的是，改良客商經營環境，其實已影響到當時的立法與修法過程，無論是「官牙制度」的日趨改良，24或是陸續出現一系列的加強處理牙行積欠客商債務的行政命令與律例條文，25都使十八世紀保護經商環境的法律規範有了進一步發展。

　　以本章此節最關心的債負問題而論，乾隆五年（1740）戶部建議新修一條〈胥吏兼充牙行〉例，例文中即是透過排除胥吏經營牙行以及加重對不積極處理客商債負訟案官員的懲處，運用這二項具體辦法，試圖加強對客商經商環境的保護。乾隆八年（1743），刑部正式收入公布了這條律例文字：

> 各衙門胥吏，有更名捏充牙者，照更名重役例，杖一百，革退。如有誆騙客貨，累商久候，照〈光棍頂冒朋充霸開總行〉例，枷號一箇月，發附近充軍。若地方官失於覺察，及有意縱徇，交部分別議處；受財故縱，以枉法從重論。26

23　（清）張伯行，《正誼堂集》，卷5，頁32。
24　清代官牙制度演變的細節，參見：吳奇衍，〈清代前期牙行制試述〉。
25　明清兩代陸續公布了不少有關規範牙行並保障客商財貨的法令，大多數這類法令都集中在明清兩代律例中的〈戶律：市廛〉門中的〈私充牙行埠頭〉律與同門中的〈把持行市〉律項下，對這方面立法演變的分析，參見本書第一章。
26　（清）薛允升，《讀例存疑（重刊本）》，冊3，卷17，頁406。關於本條例文的成立經過，吳壇在乾隆末年有具體考訂：「此條係乾隆五年九月戶部奏准定例，乾隆八年律例館奏准入律」（吳壇，《大清律例通考》，卷14〈戶律：市廛：私充牙行埠頭〉，頁530）。而本條例文，在咸豐間又做

乾隆五年，乾隆同時公布了另一條法令，在原先禁止胥吏充任官牙之外，進一步排除地方士紳充任官牙的資格；同時，還再重申對主管地方官員的要求，希望他們更重視管轄境內由客商所提出的債務訴訟：

> 聞各省牙行多有以衿監認充者，每至侵蝕客本，扡（拖）欠貨銀，或恃情面而曲為遲延，或藉聲勢而逞其勒掯，以致羈旅遠商含忍莫訴，甚屬可憫……應將現在牙行逐一詳查，如有衿監充認者，即行追帖，令其歇業，永著為例。嗣後，如有仍蹈故轍而州縣官失於查察者，著該上司查參議處。其如何定議之處，該部妥議具奏，欽此。[27]

中央政府官員會議討論後，在乾隆八年將此道諭令編入了《吏部處分則例》中，成為全國一體通行的行政命令，該令特別針對不積極處理客商債務訟案的官員，分別制訂了「失察、徇縱及枉法受贓」三種不同情形的處分法令。[28]此外，還值得注意的是，乾隆此道命令所使用的敘事詞句：他將牙行「侵蝕客本，拖欠貨銀」行為的結果，描寫成為「以致羈旅遠商含忍莫訴，甚屬可憫」。這樣的詞句正是呼應了前述晚明清初以來的「天不容，地不載，世間極惡大罪」、「誰憐越陌度阡、目斷家園於異國！」等新的敘事傳統：對客商遭逢牙行侵吞財貨的不幸處境，賦與更強烈的同情感。而乾隆本人兩次下令加重懲處那些未曾積極處理客商與牙行間債務訴訟的失職官員，想來還是會比省級官員張伯行的指斥更加有效些。

當然，不能僅由法律命令來判定有多少官員因此而更加重視商人的錢債訟案，甚至官員乃至皇帝對客商面臨債負無法追償問題的同情，其實也不一定經常保證客商能更有效地回收貨款。然而，由士大夫、省級官員乃至皇帝本人如何表達對客商「本虧貨折」的敘事方式看來，這些同情性的言論真是

了小小文字修改：「棍徒二字，原文作光棍。咸豐二年改（為棍徒）」（《欽定大清會典事例》，收入《續修四庫全書》，上海：上海古籍出版社，1997，卷765，〈刑部：戶律：市廛〉，頁3），這是一個由戶部討論啓動而最後成為為刑部頒訂律例的立法例證。

27 《欽定大清會典事例》，卷133，頁718-719。

28 在此命令收入《吏部處份則例》時，此條則例原文不僅詳述了立法理由，更直接援引了乾隆八年新修的〈胥役兼充牙行例〉：「衿監認充牙行，或依恃護符，侵吞客本；或憑藉聲勢，勒掯遲延，其擾市漁利以為商民之害，直與胥役承充無異，不可不明定處分，以嚴考覈。嗣後，如有不肖衿監藐視法紀，仍蹈前轍，州縣官奉行不力者，令該管上司查參，俱照胥役兼充牙行例，分別失察、徇縱及枉法受贓等項，按照律例處分」（收入《欽定大清會典事例》，卷133，〈吏部：處份例〉，頁719）。這和前述〈胥役兼充牙行〉例稍有差異，是一條專門用以懲處失職官員的法令。

以頗為強烈的語句表達出來,其中的確反映著對「羇旅遠商,含忍莫訴」的體貼與同情,而這種語帶情感的詞句,甚至正式進入到政府通行全國的《吏部處分則例》等法律文字中。由此看來,面對十六至十八世紀間全國各地市場發展的大趨勢,如何更有效地解決客商與牙行間各類債負問題?不僅成為政府關心議題之一,也同時觸發政府進一步修訂相關法律的動力。

二、「通商便民」之外:對牙行侵欠客商財貨的法律規範

士大夫與官員對「羇旅遠商」的同情,並且藉由修法以嚴格限制牙行從業者的身分,這些現象的確存在,但與此同時,當時人對牙行的整體印象也有所發展,甚至也出現某些分析牙行功能的整體性分析。在前引乾隆八年(1743)的諭令中, 乾隆即在諭令開頭附加了如下一段話:「民間貿易,為設立牙行,以評市價,所以通商便民,彼此均有利益也」,[29]這裡明顯肯定了牙行的功能,將具有「評市價」作用的牙行,視為是便利商人與民眾在市場上完成交易的重要中介。

牙行又是如何對外宣稱自己扮演角色的重要性呢?早在乾隆發布這段「設立牙行,以評市價,所以通商便民,彼此均有利益」的二十一年前,蘇州一批絲織牙行業者即請人在石碑上寫刻了一份碑文,這份署題於雍正二年(1723)的碑文如此形容牙行的重要性:

> 吾吳中紗緞一業……豈非蘇城極大生產,而合郡生民所(不可缺)者乎!但商客之來,必投行主;而造作之家,(率)由機戶。兩者相須,而一時未必即能相(遇)……此紗緞經紀所由設也。……經紀一途壞,而客商與行家、機戶,交受其害也。[30]

這群紗緞牙行業者自稱「經紀」,也自稱「行家」(應是「牙行之家」的簡稱)。被他們用來說明「客商、行家、機戶」三者何以密切連繫的主要原因,即是客商、機戶「兩者相須,而一時未必即能相(遇)」;此外,這群紗緞經紀也表露展演了自己對全體蘇州經濟的重要貢獻:紗緞貿易關係到蘇

29　《欽定大清會典事例》,卷133,頁718-719。
30　蘇州歷史博物館等編,《明清蘇州工商業碑刻集》,南京:江蘇人民出版社,1981,頁14。

州經濟的主要內容「豈非蘇城極大生產，而合郡生民（所不可缺者）」，雖然紗緞經紀並不直接生產或販售紗緞，但若不是他們的存在，則無論是那些以織機「造作」紗緞的機戶，或是那些遠從外地而來「商客」，便無法在市場上及時地完成交易，這正是「紗緞經紀所由設也」的基本道理；若是牙行運作在蘇州紗緞市場中出現問題，則不單牙行本身受到傷害，客商與機戶的利益也都會連帶受損，所以他們宣稱：「經紀一途壞，而客商與行家、機戶，交受其害」。

除了牙行業者本身，十八世紀的著名學者趙翼（1721-1814）也曾間接對牙行功能做過一些闡發：「市斗、市稱，則又有隨地之不同者，如今川斛大於湖廣，湖廣斛又大於江南；稱則有行稱、官稱之不同，庫平、市平之各別，又非禁令所能盡一。而市儈牙行自能參校，錙黍不爽，則雖不盡一，而仍通行也」。[31]趙翼的評論，主要是針對當時度量衡制度在全國各地各有不同，以及政府法令有時而窮、無法有效執行統一度量衡制度，在此兩種情境下，他要問的是：何以當時全國的度量衡工具仍能有效運作而讓各地使用者雙方都願意接受？他提出的觀察與解釋是：「市儈牙行自能參校，錙黍不爽」。可見在促成買方及時找到賣方的作用外，牙行也有協商各地市場上通用度量衡工具的功能，這些論述都已出現在十八世紀。[32]

許多官員也將自身對牙行「通商便民」的認識化為制度性的政策設計，希望在牙行便利交易的同時，還能透過牙行的協助以減少市場上時或發生的商業債務糾紛。乾隆元年（1736）十一月，時任江西按察司使的凌燽下令江西全省州縣官員一體推動「行店聯單之法」。在該條命令中，凌燽首先分析了當時商業債務糾紛的主要緣由：「照得：一應客商載貨投行，憑牙發店，

---

31 （清）趙翼，《陔餘叢考》，據乾隆五十五年（1790）「湛貽堂」版本影印，台北：華世出版社，1975，卷30，頁3。牙行涉及如何統一不同地區通用度量衡工具的問題，參見：梁方仲，《中國歷代戶口、田地、田賦統計》，上海：上海人民出版社，1980，頁535；韋慶遠，〈清代牙商利弊論〉，收入氏著《明清史論析》，北京：中國社會科學出版社，1989，頁289-298；邱澎生，〈由蘇州經商衝突事件看清代前期的官商關係〉，《文史哲學報》，43（1995）：頁30-34。

32 蘇州紗緞牙行與趙翼在十八世紀前半所提出牙行功用的論述，其實很像現代一些經濟學者用來分析「組織」與「市場」兩者複雜互動關係的「交易成本」概念。「交易成本」至少可簡要地區分為以下三類：「測量與訊息成本」（search and information costs）、「談判與決策成本」（bargaining and decision costs）與「監督與執行成本」（policing and enforcement costs），有關這些概念的界定與討論，參見：R. H Coase, The firm, the market and the law., pp. 6-7.或參見本書中譯：科斯，《廠商、市場與法律》，陳坤銘、李華夏譯，頁16-17。

評價歸賬，皆藉牙行于中交易，客人與店家別無執據，以致不法牙行往往侵吞客本，貽累客商」。[33]為了防止不法牙行危害交易安全，凌氏和其同僚設計了「合同聯票」制度，其運作細節如下：

> 嗣後，各（牙）行照式設立合同聯票。凡客貨到行，行家代為發店後，即將客貨若干、議價若干、付過下欠若干、約定何日兌交，三面填明合同票內，中用本客、本店圖記花押，將聯票裁分，一付本客收執，一存本店查對。至日清賬，店家合票發銀；如無合同對驗，店家概不許發銀。如有無票私給者，概不作準，仍照客執聯票清追其銀；或不能一次全還，即將陸續還過完、欠數目，填明票內。如有拖欠，任客同經手牙行執票鳴官。爾行家，務宜公平立票，以彰信實；爾商賈，務宜收票作憑，以免私侵；爾店家，務宜憑票發銀，以免重索。牙行如有匿示不掛，不遵設立合同，即屬存心存騙。察出，即行追帖革牙，不許復充。[34]

這裡主要涉及大宗貿易的市場運作，「牙行、客商、店家」三者是凌燽亟思規範的三類業者，所以文末才分別出現針對「爾行家、爾商賈、爾店家」的三小段叮囑詞句。雖然該命令主要想防阻的是不法牙行的「侵吞客本，貽累客商」，但是，在解決此問題的手段上，卻仍是要借助全省各縣的所有牙行來為政府把關，由牙行協助推廣這種結合「三面填明合同票」、「本客、本店圖記花押」以及「將聯票裁分，一付本客收執，一存本店查對」三合一流程的制度。儘管這套合同聯票制度後來推行成效不佳，但是，由凌燽及其同僚在江西全省推行的「行店聯單之法」看來，這些官員試圖賦予牙行更多積極職能以減少商業債務糾紛，確是很明顯的事實。與其說這套制度是要打擊不法牙行，不如說是更加強牙行的職能，而其立意當然是要減少「侵吞客本，貽累客商」的可能糾紛。

無論是蘇州紗緞牙行，還是趙翼、凌燽等士大夫與官員，他們不約而同地由不同面向解釋或是強調了牙行對市場交易的重要性，這些言論與政策主

---

33 （清）凌燽，《西江視臬紀事》，影印清乾隆八年（1743）刊本，收入《續修四庫全書》，上海：上海古籍出版社，1997，史部，冊882，卷4，頁149。本書刊於乾隆八年，但此條法令則發布於乾隆元年（1736），參見：《西江政要》（布政司本），卷2，頁52。

34 （清）凌燽，《西江視臬紀事》，卷4，頁149。

張其實也都正面呼應了乾隆所認識到的「民間貿易，為設立牙行，以評市價，所以通商便民，彼此均有利益」的事實。由此看來，牙行在經濟事務上的作用，不僅是法律明文規定的，同時政府官員與社會大眾對牙行何以重要的道理也有頗為深入的認識。

對牙行「通商便民」角色的認識與期許，與十六世紀以降對「羈旅遠商」的同情，這是兩股同時發展中的社會意識。兩種意識的共同作用，也出現在十八世紀和商業債務有關的法律規範調整上。最明顯的事例，即是法律條文開始更明確地區分債務糾紛中的牙行責任問題。乾隆二十三年（1758）十二月刑部議定通行的新例（後文簡稱〈牙行侵欠控追〉例），[35]即特別針對「侵欠」訟案中牙行應付的不同責任，在適用的判罪法條上做了進一步釐清，牙行是否真對客商財貨「侵吞入己」，這變成了該例文規範的重點：

> 牙行侵欠控追之案，審係設計誆騙，侵吞入己者，照〈誆騙〉本律，計贓治罪；一百二十兩以上，問擬滿流；追贓給主。若係分散客店，牙行並無中飽者，一千兩以下，照例勒追，一年不完，依〈負欠私債〉律治罪；一千兩以上，監禁嚴追，一年不完，於負欠私債律上加三等，杖九十。所欠之銀，仍追給主。
>
> 承追之員，按月冊報，巡道稽查，逾限不給者，巡道按冊提比。如怠忽從事，拖延累商者，該巡道據實揭參，照〈事件遲延〉例議處；有意徇縱者，照〈徇情〉例，降二級調用；如有受財故縱者，計贓從重，以枉法論。[36]

依本例的規定，牙行如若真的將客商財貨「侵吞入己」，則便依照〈詐欺官私取財〉律中第三款「誆騙」規定文字，[37]按侵吞財物價值而予「計贓治罪」。但若是牙行「並未中飽」而只是客商財貨「分散客店」，則牙行暫時不必負擔賠償客商損失的主要責任；不過，牙行沒有責任只是暫時的，因

35　據吳壇考訂：「此條係乾隆二十三年十二月內刑部議覆原任雲南布政使傅靖條奏定例。乾隆二十六年館修入律」（參見：《大清律例通考》，卷15〈戶律：把持行市〉，頁534）。

36　（清）薛允升，《讀例存疑（重刊本）》，冊3，卷17，頁411-412。

37　此條律文編入《大清律例》〈刑律：賊盜：詐欺官私取財〉，該條律文可分三款，其中第三款即規定「冒認及誆賺局騙拐帶人財物」行為的處罰，清代法律書籍多將此款條文簡稱為〈誆騙〉律，該條該款律文如下：「若冒認及誆賺局騙拐帶人財物者，亦計贓准竊盜論，免刺」（薛允升，《讀例存疑（重刊本）》，冊4，卷30，頁721）。

為法律條文賦與其「照例勒追」的職責，並依客商財貨損失在一千兩以下或
以上為標準，訂出不同的「勒追」期限，如果該被控「侵欠」牙行不能於期
限內代客商追回損失財貨，則便要依照另一條律文定刑，這另一條律文便是
〈違禁取利〉律的第二款「負欠私債」文字規定。[38]在這條新訂例文中，牙
行無論有無對客商財貨「侵吞入己」，其實都要負法律責任，只是，真有侵
吞入己則適用較嚴重的〈詐騙〉律而科以較嚴的處罰；而並未侵吞入己者則
援用較輕微的〈負欠私債〉律而處以較輕刑度。而無論是適用哪一條律文，
被控「侵欠」的牙行都很可能面臨「杖刑」甚或是「流刑」的處罰。〈牙行
侵欠控追〉例文除了區別了牙行在商業債務中應該擔負的不同責任之外，中
央政府也要求地方官員更嚴肅地看待客商與牙行間的債務訴訟；這種要求不
只是道德勸說，而是具體規定承審官員須將債務訟案的審理狀況依期限規定
呈送上級長官檢查進度，這即是條文中規定的「按月冊報，巡道稽查」。

　　〈牙行侵欠控追〉例的實際執行情形如何？由江西布政司發布於乾隆
二十四年（1759）的一份公文書，不僅可看到當時地方政府如何立即回應乾
隆二十三年十二月刑部頒行全國的這條例文，還可藉以對照乾隆元年凌燽頒
行的「聯票」制度在江西施行二十多年後的成效究竟如何。乾隆二十四年，
江西布政使對全省官員頒達了〈嚴禁牙行拖騙客本〉公文書，這是一份針對
「牙行拖騙客本」而制定的省內通行法令，公文開頭即指出二十多年前由凌
燽頒行的「三聯行票」立意雖好但此時則已然成效不彰：「查聯票一法，彼
此互相鈐制，欺瞞之弊可除，但各屬鮮有實力奉行」，其故安在？這位布政
使分由牙行與客商兩方面立場做了解釋：

　　　大率牙行既不願遵行，地方官亦不便瑣屑督押致擾他弊。而客商
　　到行，不過脫貨求利，更不知有此聯票之法。[39]

　　看來是本地牙行覺得麻煩而外來客商也多不知曉有此制度可以防阻未來

38　此條律文編入《大清律例》〈戶律：錢債：違禁取利〉，該條律文可分四款，其中第二款律文的後
　　半部文字，即是時人通稱的〈負欠私債〉律，該條該款律文如下：「其負欠私債違約不還者，五兩
　　以上，違三月，笞一十；每一月加一等，罪止笞四十。五十兩以上，違三月，笞二十；每一月加一
　　等，罪止笞五十。百兩以上，違三月，笞三十；每一月加一等，罪止杖六十。並追本、利還主」
　　（薛允升，《讀例存疑（重刊本）》，冊3，卷16，頁397）。
39　《西江政要》（布政司本），卷2，頁52。

可能的債務糾紛，加上地方官不能或不願主動強制業者採納這種制度，所以「三聯行票」在江西全省的實施效果有限。[40]而在結總了凌燽聯票之法「固屬杜弊之一端」後，這位布政使筆鋒一轉，隨即提出了另一項他認為才是真能減少客商與牙行間債務糾紛的「正本清源之道」：「蓋牙行殷實，自不肯累商；及疲乏之人，不合充牙，亦無從害客。要當于承克之始，加意慎重。平日再立法稽查，相輔而行，或可收杜弊之實」，這裡強調的其實即是慎選有財力充分而有資格經營仲介業務的牙行。值得注意的是，這名布政使其實是借鑑了所屬南昌府轄下一名州縣官員的實務經驗，同時，在隱約批評了凌燽聯票之法立意雖好但「各屬鮮有實力奉行」之餘，凌燽的設計依然被採納到這位布政使的建議中：

　　南昌府積守合州縣，按季查各牙完糧底冊，如有開除，即屬消乏，即勒令歇業，出示行門，尚為清源之一法。至于交易票簿，雖別立名色，要不出互相鈐制之意，則三聯行票已包舉無遺，舊曾飭行，似亦可仍循其式。應請通飭各屬：嗣後，選充牙行，務擇有產有糧確係殷實……仍按季核查，如該牙糧產有開除者，即勒令歇業，將帖立押繳銷；大張告示，寔貼行門，俾遠客知所趨避，不致受騙。如此，則疲乏者不得混廁牙行，庶吞欠之事可絕。仍令于各行遍貼告示，務必遵用三聯行票，以杜欺瞞誆誘之端。如有以牙欠告發者，遵照新例，分別照〈誆騙〉律及〈負欠私債〉律辦理。[41]

　　這位引文最後出現的「遵照新例」，指的正是前面所討論的乾隆二十三年（1758）十二月由刑部議定通行的〈牙行侵欠控追〉例，其最主要立法原則即是將牙行「侵欠」客本的行為區別出「侵吞入己」與「並未中飽」兩項，然後以〈誆騙〉及〈負欠私債〉兩條律文分別治罪。江西省級官員在乾隆二十四年即訂立這份〈嚴禁牙行拖騙客本〉公文書，由這裡也可以看出十八世紀中期清朝中央政府的立法效果。這位江西布政使採納了已於南昌府行有成效的辦法：由州縣官主動檢查牙行每年的田土房產繳稅紀錄，若是名下已無產業，「即屬消乏」，表示該牙行資產出現問題，此時，地方官不僅

40　當然，這是二十多年後的情形，凌燽任上是否真是如此？那又另待考索。

41　《西江政要》（布政司本），卷2，頁52-53。

要對這名牙人「勒令歇業」，更主動將該牙行不良紀錄「大張告示，寔貼行門」，以助使遠來客商「知所趨避」。雖然凌燽的三聯行票被批評，但此制度依然因其設計細節「已包舉無遺」而被現任省級官員繼續採行，只是，要如何讓牙行願意配合？那便不是政府能單方面規範的，主要應仍取決於當時客商如何評估若是不選用聯票則日後與牙行、店家發生貨款糾紛的風險成本到底有多高。

〈牙行侵欠控追〉例在當時應是援用場合挺多的立法，主要在於這條例文對商業經營過程中牙行與客商間債務糾紛關涉第三人的若干細節問題，特別是將「牙行並無中飽者」的情境在法律規範中正式區別出來，這使審理商業債務糾紛的官員可以考慮較多較複雜的商業問題。以乾隆四十一年（1776）送呈中央政府討論的廣州「革監倪宏文賒欠英吉利國夷商翁等貨銀萬餘兩無還」一案為例，廣東巡撫李質穎在審理此案時只將倪宏文處以「減等擬徒，援赦杖責」刑責，乾隆皇帝批評這項判決「殊屬寬縱」，並稱讚「幸而部臣議駁」，刑部官員在此案審轉過程中將倪宏文「改擬杖流監追」。在討論這件商業債務訟案時，中央司法官員在駁覆改擬的主要理據是：「今倪宏文拖欠夷商貨銀，數至盈萬，實屬有心誆騙遠人，非內地錢債之案可比。至所供落價虧本，及賒與客販、舟覆貨沈等語，均係狡詞支飾，豈可憑信」。[42]由這段駁覆文字看來，這裡涉及的關鍵即是此案在〈牙行侵欠控追〉例的規範中究竟是要適用「侵吞入己」的〈誆騙〉律還是要適用「牙行並無中飽」的〈負欠私債〉律，顯然，廣東巡撫認定此案被告倪宏文的犯行是後者，而刑部官員與皇帝認定的前者。乾隆批評這名廣東巡撫：「平日尚能認真辦事，何以審擬此案荒唐若此！」將其「著交部察議」之外，並進一步下令：

> 著速飭追之員先將倪宏文監追，轉飭該犯原籍，查產變抵，照收給與夷商收領。其不敷之數，勒限一年追清；如限滿不能全完，即令該省督、撫、司、道，及承審此案之府、州、縣官，於養廉銀內按數攤賠。即傳朕旨，賞給該夷商清賬歸國，勿使向隅。其各員所賠之數，俟倪宏文名下追出抵還，仍將倪宏文照部議發配。[43]

42　《（清）高宗純皇帝實錄》，影刊本，北京：中華書局，1986，清乾隆四十一年（1776）十一月下，頁687。
43　《高宗純皇帝實錄》，乾隆四十一年（1776）十一月下，頁687-688。

　　這樣處罰倪宏文並連帶讓承審官員「按數攤賠」是否是對這批英國「夷商」的高規格禮遇呢？乾隆自己在討論本案判決時即說：「外國夷商，販貨來售，內地民人，與之交易，自應將價值照數清還。若因拖欠，控告到官，尤宜上緊嚴追給領，並將拖欠之人從重究治。庶免夷人羈滯中華，而奸徒知所懲儆」；而批評廣東巡撫送呈的判決結果「殊屬寬縱」時，乾隆又再次提及「地方官庇護內地奸商，而令外夷受累，屈抑難伸，其事實乖，殊非體卹遠人之道」。[44]這裡面似乎涉及了乾隆在意的「體卹遠人之道」，衍生而來的華洋債務訟案「尤宜上緊嚴追給領，並將拖欠之人從重究治」等既定立場，也的確會影響被告倪宏文的處境。但是，必須注意的是，在本案審理過程中，無論是地方或是中央層級的審理官員，其實都必須考慮被告所宣稱的「落價虧本、賒與客販、舟覆貨沈」等理由，雖然本案的地方官員接受上述被告提出理由而中央官員與皇帝則認定其「均係狡詞支飾，豈可憑信」，我想特別指出的是：這裡反映的問題，已不只是審案者個人臨案判斷證據真假與有效程度如何的審訊能力高下，而是在既有〈牙行侵欠控追〉例文規範下，審判者必須辨明被告究竟應該適用〈誆騙〉律還是〈負欠私債〉律。在此情況下，法律體系及其執行也能更正式地對牙行與客商間種種複雜商業行為做出細緻區別，從而對各種不同性質的債務糾紛做成既符合法律條文規定而又帶有彈性調整作用的判決。

　　儘管乾隆二十三年（1758）十二月的〈牙行侵欠控追〉例文區別了牙行是否「侵吞入己」的不同規定，但在「牙行並未中飽」的情境下，被控「侵

44　《高宗純皇帝實錄》，乾隆四十一年（1776）十一月下，頁687。有關本案更細節的討論，以及十八世紀清政府、廣東十三行商人與外國商人間債務糾紛的種種法律內以及法律外的處理，參見：Kuo-tung Anthony Ch'en（陳國棟），*The Insolvency of the Chinese Hong Merchants*, 1760-1843. Taipei: Institute of Economics, 1990. 陳國棟，〈論清代中葉廣東行商經營不善的原因〉，收入氏著《東亞海域一千年》，台北：遠流出版公司，2005，頁365-394；章文欽，〈清代前期廣州中西貿易中的商欠問題〉，《中國經濟史研究》，1990，1（1990）。郭德焱，《清代廣州的巴斯商人》，北京：中華書局，2005，頁80-94；范金民，《明清商事糾紛與商業糾紛》，南京：南京大學出版社，2007，頁180-185。洋人也有欠廣州行商鉅款不還的例子，1806年左右，廣州行商「麗泉行」的「崑水官」潘長耀（當時外國商人將崑水官英譯為Consequa或是Conseequa）在幾位美國商界友人幫助下，聘請美國律師在美國本土控告欠款的美國商人，該案於1806年9月在賓州（Pennsylvania state）費城（Philadelphia）郡普通法院開庭，該案紀錄現存美國「賓州地區巡迴法庭檔案」（Records of the Circuit Court for the district of Pennsylvania）；潘長耀甚至在1814年2月10日寫信向美國總統陳情而在美國華盛頓特區的國家檔案館留有〈廣東行商崑水官致美總統迷利臣稟〉，參見：格蘭特（Fredric D. Grant）著，周湘譯，〈麗泉行的敗落──訴訟對十九世紀貿易的危害〉，《史林》，2004，4（2004）：頁75-87。

欠」的牙行依然要依客商請求賠償貨款數額而「照例勒追」，期限內無法代客商追回貨款，即需要依〈負欠私債〉律接受科刑並且賠償客商。這裡存在的問題是：按此例文規定，即使牙行本人並未侵欠客商財貨，但他依然會被判處有罪。何以如此？在史料有缺情形下，我目前只能做些推測：這大概是因為立法者相信牙行在執行仲介業務時有責任保護客商的交易安全，若是交易過程中的第三人（無論是其他店家或是棉、絲小生產者）無法清償客商財貨，則牙行仍要負責清償客商損失。這由〈牙行侵欠控追〉例文被歸類收入《大清律例》中的〈戶律：市廛：把持行市〉而非〈戶律：錢債：違禁取利〉，或許也可做些佐證，因為〈把持行市〉主要規範的是市場交易秩序與安全，而〈違禁取利〉則主要處理當事人財貨增加的不當得利問題。當然，這些只是單純由法律條文做推論，至於在當時實際發生的商業債務訟案裡，客商控告對象到底是牙行多還是交易第三人（如店家）多？這需要更多史料做判斷。

　　伴隨十六到十八世紀全國市場的發展，士大夫與官員，甚至是皇帝，也並非對當時商業發展漫不經心，無論是對客商遠地經商遭遇的關心與同情，或是對牙行功能的認識與依重，在在是實在於當時社會之中。而由有關牙行與客商債務糾紛的法律規範看來，無論是各地方政府的告示或政令（特別是像江西按察使凌燽推行的「聯票」，或是由南昌府屬州縣推廣到全省的在破產牙行門前「大張告示，寔貼行門」辦法），或是中央政府頒布通行的管理牙行新例以及乾隆二十三年頒行的〈牙行侵欠控追〉例文，這些法律規範也有利於客商解決或防止債務糾紛，特別是對那些由於第三人造成的債務無法清償問題，這正是〈牙行侵欠控追〉例所定義和規範的牙行「並未中飽」情形（其中即包括了當其他店家等「第三人」無法清償客商債務，而不是牙行本身無法清償客商錢財），雖然這套新的法律規範仍然未能明確指出第三人無法清償時所應負的法律責任，但因為明確規定牙行在一定期限內無法代客商追回錢財即需依〈負欠私債〉律處理，還是能在相當程度上更加保障客商經營時的交易安全。由強烈表反映同情遠來客商的論述，到制訂〈牙行侵欠控追〉例，這一系列由政治社會論述到實際修法立法的過程，正構成十六到十八世紀中國市場經濟發展的有機一環。

第二節 地方與中央政府立法過程中的過失論述

〈牙行侵欠控追〉例文其實已隱然涉及了商業經營中的「過失」責任認定問題，也就是說：何以即使牙行並未侵吞客商財貨而仍然可能要負賠償責任？從現有史料看，當時官員並不以有無「過失」來解釋牙行的「侵欠」問題，但由後代研究者的立場看，牙行雖然「並未中飽」但卻仍要在若干期限內幫客商收回因為第三人造成的損害，否則即要「照例勒追」，這裡似乎預設了牙行要依其誤託第三人的業務「過失」而自動負起連帶責任。當然，後代研究者的立場也不一定最能說明當時歷史實際，在史料限制下，此問題目前也無法深論。不過，在十八世紀清朝中央與地方各級政府制訂與討論的與商業經營相關法律中，則確實已直接涉及了「過失」方面的問題，只是，這些法律規範的制訂與討論不在與牙行有關的債負論述上，而特別集中在當時當鋪業者與託典民眾間的賠償責任問題。本節將對這方面問題多做討論。

一、浙江當鋪賠償案例與「過失」法律原則爭議

「過失」觀念被用到規範民間財貨糾紛與賠償責任的法律條文中，至少在漢代《二年律令》等法律條文中已散見於對失火、船人載貨捆紮不結實、縱放牲畜毀人莊稼等導致財貨損失的相關規定，[45]但正式編入法典，則仍以《唐律》〈雜律〉門中的〈受寄物費用〉條律文較為清楚。明代大體承繼唐律此條法律，但在法條的編排結構上，則改置於《大明律》〈戶律〉的〈錢債〉門，且名稱也稍稍改為〈費用受寄財產〉律。[46]

明律〈費用受寄財產〉條文字如下：「凡受寄人財物畜產而費用者，坐贓論，減一等；詐言失死者，准竊盜論，減一等。並追物還主。其被水火、盜賊費失及畜產病死有顯跡者，勿論」，[47]而這條律文也被當時熟悉訴狀寫

---

[45] 徐世虹，〈張家山二年律令簡中的損害賠償之規定〉，收入《華學》第六輯，北京：紫禁城出版社，2003，頁135-146。

[46] 此條文在唐律與明律中的簡要比較，參見：吳壇，《大清律例通考》，卷14，頁527。

[47] 《大明律》，懷效鋒點校，北京：法律出版社，1999，卷9，頁83。

作的專家轉化為通用的訴狀範本，如晚明一部「日用類書」即載有一份與財貨糾紛相關的訴狀範本，其中一段文字如下：

> 詐言故失，如竊如偷。寄之且與心交，昧之乃欺天理。費用理合賠還，死、失豈無顯跡。[48]

在這份可供民眾書寫訴狀參考的範本文字裡，羅列了諸如「詐言故失、費用、失死、顯跡」等關鍵字詞，這都明顯反映範本作者直接取材於當時通行《大明律》的〈費用受寄財產〉律文。

日用類書載錄的這份訴狀範本何以要特別提及〈費用受寄財產〉律文中的那些關鍵字詞呢？一個可能的解釋是：為了預先防範被告假託「故失」而將其「費用受寄財產」的偷竊行徑予以脫罪。何謂「故失」？依當時法律規定是「其被水火、盜賊費失及畜產病死有顯跡者」，而若符合「故失」的法律定義，則被告即可以「勿論」，亦即無需賠償原告。為了預先防範這種「詐言故失」行徑，日用類書這份訴狀範本才羅列這段文字。《大清律》完全承繼此條明律，而針對此律中最能讓原告失望而被告脫罪的此條法律後半部文字：「其被水火、盜賊費失及畜產病死有顯跡者，勿論」，由十八世紀初年著名律註家沈之奇撰著的《大清律輯註》對此條法律文字有如下的釋義：

> 若被水火盜賊費失及病死各有顯跡可據者，勿論。不坐罪，亦不追賠，事出不測，非受寄者之過也。[49]

《大清律輯註》是清代流傳甚廣的律學名著，對後來清朝的法律釋義學有很大的影響力。沈之奇此處是以「事出不測，非受寄者之過」對法條文字做了釋義，其中所用理據，其實即已相當接近現代西方法律區別有無「過失」（negligence）的觀念或原則。[50]財物為「水火、盜賊費失」，以及牲畜

48　《新刻天下四民便覽三台萬用正宗》，卷8〈律例門：財本類〉，頁348。對明清「日用類書」發展的綜述，參見：吳蕙芳，《萬寶全書：明清時期的民間生活實錄》，台北：國立政治大學歷史學系，2001。

49　（清）沈之奇，《大清律輯註》，新校本，卷9，頁584。

50　一般說來，「過失」（negligence）在現代英美法中：「一般含義是指缺乏注意（careless），其在法律上的含義，則指未達到一個通情達理的人在當時的情況下根據法律所應達到的注意標準」（薛波主編，潘漢典總審訂，《元照英美法詞典》，北京：法律出版社，2003，頁955）。

「病死」，這些法律文字上明定的天災人禍，若真是「各有顯跡可據者」的話，則便符合〈費用受寄財產〉律文所規定的「勿論」條件。用沈之奇的話說，這段條文規定的法律效果即應該是：被告「不坐罪，亦不追賠」；而之所以無需坐罪、不必追賠，則正因為是「事出不測，非受寄者之過也」。

然而，若真是「事出不測，非受寄者之過」，則被告即不用賠償原告嗎？對原告而言，自己存放寄託在被告處所的財貨或牲畜，一旦遭受「各有顯跡可據」的天災人禍而減少或是消失，則原告這些損失難道便真的「勿論」而無法得到賠償了嗎？至少在十八世紀中期，這條〈費用受寄財產〉有關「勿論」的法律規定即已面臨社會大眾頗為強大的挑戰與檢驗，而發生這類問題的最明顯場域，則是在當鋪失火或失竊時的賠償問題上：委託民眾財貨因火災或盜竊遭受損失時，當鋪主人到底應不應該賠償典客？而如果需要賠償，則又該如何區別賠償的比率？在十八世紀中期的浙江、江蘇、安徽、湖南、江西等許多地方，許多地方官開始更被委託財物受損失民眾與經常同樣是受害人的當鋪主人夾在中間，面對典當民眾與典鋪商人針對自身權益的不同請求，許多承審官員都被這類賠償問題引發的訟案捲入，相互辯難、討論，終而做成裁決，這是一段極有趣的司法故事。

按現有材料看，這段十八世紀的司法故事肇端自浙江省。乾隆十一年（1746）的五到七月間，浙江省布政使與按察使在審轉省內呈送的一份典鋪失火案件判決書時，發現當時浙江全省司法官員處理這類案件的方式各有同異，為了加強法律適用方面的統一性，他們便試圖擬訂一份可供日後全省處理同類案件的法令規範；然而，在布政使、按察使轉送浙江巡撫與閩浙總督等上級長官核定此套法令時，幾位省級官員卻又針對一些具體細節產生不同意見，因而在浙江省內開展了一場為期至少三個月的法律論辯，這場辯論的主題即是有關如何修訂全省通用的典鋪火災賠償責任法律規範。

論辯的起始，浙江省布政使與按察使兩人先對當時省內常見的典鋪火災案件做了以下的仔細分析：

> 查得：典鋪一項，上輸朝廷課稅，下通民間緩急，理宜矜恤。且當票之內，原載有「風煙不測，各聽天命」之語。如遇（自行）失火、（鄰火）延燒，情形各有不同，賠、免，應行區別。緣各屬失

火、延燒當物，從前議賠數目，前後參差，因之，議詳亦各互異，不免胥役從中援引輕重，致啓小民爭端擾累。本司等正在酌議畫章程，會請憲示。[51]

　　文中首先稱讚了典鋪主人「上輸朝廷課稅，下通民間緩急」的貢獻，從而開宗明義點出典鋪主人也是火災的受害人因而「理宜矜恤」。此外，這裡也透露了當時浙江省內民間通行的「當票」文契一般是開列有「風煙不測，各聽天命」的條款，這條款主要指的是講明典當民眾事先即需要知道自己該負擔火災的風險，萬一典鋪起火致使寄存財貨受損時，典當民眾應要自認損失，不該再向典鋪要求賠償。然而，在實際發生典鋪起火財貨受損案件時，這種當票文契大概罕能阻擋典當民眾強烈要求典鋪賠償甚至向官府提出告訴。

　　若嚴格按照〈費用受寄財產〉中有關「勿論」的法律規定，則只要符合「事出不測，非受寄者之過」的通行解釋，當鋪主人是可以「不坐罪，亦不追賠」；但在當時司法實務上，如何認定「非受寄者之過」？可能仍有不小爭議。任何一種火災都是「事出不測」而「非受寄者之過」嗎？答案顯然並不如此，至少即很難將典鋪內部職員「自行失火」也說成是「非受寄者之過」。浙江布、按兩使在上述引文中即提及：「如遇（自行）失火、（鄰火）延燒，情形各有不同，賠、免，應行區別」，這說的即是火災至少有「自行失火」與「鄰火延燒」兩類，很難將「自行失火」說成是完全「非受寄者之過」，因此，通常這類案件的處理情形應是自行失火者應「賠」而鄰火延燒者應「免」。然而，究竟該「賠」損失財物的全部或是部分金額？而應「免」的情形又是否便真的讓典當民眾拿不到任何補償？當時浙江省內承審官員對這類案件如何議賠的處理方式也不一致，甚至前後矛盾（「議賠數目，前後參差」），從而引發「胥役從中援引輕重」弊端，甚至造成「小民爭端擾累」。問題不可謂不嚴重，浙江布、按兩使因而主張修訂適用浙江全省的法例（也可稱為「省例」），[52]希望日後省內承審官員可循統一法令判決此類案

51　《治浙成規》，收於《官箴書集成》第六冊，合肥：黃山書社，1997，卷5，頁528。

52　有關清代「省例」發展概況以及學界對此類法律規範性質的初步討論，參見：寺田浩明，〈清代的省例〉，收入滋賀秀三編，《中國法制史：基本資料的研究》，頁657-714；谷井陽子，〈清代則例省例考〉，收入楊一凡總主編，寺田浩明主編，《中國法制史考證》丙編第四卷，頁120-214；王

件，這個修法主張區別了四種典鋪火災情形，並依序做了或「免」或「賠」
的具體建議：

(1)如鄰火沿燒當房、住屋，一切物件俱未搬移、盡成灰燼，驗明取
　　結，免其議賠。

(2)如典戶本家不慎失火，燒去住房、當屋，亦令地方官查勘情形，如
　　無放火偷運情弊，取結，一體免賠。

(3)如僅燒當房而住屋未焚、力尚可賠者，煢煢典質之人，若不議賠
　　償，未免有向隅之泣，應將典質衣服、珠玉、米穀、絲、棉及木
　　器、書畫各項物件，概以實五扣利找賠；金銀器飾，雖被焚燒，尚
　　可淘取，以值十當七計重扣利賠還；銅鉛錫鐵，火鎔渣汁，亦可淘
　　取，應以實六扣利找賠。

(4)若住屋被焚而當房尚存者，毋論沿燒、自起，應聽取贖。倘有遺
　　失，照議分別賠償。其應扣利銀，總以失火日為止；年月已滿，概
　　不准找，應賠銀兩，統限兩月內賠清。[53]

　　典鋪主人是否在火災後賠償典當民眾的財物損失？是上列四項規定的重
點。而有兩個判別標準通貫這四項規定的內容：一是將「當鋪」財貨損失區
分成存貯財物的「當房」與典鋪主人自住的「本家」；二是將當鋪失火原
因分為「鄰火沿燒」與「本家不慎失火」，綜合這兩個判準而產生了上列
四項規定的不同適用情境。簡單地說，這四項規定將典鋪主人是否賠償這個
問題分為兩大類：第一類是典鋪主人依法「免其議賠、一體免賠」，第一和
第二項規定即屬此類情形；第二類則是典鋪主人需依財物損失的具體情況，
按損失財貨性質分別以「實五扣利找賠、值十當七計重扣利賠還、實六扣利
找賠」等不同比率賠償典當民眾，並將賠償時限的計算通則訂為「其應扣利
銀，總以失火日為止；統限兩月內賠清」，第三和第四項規定情形屬之。

　　浙江巡撫讀到這份修法建議後表示可以接受上開四項規定的第一項（「如
鄰火沿燒當房、住屋，一切物件俱未搬移、盡成灰燼，驗明取結，免其議賠」），但他無

志強，〈清代的地方法規〉，收入氏著《法律多元視角下的清代國家法律》，北京：北京大學出版
社，2003，頁19-49。
[53] 《治浙成規》，卷5，頁528-529。為便利討論，筆者已將此段引文各分小段並加添編號。

法同意第二項（「如典戶本家不慎失火，燒去住房、當屋，亦令地方官查勘情形，如無放火偷運情弊，取結，一體免賠」），而其反對的具體理由是：「鄰火延燒，該典原屬因人連累；至本家失火，乃係典戶自不小心謹慎所致。典質之人俱係窮民，因本典自己失火，而與鄰火沿燒者漫無區別，概置不議，殊於情理未平」。[54]這裡強調的是「典戶自不小心謹慎」與「該典原屬因人連累」兩者差別應在法律判決上做出區分的合理性，也就是說，關於典鋪主人在火災引起典當民眾託存財物損失的請求賠償案件中，政府法律應該考慮的關鍵是：典鋪主人自身是否「小心謹慎」？或換成現代法律用語說是：究竟典鋪主人有無「過失」？

　　為消除上級長官的質疑，兩位布政使與按察使再次闡釋了他們建議修法的理據，他們回應的重點有二：一是「典鋪當物被焚，原應議令賠償，但質典之人雖係窮民，而典戶出資，輸稅、便民，亦宜矜恤。況燒燬物件，在典質之人，所失無多；而典戶虧本，盈千累萬，似應按其情形，量加區別」，這第一項理據強調的是典鋪主人對國家稅收與協助百姓借貸應急的重要貢獻，不能因為託存典當民眾多係窮民，而不管典鋪主人是否有能力在火災後賠償財物損失民眾。第二項理據則是強調：「本司等原議：典鋪被焚當物，無論延燒及本家失火，但免賠償者，係指住房、當屋盡成灰燼未經搬移而言……若僅燒當房而住屋未焚，均議賠償」，關鍵仍在於遭受火災的典鋪是否有能力賠償，因此，浙江布、按兩使再次澄清他們的修法建議是要區別典鋪主人居住的「住屋」與典鋪存貯當物的「當房」是否同時失火燒燬。在陳述第二項理據的同時，他們更進一步闡發了自己對「小心謹慎」、「事出不測」等當時區分〈費用受寄財產〉有關「勿論」關鍵術語的法律見解：

　　　夫鄰火延燒，因人連累，情固可憫；而本典失火，雖不小心謹慎所致，然事出不測，當房、住屋一概焚燬，家資蕩然，亦有力不能賠之勢。如不論沿燒、自起，住、當房屋盡焚，概議賠償，恐力不能賠，徒啓地棍勒詐之端，而究無賠償之實。典鋪視為畏途，民用不能緩急，殊多未便。[55]

54　《治浙成規》，卷5，頁529。
55　《治浙成規》，卷5，頁529-530。

　　這裡出現了一項當時可能較不尋常的法律見解：「鄰火延燒，因人而累，情固可憫」，但即使典鋪本身「不小心謹慎」引發火災而造成財物損失，其實也仍然是「事出不測」，也不是典鋪主人願意看到的結果。這裡似乎隱含了對沈之奇所謂「事出不測，非受寄者之過也」之類較通行的法律推理做了擴張性的闡釋：即使是自己典鋪內部職員「不小心謹慎」，也有可能算入「事出不測」，而仍然屬於「非受寄者之過」。當然，兩位布、按使並未對其這套將「事出不測」的擴張性闡釋說的很清楚，他們最清楚強調的其實是再次呼應了前述第一項理據：「典鋪視為畏途，民用不能緩急，殊多未便」，這裡說的依然是典鋪在日常生活協助百姓借貸應急的貢獻，並再附加上一條避免地棍勒索的搭配性小理由：「住、當房屋盡焚，概議賠償，恐力不能賠，徒啟地棍勒詐之端，而究無賠償之實」。

　　在浙江出現的這場立法論辯中，浙江巡撫的質疑最終未能奏效，乾隆十一年七月，閩浙總督接受兩位布、按使的全部修法建議，並稱讚這套典鋪失火「分別議賠」的法令是：「情理得平，不致偏累」。[56]

　　值得注意的是，乾隆十一年七月議定的〈典鋪失火〉例在浙江省境內還有其他後續效應，當此例被援用到典鋪失竊案件時，又再做了調整。《治浙成規》收錄了兩件典鋪失竊代表性案例，一是乾隆十五年（1750）蕭山縣典鋪主人單家治呈報的當貨被竊案，二是乾隆二十一年（1756）三月二十九日夜晚發生的秀水縣典商「卜義興」失竊當貨案，這兩件案子最後都是「照典當失火之例」處理，以乾隆十一年典鋪失火法令為準則，將賠償比率定為「貫五賠償」，其細節則是：「照例：當本一兩，再找給銀一兩，扣利賠償，其利扣至失事之日為止。若年月已滿者，概不准找」。不過，乾隆十五年蕭山縣典鋪竊案最後「照典當失火之例」做成賠償判決的背後，其實有著一場規模較小的爭議，蕭山知縣和其上級長官紹興知府間，對典鋪失竊是否可以完全比照失火案例處理，特別是其中有關典鋪主人是否可以在某些情況下「免賠」的問題，雙方立場迥異，蕭山知縣似乎主張「失竊」也可比照「失火」而區出兩種，一是「強劫」，可比照「鄰火延燒」；一是「鼠竊」，可比照「本家自行失火」，兩者不同的法律效果在於：「強劫」可以

56　《治浙成規》，卷5，頁530。

免賠，而「鼠竊」則要做賠償。紹興知府無法同意此種區分，他主張典鋪主人在法律上應負更大的責任：「無論強劫、鼠竊，難辭典守之責」，浙江省級長官同意紹興知府的看法，並對典鋪「失火」與「失竊」二者差異在法理上做了區別：

> 失火事屬天災，猝不及防，是以原情分別找賠。至於典鋪失竊，與失火不同，凡開張典鋪，俱係有力之家，所收當貨，理宜高厚墻垣，每夜輪值支更，巡查嚴密，以防盜賊，豈容怠惰偷安致有疏失！雖典戶出資圖利輸稅便民亦宜軫恤，而典質之人俱係窮民，所典或係己物，或係親友借貸，價值當不及半，一旦被竊，尤堪憫惻。應如該府所議……如此，則典戶既有專責，而窮民亦不致於連累，庶幾情理兩得其平矣。該縣請照〈失火找賠〉之例，似毋庸議。

看來，蕭山知縣也援用了前述乾隆十一年浙江布、按兩使著重典鋪主人貢獻的提法，強調典鋪主人「出資圖利輸稅便民亦宜軫恤」，但紹興知府與這次浙江省長官則更多地強調典鋪主人的財富能力與業務責任：「凡開張典鋪，俱係有力之家，所收當貨，理宜高厚墻垣，每夜輪值支更，巡查嚴密，以防盜賊，豈容怠惰偷安致有疏失！」此外，典當民眾的損失也更多地被重視：「典質之人俱係窮民，所典或係己物，或係親友借貸，價值當不及半，一旦被竊，尤堪憫惻」。很明顯地，前述乾隆十一年閩浙總督筆下的「情理得平，不致偏累」，和這裡所引乾隆十五年浙江省級官員筆下的「情理兩得其平」，兩者包含的意思是不太相同的，前者偏重的是若典鋪主人賠償太多則「典鋪視為畏途，民用不能緩急，殊多未便」，而後者偏重的則是「窮民不致於連累」而「開張典鋪，俱係有力之家，所收當貨，理宜高厚墻垣，每夜輪值支更，巡查嚴密，以防盜賊，豈容怠惰偷安致有疏失！」

由乾隆十一年的典鋪失火立法辯論，到乾隆十五年的典鋪失竊修法爭議，規模雖有大小之異，但卻都涉及法律規範如何判定當鋪主人在事故中的「過失」程度及相應而來的應負責任問題；同時，由涉及爭議官員的法理論據看來，無論失火或失竊，有關「事出不測，非受寄者之過也」這項清律〈費用受寄財產〉「勿論」原則的運用，其實是處於變動過程中的，不同官員對典鋪主人在失火或失竊中究竟有無「過失」的界定，其實也同時涉及他

們對「有力之家」的典鋪主人以及「典質之家」是否多屬「窮人」等問題的既定看法。這些問題在其後的他省相關立法與中央政府的律例修訂過程中，一樣表現出來，我將在結論中對這些問題續做討論。

二、湖南、江西省例與《大清律例》的當鋪、染坊賠償立法

　　乾隆二十四年（1759）十一月十九日，湖南按察使嚴有禧在審轉桂東縣發生的「扶映巨」染房失竊案時，轉引了該縣知縣盧廷琮呈送上級核可的公文書。在該份公文書裡，這位盧知縣建議湖南省內各級長官可以援用「江、浙兩省現行省例」以處理此案，他援用的江、浙省例相關條文如下：「凡當鋪、染坊，除鄰火延燒、強盜打劫之案俱免勒賠，其自己失火、竊賊鼠盜，即照原當之票，找賠半價」；[57]此外，盧知縣還對鄰省這套法律的立法理由與執行細節都做了詳細說明：

　　　　蓋緣質當貨物，十僅當五，如物價一兩，當銀五錢，其所虧半價，除去應收月利，按數賠還。至染坊收染物色，更非典當已經得受質銀以應質需可比，若不謹慎數藏，遇有火、賊二患，在染坊，染價有限；而眾姓之貨值，所存不貲。應令新者照時價賠償，舊者量減十分之四；並令染坊收染之時，即於票內註明新舊字樣，以杜爭端。倘賠償之後，獲賊到案，即令賊屬變賠；如不足數，仍著染坊賠還。[58]

　　盧知縣轉引的江、浙省例，其基本立法原則如下：失火與失竊都可各自分為兩種，凡屬失火中的「鄰火延燒」與失竊中的「強盜打劫」，其法律結果都是「俱免勒賠」；而失火中的「自己失火」與失竊中的「竊賊鼠盜」，其法律結果則都是「照原當之票，找賠半價」。我目前仍未能找到當時江蘇省關於典鋪或染坊賠償的法律規範，但由乾隆十一年七月議定的浙江〈典鋪失火〉例以及乾隆十五年的浙江典鋪失竊判決看來，盧廷琮在乾隆二十一年

57　《湖南省例成案》，據清刊本攝製微卷，中央研究院歷史語言研究所藏，卷33〈戶律錢債門：費用受寄財產〉，頁25-26。由前述《治浙成規》記錄的乾隆十五年、二十一年典鋪失竊案判決看來，內容與盧廷琮此處援引「江、浙兩省現行省例」有所差異，特別是盧氏所謂「鄰火延燒、強盜打劫之案俱免勒賠」，即與《治浙成規》所見強盜打劫的規定不同。此中緣由，仍有待進一步考查。
58　《湖南省例成案》，卷33〈戶律錢債門：費用受寄財產〉，頁25-26。

所引述的「江、浙兩省現行省例」，似乎已開始逐漸定型並相繼為其他省份所借鑑；這套法律規範的基本立法原則，即是區別四種失火、失竊情境，並分別規定了「俱免勒賠」與「找賠半價」兩類賠償辦法。此外，還可發現：這套處理「火、賊二患」賠償方式的法律規範，也已不限於典鋪這個行業，染坊也成為另一個適用對象。當然，典鋪與染坊兩個行業接受民眾委託存放的財貨性質有異，如何賠償各不同財貨的具體細節，仍有差異，對比盧廷琮所引染坊賠償新、舊衣料的不同計算方式，以及前節引用浙江乾隆十一年七月議定〈典鋪失火〉例第三項規定典鋪賠償各項不同財貨計價方式，即可得窺一二。

盧廷琮知縣在送呈審轉的公文書上，不僅建議長官援用江、浙省例判決縣內「扶映巨」染房失竊案，他在這份公文的開頭，還寫下自己對當時這類「火、賊二患」賠償案件的實地觀察與處理經驗：

> 民間失火，雖屬天災；事主被竊，亦屬不幸。但窮民甚多，若不議賠，則聚訟盈廷，告訐紛紛。地方官以例既未載，束手莫展。而窮民擾攘私鬧，恃眾搬搶，每至釀成大獄。且恐不肖典商、染坊，乘機私運，借隙暗藏；而人情莫測，詐偽百出，甚至監守自盜，縱火焚屋，以及失少報多，尤為流弊無底。[59]

盧知縣觀察到：當時湖南各縣的典鋪、染坊在遭逢「火、賊二患」後，對託典民眾的財物損失經常不予賠償，這不僅引發不少託典民眾「聚訟盈廷，告訐紛紛」，更讓地方官面對此類案件時因為「例既未載」而「束手莫展」，最後結果是：「窮民擾攘私鬧，恃眾搬搶，每至釀成大獄」。然而，盧知縣在深稔此類案件可能引發民眾告訐紛紛甚至是恃眾搬搶結局的同時，仍是不忘典鋪、染坊經營者也是受害者的事實：「民間失火，雖屬天災；事主被竊，亦屬不幸」，儘管他也同時知道有些不肖典商、染坊「乘機私運、監守自盜、失少報多」等流弊。在這種無法可依的局勢下，要如何兼顧典鋪、染坊主人以及窮苦託存財物民眾損失的兩難局面？更加強了盧知縣建議長官援用江、浙兩省現行省例的迫切性。

---

[59] 《湖南省例成案》，卷33〈戶律錢債門：費用受寄財產〉，頁25。

　　按察使嚴有禧最終接受了盧知縣的分析與建議，同時，嚴有禧還添加了更多的立法理由並綜合擬訂了各項賠償辦法，以供湖南巡撫在修訂法律時做最後定奪。他的立法理由是：「本司查：當鋪、染坊，原為貿易取利。凡有他人典、染物件，理宜慎密收藏，授受清楚，豈容稍有玩視。然而，盜竊、火焚，亦事所常有。在店戶，以資本已無，焉能再償原物；在民人，又以付交什物，何甘素手空回。構訟紛爭，勢所不免。更恐狡黠之徒捏飾焚、竊情形，陰圖侵肥私橐，均未可定」。他接受了盧廷琮轉引的江、浙省例，建議採用如下兩項辦法：一是「鄰火延燒、大盜強劫二者，原非得已，地方官如果查明屬實，被燒之物，免其賠償；劫去原贓，俟獲盜追出給領」；另一則是：「其自行失火燒燬，或被鼠竊偷摸，乃該店戶防範不慎所致，典守之責，咎無可辭。在當物，已得過一半典價，即照原票銀數找賠，仍扣除月利。在染物，新者照時價賠償，舊者量減十分之四；並令染坊於收染時給與一票，註明是何什物，及新舊字樣；店中底簿，亦令照填。遇有失事，以便核對估賠」。[60]

　　嚴有禧在乾隆二十四年十一月十九日做的修法建議，得到湖南巡撫的同意，這套典鋪與染坊的相關賠償法令，不僅用來解決桂東縣的扶映巨案件，也進一步成為湖南省通行的法令。湖南巡撫很快即在同年十一月二十二日發布命令：「如詳，通飭遵照，出示曉諭辦理。扶映巨之案，即飭議賠，仍勒緝贓賊，務獲究報」。[61]「扶映巨」染坊因為遭受的是「鼠竊偷摸」，所以被要求「議賠」，而其之所以不能像「大盜強劫」般「免其賠償」的主要理由，用嚴有禧所主張的法律理由來說即是：「鼠竊偷摸，乃該店戶防範不慎所致，典守之責，咎無可辭」。繼湖南省之後，江西省也在次年的乾隆二十五年（1760）通過了類似立法：「染鋪被火……實係延燒查明確鑿，請免賠償」。[62]

　　綜合江西、湖南、浙江、江蘇等省有關當鋪、染坊失火或失竊如何賠償的諸多立法例看來，確是可以發現其間共通的特徵：儘管小有爭議，但對於鄰火延燒與強盜打劫兩類原因造成財物損失的案件而言，幾乎已經確定了業

60　《湖南省例成案》，卷33〈戶律錢債門：費用受寄財產〉，頁27。
61　《湖南省例成案》，卷33〈戶律錢債門：費用受寄財產〉，頁28。
62　《西江政要》（按察司本），卷2，頁36。

者在原則上無需賠償的共識。何以業者遭到鄰火延燒或是強盜打劫即無需賠償呢？若以嚴有禧使用的法律推理來說，其中道理即是：「原非得已」，這和沈之奇解釋〈費用受寄財產〉律有關「勿論」規定的法律釋義是同樣的道理，正是所謂「事出不測，非受寄者之過也」。

　　然而，中央政府有關典鋪、染坊失火失竊賠償案件的立法活動不僅開始的較晚，而且還對於上述省份已然確立的鄰火延燒與強盜打劫無需賠償法律原則做了修正。浙江、湖南、江西等省是在乾隆十一年（1746）到乾隆二十五年（1760）間陸續通過了典鋪、染坊失火失竊賠償的省例，成為各省處理同類案件的統一法律規範。但直至乾隆三十七年（1772），這類法律條文才正式進入了《大清律例》，距較早出現此類省例的浙江已時隔二十七年；同時，中央政府此條立法例似乎也並不直接來自江蘇、浙江、湖南或是江西現行省例的影響，而是肇因於乾隆三十四年（1769）十月間北京城的「興隆當」失火案件，步軍統領衙門審理此案時順便奏請制定了該條法律，不知何故，這次立法過程拖的很長，直至乾隆三十七年才正式編入《大清律例》，而且被編入的是〈刑律：雜犯：失火〉門，而不是〈戶律：錢債：費用受寄財產〉門，該條例文有如下規定：

　　凡京城當行失火，除所當貨物未被焚燒者，仍按件准令取贖外，其已被燒毀者，俱按票價量減，以七成賠還。倘奸商、店夥人等有乘機偷盜情弊，審實，照竊盜律治罪。[63]

　　雖然這條例文規定的是「京城當行失火」，不一定完全適用全國各省，但在立法原則上則反映一個關鍵差異：原先其他省份省例所具備的區分「鄰火延燒、自行失火」原則在《大清律例》此條例文中消失了，取而代之的賠償原則是「其已被燒毀者，俱按票價量減，以七成賠還」，一律以當票議定價值打七折賠償損失財物的民眾，而不再區分當鋪業者是否「不慎」失火，也不管該失火事件究竟是不是「事出不測」；當然，其他省例中因為「事出不測，非受寄者之過」而推導出來的「免其議賠」規定，也不可能出現在《大清律例》此條例文中。可以說，原先幾個省份制訂與執行法律規範時所

63　（清）吳壇，《大清律例通考》，新校本，頁982。

體現的「過失」原則，並未被中央政府修訂頒行的此條立法例所採納。

　　四年後，兩江總督高晉對這條《大清律例》例文提出修法建議，乾隆四十一年（1776）六月初一日，清高宗讀到了高晉引用其治下通行典商收當貨物失火延燒如何賠償的立法通例，以此間接批評了乾隆三十七年頒布的上述《大清律例》例文，高晉的看法是：「江蘇、安徽、江西三省典鋪，失火、延燒著賠，按照所當貨物，分別減數賠償，經戶部議覆通行各省。較之原例通以七成賠還者，似屬周詳」，[64]看來，「通以七成賠還」的規定不夠「周詳」，正是高晉批評的重點。同時，由高晉奏議還可得知，在乾隆三十七年《大清律例》新例文公布前，戶部原先即已議覆「通行各省」，批准了典鋪「（自行）失火、（鄰火）延燒」的區別性賠償辦法，由此可見：乾隆三十七年的《大清律例》新例，既不與幾份現行省例相合，也不符合戶部批准通行全國的法令。清高宗讀到高晉奏摺後加上了硃批：「此奏是」，並於六月五日將此硃批奏摺發交刑部官員集議討論；六月二十三日，刑部官員在尚書英廉領銜下，即依兩江總督高晉的修法建議上奏皇帝，六月二十四日即「奉旨依議，欽此」。[65]乾隆四十二年（1777），清廷即重新修訂了《大清律例》舊有的乾隆三十七年例文，新例文字規定如下：

　　　　凡典商收當貨物，自行失火燒毀者，以值十當五，照原典價值計算作為准數。鄰火延燒者，酌減十分之二，按月扣除利息，照數賠償。其米、麥、豆石、棉花等粗重之物，典當一年為滿者，統以實三計算，（自行失火燒毀者）照原典價值給還十分之三；鄰火延燒者，減去原典價值二分，以減剩八分之數，給還十分之三，均不扣除利息。倘奸商合夥人等，於失火時將當不及五、貴重器物貪利隱匿及乘機盜賣情弊，照所隱之物，按所值銀數計贓，准竊盜論治罪，追出原物給主。其未被焚燒及搬出各物，仍聽當主照號取贖。[66]

　　乾隆四十二年新例重新添入了既有幾省省例中區分「自行失火燒毀」與

64　吳壇，《大清律例通考》，頁982。本段引文摘自《大清律例通考》，至於高晉原奏，則收於清乾隆四十一年六月二十三日刑部尚書英廉等人所上奏摺〈奏議典商收當貨物失火延燒賠償章程〉，此奏摺影印收入張偉仁主編，《中央研究院歷史語言研究所現存清代內閣大庫原藏明清檔案》（後文以《明清檔案》簡稱此書），台北：聯經出版公司，1986-1995，冊227，頁48-55。

65　《明清檔案》，冊227，頁52、55。

66　（清）吳壇，《大清律例通考》，頁982。

「鄰火延燒」的不同賠償原則，但是，中央政府頒行的這條新例在規範「鄰火延燒」部分仍有所不同：不是像有些省例規定的「免其議賠」，而是比「自行失火燒毀」者再酌減若干比率賠還，其賠還細節依託存典貨的性質而有不同，一般物件是以「自行失火燒毀」賠償額度「酌減十分之二」賠還，「米、麥、豆石、棉花等粗重之物」則以「自行失火燒毀」賠償額度的「減剩八分之數，給還十分之三」。簡單地做個計算，乾隆四十二年新訂的典鋪賠償辦法是：將損失財物依一般財貨與大宗物資做區別，「自行失火」原則是一般財貨賠50%而大宗物資賠30%，至於「鄰火延燒」情形，則是一般財貨賠40%而大宗物資賠24%。

比起乾隆三十七年「其已被燒毀者，俱按票價量減，以七成賠還」的中央政府原訂〈京城當行失火〉例文，乾隆四十二年這條新修《大清律例》例文適用對象不僅由京城擴大到全國典商，更重要的是，它還正式承認了當時若干省份已經率先施行的區分「自行失火」與「鄰火延燒」不同賠償原則，儘管中央政府並非是照單全收，並不接受「鄰火延燒」典商無需賠償託典民眾的規定，而是一方面在若干程度上嵌入「事出不測，非受寄者之過」的「過失」法律原則，讓「鄰火延燒」的賠償方式仍能與「自行失火」情形有所區別；但另一方面，則又並未照搬幾份既存省級立法前例對於遭受「鄰火延燒」損失受典財物的當鋪主人可以「免其議賠」的規定，而是依照託存財貨性質，而分別訂出40%或24%的賠償比率，雖然這個比率仍比「自行失火」的50%或30%為低。

另外也要注意的是，乾隆四十二年的《大清律例》新例文，只規範了典鋪失火的賠償，它不僅未論及典鋪失竊如何賠償，也未將賠償辦法推廣到染坊失火或失竊的案件上。《大清律例》在這方面其實是呈顯某種法律規定上的空隙，還比不上一些既存的省級法例，要再經過六十多年後，才有新出例文填補此條法律空隙：道光二十三年（1843），添加了有關「染店」失火的規定；道光二十四年（1844），則增入有關典鋪與染店失竊的規定。與增修例文內容的同時，道光二十四年也正式將所有這些有關典鋪、染坊失火和失竊的例文，由原來的〈刑律：雜犯：失火〉門，改置於〈戶律：錢債：費用受寄財產〉門。[67]

---

[67]　有關這方面法律條文添增與移置的立法過程，參見：《欽定大清會典事例》，卷764，頁11-12。

　　由清代地方與中央政府對典鋪、染坊失火與失竊進行的立法工作看來，這裡至少留下兩項立法方面的問題值得繼續探究，一是乾隆四十二年中央政府律例公布後，既有省例存在對典鋪失火所做的不同法律規範是否便會在審判過程中完全失去影響力？二是明知不少省例已對典鋪、染坊同時做了失火與失竊方面的規範，但何以乾隆四十二年《大清律例》新例文仍然只處理典鋪失火而不旁及其他情形呢？這兩個問題仍需再找更多史料來回答。

　　儘管目前受限史料恐怕暫時無法回答上述兩個問題，但由十八世紀浙江、湖南、江西地方政府訂頒有關典鋪、染坊賠償法律命令的演變，以及中央政府兩次對《大清律例》〈失火〉門相關例文的調整，還是可清楚看到「事出不測，非受寄者之過」這項〈費用受寄財產〉有關「勿論」法律原則，如何逐步適用到典鋪、染坊遭受火災與劫盜事故後如何賠償託存財貨民眾財產損失的法律案件上。這些十八世紀陸續出現在地方與中央政府的法律規範，其主要內容不是在對典鋪、染坊主人或任何其他關係人施加刑罰，而是要試圖訂定出「情、理兩平」的賠償責任，無論是對典鋪主人「免其議賠」或是賠償50%、40%、30%、24%，這些都不是刑事上笞、杖等罪罰，而是面對各個案件中對賠償問題有不同主張的兩造民眾，官員希望在其判決中做出能讓原、被告雙方都能甘心接受的賠償比率與賠償細節。

　　同時，官員在制訂這些回復當事人財產的賠償性法律條文時，為了使賠償辦法能夠「情理兩平」，也時常運用兩類論述來進行論證或是修辭：最明顯的一類論述，即是如何判定該案是否是「受寄者之過」的問題（本章稱之為「過失」原則），官員集中論證的是典鋪或染坊主人在不同性質事故中，究竟是屬於「理宜慎密收藏，授受清楚，豈容稍有玩視」的「不慎自行失火」情形，還是「鄰火延燒，該典原屬因人連累」的情形。另外一類論述較隱藏，但不僅經常和第一類論述搭配在一起，同時也有重要的影響力，那即是：將案件兩造區分成「有力之家」與「窮民」，並把典鋪主人形容成是「有力之家」，而將託典民眾歸類為「具係窮民」。無論是乾隆十一年浙江巡撫質疑布、按兩使草擬法令時的說詞：「鄰火延燒，該典原屬因人連累；至本家失火，乃係典戶自不小心謹慎所致。典質之人俱係窮民，因本典自己失火，而與鄰火沿燒者漫無區別，概置不議，殊於情理未平」；或是乾隆二十一年湖南桂東知縣所說的「民間失火，雖屬天災；事主被竊，亦屬不幸。但窮民甚

多，若不議賠，則聚訟盈廷，告訐紛紛」，這裡都暗示了法律爭議案件中應該如何處理或是兼顧富人與窮人之間利益矛盾的課題，也成為不少捲入立法爭議官員用以鋪陳自身修法立場的重要線索。

小　結

　　由十八世紀清代地方與中央政府法令中涉及商業「債負」與「過失」賠償責任兩類問題的內容演變與立法過程，本章對牙行與當鋪兩種商業組織做了些檢視，至於所要探討的重點，則不在於這些商業組織的功能如何變化，而是試著將這兩類商業組織放回當時的法律運作架構做討論。

　　由各類涉及客商與牙行「債負」關係的法條或禁令內容，筆者分析了十八世紀地方官員如何一方面對遠來客商「本虧貨折」情境致予深深同情，另一方面卻同時在理解牙行「通商便民」正面功能下而對「牙行侵欠」問題進行法律改革，諸如江西省級官員由推廣「合同聯票」（乾隆元年，1736）到主動將財務有問題的牙行「大張告示，寔貼行門」以提醒客商注意（乾隆二十四年，1759），以及乾隆二十三年（1758）十二月由中央政府議定通行的〈牙行侵欠控追〉例。特別是〈牙行侵欠控追〉例，這條法律將牙行與客商間的債負關係區分為「侵吞入己」與「並未中飽」兩類，在法律規範上為複雜的商業債務關係預留了可予區別的空間，從此，債負法律即可以更清楚地區別牙行、客商與其他店家之間的金錢與財貨往來關係，當客商無法討回所屬錢財時，這裡面的「債務」關係即可能分屬牙行無法清償（「侵吞入己」）或是其他店家無法清償（「牙行並未中飽」）兩類。前者的無法清償，〈牙行侵欠控追〉例便規定以既有的〈誆騙〉律處理；至於若是屬於後者情形的無法清償，〈牙行侵欠控追〉例則明確限定期限要求牙行代為取償，否則即將被控牙行依〈負欠私債〉律治罪。對客商與牙行而言，經營上的債務風險便能更加地明確責任所屬問題。在後者情形下，牙行雖係「無辜」，即使牙行並未中飽客商錢財但仍需要依法代替其他店家清償債務，這看似對牙行經營者不公平，但是卻將原來法律上規定不夠明確的債務責任問題，做了更清楚界定。這對十八世紀中國商業組織的發展應有較正面的作用，也是當時法律運

作架構有利經濟發展的一個變化。

　　當鋪、染坊這類收貯民眾財貨的商業組織，在經營商業時總難免遇上水火風雨等自然災害或是盜竊強劫等人為損失，這些都是商業經營上的風險，這類風險要如何分擔？若依當時一些省份通行當票合同的規定，上面已預先寫好「風煙不測，各聽天命」等字樣，然而，一旦發生自然或人為損失，面對「聚訟盈廷，告訐紛紛」甚或是「窮民擾攘私鬧，恃眾搬搶」的財物損失賠償爭議事件，政府官員也很難但憑當票上的約定而束手不管讓激動群眾「各聽天命」。十八世紀區別典鋪「自行失火」與「鄰火延燒」的法律規範，在地域上由浙江、江蘇、安徽而蔓延到湖南、江西，並且在內容上由典鋪失火擴展到典鋪失竊乃至染坊失火與失竊，這在當時可謂是有關民間商業經營賠償責任問題的一波省級立法運動。最後，甚至也若干程度地影響到刑部統一制頒的《大清律例》，終而在乾隆四十二年的新例中納入了「自行失火」與「鄰火延燒」的區別性賠償原則。當時因為當票規定「風煙不測，各聽天命」而使業者有較強理由可據以宣稱不予理賠，而面對可能群情激憤四處抗議的託典財物已然損失的民眾，何以官員仍然要在法律上賦與典商在「鄰火延燒」等情形下可以「免其議賠」的保障？由前述幾段法律論述中，已可見到官員再三強調的理據：「質典之人雖係窮民，而典戶出資，輸稅、便民，亦宜矜恤」，這裡反映的是官員希望能同時兼顧典鋪主人與託典民眾兩者的利益。然而，畢竟「鄰火延燒」與後來出現的「強盜打劫」可以依法「免其議賠」已經成為當時省例的立法主流，典鋪與染坊主人當然是這類立法的受益者，在此套法律規範下，他們可以在面對自然與人為風險時同時得到當票合同與官方法律的雙重保障。但是，如果託典、託染民眾真的「俱係窮民」，則何以官員真能如此安心讓典鋪與染坊主人在「風煙不測」時不必賠償而讓窮民「各聽天命」呢？特別是明清許多城鎮中的典鋪多係外來客商所開設，[68]面對又是富人，又是外來客民，地方官員何以如此心安理得地區別「鄰火延燒、強盜打劫」而好似獨厚富人呢？

68　明代南京城即有眾多徽州典客，顧起元《客座贅語》如此描述當時情形：「典當鋪在正德前，皆本京人開，今與綢緞鋪、鹽店，皆為外郡外省富民所據矣」（新校本，張惠榮校點，南京：鳳凰出版社，2005，卷2〈民利〉，頁69）。不少研究都提及這個外地客民在城鎮中開設典鋪的現象，可略見：范金民、夏維中，〈明清徽州典商述略〉，《徽學》第二輯，合肥：安徽大學出版社，2002，頁129-138。

　　這裡至少存在兩個可能：一是官員真的偏袒富人，甚至經常希望在衝突糾紛中得到富人的財物打點而淪為官商勾結的情境。乾隆年間江蘇崑山縣人龔煒即生動地記錄了當時實際發生的典商與官員「賊串合詐坑貧民」案件，面對崑山縣某家典鋪「誑報」當房失火（其實是別處失火而並未真的延燒當房）而知縣竟信以為真，引發本地士民不滿，甚至出現「雷神巧，火神更巧」的譏諷語句，而且還出現「士民譁于學宮者，不下數千人」的抗議典商誑報鄰火延燒不予賠償的事件，據信，該家典商趁夜將當房民眾託存財貨運到了其位於蘇州城內的另座典鋪。[69]官商勾結的結果，使得十八世紀法律也可得以若干程度反映典商利益，這是一個可以再討論的方向（至少需要再多對當時參與立法官員的私生活做更多調查）。但另一個可能性，則涉及了士大夫、官員乃至皇帝對富人社會功能評價的微妙轉變，以及在此微妙轉變中重新界定了富人與窮人之間的關係。除了前節所述浙江、湖南官員在立法時多次提及的典鋪主人有「輸稅、便民」的功能外，乾隆十一年浙江布、按兩使所用的話語，更點明了他們對典鋪如何有益社會大眾的具體評價：立法之所以不該讓典鋪主人一律賠償，正因為不能因為賠償方法過於嚴苛而讓商人將經營「典鋪視為畏途」，進而造成「民用不能緩急，殊多未便」的不利結果。沒錯，當時還是有其他官員強調託典民眾的生計問題要比「矜恤」典商更加重要，所謂的「典質之人俱係窮民，所典或係己物，或係親友借貸，價值當不及半，一旦被竊，尤堪憫惻」，正反映此派官員的基本態度；但是，由相關立法過程看，認為窮人比典商「尤堪憫惻」的言論，仍然不是這套立法論述的主流意見。

　　社會上對富人的評價當然是多種多樣的，我無意在此強調何者才是當時真正的主流意見，只是，就十八世紀典鋪失火失竊賠償問題的立法論述看來，其中確實明顯存在一種肯認典商有利窮人的價值預設。這種論述當然不一定會是當時評價富人的最普遍方式，[70]但在十八世紀中國，某些有關富人

69　（清）龔煒，《巢林筆談》，新校本，北京：中華書局，1981，卷2，頁50。
70　晚明一部公案小說，即曾透過虛構人物說出一段反映當時輕視甚至是敵視富人的另一類話語：「古稱為富不仁，汝家巨富，未必全無過也」（李春芳編次，《海剛峰先生居官公案》，影印明萬曆三十四年（1606）金陵萬卷樓虛舟生刊本，上海：上海古籍出版社，1990，第70回〈判江城匿名害人〉，頁362）。如果「為富不仁」是當時不少人的既定觀念，則十八世紀典鋪失火失竊賠償立法中「矜恤」典商論述的發展，便更加顯的特別有意義。

對社會有貢獻的言論已在愈來愈多場合出現，一位江西按察使下達於嘉慶九
年（1804）的公文書，在鼓勵省內富有農民可以「倣照當鋪款式」貸穀給其
他貧窮農民而酌收利息的同時，他主張未來應讓這些富有農民可以「亦立當
票，於還穀之時，發給當戶收執，以為來年當穀之據」，以便利雙方借貸關
係能預先「杜絕爭端」。[71]而在推行這項政策時，這位按察使還做了如此評
論：

　　夫欲保全富戶，必使窮民明白其中利害，方可加以懲勸，蓋富乃
貧之母，為國家元氣，富戶凋敝，不僅貧民失依，元氣亦傷。[72]

　　他不僅自己認為「富乃貧之母，為國家元氣」，甚至還希望曉諭省內
窮民能夠認識到「富戶凋敝，不僅貧民失依，元氣亦傷」的道理。類似的
主張，其實也出諸於十八世紀全國知名的幕友與官員汪輝祖（1730-1807）口
中：

　　藏富於民，非專為民計也。水旱戎役，非財不可。長民者，保富
有素，遇需財之時，懇惻勸諭，必能捐財給價，雖惏於財者，亦感奮
從公，而事無不濟矣。且富人者，貧人之所仰給也。邑有富戶，凡自
食其力者，皆可藉以資生。至富者貧，而貧者益無以為業，適有公
事，必多梗治之患。故保富，是為治要道。[73]

　　「保富，是為治要道」，這是汪輝祖的學幕經驗，也是他勸告其他有志
幕學甚至是有機會為官者的箴言。

　　除了「保富」這類言論外，富人是否該為窮人的不幸處境負責？也意外
成為一個曾被公開討論的話題。當雍正皇帝強迫曾靜（1679-1736）與他進行
「法庭辯論」時，他們兩人意外地留下了這份中國史上少見的關於貧、富生
成原因的對話錄：

　　問曾靜：旨意問你，書內云土田盡為富戶所收、富者日富、貧者

71　《西江政要》（按察司本），卷43，頁7。
72　《西江政要》（按察司本），卷43，頁6。
73　（清）汪輝祖，《學治續說》，《汪龍莊遺書》本，「保富」條，頁125。

日貧等語。自古貧富不齊，乃物之情也。凡人能勤儉節省、積累成家，則貧者可富；若游惰侈汰、耗散敗業，則富者亦貧。富戶之收併田產，實由貧民之自致窘迫、售田產於富戶也……你以富者日富、貧者日貧俱歸咎於君上，有何理據呢？

　　曾靜供：此是瀰天重犯山鄙之粗見、不通世事之愚論。豈知貧以游惰而致、富因勤儉而得，此等不齊，自天降下民已然，原非人力之所能挽。蓋天之生物不齊，因五氣雜揉，不能一致，人之昏明巧拙、才質不同，乃造化之自然，雖天亦無可如何。人之貧富，視乎作為營辦，作為營辦又視乎才力之巧拙昏明，此自然之理勢也。況天道福善禍淫，更幽遠莫測，其窮困者，安知不是天厄之；其豐亨者，安知不是天相之乎！皇上以撫育為心，舉一世而涵濡之，豈願其有此。得聖諭點化，更覺分明。[74]

　　簡單地說，雍正認為貧與富的經濟狀況都是個人能力或是品格的展現：「凡人能勤儉節省、積累成家，則貧者可富；若游惰侈汰、耗散敗業，則富者亦貧」，表現在土地所有上的貧富不均問題，其實是「貧民之自致窘迫、售田產於富戶」。而無論是被迫或自願，曾靜的回應也很令人吃驚，除了同意雍正關於富人「勤儉」而窮人「游惰」的因果關係說明外，他甚至進一步推論了雍正的貧、富因果關係論述，將貧、富處境說成是上帝意旨的展現：「天道福善禍淫，更幽遠莫測，其窮困者，安知不是天厄之；其豐亨者，安知不是天相之乎！」雍正與曾靜其實不只是要解釋個人何以會變成貧人或是富人，而更想要對貧富不均的社會現象由整體性質上進行說明，雙方討論的重點，其實更像是要證成雍正提出的這個有關社會經濟整體性質的結論：「貧富不齊，乃物之情也」。[75]

[74] 《大義覺迷錄》，影印清雍正年間內府刻本，台北：文海出版社，1970，卷1。對曾靜案所做的思想與文化史分析，參見：王汎森，〈從曾靜案看十八世紀前期的社會心態〉，《大陸雜誌》，85，4（1992）：頁1-22；史景遷（Jonathan D. Spence），《皇帝與秀才：皇權遊戲中的文人悲劇》，邱辛曄譯，上海：上海遠東出版社，2005。
[75] 將社會上貧、富差異現象做某種宗教性的解釋，並不始自曾靜；明代以前，類似「富貴在天」等隱含各人貧富狀態緣由的討論其實很模糊，如元末明初時人轉引宋人邵雍的話：「邵子曰：夫人不能自富，必待天之與其富，然後能富。人不能自貴，必待天之與其貴，然後能貴。若然，則富貴在天也，非在人也」（長谷真逸，《農田餘話》，影印明萬曆刻《寶顏堂祕笈本》，收入《四庫全書存目叢書》，台南縣：莊嚴出版公司，1995，子部，冊239，卷下，頁338），但這裡「天」的含義與

　　也許是急於為自己政績「辨誣」（如質疑曾靜之前說的「你以富者日富、貧者日貧俱歸咎於君上，有何理據呢？」），雍正在某種激動心情下才說出這句「貧富不齊，乃物之情也」的結論，但是，這樣的語句其實可能正好更反映了他對社會上貧富不均現象的解讀與認知，此時反而無需以其他社會上主流的倫理道德觀念來遮掩自己心中的真實想法。依此想法，則窮人之所以陷入貧困，不僅是由於他們自己的「游惰侈汰、耗散敗業」，而更可能是反映「貧富不齊，乃物之情也」的天地自然之理，無論是從哪一方面做說明，則富人其實都無需太為窮人的貧困處境再負任何實質或是道義上的責任。

　　對於貧富不均的生成原因問題，乾隆大概難得再有機會像《大義覺迷錄》中雍正這般少有忌憚地暢談「貧富不齊，乃物之情也」。但乾隆三十三年（1768）三月間，對於當時兩淮鹽政尤拔世奏請下令對鹽商「教以節儉，冀挽澆風，以示儉樸」的言論，乾隆則以「寄信上諭」方式痛斥此論「殊為不曉事體，若執此謬見，復何以辦理鹺政耶？」而乾隆之所以要大動肝火斥責尤拔世，則是他對富人與窮人間的社會經濟關係其實也有一套特別看法：「此等殷商，坐擁厚貲，即費用略多，亦復何礙？且使游手好閒之徒，藉以資其膏潤。若徒拘崇儉之虛名，更復加以禁遏，則伊等轉以自封為得計，於酌盈劑虛之道深屬無當」。[76]這段評論雖未直接討論窮人究係自己「游手好閒」所致或者仍是受害於富人的巧取豪奪，但由所謂富人「坐擁厚貲，即費用略多，亦復何礙」的評論內容看來，乾隆顯然並不將富人財富對立於窮人生計，他反而認定「費用略多」的富人消費行為其實正可讓「游手好閒之徒，藉以資其膏潤」，乾隆認為富人「費用略多」根本即是一種有益窮人生計的「酌盈劑虛之道」；[77]而尤拔世竟然想對鹽商「教以節儉」，這不是反

內容並不很清楚。至少到了南宋，則已出現將個人性格與自身貧富結果連繫起來的討論，參見：Joseph P. McDermott（周紹明），"Family Financial Plans of the Southern Sung.", Asia Major 4,2（1991）: pp.41-42. 而即使到了晚明「功過格」思潮日益普及，功過格作者在宣揚「財富是對善（行）的獎勵」時，也同時經常很「明確地懷疑富人的道德能力」（參見：包筠雅，《功過格：明清社會的道德秩序》，頁227）。只是，我覺得雍正與曾靜這兒的討論，其實並不側重個人境遇的富或貧，而是更著重於貧富不均的社會現象，並在討論過程中帶入更多試圖說明經濟現象何以常處「不平等」狀態的「社會性」解釋。

76　尤拔世的奏摺以及乾隆的反應，這些經過都可見於陳國棟生動的轉引與分梳，參見：陳國棟，〈有關陸楫〈禁奢辨〉之研究所涉及的學理問題——跨學門的意見〉，《新史學》，5，2（1994）：頁159-162。

77　由一般經濟學原理對「消費、浪費、過度消費、消費不足」與「節儉的矛盾」等語句的分析，參

而破壞了「酌盈劑虛之道」嗎？若依尤拔世建議，則富人不見得真正「節儉」而窮人則極可能更加無以為生，乾隆批評其「不曉事體」，正為此故。

　　綜合看來，十八世紀中國社會對有關「富人到底對窮人做了什麼？」這樣的問題，其實同時存在著種種不同的論述。如果由一串光譜來定位正反兩面評價，則認為富人經常「為富不仁」應該對窮人貧困處境負責是一極端，而認為「富乃貧之母，為國家元氣」等「保富」論述則為另一極端，處在此兩極端中間的，則至少還有雍正的「貧富不齊，乃物之情也」、乾隆認可的富人「費用略多」可使窮人「資其膏潤」這樣一種「酌盈劑虛之道」，以及明末清初以來幾類討論禁奢政策適當與否的論述。[78]將此問題拉回到本章主要節次的分析，由明末李樂將客商收不回錢財的經商債務現象描述成「這商貨中間，又有借本置來者，舉家懸望，如何負了他？負了他，天不容，地不載，世間極惡大罪！余目擊心傷」，到清初福建巡撫張伯行痛斥牙店、棍豪、衙胥「賒營、揭借」客商錢財不還而使其「本虧貨折」，進而為這些遠來客商慨嘆「誰憐越陌度阡、目斷家園於異國？」乾隆五年（1740）乾隆下令整頓不肖牙行「侵蝕客本，扡（拖）欠貨銀」問題時，也在將「羈旅遠商含忍莫訴，甚屬可憫」這樣的文字直接放入通令全國的上諭裡，這些討論牙行、店家積欠客商債務不予清償的債負論述，背後其實都反映了當時對富人評價問題的微妙轉變。至於十八世紀漸次推展的典鋪、染坊賠償責任問題立法運動，由省例到《大清律例》的修訂，各級地方官員更是在討論典鋪主人究係「不慎」抑或「連累」等「事出不測，非受寄者之過」相關法律問題時，經常帶入了如何兼顧典商「有力之家」與典物民眾「具係窮民」之間利益的討論，這裡面當然也直接碰觸到當時官員如何看待「富人到底對窮人做了什麼？」這樣的問題。只有當富人無需太為窮人生活困境負太多「抽象責任」時，這類涉及「過失」責任的法律論述，才能開始讓法律制訂者更有意識地去區別「自行失火」與「鄰火延燒」的不同賠償責任，從此意義而言，法律規範裡明文規定的金錢財物等實質賠償責任，其實是與法條文字背後所

見：陳國棟，〈有關陸楫〈禁奢辨〉之研究所涉及的學理問題——跨學門的意見〉。

[78] 針對明末清初討論禁奢政策問題的不同言論，有學者曾由「明末清初經世思想的脈絡」提供更多的例證，參見：林麗月，〈陸楫（1515-1552）崇奢思想再探——兼論近年明清經濟思想史研究的幾個問題〉，《新史學》，5，1（1994）：頁131-151。

蘊含的對富人應該如何對窮人生計擔負義務的「抽象責任」概念相互關連。

　　總之，由十八世紀中國有關客商債負與典鋪賠償責任的法律論述，可以讓我們進一步理解當時法律規範如何釐清客商、牙行與店家等第三人之間的複雜債權債務關係，以及如何試圖將典鋪、染坊的經營風險予以更明確地界定，這些法律規範的演變，將會對牙行、店家、典鋪、染坊甚至是多由客商經營的棉布字號與絲業帳房等商業組織的結構與運作，帶來更多而且更深的影響。儘管傳統中國未出現近代歐洲法典化運動意義下的民、商法典，但這些包括債務、過失在內的各類民間契約關係，卻絕非是與政府法律缺乏任何有意義的互動。[79]

　　有學者已明確指出：「對於中國社會的契約秩序（有）異於西洋近代的特殊性質，不（該）僅僅停留在有無近代性的討論上；進一步考慮其固有的特點究竟是什麼，具有更重要的意義」。[80]在筆者看來，如何更深刻地理解傳統中國契約等「私法」關係的演變？將會是進一步研究明清中國社會經濟變化特點的重要一環。當然，總有人仍然喜歡以「農業社會vs.商業社會」的兩極化對照來掌握傳統中國社會經濟的「特點」。然而，傳統中國固然未發展成十八世紀後半英國工業革命以後普及的動力機器技術與工廠制生產組織，也沒有類似十八世紀英國法官引入商業習慣判案以及十九世紀歐陸法學家推動的民商法典化運動；但是，當時中國發生的種種經濟社會變化，也絕非是「沒有發展的增長」能有效說明，就算不符合近代西歐式的「商業社會」，但其間發生的種種重要變化卻也不是一句「農業社會」所能輕易概括。

　　由十六到十八世紀一批批明清士大夫、官員甚至是皇帝本人對外來客商受債務問題困擾所傳達出來的深切同情，乃至十八世紀地方與中央法律規範如何釐清客商、牙行與店家等第三人之間的複雜債權、債務關係，以及如何

79　對明清契約研究所做的綜合討論，以及建議兼採當事人主觀看法來分析傳統中國的契約關係，參見：岸本美緒，〈明清契約文書〉，王亞新譯，收入滋賀秀三等著，《明清時期的民事審判與民間契約》，頁280-326。而對過去不少研究側重由「交易成本」討論契約，有學者則建議重新找回「社會倫理關係」這項「失落的隱喻」，藉以更細緻地檢明清各類契約關係，參見：Jonathan K. Ocko, "The Missing Metaphor: Applying Western Legal Scholarship to the Study of Contract and Property in Early Modern China." In Madeleine Zelin, Jonathan K. Ocko, and Robert Gardella eds., *Contract and Property in Early Modern China*, pp. 178-205.

80　岸本美緒，〈明清契約文書〉，頁311。

試圖將典鋪、染坊的經營風險予以更明確地界定，這些都不是「農業社會」即能概括的變化。明清中國真的不曾出現有利市場經濟發展的「商業法律」嗎？真的只有近代歐洲標準下的普通法變化或民商法典化運動才能算是促進經濟發展的「商業法律」嗎？要想更有效地論辯這些問題，仍然需要更多司法案例做檢證。本章追索十八世紀實際發生於地方與中央的債負與過失相關法律條文，一方面論證其間值得重視的內容變動，另一方面也希望強調以下多項史實：十六世紀以後不少士大夫與官員對「羈旅遠商」的深切同情，以及十八世紀地方官員在論述典鋪、染坊賠償問題時所常表露的對富人有利「輸稅、便民」的價值觀，甚至是其間強調不能讓典商賠償過甚而使其「視典鋪為畏途」以免「民用不能緩急，殊多未便」等論點，這些社會評論或是法律論述，其實都涉及了當時對外來客商與「有力之家」富人究竟應該如何評價的問題，也關連到當時人們如何看待富人對窮人該負何種社會責任的問題，這些結合觀念心態與法律規範的變化，都是值得重視的變化。本章結論是：十八世紀「牙行侵欠」債負與典鋪失火遭竊「過失」賠償兩類法律修訂過程，以及其間反映的推理與辯論方式，都讓我們有機會進一步理解十六到十八世紀中國市場經濟變遷的內在理路。

第七章　由蘇州金箔業訟案檢視晚清的商事立法

　　二十世紀的最初十餘年，也約是在清朝統治的最後十多年間，中國政府不僅開始大量繼受許多原本實行於歐陸、英美或是日本的商業法律，同時也開始大力提倡本國商人籌組商會，並且賦予商會執行多項商業法律的正式任務。這是政府在經濟立法上的努力；而在商人方面，則也開始更主動地爭取參與制定與修改商業法律的主導權，包括蘇州商會在內的全國商會代表，即於清末兩度齊聚上海，共同議商「民間版」的全國性「商律」修制工作。大致看來，在清末推動經濟立法的過程中，政府與商人之間其實充滿了程度不同的合作、對抗與妥協。

　　就在蘇州商會積極涉入這波政府加速制訂以及商會主動參與的商事立法過程中，同時間，許多發生在蘇州本地的各類商事訟案，也開始由蘇州商會介入協調與裁決。藉由分析一起發生在光緒末年的蘇州市場訟案，筆者希望考察清末法律變遷過程中的兩類不同性質法律規範：一是「國家制定法」，這同時包括了傳統的《戶律》〈市廛〉章法律規範以及清末新頒的《公司律》等借鑑外國的「商法」；二是那些影響蘇州市場經營的「商業習慣」，以及地方司法衙門採擇既有的本地商業習慣而能夠影響相關判決的「習慣法」。透過這兩類不同性質法律規範的考察，筆者將探究以下兩個問題：第一，不同性質的法律規範，究竟在什麼時候、並以何種方式進入司法審判與調解過程？第二，涉及訟案的兩造當事人究竟如何使用不同策略來利用「國家制定法」與「習慣法」以提高勝訴的可能性？簡言之，本章主要目的即是想透過個案研究，增進學界對「國家制定法」與「習慣法」彼此如何區隔與競合的理解。

第一節　晚清商事立法下的政府與商會

　　晚清政府開始主動而全面地介入全國經濟事務，不僅政府組織在經濟行政方面開始出現諸如設立商部等巨大變化，制頒商律等相關經濟立法工作也加速展開。這些政府經濟組織、經濟功能以及經濟立法的重大變化，主要和晚清追求富強的「商戰」思想與「收回利權」運動密切相關。

　　十九世紀晚期以降，開始有愈來愈多的國內外人士在中國提倡「重商、商戰」思想，鄭觀應、陳熾等人也建議清廷加意扶植本國工商業，並主張制訂商律藉以保護並獎勵本國商業的發展。戊戌變法時期，康有為、梁啟超等人也曾建議制訂商法，商戰思想逐漸形諸政策，政府開始倡設「保商局、商務局」等經濟行政機構。[1]八國聯軍侵入北京，慈禧在重回京師被迫變法後，包含經濟立法在內的各項法律修制工作，也更積極展開。

　　特別是《辛丑和約》要求中國賠償四億五千萬兩海關銀，平均每年要支付二千二百萬兩，這數字已占去清政府當時全年稅入八千餘萬兩的四分之一以上。為保證中國能夠按期向各國支付這筆鉅額賠款，《辛丑和約》不僅設定了中國的海關稅、常關稅、鹽稅做抵押，相關外國政府也希望藉由修訂進口稅則、裁減厘金、擴展內河航權以及在中國境內開採礦產、修築鐵路等方面占有利權，一方面保障每年賠款能夠按期收到，一方面也希望更有效地增加本國商人在中國的經濟權利。在這場由光緒二十八年到三十二年（1902-1906）的長達六年商約談判之中，清政府分別與英、美、日、葡、德、義等國陸續展開磋商，[2]藉由與各國代表一場接一場的面對面談判，許多清朝官員體認到二個重要道理：一是面對各國步步進逼要求在中國獲取各種具體經濟利益的鉅大壓力，「挽收利權」工作已刻不容緩。二是中國如欲挽

1　參見：趙豐田，《晚清五十年經濟思想史》，台北：華世出版社，1975；王爾敏，〈商戰觀念與重商思想〉，氏著《中國近代思想史論》，台北：華世出版社，1977，頁233-379；張晉藩，《中國法律的傳統與近代轉型》，北京：法律出版社，1997，頁430-433；黃克武，〈清季重商思想與商紳階層的興起〉，《思與言》，21，5（1984）：頁486-500；李達嘉，「商人與政治：以上海為中心的探討，1895-1914」，台北：國立台灣大學歷史學研究所博士論文，1994，頁33-55；果鴻孝，〈論清末政府在經濟上除弊興利的主要之舉〉，《中國社會經濟史研究》，1991，3（1991）：頁69-79。

2　中華人民共和國海關總署研究室編譯，《辛丑和約訂立以後的商約談判》，北京：中華書局，1994，〈出版說明〉，頁1-2。

回利權，其中一個重要前提，即是中國要先進行相關的修法與立法工作，在擬出一套能被歐美列強認同與配合的法律體系後，外國政府也會考慮尊重或是放棄在中國的領事裁判權。[3]從而，經濟事務的「挽回利權」，便與法律事務上的「挽回法權」，兩者息息相關互為表裡。

　　晚清以來，不僅是政府更加理解「收回利權」的迫切性，許多中國商民的實際經濟利益也因為產銷組織、金融系統等等方面的制度性變革，[4]不僅面臨外國商人在商業競爭上的更大挑戰，也擴大了本國商人參與市場經濟的範圍，各類新式企業數目也不斷增加。[5]晚清中國，在政府官員與民間商人之間，「收回利權」已成為共同利益與共同主張，並逐漸匯成一場大規模的經濟、政治與社會運動，[6]「收回利權、挽回利權」的思想和主張乃加速落實為具體政策。另一方面，配合戊戌變法以來政府譯書工作擴及外國法典與法學文獻的需要，清廷乃於光緒三十年四月一日（1904.5.15）正式成立了「修訂法律館」；光緒三十一年（1905）以後，全國各地又紛紛創設新式法律學堂，政府也更積極延聘日本法學專家來華講授近代法學並協助制訂法律，這些現象反映著晚清法制「近代化」工作的展開，[7]也為晚清日益普遍的「挽回法權」思潮與相關政令，提供了落實與支撐的法學專業人材。

　　晚清包含商事立法在內的各種經濟法律製頒過程，正是在這種「挽回利權」與「挽回法權」相為表裡的交互作用下加速演進。同時，十八、十九世紀以來中國境內所發生的華商與洋商貿易糾紛也日益增加，眾多商業訟案造成許多清朝官員的困擾，處理稍有不善，不僅本國商人不滿，更愈來愈能引致外國政府及其在華領事官員的鉅大壓力，這也都構成清末商事與經濟立法

3　日本政府在1899年透過制訂種種現代歐陸法律，而使外國政府取消在日本的領事裁判權，也對此時中國官員與知識份子產生鼓勵與刺激作用。

4　郝延平，《中國近代商業革命》，陳潮等譯，上海：上海人民出版社，1991。

5　有關清末以來新式企業的分類統計數字，參見：張玉法，〈清末民初的官辦工業〉，中研院近代史研究所編，《清季自強運動研討會論文集》下冊，台北：中研院近代史研究所，1988，頁629-704；張玉法，〈清末民初的官督商辦工業〉，《中研院近代史研究所集刊》，17下（1988）：頁35-68；張玉法，〈清末民初的民營工業〉，《中研院近代史研究所集刊》，18（1989）：頁315-561。

6　參見：李恩涵，〈論清季中國的民族主義〉、〈中國近代之收回鐵路利權運動（1904-1911）〉，二文都收入氏著《近代中國史事研究論集》，台北：台灣商務印書館，1982，頁45-67、541-560；唐文權，〈經濟民族主義的勃起〉，收入氏著《覺醒與迷誤：中國近代民族主義思潮研究》，上海：上海人民出版社，1993，特別見頁162-177對「抵制外貨」與「收回利權」的介紹。

7　黃源盛，〈晚清法制近代化的動因及其開展〉，收入氏著《中國傳統法制與思想》，台北：五南圖書出版公司，1998，頁290-305。

的動力來源。法律修訂館大臣伍廷芳曾很好地點出其中問題的癥結：

> 中國華洋訟案，日益繁多。外人以我審判與彼不同，時存歧視。
> 商民又不諳外國法制，往往疑為偏袒，積不能平。每因尋常爭訟細
> 故，釀成交涉問題。比年以來，更僕難數。若不變通訴訟之法，縱令
> 事事規仿，極力追步，真體難充，大用未妙，於法政仍無濟也。[8]

　　清朝官員在處理日益增多的「華洋訟案」中，時常同時面對來自外國領
事與本國商民的壓力與質疑，因為洋商擁有母國政府在華領事裁判權做後
盾，難免本國商人懷疑司法判決不公，長期忍受司法積怨，「每因尋常爭訟
細故，釀成交涉問題」。儘管存在諸如洋商指控的仿冒未經授權商品的「中
國人民違犯跡近假冒之弊」，[9]這些侵權行為固然是華商該負之責任，不能
以「不諳外國法制」搪塞；然而，領事裁判權的存在，則確是經常使本國商
人在華洋商業訟案中處於不利地位的制度性因素。然則，要使外國政府放棄
既已取得的領事裁判權，便也必須拉近華商與洋商在商業訟案中商業法律規
範，試著制訂出華洋商人都可接受的商事、民事與經濟立法。

　　上述華洋商事訟案增加對清朝官員與本國商人所帶來的衝擊，其實也是
一個中國如何融入世界性資本主義及其配套經濟法制的問題，而不只是如何
挽回本國被侵占的經濟資源與被剝奪的司法審判權而已。然而，無論是要強
調「挽回」或是要凸顯「融入」的重要性，總之，都是要試圖拉近當時中國
固有法律與歐美強權國家近代法律之間的差距，這是清末十年出現一連串經
濟立法的基本立法原則。但最困難的問題則是：究竟如何才能「拉近」雙方
的法制差距？

　　光緒二十九年二月二十五日，清政府發布「通商惠工，為古今經國之要
政，急應加意講求」的上諭，並派載振、袁世凱、伍廷芳等人負責起草「商
律」。光緒二十九年七月（1903.8）清廷設立「商部」，各項經濟立法更是加
速展開；同年十月，清廷重申命令各省成立「商務局」以負起振興各省商務
的職責；同年十一月二十四日（1904.1.11）由商部奏定《商會簡明章程》，要

8　（清）伍廷芳，〈奏訴訟法請先試辦摺〉（1906年4月25日），收入丁賢俊、喻作鳳編，《伍廷芳
　　集》，北京：中華書局，1993，上冊，頁279。
9　《辛丑和約訂立以後的商約談判》，頁18。

求官員在各地勸設「商會」。自此，商部（後稱農工商部）、商務局（後稱農工商務局）以及商會（後分總會、分會與分所），便成為清末推動各類經濟法令實際執行工作的專責機構。商部之下，設有四司、兩館：平均司、通藝司、保惠司、會計司為四司，而法律館、商報館為兩館。雖然商部內部組織有諸如許多事務與「外務部」重疊等權責不清的問題[10]，但這畢竟是重要的政府經濟行政組織變化。[11]光緒三十二年九月二十日（1906.11.6），為配合「預備立憲」事宜，清政府將「工部」併入「商部」成為「農工商部」，地方上又再增設「勸業道」，同時也調整農工商部內部組織。[12]

自光緒二十九年底起，商部與農工商部陸續制頒了多種經濟立法，並制訂相關實施細則與解釋命令，其中不少是涉及市場組織、債務契約、物權、商標、金融組織、商業與礦業投資等方面的重要法律。[13]如光緒二十九年九月，公布《獎勵華商公司章程》；[14]光緒二十九年十一月二十四日（1904.1.11）制定《商會簡明章程》廿六條，光緒二十九年十二月五日（1904.1.21）頒定《商人通例》九條和《公司律》十一節一百三十一條，構

10　織田萬在1905年開始用調查資料撰寫《清國行政法》時，即已質疑1903年清政府新成立的「商部」組織方式，他批評「商部」和「外務部」職責相互重疊而且彼此權限劃分不清，因而比不上日本政府設立的「農商務省」（參見：織田萬，《清國行政法汎論》，台北：華世出版社，1979，頁361-362）。

11　參見：王爾敏，〈中國近代之工商致富論與商貿體制之西化〉，收入中央研究院編，《中央研究院國際漢學會議論文集》下冊，台北：中央研究院，1981，頁1215-1262；朱英，〈論晚清的商務局、農工商局〉，《近代史研究》，1994，4（1994)：頁73-91；阮忠仁，《清末民初農工商機構的設立：政府與經濟現代化關係之檢討，1903-1916》，台北：國立台灣師範大學歷史研究所，1988，頁49-115；曾田三郎，〈清末における「商戰」論の展開と商務局の設置〉，《アジア研究》，38，1（1991）：頁47-78。

12　「改平均司為農務司，專司農政」；「改通藝司為工務司，專司工政」；「改保惠司為商務司，專司商政，以舊隸會計司之賽會、詞訟各項屬之」；並將原屬「商部」主管的鐵路、輪船、郵政等事務劃屬新設「郵傳部」，參見：北京故宮博物院明清檔案部編，《清末籌備立憲檔案史料》，北京：中華書局，1979，上冊，頁481。

13　清末經濟立法的主要內容，可查考《大清法規大全》（影印清宣統間政學社石印本，台北：宏業書局，1972），內收《實業部》、《財政部》等編所錄法令與奏章。清末經濟立法的相關研究，參見：朱英，〈論清末的經濟法規〉，《歷史研究》，1993，5（1993）：頁96-97；慈鴻飛，〈中國資本主義經濟法在清末的產生、特點及歷史作用〉，《南開經濟研究》，1994，1（1994）：頁72-74、66。

14　早在「百日維新」期間的清光緒二十四年（1898.7），政府即製定了〈振興工藝給獎章程〉十二款，有學者稱此章程為「中國有史以來的第一套獎勵工商辦法」，參見：李達嘉，「商人與政治：以上海為中心的探討，1895-1914」，頁41；施仁章，〈清末獎勵工商實業政策及其影響〉，《中國社會經濟史研究》，1982，2（1982）：頁78-84。

成清代公布《欽定大清商律》的最初主體。光緒三十年，又陸續頒布《商標註冊試辦章程》廿八條與《公司註冊試辦章程》十八條。光緒三十二年四月（1906）公布《破產律》九節六十九條，作為光緒二十九年所頒《欽定大清商律》的補充內容。此外，光緒三十二年還頒定《獎給商勳章程》八條，光緒三十三年七月則將原頒《獎勵華商公司章程》由八條擴修為廿條，並制頒《華商辦理實業爵商章程》十條。光緒三十三年九月（1907），並頒布《礦務正章》七十四款、《礦務附章》七十三條。另外，度支部也在光緒三十四年正月定頒《釐定各銀行則例》，內容包括《大清銀行則例》廿四條、《銀行通行則例》十五條、《殖業銀行則例》三十四條、《儲蓄銀行則例》十三條，並於光緒三十四年七月制頒《銀行註冊章程》八條。[15]

在這些經濟立法當中，《欽定大清商律》可謂是影響經濟行為較為廣泛的「商事立法」。學者指出：晚清商事立法可大致分為光緒二十九年至光緒三十三年以及光緒三十四年至宣統三年等兩個階段，第一階段的立法工作主要由商部主導，第二階段則改由修訂法律館及當時聘請的日本法律顧問所主導。[16]然而，要同時留意的是：無論商部或是修訂法律館所主導的經濟與商事立法工作，都設計了一些賦予「商會」從中協助或實際執行的法律條文。探究晚清商事立法的演變，不能只將目光放在政府部門或外國顧問上，要同時留意社會團體與政府法律之間的複雜互動。

商會在晚清包含商事法律在內的經濟立法工作中，具有很重要的角色，特別是在許多法律程序與法條執行面上，更是如此。如《簡明商會章程》和《公司註冊試辦章程》中，商會即取得各地公司申請合法「註冊」的登錄權力。《商會簡明章程》第十九款規定：「凡商家定貨之合同、房地出入之文契，以及抵押稱貨之券據，凡可執以憑者，均應赴商會註冊。將憑單上蓋明圖記，以昭信實而杜誑詐欺偽等弊」。[17]《商人通例》第三條也規定婦人經商必須「呈報商部存案，或在該處左近所設商會呈明，轉報商部存案」，以取得政府合法保護。《破產律》第一條也規定：商人破產，「應赴地方官及商會呈報」；而《破產律》第三節規範「債主會議」各條（第十七至廿四條）

15　《大清法規大全：財政部》，卷9，頁2688-2698。
16　黃源盛，〈中國法律文化的傳統與蛻變〉，收入氏著《法律繼受與近代中國法》，台北：黃若喬，2007，頁24-25。
17　《天津商會檔案匯編（1903-1911）》，天津：人民出版社，1989，頁25。

內容，將負責「清理破產一切事宜」各項手續事務幾乎都發交商會主持。[18]

這些商事立法適用於全國範圍，而各地商會在申請成立時，又是按照中央頒布的商會相關法規而取得核可。以蘇州成立的蘇州商務總會為例，[19]光緒三十一年九月（1905）擬呈的《蘇商總會試辦章程》第六十三條即規定：「按部章第十九款，凡商家定貨之合同、房地出入之文契，以及抵押稱貸之券據，凡可執以為憑之件，欲赴本會註冊，將憑單上蓋明圖記，以昭信實而杜誑詐欺偽等弊者。本會當照辦」。[20]光緒三十一年十二月（1905.11.14）的〈商部為釋註冊有關規定札飭蘇商總會〉更進一步做了解釋：「查《奏定公司註冊試辦章程》……各省商會所辦註冊之事，係指各商將合同、文契、券據赴商會呈報存案而言」。[21]光緒三十四年二月，農工商部發函蘇商總會，要求協助通知「凡與銀行相近各商號，即飭遵守（各種銀行）則例，按期赴部註冊」。[22]可見全國各地商會對政府經濟法令實際執行工作的重要性。

晚清「商律」中最早制頒的詳細法典即是《公司律》。清朝官員對「公司」的認識是逐步發展的，薛福成在光緒初年已指出「公司」對國家發展經濟的重要性：「商非公司不巨，公司非有商律不多。華商集股，設有欺騙，有司罕為究追，故集股難。西國商律精密，官民共守，故集股易」[23]。因為「公司」在募款集股的便利性，商人可將吸納更多投資要人資金創成大規模企業，所以說「商非公司不巨」。同時，晚清政府發展經濟挽回利權，更需要本國商人創建大企業，才能與以大企業為主體的外國在華商人競爭。不過，創建公司需要政府相關法令配合，只有透過「商律」的保護和規範，才能得到投資人的信任，使公司有健全的發展基礎。因此，修立「商律」便十分重要。商部成立後，便將包含《公司律》在內的商律立法列為當務之急。

18　《大清法規大全：實業部》卷九所收《商律破產律》（冊6，頁3037）。亦可見《商務官報》，第4冊，光緒三十二年閏四月五日，頁22-23。
19　全面介紹蘇州商會組織與功能的專著，參見：馬敏、朱英，《傳統與近代的二重變奏：晚清蘇州商會個案研究》，成都：巴蜀書社，1993；朱英，《辛亥革命時期新式商人社團研究》，北京：中國人民大學出版社，1991。
20　章開沅、劉望齡、葉萬忠主編，《蘇州商會檔案叢編》第一輯，武漢：華中師範大學出版社，1991，頁29。
21　《蘇州商會檔案叢編》，頁33。
22　《蘇州商會檔案叢編》，頁1194。
23　（清）張之洞，《勸學編》，收入王樹枏編，《張文襄公全集》，台北：文海出版社，1980，卷203，頁33下。

　　光緒二十九年底（1904）公布的《公司律》，其實主要繼受自外國的公司立法內容。在全文十一節一百三十一條的《公司律》內容中，約有五分之三的內容仿自師法德國制度的日本，另外五分之二的內容則是仿自英國，因而使得這部1904年《公司律》同時混合了「英美法」和「大陸法」的立法精神。[24]而也正因為翻譯與搬抄英國與德國兩個不同源頭的國外公司立法經驗，這便致使1904年《公司律》確實存在許多模糊不清與模稜兩可的法律規定；[25]同時，《公司律》中也對中國傳統商業行為較少規範和保護，本國商人從而難以有效配合，清政府初次進行的經濟立法工作因為「移殖性」太強而難以順利殖入中國社會。如何有效地結合外國經濟立法規定以及中國固有的商業習慣，便成為商部在經濟立法工作上亟待解決的問題。

　　商部需要全國各地商會配合，才能使經濟法令順利執行，若商人與商會質疑商部制頒商律等經濟法令，當然會影響經濟立法與經濟發展政策的落實。清代中央政府逐步理解到：要想制訂一套適合中國商人實用的經濟法令，光靠移植外國經濟法律並無法奏效；因而在往後修制經濟法令時，商部也開始更重視商會的意見，並請商會協助調查全國各地商人的商業習慣及其對政府制頒經濟法令的意見。這已經超越了單純要求商會配合政府執行商事立法的層面，而是開啟了一條商人團體直接參與全國性商事立法的合法管道。

　　光緒三十二年四月（1906）公布《破產律》時，商部官員即指出：臣等「調查東西各國破產律，及各埠商會條陳、商人習慣，參酌考訂，成商律之破產一門」[26]。可見商部官員在制訂《破產律》時，確有參考商會條陳的中

24　賴英照，〈中國公司立法之回顧與前瞻〉，收入氏著《公司法論文集》，台北：財團法人中華民國證卷市場發展基金會，1986，頁1-49。Chun Li, "The Kung-ssu-lu of 1904 and the Modernization of Chinese company law." *Chengchi University Legal Review* 10（1974）: 171-221.

25　1807年的法國商法首先承認公司可以作為一種「有限責任」（limited liability）的法人（juristic person）組織，此後要等到1860年代，才有德意志共通商法典（Handelsgesetzbuch）與英國公司法案（Companies Act）相繼追隨法國商法此項公司立法例。日本明治政府則於1899年兼採德國與英國法律而製成商法典。從公司法在國際上的立法先後時間看，1904年創立的清末《公司律》其實不算太晚。可見：William C. Kirby, 1995. "China Unincorporated: Company Law and Business Enterprise in Twentieth-century China." *The Journal of Asian Studies* 54,1（1995）: 47-48.至於對德意志共通商法典核心內容的介紹，可見：維亞克爾（Franz Wieacker），《近代私法史：以德意志的發展為觀察重點》，陳愛娥、黃建輝譯，頁426-427。

26　（清）沈桐生輯，《光緒政要》，影印清宣統元年（1909）崇義堂刊本，台北：文海出版社，1985，卷32，頁15上。

國「商人習慣」；只是，商部雖有此種認知與宣稱，但在實際效果上，許多商人仍然不滿意政府制頒的商事立法內容。如上海、鎮江、寧波等城市的錢業商人，即於光緒三十二年六月透過張謇和上海商會向商部反映意見，批評政府新頒的《破產律》其實是部「窒礙」難行的法律，商部官員也對此做了頗為詳細的回應與辯解：

> 本部釐定此律，本為便商起見。故上年定議編纂，即先徵各商會及商務議員之意見。嗣經陸續彙齊，始行參照起草。故此律大半均係採自各處條陳。惟其中有雖為中國習尚，而按之法理未甚允協者，則酌量參用各國成例，以期補偏救弊。統按此律，全體沿襲中國習慣者居多，採用外國條文者甚少。誠以中國商民程度未齊，國家法律祇能引之漸近。各國法律雖稱精美，亦不能盡行援據，致蹈過高難行之弊。[27]

由商部回覆可知，清政府在制定《破產律》確和初頒《公司律》不同，在起草法律時，已聽取「各處條陳」的商會和商務議員意見。商部官員同時強調：此次頒布《破產律》的內容，是「全體沿襲中國習慣者居多，採用外國條文者甚少」。雖然如此，參與經濟立法的許多官員，其實早已認定了歐美法律的優越性：「各國法律雖稱精美」，只因為「中國商民程度未齊」，所以政府才無法配合外國的「精美」法律，只好暫時先公布「沿襲中國習慣者居多」的《破產律》。

然而，至少由錢業商人的反對意見看來，商部制定的《破產律》並未符合官員宣稱的「採用外國條文者甚少」，這裡恐怕反映了中國商人和商部官員之間的嚴重歧見。儘管商部願意主動聽取商會商人的意見，但在修訂與推行商事立法的過程中，如何才能真的化解「中國習慣」和「外國條文」之間的矛盾，其實一直是當時無法有效解決的問題。

光緒三十三年（1907），清政府繼續修訂商律，並聘請日本法律顧問志田鉀太郎協助修訂。在聘請外國顧問的同時，商部也依然要求商會協助調查各地商業習慣並予彙整後送至商部，以作為修法時的參考。而就在商部調查

27　《商務官報》，台北：故宮博物院，1982，第12冊，光緒32年6月25日，頁16下-17下。

本國各地商業習慣的同時，上海商務總會卻不再等待政府要求協助提供調查資料而已，商人們開始逕行串連，主動邀集海內外各地的商會，準備共同研討一部符合中國實際的商法草案。

　　光緒三十三年十月（1907.11），以及宣統元年十一月七日（1909.12.19），各地商會兩次齊聚上海，召開了中國歷史上極富創新意義的「商法草案討論大會」。兩次大會中，各地商會代表匯聚了如何編訂商法的各種意見，商人們希望能以大會討論結果作為政府修訂商律的參考；在此過程中，蘇州許多地方的商會也推派代表參加了這兩次的商法草案討論大會[28]。第一次商法討論大會上，通過了《商法草案提綱》，要求各地商會回至本地調查「各地商情民俗」等商業習慣，並且由孟昭常等人專門負責和各地商會聯絡、翻譯外國商法以及起草中國商法草案等工作。宣統元年閏二月，商人終於正式完成了商法草案第一編的《公司法》，共計四百餘條。宣統元年十月，再完成了草案第二編的《商法總則》。二編草案皆在宣統元年十一月召開的第二次商法草案討論大會上，由各地商會代表逐條討論修訂通過。最後再由商會公推代表赴京，將所議定的商法草案送呈政府。

　　然而，就在商會集會討論商法草案的同時，中央政府卻於宣統元年（1909）率先公開了由日本顧問起草完成的商律草案內容，[29]許多商會聞訊後皆表示不滿與抗議，認為日本法律顧問修訂的商律內容並不符合中國的商業習慣。商部決定繼續加強與各地主要商會的聯絡與協調，蘇州商會也成為商部官員連繫的重要對象之一。宣統元年三月十九日（1909.5.8），商部官員朱汝珍拜訪蘇州商務總會總理張履謙，但當日因故未能相遇，朱氏乃將用來調

28　蘇商總會、常昭商務分會、盛澤商務分會、平望商務分會、梅里商務分會、吳江縣震澤商務分會皆有代表參加第一次的商律討論大會（《天津商會檔案匯編（1903-1911）》，頁285）。

29　宣統元年商律草案共有五編1,008條法律，分別為：〈總則〉九章103條、〈商行為〉八章236條、〈公司律〉6編16章312條、〈手形法〉（即「票據法」）3編15章94條，以及〈海船律〉6編11章263條。其中的〈手形法〉，大體依照1899年（明治卅二年）日本公布商法相關內容制定（見：島田正郎，《清末における近代的法典の編纂》，東京：創文社，1980，頁52），基本上並不考量中國本身商業習慣下各種不同票據的實際使用狀況。民國初年以降的各次票據法草案，也同樣多直接抄襲外國立法例（見：柯芳枝，「清末民初中國法制現代化之研究：商人通例、商行為法、票據法、保險法篇」，台北：行政院國家科學委員會、中華文化復興委員會補助專題研究報告，1973），清末與民初此方面情況頗類似。清末清政府修訂《商律》時自日本聘得法律顧問志田鉀太郎（1868-1951），有關此君大略生平，參見：黃源盛，〈晚清法制近代化的動因及其開展〉，頁302。

查中國商業習慣問題的空白表冊留下，並轉交張氏一封信函，上面說道：

> 弟由滬來來蘇，見貴省行商皆有同業規條。團體所集，恆能自為裁判，擴而充之，即吾國商法之泉源……伏懇貴商會蒐集蘇商各行同業公議規條，不拘雅俗，一併附寄敝館，俾編纂時免與之大相抵捂。[30]

商部官員對於會館公所原已制定的「同業公議規條」，也表現了相當興趣，甚至認為：「擴而充之，即吾國商法之泉源」，所以也希望蘇商總會回覆問冊時，一併協助將「蘇商各行同業公議規條」附上。次日，張履謙在回復朱汝珍的信中即說：「前今兩日彼此造訪未值，為悵。捧誦手示并調查商習慣問題十冊……具見博採周諮、鄭重商法之美意。誠以茲事體大，各處習慣不同，閉門造車者，出門每不能合轍……當即遵憲德意，將問題轉致各業，依限集議，詳細條答。并調取各項條規，送請貴館核存，以為編訂商法之預備」。[31]張氏代表商會立場，含蓄批評了政府經濟立法過程中的「閉門造車」流弊，希望政府往後能多聽取本國商人意見，同時也應允朱氏代發「問冊」以及代為蒐集蘇州各會館公所工商業團體的「同業規條」。

由宣統元年三月到九月間，商部官員和蘇商總會等各地商會展開積極連絡，商部逐漸對商會配合速度太慢感到不耐煩。宣統元年九月廿日，朱汝珍發給蘇商總會一封〈催辦函〉，其中提到：「現商法已著手起草，各商會答復者僅一二起」，[32]可見各地商會辦理調查和填寫問冊的速度不如商部的預期，蘇商總會也是尚未回復問冊的商會之一。對於填寫回報問冊速度的緩慢，各地商會也有自己的理由，但商部官員似乎認為一切都只是藉口：

> 或有以本館名詞未易了解為言者，不知法律名詞，必謀其畫一，萬難遷就各省之俗……各省學習法政者已不乏其人，商會盡可邀同學界中人共相研究耳。[33]

商部官員認為：政府編查法律館制定商業習慣調查問冊中所使用的「法

---

[30] 《蘇州商會檔案叢編》，頁248-249。
[31] 《蘇州商會檔案叢編》，頁254-255。
[32] 《蘇州商會檔案叢編》，頁256。
[33] 《蘇州商會檔案叢編》，頁256。

律名詞」，其實不算太難理解，而且，站在中央政府的立場，無論是制定問卷調查冊籍或是法律條文，也不得不在文字運用上「謀其畫一」，故而「萬難遷就各省之俗」。不僅如此，商部官員還認為：「各省學習法政者已不乏其人」，商會其實可以請求協助，而不該以此作為拖延的藉口。總之，商部官員希望商會不要輕視政府商業習慣調查的重要性，否則：「事前不盡報告之義務者，事後斷無駁議之權利。事前可採習慣而制法典，事後不能執習慣而議法典」。

　　但究其實際，蘇商總會並非沒有積極辦理調查工作。早在宣統元（1909）年四月，蘇商總會即已擬妥《研究商習慣問題簡章》，規定自四月十一日開始，以「每星期六下午二時至五時，為研究時間」，邀集蘇州商人出席集會，共同調查研議，「以備法部修律之採擇，而保商人之權利」。[34] 但是何以蘇商總會的調查回報速度不如商部的要求？在宣統元年十一月十二日（1909.12.24）蘇商總會〈復朱汝珍函〉上，似乎透露了一些重要訊息：

　　　茲聞上海商法草案於十月下旬蕆事，現正邀集各商會公同議決。約計當在本月間，方可送呈貴館。敝會所有答覆之件，可否展緩一月？俾得從容蕆事，務乞曲亮為荷。[35]

　　可見蘇商總會的真正希望，是在等待宣統元年十一月上海商法草案討論會的議決結果，蘇州商會希望和全國商會一致行動，雅不願將各別商會的意見送交政府，以免分散商人群體的力量，這顯示了蘇商總會具有與全國各地商會一致行動的行動策略。

　　綜合來看，晚清政府為了追求富強、推展商戰與收回利權，開始更重視本國商人的經濟利益。為建立有利發展全國經濟的法律制度，政府開始積極從事包含商事立法在內的各項經濟立法工作。從此，在摸索建立能夠降低交易成本並保障提升經濟資源運用效率的各種經濟制度時，商人與商人團體不再是獨自努力，政府也開始積極提供各項有利經濟發展的法制做支撐。在清末商事立法過程中，商人團體開始有更好的機會，將其意見與利益反映給政府，甚至直接參與立法工作，充分反映清末商人團體和政府在商事立法過程

34　《蘇州商會檔案叢編》，頁255。
35　《蘇州商會檔案叢編》，頁257。

中的互動與合作。[36]

　　然而，在政府制訂包含商事立法在內的各種「國家制定法」時，主要由於是繼受歐美日本的法條內容與立法原理，不僅與傳統明清的「國家制定法」有衝突，和民間社會經濟長期發展的「習慣法」也時生杆隔，特別是許多參與商事立法工作的官員，基本上罕能理解民間各種行之有年並不斷發展的商業習慣。當部分有識官員理解箇中問題時，他們又是面對著紛然雜陳的各行業與各地區不同的商業習慣，商會乃成為政府修法時藉以參酌本國商業習慣的最主要憑藉。然而，不僅商會對晚清經濟立法意見與清政府有落差，即使是各地商會負責人，他們對於明清傳統市場經濟逐步發展出來各類商業習慣或是各地衙門累積各種「習慣法」的實際情形又能理解多少？其實頗令人質疑。

　　不過，即使清末新頒商事立法的「國家制定法」與實際商業行為遵守的「習慣法」之間存有不小矛盾，但兩者總是存在一些實際交匯的領域，這不僅對通商大都會的「新式企業」為然，對一些「舊式」商號與作坊也是如此。

第二節　金箔業訟案陳詞中的「把持」與「專利」

　　就在清末政府努力制頒各項經濟立法，以及商會介入政府經濟立法程度日益加深的新局勢中，蘇州金箔業者則在光緒三十二年至三十四年（1906-1908）間，發生了一起持續至少二年半的商事訟案，涉訟兩造相互指控，先是由知縣官府審理，後再發交蘇州商務總會調停。而在蘇州商務總會調停過程中，兩造不僅分別申請加入商會，並且各自籌股成立「公司」，雖然一度在商會公證下簽訂和解協議書，但隨即爆發破壞協議事件，兩造繼續相互指控，最終則以雙方相繼退出商會結局。這起至少為期兩年半的商事糾

---

[36] 有學者認為：宣統二年（1910）由農工商部所公布的包含〈總則〉（7章84條）與〈公司律〉（6章334條）的《大清商律草案》，主要即是根據商會召開「商法草案討論會」議修商法內容而定案。相關討論，參見：朱英，《中國早期資產階級概論》，開封：河南大學出版社，1992，頁274-279；虞和平，《商會與中國早期現代化》，上海：上海人民出版社，1993，頁206。

紛也由商會檔案中暫停紀錄。[37]

　　蘇州城內有不少經營「金箔業」的工商業者，其中又依工藝種類與市場占有情況不同，而分為經營「搥金箔、切金箔、貼金箔」以及「首飾包金、金線作」等五類不同業者，[38]本案起初的被告即為「貼金箔」的「張金作」業者，原告則為「金線作」業者。早在光緒三十一年十月（1905.11）蘇州商務總會經商部核可授印正式成立之前，張金業者與金線業者也已在蘇州城內各自捐款成立了不同的團體組織：「圓金公所」與「嘉凝公所」。光緒三十二年二月（1906.6），蘇州府長洲縣知縣在接獲金線業者「宋恒昌單記」等十四家行號提出的訟狀後，[39]判決金線業者勝訴。在金線業者的訴狀中，張金業者被指控為「紊亂妨業、越俎攘奪」，訟狀的陳情及主張如下：

　　張金作，其業最優，皆居奇貨，並不教授外姓。身等金線作業，蘇地生意非比從前，故金線作戶大小祇二十餘家，造貨，需用張金作（所）賣金箔，與購往來，猶如船靠水行。上年，同業在舊立坐落長邑（長洲縣）閭邱坊巷內嘉凝公所，匯議商情，整頓業規，釐定原辦同人無依、養老、賻恤善舉，當經稟蒙前憲（蘇州府知府）許頒給示諭，暨長憲（長洲縣知縣）遵飭，會同元、吳兩憲（元和、吳縣知縣），一體給示在案，原為維持同業大局。今不料彼貼金箔，即張金作業中，有張祥泰、劉永順、朱天利、方公茂，既登優業，尚復瞬視身等金線一項，伊等盜襲製造，較占上手，因向客幫抖攬濫售，任意越項攘奪，又挖身業散伙做工，竟圖一棒打盡，使身等……齦口與善

37　現已出版的蘇州商會檔案共收有十四份文件，與此番為期兩年半的商事糾紛直接相關。筆者即根據這十四份文件整理這起訟案的始末，這些文件都收入《蘇州商會檔案叢編》全書共計十二類、1,238件文件的第五類「調解商事、勞資糾紛」項下「典型案例：張金業與金線業糾紛案」（頁574-589）。其中，第五件的〈繡章公司為控圓金公司把持金線業事致蘇商總會節略〉，信函日期列為「光緒三十三年四月」，但這似乎是編者自行編按的日期，核對信函內所載事件內容，這個日期可能有誤，應當係於至少光緒三十三年八月以後。

38　《蘇州商會檔案叢編》，頁575。這是金線業者呈控訟狀對蘇州金箔業的分類，若依現代學者分類，則又略有不同：金箔業主要是蘇州傳統金銀器皿製造業的一支，康熙年間，蘇州金銀首飾與器皿製作即分為「銀樓作坊」與「小爐散戶」兩類，而按製作工藝的不同，又出現以下的專業分工：鑿子、收挑、累絲、包金，並有鍍金、套色、發藍、點翠等名色（段本洛、張圻福，《蘇州手工業史》，上海：江蘇古籍出版社，1986，頁83）。

39　清代自雍正年間以後，蘇州城即分為吳、元和與長洲三縣，形成一府三縣首長同轄一城的行政區劃。

舉無著，殊出情切！無如伊等悍然，顧有意侵奪，身等無門可告，因
念當青天在上，待民如子，若不陳求蘇困，勢致坐以待斃！為此，瀝
情稟叩，電察恩賜，示諭貼金箔即張金作張祥泰等，推己及人，各安
各業，毋再攙奪。並請飭該業圓金公所司事，傳知理導，以杜陽奉陰
違，挽全生業，同人感深再造，等情。[40]

　　由金線業者十四家行號聯名訴狀看來，主要是對長洲知縣「動之以情」
而非對張金業者「控之以法」，在通篇訟狀中，完全未提及被告干犯何種政
府法令，而是一再陳訴下面二個藉以說服法官判禁張金業者經營自己生意的
「情理」：一，比起張金業者的被告，自己金線業的生意已經大不如前，
「糊口」日益艱難；二，因為原本有限的生意已被張金業者強走，連帶使原
本金線業者成立並經官府立案保護用來辦理照顧同業「無依養老賻恤」等
「善舉」的「嘉凝金所」也無法繼續維持。這兩個理由，可用狀詞中的「餬
口與善舉無著，殊出情切！」兩句話做概括。長洲縣知縣判決金線業者勝訴
的判決書，大旨如下：「諭仰圓金公所司董，即便遵照。理令張祥泰等循照
向章，各做各業，毋許平空攙奪，以安生業，取具遵結，呈縣備核。如果抗
違不遵，稟候提究。該司董毋任偏袒，致干未便。切切」。[41]張金業者成立
的「圓金公所」司董受到長洲縣的嚴重警告，要求他們立即退出屬於金線業
原告經營的「生業」。

　　光緒三十二年五月二十六日，就在長洲縣判決金線業者勝訴的同月內，
張金業很快向長洲知縣提出反控，要求官府依照相關法律，將金線業者「提
案訊懲而做把持」，訴狀上說：

　　金箔生業，雖各有專門，實則同本分枝。即金線各作，素向身等
攙買張金，切絲捻線發賣，猶如身等攙買鄉工金線，彼此營生。況伊
業朱森泰、呂永與、李同盛等，亦掛張金招牌，此是生意買賣接續相
沿，歷來如是。其所控身業挖伊散伙做工，更屬荒謬，第伊捻金線一
幫，素來蠻霸，即伊同行，尚有城鄉之別，而城中各店，不許雇用鄉
工，定有罰規。可想身等何能挖其散伙。至身等所攙鄉線係是薰黃，

40　《蘇州商會檔案叢編》，頁575。
41　《蘇州商會檔案叢編》，頁575。

與伊真金，名同貨異，毫不相關。乃今宋恒昌等，有意奸控訟制，希
圖把持。緣奉諭飭為迫，匍轅聲明，稟求伏乞大老爺電鑒，俯賜飭提
宋恒昌、張恒盛、韓侍記等，到案訊懲，以儆把持而安生業。再，此
次奸控，竟有未知列名者居多，實由張寶興向身等勒捐起見，一經憲
訊，定必水落石出。沾仁上稟。[42]

　　這份訟狀涉及兩件清律罪名，一是「把持」罪，一是「奸控」罪。[43]
長洲縣接到此訟詞後，幾乎等於凍結了原先判決，在同年的六月四日
（1906.7.24），不再明確批示張金業者不准「奪業」，而委請商會調解後的批
文則為：「候照會商務總會，傳集兩造，理處復奪」。[44]

　　長洲縣批文既「照會」蘇州商務總會，也另將「縣諭」批文發給張金業
者。張金業者接到長洲縣「縣諭」後，立即請求商會「裁判公斷」，除了再
次申覆原先呈請長洲縣訴狀內強調的金線業者「奸控訟制」與「希圖把持」
內容之外，這份提呈商會的裁判公斷請求書，還另外附上長洲縣「縣諭」抄
本、「具訴稟底」以及自己與同業間的「歷年往來帳簿」；同時，張金業者
並於信中提及自己的不同籍貫身分：「竊身原籍鎮江」。看來這也算是一樁
「土、客衝突」的商務糾紛，涉及蘇州本地與外來客籍工商業者間的經商矛
盾。

　　由光緒三十二年六月到光緒三十三年四月（1907.5）之間，發生了不少
金箔業者涉訟兩造繼續衝突的事件，在商會介入調解過程中，雙方其實依然
透過各種手段繼續角力。然而，受限史料有闕，許多重要細節已無法在此釐
清。不過，確定的是，商會調停工作在光緒三十三年四月十日（1907.5.21）得
到了正式成果，張金業者與金線業者在商會公證下簽訂了「議定書」，前者
承諾「永遠不收鄉工金線」，後者承諾「不到南京、杭州、上海、鎮江鄉莊
收買張金」。有趣而又重要的是，這時簽約雙方已不再是各自聯名呈控的行
號業者，而是兩家新成立的「公司」代表人：張金業者組成的「公興公司」

42　《蘇州商會檔案叢編》，頁576。
43　「把持」罪指的是清律《戶律》編《市廛》章的〈把持行市〉條，「奸控」則應是指清律《刑律》
　　編《訴訟》章〈誣告〉條，這兩條條文及所附例文的演變，參見：薛允升，《讀例存疑（重刊
　　本）》，冊3，頁409-413；冊4，頁995-1010。
44　《蘇州商會檔案叢編》，頁576。

代表人徐萬祥等四人，以及金線業者組成的「繡章公司」代表人張雲峰等二人。議定書最末署詞曰：「兩造公司議定，永遠遵守」。

值得注意的是，金線業者在「繡章公司」與「公興公司」簽訂議書後，為恐張金業者「復踏故轍」一面「包攬鄉工各色線，囑勒售與彼」，一面「將張金貨價高抬居奇，使金線業腹背受敵」，故很快又由金線業同業宋恆昌等聯名向長洲縣要求重申光緒三十二年五月判決自己勝訴的禁示，警告張金業者「不准混越僭奪」，金線業者呈詞中說及：「蒙商務總會公議，各歸本業，雖允簽字，惟恐日久玩生，復萌故智，則金線一業之絕滅，可立而待也」。受理金線業者呈詞後，同年四月廿四日（1907.6.4）長洲縣知縣向張金業者徐壽福[45]等人下令：「自諭之後，張金業者若再不知自愛，如敢抗違不遵，仍捻金線以及收買鄉工各色金線，抑藉口調換等情，一經告發，定即從嚴懲，決不寬貸。該業等務各自愛，永遠遵守。金線亦不准做張金，各安本業，毋再違抗。切切，此諭！」。

不管是經過商會的中證「公斷」或是長洲縣的「切切」諭示，這個議定書很快就被破壞，協下議定書不到四個月，在光緒三十三年八月十日（1907.9.17），蘇商總會即因為接獲張金業者「公興公司」檢舉查證屬實，判決金線業「繡章公司」因為私購上海張金而「公同議罰，照價拾倍核算，該款歸入張金業公興公司」。這起「違約罰款」事件雖由公興公司與繡章公司代表一同簽字同意，但是，也引發了金線業者的強烈不滿，一路發展下去，終於使繡章公司因為「抗拒公論」不遵守商會公證下雙方所簽訂之協定書，被蘇州商會「斥逐出會」，繡章公司也可能因而被取消公司註冊資格而解散。[46]

光緒三十四年七月，金線業者索性繞過商會重回長洲縣控告張金業者。光緒三十四年八月，長洲縣知縣判令張金業、金線業「各歸各業，不得攙奪」並且言明「先行試辦三月，設有查出，照十倍議罰」，並且「當堂飭取兩造遵斷切結」，省釋完案」。然而，同年九月，張金業者突然反悔並呈稟長洲知縣表示「無從試辦……現在各安各業，不必再照議約，免起爭

---

[45] 金線業者徐壽福，亦即是「公興公司」代表人之一的徐萬祥。在《蘇州商會檔案叢編》所收相關文件中，徐萬祥分別以以下幾個不同名字：徐壽福、徐春福、徐梅安、徐梅庵。

[46] 張金業者稱繡章公司被商會斥逐出會後，「公司已散，力難復敘」（《蘇州商會檔案叢編》，頁587）。

端」，[47]由於張金業者組成的公興公司仍為蘇商總會會員，而商會有協助會員出庭應訊的義務，這也是會員的權利。[48]長洲知縣乃於同年十月致函蘇商總會：「張金業既已遵斷於前，何又反悔於後？查該業向在貴會註冊，合行照會。為此照會貴會，請煩查照。希即秉公理勸，傳諭該兩業遵照堂諭及前立協約辦理，均不准攙，以免爭競，而維商業。是所厚望」，[49]光緒三十四年十一月，商會無力勸諭張金業者遵照長洲縣判示，也將張金業者自商會會員名錄中除名，並且正式行文商部提出「理結金線、張金兩業糾訟案記錄」，蘇商總會完全退出這起商事訟案造調解工作。

　　這場金箔業訟案中兩造的是非曲直，實在很難論斷，姑且不論長洲縣等地方官員是否弄的清楚，即使是同為商人而又實際介入調解長達兩年多的蘇商總會，對兩造這種先是協定協議而又片面毀約的動作，都不見得理解其背後的真正動機，甚至直指涉訟當事人為「非可理諭」。光緒三十四年十一月十六日（1908.12.9），在向長洲縣「移復」的公文中，蘇商總會表明了自己對這起金箔業訟案與協商過程的看法：「本會查核兩業，先經在（本）會書立議約，今紛訟不已，情詞各執，斷斷爭辯者，皆已往之事，可不提論。此後惟有令其仍遵前議，勿再違約。況經貴縣持平核斷，取有兩造遵斷切結，又何能任期反悔。今金線業已自知不合，願繳罰款，即有不甘之處，亦惟有令其再將第二次罰款繳出而已。乃金線業已願遵斷，而張金業反不遵議約。勸導再三，非可理諭……合備移文，移復貴縣」。[50]不管張金業者、金線業者在這起長達兩年半的調解過程中，表現出來的毀約動作究竟是「非可理諭」還是確有所圖，至少，在商會介入的同時，涉訟兩造提出來的訟狀陳詞，在關鍵用語上也有了重大轉變。以金線業與張金業兩造向政府和商會呈交訟狀或陳詞看來，在商會介入前，兩造向長洲縣呈控訟狀內容，分別是金線業者強調的「餬口與善舉無著，殊出情切！」以及張金業者指控對方「奸控訟

47　《蘇州商會檔案叢編》，頁587。
48　按光緒三十一年九月（1905）議定《蘇商總會試辦章程》的第47條規定：「凡既經入會註冊之商號，由本會開單備文送至地方官衙門存案。嗣後，該號應事被控牽涉，應請地方官先行知照本會」，下開三種情形，本案張金業者例子似即屬第一種情形：「該商號因號中商務被控必須傳訊者，本會公同據實查復，俾良懦者得盡其詞，狡黠者無可飾辯」（《蘇州商會檔案叢編》，頁27）。
49　《蘇州商會檔案叢編》，頁586。
50　〈蘇商總會為已照章令張金、金線兩業出會事移復長洲縣文〉（《蘇州商會檔案叢編》，頁589）

制，希圖把持」。而在商會介入後，「利權」二字則成了雙方陳詞的關鍵字眼。

　　光緒三十三年四月商會公證簽訂協定書後，金線業「繡章公司」在同年八月被張金業「公興公司」檢舉私買上海張金而被商會裁定「違約罰款」，金線業者向蘇商總會陳情，一方面強調「繡章公司」不足以取代更能代表全體金線業者意思的「嘉凝公所」，因此，繡章公司對外簽署協定書的約束效力也無法及於全體金線業者；另一方面，金線業者對蘇商總會的這份陳詞內容也有所轉變，不僅反控張金業者「把持」（陳情信主旨稱為：「為控圓金公司蓄意把持金線業」），同時，更指控張金業者「妄奪隔行利權」；[51]光緒三十三年九月十五日（1907.10.21），金線業者再以「金線同業」名義向蘇商總會「聲明」：

　　吾業金線一宗，創始以來，均是一業所造……金線一宗，名目甚多，各家做各樣生意，連年以來，業中失察，以致被張金業（即擢金作）侵沾利權，與鄉人掉換，自己發料，將金線賤售主顧，敗壞吾業。我行無人出頭，均是自悔自心，屢被擢金作數家侵占利權……吾業利權，被他奪去，只有尾微之生意，何能得活！[52]

　　這份「聲明」其實是一份呈交商會的陳情書，其內容雖不忘再次強調「尾微之生意，何能得活！」的「生計」問題，但是，「利權」二字，卻已成為陳詞中的關鍵術語。與此同時，張金業者「公興公司」也向蘇商總會強調自己努力遵守光緒三十三年四月商會公證協定書的誠意：

　　開會公議：商等不收鄉工金線，因捻金線亦不准收買外路張金。如有主顧，衹可彼此批買，各歸利權。兩造在（商）會互允簽字可稽。商等自經會議之後，兢兢恪守，未敢稍存意見。[53]

　　由此看來，「利權」二字，很可能是光緒三十三年八月以後蘇州工商業者間流行指控對方保障己方的新興訴訟術語。

51　《蘇州商會檔案叢編》，頁578。
52　《蘇州商會檔案叢編》，頁582-583。
53　《蘇州商會檔案叢編》，頁581。

尤有甚者，在向蘇商總會解釋自己何以片面毀約不遵守光緒三十四年九月長洲縣「各歸各業、試辦三月」的縣諭與兩造切結時，張金業者又援引了「專利」問題的討論。為了「論證」金線業者主張的「利權」不應提升為得到政府特別保障的「專利」，張金業者此時已無法再接受金線業者提出「永遠不收鄉工金線」的主張，在致蘇商總會的「聲明」上，張金業者進一步區分了「工業」才有「專利」而「商業」則不能有「專利」的看法：

　　（金線業者）張立保等，又在長、吳兩署誣控敝業朦混領示，捏稱換買金線係是伊之行業。殊不知，金線一經伊業捻成，人人可以販賣。如花線店、京貨店，亦有金線發賣者也。只要勿捻，不得謂之攘奪。要知捻金線是工業，定有行規，別行不能僭佔。換買是商業，古今中外亦無禁止之例。即照新法論，能造唯一無二之物，准許專利。只要該物是得有專利人所造，何人不能販買，從未聞有說販買者為攘奪。張立保等不講情理，迭次訟制，希圖把持……茲聞又赴兩縣誣控，雖未批示，然恐臨剖不及，已先具稟聲訴矣。合併聲明。[54]

張金業者的意思是：只要自己不經營金線業者從事的手工藝作坊，單是向「鄉工」收買金線，即是屬商業而非工業範疇，而無論是依舊有「行規」或是「專利新法」的規定，都沒有禁止商業範疇中的「販買」金線行為。準此，張金業者向鄉鎮手工藝作坊購買金線，當然也就不算是「攘奪」，而自己也沒有必要遵守不能向「嘉凝公所」以外金線業者購買金線的議約。

整體來看，「利權」和相關的「保護專利」訴求，其實並未完全取代原有商事訟案經常出現的「生計攸關、維持善舉、禁止把持」等訴求，而是清末蘇州商事訟案中兩造訴訟策略的一種補充，反映了這是一種能夠增進涉訟工商業者勝訴機率的有效訴求，至少，涉訟兩造當時應是如此相信的。

第三節　由習慣法到國家制定法？

由光緒三十二至三十四年間的蘇州金箔業訟案看來，其中一個顯著現象

---

[54] 《蘇州商會檔案叢編》，頁587-588。

即是訴訟兩造在商會調解過程中先後成立了自己的「公司」：張金業者的「公興公司」成立於光緒三十二年冬天，而金線業者的「繡章公司」則成立於光緒三十三年春天。

　　然而，為什麼雙方要選在商會調解與準備訴訟的過程中各自成立「公司」？我們雖然無法得知當事人的全部動機，但至少，當金線業者組成「繡章公司」時，他們心中所想的道理，其實是與政府推動《公司律》的立法意旨有著不小距離。光緒三十三年九月十五日（1907.10.21），金線業者在以「金線同業」名義向蘇商總會呈寄的陳情信中，解釋了自己當初成立「繡章公司」的「緣由」：張金業者「立名公興公司，入與商會，欲壓我業權利。故此，我業不得而已，亦立公司」。[55]不管金線業者擔心的「欲壓我業權利」是否即是張金業者成立「公興公司」的主要動機，然而，希望爭取訴訟及調解中的更有利位置以及本身行業的更大利益，很可能真是金線業、張金業者雙方分別成立「公司」的關鍵理由。

　　原本清政府公布《公司法》的立法意旨，從消極面而言，是在外國政府修訂商約壓力下，被迫保護洋商在中國經商的公司；從積極面而言，則是要保護那些足以和洋商競爭從事「商戰」藉以「收回利權」的本國公司與其他名稱的企業。

　　其實，清政府自始至終也並非不保護本國商人的財產與經營安全，但在清末，政府除了被迫保護洋商之外，到底當時公布的《公司律》又為本國商人經商利益提供了何種保護的具體辦法？商部在奏擬《公司律》提出的立法說明中指出：「籌辦各項公司，力袪曩日渙散之弊，庶商務日有起色，不至坐失利權，則公司條例亟應先為妥訂，俾商人有所遵循，而臣部遇事維持、設法保護，亦可按照定章覈辦」，[56]這裡強調的仍是國家整體利益的「商務」與「利權」，對於商人而言，這些文字其實只是政策宣示而並非具體的好處。《公司律》對商人提供的具體好處究竟在哪裡？《公司註冊試辦章程》第五條，可能提供了一個頗為關鍵的指引：「凡各省各埠之公司、廠、行號、鋪店等，一經遵照此次奏定章程赴部註冊，給照後，無論華、洋商，一律保護。其未經註冊者，雖自稱有限字樣，不得沾《公司律》第九條、

55　《蘇州商會檔案叢編》，頁583。
56　《大清法規大全》，冊6，頁3021。

第二十九條之利益」，[57]而依《公司律》第九、二十九兩條規定：「合資有限公司（股份有限公司）如有虧蝕、倒閉、欠帳等情，查無隱匿銀兩、訛騙諸弊，祇可將其合資銀兩之儘數（股份銀兩繳足），並該公司產業變售還償，不得另向合資人（股東）追補」。[58]這裡反映的法律規範，主要是帶入了企業經營「有限責任」的權利義務概念，只要是符合「合資有限公司、股份有限公司」成立要件並經商部核可註冊，這類「公司」就能享有政府提供的財產保護：在企業經營「有限責任」外，「不得另向合資人（股東）追補」。儘管光緒二十九年十二月公布的《公司律》全文多達一百三十一條，但這種企業經營「有限責任」權義規範的引入，卻是光緒二十九年《公司律》保障本國商人利益的最關鍵內容。

　　然而，以清末蘇州金箔業者相互爭訟的例子來看，成立「公司」能夠透過「有限責任」權義新規範而降低經商與投資風險，則似乎是個較無關緊要的考量；至少就「短期」利益看來，增加業者自身在商事訟案中的更大勝訴機會，更為重要。由蘇州金箔業者紛紛成立公司來看，政府制訂的《公司律》已獲得利用，這是個事實，然而，金箔業者著眼保障的「利權」則是由自己業者做界定，既非政府著眼保障的國家整體「商務利權」，也不是《公司律》立法新意的「有限責任」權義觀念，當然，更不可能是外國政府強迫清政府保護的洋商利權。

　　無論是中央政府公布《公司律》宣揚保護國家整體利益的「商務」與「利權」，或是商會依《公司註冊試辦章程》第七條規定執行公司註冊實務，[59]蘇州金箔業者在訟案進行與調解過程中先後註冊成立「公司」，當然是反映「國家制定法」在地方上獲得「實踐」，只是，在金箔業者根據《公司律》與《公司註冊試辦章程》等法律成立公司時，其背後的「實踐邏輯」則和政府制頒相關法律的用意有所不同。

　　除了對「公司」的法律規範外，有關「專利」法規的出現，也是這場蘇

57　《大清法規大全》，冊6，頁3016。

58　《公司律》第9、29兩條文字基本相同，只要以括號內字代換即可（原文可見《大清法規大全》，冊6，頁3022、3024）。

59　「凡公司設立之處，業經舉行商會者，須先將註冊之呈，由商會總董蓋用圖記，呈寄到部，以憑核辦。其未經設有商會之處，可暫由附近之商會，或就地著名之商立公所，加蓋圖記，呈部核辦」。（《公司註冊試辦章程》，收入《大清法規大全：實業部》卷八，冊6，頁3017。

州金箔業訟案反映的一個有趣現象。前引張金業者主張的「即照新法論，能造唯一無二之物，准許專利」，看來與以下《商會簡明章程》第二十六條的規定系出同源：「凡商人有能獨出心裁製造新器，或編輯新書，確係有用，或將中外原有貨品，改製精良者，均准報明商會考核後，由總理具稟，本部酌量給予專照年限，以杜作偽仿效而示鼓勵」。[60]

　　清末「專利」法律規範的源頭，其實是與商標、版權等法律規範一樣，基本上都是在清末商約談判中逐漸被明確導入中國法律體系內。在光緒二十八年至三十二年（1902-1906）的清末商約談判中，「專利」即與「商標」、「版權」等法律術語，由外國商約談判代表透過清政府談判官員施壓，有效地傳回清廷決策官員，並在收回利權與法權的誘因下，逐漸被列入清末經濟立法的議事日程中。光緒二十八年（1902）的中美商約談判伊始，美方代表交付討論的《通商行船條約》草案第三十至三十二款，即分別明列了「商標獨用、專用利權、版權專利」等字詞及規範內容。[61]而在中英商約談判中，至少在光緒二十九年七月（1903.9），英方代表即已在談判桌上積極主張中國各級中央與地方政府必須切實保障「英商貿易牌號」[62]。光緒二十八年開始中日進行商約談判時，日方代表也曾提出「日本臣民特為中國人備用起見，以中國語文編成之各書籍、地圖、海圖及其餘一切著作，執有印書之權，即由中國設法保護，以免利益受損」。[63]這些外國談判代表提付討論的法律議題，在清政府收回利權與法權的需求下，都衝擊到不少清政府的決策官員。

　　儘管商標、版權與專利在現代法律規範中，其實各有不同的適用範圍，

60　《大清法規大全：實業部》卷七，冊6，頁2996。

61　第30款規定：「中國今允在中國境內美國人民、行鋪及公司有商標實在美國已註冊，或在中國已行用，或註冊後即欲在中國行用者，中國政府准其獨用，實力保護」；第31款規定：「中國政府今亦允，凡美國人民創制各物，已經美國給以執照者，經向南、北洋大臣註冊後，援照所允保護商標之辦法，保護其在執專用之利權」；第32款規定：「無論何國，若以所給本國人民版權之利益一律施諸美國人民者，美國政府亦允將美國版權律例之利益給予該國之人民。中國政府今允，凡書籍、地圖、印件、鎸件或譯成華文之書籍，係經美國人民所著作，或為美國人民之物業者，由中國政府援照所允保護商標之辦法及章程，極力保護，俾其在中國境內有印售此等書籍、地圖、鎸件或譯本之專利」（《辛丑和約訂立以後的商約談判》，頁156）。

62　中國政府應「由南、北洋大臣在各管轄境內設立牌號註冊局一處，派歸海關管理……並請轉行各省承認保護英商貿易牌號之責，以防中國人民違犯跡近假冒之弊」。（《辛丑和約訂立以後的商約談判》，頁18）。

63　《辛丑和約訂立以後的商約談判》，頁212。

　　然而，在清末商約談判過程中，三者幾乎同時出現而又交互影響，確實給予清政府官員很大的刺激。不過，三者在商事與經濟立法過程中，卻有繼受難易程度的不同，尤以「版權」法律規範最難為清政府接受。若以中美商約談判為例，清政府官員反對保護版權的理由即是：「恐怕因此提高書價，使窮一點的人買不起書」，[64]雖然在光緒二十九年八月（1903.10）依然將版權條款列入中美、中日的《通商行船續約》之中，[65]然而，不僅條文對保護版權範圍有較嚴格限制，[66]也未見後來清政府積極推動著作權法的努力。至於對外國商標與專利法規的法律繼受工作，清政府則積極許多。光緒三十年商部擬定的《商標註冊試辦章程》、《商標註冊試辦章程細目》與《商部商標局辦法》，[67]即為明顯繼受外國法律的結果。

　　清末政府也倡導、制訂與推廣專利法律概念與各項相關法規。光緒三十一年九月二十一日（1905.10.19）發布的〈商部咨各省呈請專利辦法文〉，顯示了當時政府官員對歐陸、英美、日本「專利」立法用意的認識：

> 　　查東西各國近百年來，討究藝術，研精闡微，一切事物，無不日趨於新，凡國中士民有能創新法、得新理、製新器實便民而利用者，准其呈官考驗，得實，則給以憑照，許其專利若干年，他人不得仿效，其獎勸甚至而定例甚嚴，必須確係創作從來未有物品，始得享此利益。所以人人竭思殫慮，求索新法，用能智巧日出而不窮。[68]

64　《辛丑和約訂立以後的商約談判》，頁160。關於傳統中國與近代西方「版權」觀念的差異，參見：William Alford, *To Steal a Book Is an Elegant Offense: Intellectual Property Law in Chinese Civilization.* Stanford, California: Stanford University Press, 1995, pp.9-29. William Alford, "Don't Stop Thinking About...Yesterday: Why There Was No Indigenous Counterpart to Intellectual Property Law in Imperial China." *Journal of Chinese Law* 7,1（1993）: 3-34；安守廉（William Alford），〈知識產權還是思想控制：對中國古代法律文化透視〉，梁治平譯，收入梁治平編，《法律的文化解釋》（增訂本），北京：三聯書店，1998，頁332-361；鄧建鵬，〈宋代的版權問題——兼評鄭成思與安守廉之爭〉，《環球法律評論》，2005，1（2005）：頁71-80。

65　王鐵崖編，《中外舊約章彙編》，北京：三聯書店，1959，第二冊，頁186-187、193。

66　如中美《通商行船續訂條約》第十一款雖然規定中國政府保障屬於美國人民的版權，但限制在「專備為中國人民所用之書籍、地圖、印件、鐫件者，或譯成華文之書籍係經美國人民所著作、或為美國人民物業者，由中國政府援照所允保護商標之辦法及章程，極力保護十年，以註冊之日為始」，並言明：「不論美國人所著何項書籍、地圖，可聽華人任便自行繙譯華文，刊印售賣」（王鐵崖，《中外舊約章彙編》，第二冊，頁186-187）。

67　《大清法規大全：實業部》卷八，冊6，頁3008-3018。

68　《大清法規大全：實業部》卷一，冊6，頁2954。

然而，這種中央政府官員對國外「專利」立法用意的認識，一旦落實到全國各省府州縣的地方層級時，情形則出乎商部官員預料：

近來中國風氣初開，商民漸知專利之益，往往尋常仿製物品，率行稟請專利。核與各國通例殊屬不符。本部綜理商政，提倡不遺餘力，所有各項公司、局廠，凡有關振興商業、挽回利權之舉，正宜設法勸辦，俾得逐漸推廣。間有創辦公司，本部准予專辦者，然均指定地方，其範圍極狹，實於力與維持之中，仍寓嚴示限制之意。蓋先辦之人，一經准其專利，則雖有資本雄厚者，且將坐視壟斷、無所措手，不特無此辦法，且足窒興盛之機，殊與本部振商宗旨相背。查前年與美、日等國訂定商約，載明創製之物准予專利執照，本部正擬訂此項專利章程，一經奏定施行，均應一律遵守。現在各省商人呈請專利，往往即行照准，或咨部立案辦理，殊屬參差，亟宜酌定辦法以昭劃一。[69]

其實，要分辨「尋常仿製物品」與「確係創作從來未有物品」之間的差異，也的確需要專利檢驗機構的配合，地方官員不見得有能力與人手配合各項技術專利的審查考核工作，其中存在實際執行上的困難，甚至也為不肖官吏提供受賄的機會；因此，難免即如商部官員指陳的：「現在各省商人呈請專利，往往即行照准，或咨部立案辦理」，形成浮濫給予專利執照的流弊。

然而，若由各省商人紛紛呈請專利的現象做觀察，則政府宣導「專利」法律規範何以如此大受民間工商業者歡迎？以蘇州金箔業訟案兩造的例子看，這似乎即是原本行業「行規」的獨占市場主張，藉由政府新頒專利法令而獲得「就地合法化」。這為原本蘇州各行業組成「會館、公所」時的獨占市場主觀意願，開闢了一個方便的合法化階梯。

傳統的會館公所「行規」中，的確存在一些收取入行規費、強訂伙友開業與學徒修業年限等不同的設立市場進入障礙手段，那是工商業者試圖排除或減少更多營業競爭者加入市場的反映。然而，這些手段畢竟是工商業者的主觀意願，歷代政府公布施行的成文法典中，一直存有很強的反對「壟斷」的法理傳統，對工商業者「行規」中試圖獨占市場的努力，產生制度性的喝

69　《大清法規大全：實業部》卷一，冊6，頁2954-2955。

阻作用。在明清律例體系中，這種法理限制與法律喝阻的作用，主要即是來自「把持行市」罪的規範與處罰。雖然政府官員有時也會考量「小民生計」及其引發的失業危機導致社會治安問題，有時也可能暫且擱置「法理」而轉為酌估「情理」，適度尊重工商業者關於被人「奪業」影響「生計」的限制市場競爭宣稱與行為。然而，工商業者透過行規要求限制市場競爭，以及政府法理不容市場壟斷，兩者經常處於角力過程之中。如果「把持行市」罪條屬於國家制定法而「行規」限制市場競屬於習慣法，則傳統中國的國家制定法與習慣法之間，本來即是充滿了競爭、衝突與妥協。

　　自十七、十八世紀以後，愈來愈多城鎮中的行業組織，透過仿效同鄉聯絡鄉誼的「會館」以及舉辦慈善救濟的「公所」等名義，得到一個在「生計、治安」考量之外，更有效地降低政府官員以「把持行市」阻止限制市場競爭的風險。十八世紀到十九世紀末，蘇州與其他商業發達城鎮中紛紛出現眾多工商業者捐款成立的會館或公所，本案例中金箔業者成立的「嘉凝公所、圓金公所」不過是其中的兩個，這些會館公所團體活動的專屬建築物，以及各自夾雜著限制市場競爭、降低市場交易成本（如議定行傭、請頒官定度量衡、設置倉庫與航船等不同因素在內的「行規」），以聯絡鄉誼或是同業辦善的名義，得到地方政府的「立案」保護。當然，不是以同鄉聯誼或是興辦善舉名義立案的會館公所便一定能夠順利達成限制市場競爭的目標，「把持行市」罪依然有其作用的時機與範圍，以蘇州金箔業案例看，張金業者不顧長洲縣的「各歸各業」判決，反而以「把持」控告金線者，長洲知縣不得不將調解工作交付商會，這即是很典型的市場糾紛案例。即使不是涉訟雙方都有會館公所組織，任何個人的工商業者一旦碰上有宣稱「不能奪業」的會館公所時，「把持行市」罪都是他最可以保護自己不受對方「行規」約束的法理基礎。

　　如果會館公所以「同鄉聯誼、同業辦善」名義向地方政府「立案」，也是所謂「國家制定法」中不可分割一部分的話，則原屬行業「習慣法」的行規以及屬於國家制定法的會館公所「立案」之間，其實也形成了很強的內在聯繫。這種內在聯繫主要來自提倡同鄉聯誼以及協助人民興辦善舉的社會價值觀，而這些社會價值觀則共同為許多官員與工商業者所分享，無論他們背後主要動機是源於「教化」的政治理想或是「積德」的宗教觀念。十七、

十八世紀以後，會館、公所等工商團體組織持續在城鎮中成功設立，並將自身的「行規」向地方政府「立案」，這個會館公所與行規立案制度逐漸在許多工商業發達城鎮中得到很大發展，也連帶增強了習慣法與國家制定法之間相互交匯的程度。

　　有學者強調：傳統中國「國家法」具有「一種受到自覺維護的更具統一性的精英知識傳統」，而「習慣法」則「具有自發性和豐富的地方色彩」，兩者儘管「在長期演進和互動過程中彼此滲透」，但是，「這兩種不同的知識傳統之間缺少一種內在的有機的聯結」，從而「表現於知識傳統的，是缺乏一種關於習慣法的說明性學理；表現於社會方面，是缺少一個從事於這種探究和說明工作的群體」，因此，傳統中國的國家法與習慣法之間儘管也有「分工」但卻「實具有斷裂性質」。[70]這種界定「有機聯結」與「分工但卻斷裂」的方式，也確有所見；不過，其藉以觀照對比的架構，則基本上是根源於西方歷史中的法律與社會關係（而且，也可能只是研究概念上經過高度抽象與簡化的理想型），如果將觀照對比架構拉回明清歷史的發展脈絡中，則十七、十八世紀以來中國政府官員與民間工商業者之間，透過政府法令維護「同鄉聯誼、同業辦善」財產與團體合法地位的制度性發展，則也確是不可忽略的重要現象。

　　更進一步看，明清傳統法律罕見民商法範疇上「關於習慣法的說明性學理」雖然確是實情，當時中國相對而言也的確缺乏「一個從事於這種探究和說明工作的群體」；然而，國家法與習慣法之間是否真能以「統一的精英知識」與「多元的地方性知識」做區分？以十七、十八世紀以下中國城鎮工商業者「會館、公所」的發展來看，則對此問題則仍然不能無疑；畢竟，「同鄉會、善堂」這類社團組織在明清時代的發展演化與普及推廣，也都是先由官員與士紳發展成為一種全國性的制度，[71]蘇州與其他城鎮的工商業者不過是模仿或是「挪用」了這個當時已然成形並且穩固的全國性制度而已，很難說是真和「菁英知識傳統」有本質性的差別。

　　當然，統一的「菁英知識」與多元的「地方性知識」之間，畢竟仍是到

70　梁治平，《清代習慣法：社會與國家》，北京：中國政法大學出版社，1996，頁127-129、139-140。
71　劉廣京，〈後序：近世制度與商人〉；梁其姿，《施善與教化：明清的慈善組織》，台北：聯經出版公司，1997，頁71-183。

清末才有更顯著的接觸交流與匯通嘗試。這集中表現在清末政府開始更大規模的民商事習慣法調查以及宣統三年（1911）制定《大清民律草案》第一條的開宗明義規定：「民事，本律所未規定者，依習慣法；無習慣法者，依條理」。至少自宣統二年（1910）以降，基於修訂民商各律的需要，清政府「修訂法律館」等構關的官員即開始更積極地赴各省調查「民商事習慣」，甚至還制訂《調查民事習慣章程》並設計「調查民事習慣問題」等問卷，並間接參考《瑞士民法》第一條以及直接根據日本明治八年（1875）太政官布告第103號裁判事務，[72]形構了宣統三年《大清民律草案》第一條的「民律、習慣法、條理」層級規定。

本章前引朱汝珍委請商會調查蘇州商事習慣與行業規條，也是清末這波民商事習慣調查與民事習慣法整合運動的一環。以清末蘇州金箔業訟案為例，民間工商業者透過註冊成立公司以及強調行業「利權」甚或「專利」等訴訟陳情文字，不僅反映了民間對《公司律》、專利法令等「國家制定法」的特殊回應方式，在這個回應過程中，公所變成了「公司」，行規也變成了「專利」，但是，這些都是工商業者自己在訴狀與陳詞中的「論述」，只是巧妙地「挪用」在《公司律》與包括《簡明商會章程》在內的各項「專利」相關法令內。因此，所謂的「習慣法」與「國家制定法」區分，其實都是金箔業者涉入訟案時可以操持挪用的制度性基礎，那是一種表現在司法審判與調解場域內的具體「實踐」，一如十七、十八世紀會館公所運用同鄉會館、慈善善堂的現有合法團體，順利得到地方政府「立案」。

小 結

「法律是由各種實踐（practices）、論述（discourses）與制度（institutions）合成的複雜體（complex）。在這個法律形式多元性（plurality of legal forms）的現實基礎上，國家制定法（state law）持續地想將法律擠壓成某種單一體（unity），但總是難以完全成功」，[73]也許清末蘇州金箔業商事訟案也可以印

---

[72] 黃源盛，〈民初大理院關於民事習慣判例之研究〉，《政大法學評論》，63（2000）：頁1-46。

[73] Alan Hunt and Gary Wickham, Foucault and Law: *Towards a Sociology of Law as Governance*. London & Chicago: Pluto Press, 1994, p.39.

證這個有關「法律」本質的觀察取徑。

　　清末商事立法的制頒與推動過程，並不只是反映著一種由「習慣法」走向「國家制定法」的過渡，因為這只是站在政權統治或是法令制訂者的角度看問題；若由實際經商者的立場來看，「習慣法」也好，「國家制定法」也罷，其實都是經濟活動與司法訴訟過程中可資利用的「制度」；而在不同法律制度的限制之下，涉及經營糾紛或訴訟的工商業者總會找到當時最合適他們使用的法律「論述」與「實踐」。晚清以前，金箔業者在訴狀中運用禁止「把持行市」和有礙「生計、善舉」等明確主張，清末則在陳情中使用某某註冊「公司」名稱和傳達行業「利權、專利」等新興術語，配合著「嘉凝公所、圓金公所、繡章公司、公興公司」的團體組織，在不同時機試圖影響或說服地方官府與商會，這些都可視為是法律的「論述」與「實踐」。在運用這些論述的實踐過程中，無論是金線業者或是張金業者，他們在這起為時兩年半的商事訟案裡，不斷依違於長洲縣知縣與蘇州商務總會之間，試圖促成最能符合自己利益的協商與裁決結果。

　　在清末政府官員與知識份子提倡收回利權、收回法權積極推動經濟立法，以及各地商會領袖齊聚一堂力爭在經濟立法過程中擴大修訂參與權的同時，蘇州金箔業者也參與了清末「法律」繼受與變遷的過程，只是，那是在傳統把持行市罪、會館公所「立案」以及清末《公司律》、專利法令的法律制度下，他們使用各種可能的論述與實踐，來參與這場清末法律繼受與變遷過程。

結語
重新省察明清中國的商業法律

　　如同本書〈導論〉曾經簡介過的明清中國經濟主要變遷趨勢，在十六到十九世紀之間，中國經濟發生了長程貿易擴張與國內市場成長的顯著變化，從而使當時中國出現一種「已開發、開發中、未開發」區域之間彼此經濟分工的重要現象。這個市場經濟發展大趨勢對於當時中國處理商業糾紛的法律機制，也帶來更多的衝擊，特別是在長江、大運河等全國商業交通主幹道沿線上的特定城鎮中，用來處理商業糾紛的既有法律機制更是出現較顯著的演變與發展。

　　以位居全國經濟中心地位的江南地區而論，此地區內的許多城鎮在十六世紀以後，即紛紛出現眾多外來客商與本地牙行間的商業糾紛，這些糾紛涉及到仲介費用（所謂的「牙傭」）、債務、度量衡、儲貨、運輸等等不同內容。有些商業糾紛是由商人私下協調解決，有些糾紛則被自覺權利受損的商人提呈控到地方政府，從而演變成許多與「契約」（contract）或「侵權」（tort）有關的訴訟。要附帶說明的是：這些客商與牙行之間的訴訟案件，在十六至十九世紀之間其實是遍及全國交通路線上，並不限於江南地區，而面對這些有關契約或侵權的商業案件，各地官府也必須經常介入調解或是做成裁決。[1]如何處理牙行拖欠商人貨款這類層出不窮的訟案？在十八世紀中國已經變成中央政府頒布相關法律的動力來源，區分牙行是否故意拖欠客商財貨，也成為當時新出法律的重要規範對象，這是一項全國性的涉及契約與侵權法律規範的調整。

　　同時，像是當鋪或染坊發生火災與盜竊事件而造成委託人財產損失時，官府如何面對民眾向當鋪、染坊老板索取賠償的壓力？委託人與受委託人原

1　在眾多牙行與客商的商某糾紛中，拖欠貨款即是頗為常見者，明清全國範圍內的更多這類現存商業司法案例，可見一部近著的最新整理：范金民，《明清商事糾紛與商業糾紛》，頁64-77。

先訂定的商業契約在訟案中究竟具有何種地位？這些問題都在十八世紀發生於江蘇、浙江、安徽、湖南、江西等地，並且衝擊到中央政府的法律修訂工作。在此修訂法律的過程中，可以看到省級與所屬地方官員之間的辯論、本省地方官向他省既有案例的仿效，乃至於中央政府參酌地方「省例」而最後調整了全國性法律，這些涉及「過失賠償」的法律規範，都因為民間經濟組織及其實際商業經營的影響，而使諸如賠償責任的認定、不同賠償比率的適用條件等等基本上不涉及刑事責任的法律規範發生重要轉變，這當然也都和契約、侵權等法律問題直接相關，也都不限於在江南地區發生這些商業法律變化而已。

　　至於江南地區中的蘇州、松江等城鎮，商人經營的棉布、絲織等手工行業則在十七至十九世紀之間引發較許多工資糾紛、罷工事件乃至於相關的訟案。棉布、絲織都是當時中國進入長程貿易的重要商品，具有較大的全國市場行銷範圍，出資製造這些商品的商人雖然並不直接經營工場，但卻間接雇用了眾多的工人，從而也時常遭遇所屬工人要求增加工資的集體抗爭，有時候甚至發展成規模頗大的罷工事件。從十七世紀末年開始，這些工資糾紛與罷工事件便成為在蘇州、松江職司審判官員的重大挑戰；同時，還有棉布商人之間「部分仿冒」或是「頂讓轉賣」商標牌記，以及棉布商人希望終止現有踹坊、染坊加工工場所引發的委託契約訟案，這些都是十六世紀以前中國未曾出現的新經濟現象，而這些經濟現象所引發的種種商業糾紛，也在在挑戰著本地司法官員的能力與智慧。由一些留在蘇州、松江碑刻上的訴訟紀錄看來，許多本地司法官員不僅試著理解當時通行的商業習慣，也的確依據既有法律條文的原則、原理，甚或是將農業部門的地主、佃農關係「類推適用」到棉布業的商人委託加工關係，從而創造出一些可以具體援用的法律推理，並做成中央政府、上級地方長官、涉訟雙方當事人乃至於當地社會可以大致接受的裁決。這些案件也都為明清中國商業法律的發展提供了具體實例。

　　本書處理案例有限，不僅未能專門處理合夥、金融、運輸等更多商業糾紛本應包括的重要議題，同時，在分析的時間與空間上也並不全面，未能更大規模地處理明清五百多年間在更多地域內發生的商業糾紛與相關訴訟的歷史。然而，本書對一些有限案例所做的分析，畢竟仍是十年來爬梳史料與思

考研究的成果，野人獻曝，仍然希望能對明清中國處理商業糾紛相關法律規範的變遷歷程，提供兩項初步觀察。

第一，我們既需更重視明清中國「理論上的法律」（law in theory）與「事實上的法律」（law in action）之間的差異，並且也要細緻地考掘「理論上的法律」與「事實上的法律」在當時中國已然形成的一種特殊銜接機制。

一般人只要稍稍知曉明清中國市場經濟發展的些許史實，則多半會聯想到當時不少商業糾紛也可能會呈控地方官府並獲得若干程度的處理，因而應該不會太過質疑明清中國在商業訴訟領域上也有「事實上的法律」可為官員審理裁決的依據。但是，若要判定明清中國在商業訴訟領域上也有「理論上的法律」，則可能絕大多數人都會予以反對或是保留。以下，筆者將論證明清中國在商業訴訟領域上既有「事實上的法律」也有「理論上的法律」。

如同許多學者所知道的：明清中國傳統法律雖然依案件涉及法典刑度規定輕重而有「自理刑案」與「審轉重案」的差別，但畢竟從未在法律體系上出現區分「刑法」與「民法」差異的法律論述；同時，許多著名的律學專家也確實並不標榜「契約、侵權」等商業案件可以構成特殊法律範疇的概念或理論。表面上看來，一直要等到清光緒末年，政府才真正啟動了借鑑西方、日本近代法制而起草「商律」的法律改革，最後便是出現了宣統二年（1910）公布的包含〈總則〉與〈公司律〉在內的《大清商律草案》；直到此時，中國才在「理論上」出現了「商法」（至於清末政府推行商法在「事實上」的效果究竟如何？則當然也是個複雜問題，本書第七章即以蘇州的實際例證做了些分析）。要之，在明清中國固有法制之下，法學家與政府官員基本上從未明白強調或是承認「民、商事習慣」的重要性，更不用說是要發展一套「商法、商人法」的法律論述。

本書提供的一些案例與討論，主要是以實際例證說明當時官員、商人在商業訴訟進行過程中，確實是有「事實上的法律」足以作為呈控、審理、調解與裁決的依據，這些商業法律在「事實上」確實於明清中國的許多地方以及許多議題上具體出現過。然而，明清商業發展對法律規範的影響，難道真的只在「事實上的法律」層次出現嗎？對於那些商業訴訟領域內部的「理論上的法律」，在明清中國是否真的未曾出現？筆者認為並不盡然。這基本上是個極複雜的課題，既涉及我們對當時歷史實際變化的理解是否足夠，也連

繫到我們對這個課題的基本認框架能否超越本書〈導論〉中所提及的「西方中心主義」史觀。

筆者認為：明清中國商業發展對相關法律規範的影響，不僅出現在「事實上的法律」層面，而且也反映在「理論上的法律」層面；然而，我們若要看清楚這個作用於「理論上的法律」的變化，便需要更好地回到傳統中國法律體系賴以運作的制度性背景，而不能老將眼光放在有沒有出現「公司法、海商法、破產法、票據法」商業法典或是有沒有一套有關「契約、侵權」的西方「商法、商人法」論述上，這些都是基於歐洲的特殊歷史經驗，不該繼續妨礙到我們對明清歷史變化的理解。

問題的癥結，仍是要回到傳統中國法律體系的特殊性上。然而，究竟什麼才是傳統中國法律體系的「特殊性」？我們最常聽到這方面問題的答案，大概便是只有刑法而無民法的「民、刑混同」，以及程序法與實體法揉雜不分的所謂「諸法合體」，這些答案其實都是源自於與西方法律的簡單對比，也是目前仍然流行的說法。[2]這個流行說法也不算大錯，只是，其背後藉以將傳統中國法律與近代西方法律做比較的立論根據，卻帶有很強的片面性，它只單挑西方法律經驗中的「民、刑區分」與程序法、實體法「不合體」等「法典本身」特徵做判準，而嚴重忽略了法典本身之外的中國與西方法律的「制度背景」。

本書〈導論〉即已提及，筆者並不反對拿中國歷史與西方做比較，但對片面性的比較則不得不予保留。若要比較歐洲與中國法律發展的差異，則傳統中國很早即有統一的法典以及足以配合這套法典施行全國的政府司法人員，這也更是中國與歐洲極不相同但又影響深遠的特殊歷史經驗，可是，前述那類「民刑混同、諸法合體」的流行說法，卻只單獨挑選「法典本身」特徵作為比較的判準，而嚴重忽略「制度背景」的重大差異，從而妨礙我們理解中、西法律發展在歷史上的關鍵區別及其可能的深遠影響。

早自西元八世紀前半葉，傳統中國即已頒布了像是《唐律疏議》、《大唐開元禮》這樣高度體系性的成文法典與禮典，[3]這套成文法典與禮典的傳

2　對「民刑混同、諸法合體」這些長期盛行的主流說法，近年來學界已出現若干質疑與挑戰的新看法，對這些新看法的整理與討論，參見：蘇基朗，〈現代法學詮釋中的「中華法系」——以產權與合約為中心〉，《法學》，2006，12（2006）：頁62-68。

3　有關唐律如何成為中國歷史上「集戰國以來成文法典發展的大成」，以及何以此下各朝代訂律「莫

統，對宋代以下的法律體系有深遠影響，也構成十四世紀後半明太祖及其法律官員制訂頒行《大明律》，乃至於十七世紀以降屢次修訂《大清律例》的根本基礎。同時，在郡縣制度運作下，中央對全國各地省府州縣統一派出包含職司審判工作在內的官員，這套司法體系在承平之際有效運作時，既能使現行成文法典能更好地一體落實，又賦予官員可視各地不同社會經濟變化與文化、族群情境差異而在一定程度內調整既有法律規範的彈性。這種兼顧統一規定與若干彈性的法律體系，在很大程度內，足以保障全國各地能使同一類罪行援用同一類法律規範甚至是同一條法律文字，這套很特別的法律體系在明清中國（特別是十八至十九世紀之間）又經過「審轉、審限」加嚴、加密等司法機制的進一步規範，更加強化了這套法律體系的運作效果。

　　因而，相對而言，自《唐律》以至《明律》、《清律》的傳統中國法學家，他們面對現行法律規範內含與全國各地個別案件不同事實之間落差的緊張性，遠比同時期絕大多數的歐洲法學家為小。即使宋代以後江南地區商業開始更好地發展，乃至於十六至十九世紀之間中國長程貿易與國內市場的興起，中國既有法典也有一定的彈性可因應當時許多新興社會經濟現象而做成調整，因而，中國的法學家與各級司法官員其實並不需要大張旗鼓地宣揚或是創造發明有關類似「契約、侵權」等法學領域的新概念或新理論，也並不需要費勁地到處收羅、鑑別與制訂所謂的「習慣法」。明清中國繼承的這套足以更好地兼顧統一施行與彈性調整的法律體系，正是十四至十八世紀之間民族國家仍在興起過程中的眾多歐洲法學家所無法想望的特殊情境，從而也塑造了明清中國商業訴訟領域有關「理論上的法律」以及「事實上的法律」相互銜接與共同演化的特殊模式。

　　明清商業法律如何在「理論上的法律」與「事實上的法律」相互銜接與共同演化？最明顯的例子便是當時市場法規的變動。如本書第一章分析明律與清律〈戶律：市廛〉章這些主要用來規範市場交易行為的法律條文，即可以看到在那些看似沒有新出概念的法條增修過程中，相關法律規範如何可以彈性適應當時商業發展而做成種種具體調整。明清〈戶律〉編〈市廛〉章雖只包括五條律文和二十六條例文，但卻反映明清政府對市場規範做出的

不以唐律為藍本」，對這些問題的精要討論，參見：高明士，《中國中古政治的探索》，台北：五南圖書出版公司，2006，頁227-251。

兩項重大改革：一是「編審行役制」的逐步廢除，二是「官牙制」的進一步完善。前者讓包括會館、公所在內的民間商人團體有更好的發展空間，後者則使政府既能透過官牙制度改革而加強對客商財貨的保障，又如實反映政府不斷縮小原先對市場上一般商品價格的行政干預，轉而將市場管理重點放在對糧食價格做更好的監督。明清法律繼承了唐律以來禁止「把持行市」以及強調「時估」監管物價的傳統「法律理論」，但又逐漸將這套法律理論適用到一個新的大規模解除經濟事務管制的經濟變化過程中，諸凡廢除「編審行鋪」、推廣與改革「官牙」，乃至於將多種多樣的物價管控限縮到只監測糧食價格變動以作為啟動糧食倉儲政策的依據，這確實反映「理論上的法律」與「事實上的法律」一種巧妙的銜接機制真的發生在明清〈戶律〉編〈市廛〉章的法條增修過程中。

至於當鋪失火與失竊的例子，又是另一個例證，官員與法學家不用強調到全國各地蒐集「商事習慣」，因為他們本來即已在各地發生訟案中同時考慮相關法律的統一規定以及當地商業習慣甚至是民眾情感之間的可能緊張與落差，並希望能在審理個別案件中發現更好的法條援引或是類推適用辦法，並在各省討論後將個別案件變為往後可資遵循或參考的「成案」，甚至有時省級官員還據本省「成案」建議中央政府修補既有的全國性法律。這些十八世紀發生於浙江、湖南、江西等省的當鋪失火與失竊個案，不僅變成「省例」，甚至還衝擊既有的《大清律例》〈費用受寄財產〉相關法律規範；這些都不只是處理商業訟案的「事實上的法律」，而且還是根據《唐律》以來「其被水火、盜賊費失及畜產病死有顯跡者，勿論」的既有法律理論，按照清代註律名家沈之奇對這項法律概念的釋義則是：「不坐罪，亦不追賠」者，以「事出不測，非受寄者之過也」。對許多熟悉沈之奇《大清律輯注》的清代官員、幕友甚或是較有心上進的吏胥而言，判決典鋪商人有時候可完全不必賠償或是只要部分賠償的裁決依據，不需要訴諸商事習慣或是自己新創的某些法律理論，而只要在《大清律例》這部所謂的「刑法典」（或所謂「民、刑混同」、「諸法合體」的刑法典）之內，即可以透過對既有法條的詮釋與個案適用法律問題的討論，許多當時的法律專家仍然可以找到一些有效銜接

「事實上的法律」與「理論上的法律」的可用辦法。[4]

　　這裡當然不是說《大清律例》已經包含了所有可以適用商業訴訟領域的原理與原則，當時法律肯定有許多趕不上經濟發展實況的限制（但同時期的歐洲不也同樣經常如此？）。只是，筆者要強調的是：無論是在明清〈市廛〉章律例演變的例子或是〈費用受寄財產〉裡，傳統中國法學專家都不需要先在全國各地蒐集不同的商業習慣然後再去編輯與提倡某些所謂的「習慣法」，只要透過既有法典在全國司法衙門的法律適用過程，各地司法官員仍可以逐步地將當地法律規範與社會經濟實況的落差「回饋」到本省「省例」或是中央政府的全國性法律修訂過程中。

　　第二，在討論商業訴訟領域的法律規範變動時，也該更重視那些明清法律的制度變遷，並且要更留意法律制度變遷與當時經濟變化之間的複雜互動，切莫再將「農業社會」與「商業社會」等經濟結構差異簡單地對應於「傳統中國法律」與「資本主義法制」的法律制度差異，一句簡單的明清「傳統法律」基植於傳統中國的「農業社會」經濟條件，既昧於當時中國長程貿易與全國市場發展不斷衝擊所謂「農業社會」的史實，也低估了明清法律制度變遷下種種「意圖之內」與「意圖之外」結果對所謂「傳統法律」的重塑與調整。

　　本書所分析的明清法律「制度變遷」，既包括十八世紀以降「審轉、審限」機制加嚴、加密等司法稽查制度的調整，也包括明清中央與地方司法官員、幕友、訟師等法律專家所抱持或所援用「法律價值觀、法律信念、法律推理」等規範內容或是論證方式的演變。至於本書所指明清法律制度變遷引發的「意圖之內」與「意圖之外」不同結果，「意圖之內」指的是官方制度設計原本想達成的效果，而「意圖之外」則指的是官員、幕友、訟師乃至商

4　有學者也鼓吹要將西方與中國的不同法律運作方式都視為是歷史上「法的制度化」的有機一環，西方近代法律發展史上採用了「規則型」制度，選取社會中的一部分規則（如挑選與制訂「習慣法」），使之客觀化後，再加上政治權力的支持，從而全力推動法的制度化。明清中國雖然並不特別標榜「依法審判」，但在審理案件時，則皇帝與官員仍然極為注重如何在法條與案情之間維持一種全國範圍內的「公論」，從而也「進行了種種制度性經營」，並且一樣「到達了相應的安定性配置方式」，這可謂為一種「非規則型」的法律制度化類型，參見：寺田浩明，〈試探傳統中國法之總體像〉《法制史研究》，9（2006）：頁232-238。如果不反對法律條文規定在維持司法「公論」過程中也具備關鍵地位的話，則這種可與「規則型」對比的「非規則型」法律制度化類型，也仍然足以印證筆者提及明清中國商業案件審理過程中「事實上的法律」與「理論上的法律」的相互銜接機制。

人、民眾自行挪用或是變化衍生而為制度設計者所意料之外的結果。

清代固然繼承許多明代的具體司法制度，但同時也有重要的新發展；特別是十八世紀「審轉、審限」的司法案件稽查機制變得日益嚴密，致使清代與明代司法制度在具體的法律實踐面向上出現較大的差異。這個制度差異同時產生了「意圖之內」與「意圖之外」的不同效果：不僅全國各地司法官員面對中央司法機關施加的稽查審核壓力愈來愈強大，而以刑部為代表的中央司法機關也愈來愈成為全國最專業法學官員的聚集中心。比較而論，這些變化基本上都符合皇帝與中央司法機關將審轉、審限機制予以加嚴、加密的原初意旨，故而是種「意圖之內」的結果。然而，審轉、審限制度的加嚴、加密，卻「意圖之外」地既讓更多地方官員感到需要花費較多個人俸金去聘請包含「刑名師爺」在內的各種幕友，並也給予民間訟師更多的操持司法與代理訴訟的營業空間，不僅全國幕友與訟師人數增多這一現象並非中央政府始料所及，更意外的結果甚至是：「幕學」傳達的「天衣無縫」寫作心態，以及「訟師祕本」發展出來的「百戰百勝」訴訟理想。這些意圖之內與意圖之外的不同結果，都伴隨審轉、審限司法制度變革而日益顯著，這是十八、十九世紀發生於中國的重要法律制度變遷。

綜合來看，無論是法學專家聚集刑部以及地方官員受司法稽查壓力增大等等「意圖之內」的結果，或是幕友、訟師職業群體人數不斷擴大及發展「天衣無縫、百戰百勝」特殊法律價值觀的「意圖之外」結果，這些不同法律專業人士雖然彼此具有或合作、或競爭、或敵對的不同人際關係，但總的來說，因為這些分別來自官方（如刑部官員）、「半官方」（如幕友）與民間（如訟師）等法律專業人士的各別存在與共同作用，相對而言，明清中國的司法體系乃變得更加能夠「就法律論法律」。[5]這當然不是說明清中國司法已可免除政治特權、暴力、賄賂的隨時介入與蠻橫干預，但是，在包含商業訴訟在內的許多一般性質案件中，「就法律論法律」的現象已確實變得更加

---

5 有學者也從明清中國司法文書運用各種不同「法律修辭」之間的共通性，進而論證當時中國各級司法官員、幕友、訟師在面對司法規則、程序與過程等問題時其實懷抱著頗為共通的社會觀與世界觀，從而構成一群足以界定司法場域的「解釋社群」（interpretive communities），可見：Jonathan K. Ocko（歐中坦），"Interpretive Communities: Legal Meaning in Qing Law," in Robert E. Hegel and Katherine Carlitz edited, *Writing and Law in Late Imperial China: Crime, Conflict, and Judgment*, Seattle and London: University of Washington Press, 2007, pp.261-283.

顯著；這個「就法律論法律」現象的顯著出現，的確未曾伴隨近代歐洲法學家與哲學家對「法治國、依法為治（rule of law）」乃至「個人主義、理性、啟蒙」等法律與政治理念的論述話語，但卻是以審轉、審限司法稽查機制加嚴加密，以及訟師、幕友、刑部官員等法律職業群體不斷擴增，為其有效運作的制度性基礎。由十八至十九世紀之間，在審轉、審限司法稽查機制的運作框架之下，刑部官員、幕友、訟師等法律專業人士，便與許多涉訟民眾一塊，共同加入了這個相對而言也能「就法律論法律」的司法場域，從而形塑了包含商業訴訟領域在內的明清法律制度變遷。

　　儘管明清中國仍有許多商業糾紛並不尋求法律體系的支援，如有學者藉由分析明清牙行拖欠客商貨款的司法案例而強調：由於侵欠客商貨款的牙行「常能得到地方官府胥吏的直間（或）間接庇護」，故而「客商大多只在貨款久拖而追討無著的情形才被迫告官」，[6]此項觀察固然有一定道理，但卻忽略了更大範圍內的法律制度變遷因素。整體而論，由於明清兩代審轉、審限制度變遷的「意圖之內」與「意圖之外」不同結果的綜合作用，明清商人面對各類商業糾紛時，仍是處於一個較為不同的法律制度框架之下，特別是在經濟發達地區的城鎮裡，商人提呈訟狀時，一方面既能以較高金錢聘得更有勝訴實力的本地知名訟師為其執筆操刀並出謀劃策；另一方面也可能得到本地官員更多的關注，甚至是獲得官員承認那些足以規範商業經營的慣例，從而累積了本地適用商業訴訟領域的相關「成案」。

　　諸如一位開設典鋪的商人因為遭受火災損失財物而被託典民眾控告，或是一位經營棉布字號的徽州商人控告棉布工人以提高工資而集體罷工，在這類商業訴訟進行的過程中，涉案商人不僅可以私下雇請更有能力的訟師暗中撰寫訴狀並且提供各種足堪趨吉避凶甚或是「百戰百勝」的訴訟策略，甚至也能運用類似「恤商美政」、「身家切係，國課攸關」或是「富乃貧之母，為國家元氣」等各種足以縮合個人利益與公共利益的法律修辭，藉以打動官員援用更有利於自己商業經營的法律推理，進而做成涉訟商人所樂意見到的裁決。

　　法律專業人士的成長，是明清司法足以「就法律論法律」的重要制度基

6　范金民，《明清商事糾紛與商業糾紛》，頁76-77。

礎。有學者曾正確地指出：十九世紀後期中國因為社會動盪加劇致使法律運作效能降低的現象，絕不能上推至十八世紀至十九世紀前期的中國司法概況。[7]我們不應低估明清官員與幕友因為熟讀法條而可以妥善援用法律推理的能力，同時，也要注意官員、幕友這些官方與半官方的法律專家，並非是把審判的依據輕易地讓渡給各地所謂的「風俗」或是習慣，而是在相當程度上確實具有將各類案件裁融並轉化為符合明清律例規範框架的卓越能力。[8]

　　然而，法國學者鞏濤（Jérôme Bourgon）同時還指出：正因為具備轉化各項案件符合既有法條規定的卓越能力，明清中國的法律專家總是想著如何能夠「針對種種不同的民間習慣與社會現實情境做出裁減或是重塑，以使其更好地融入《大清律例》之中」。這便使得明清中國法律是「以犧牲法理的複雜性與精確性為代價，轉而追求法律的同一性（uniformity）與通貫性（comprehensiveness）」；也正因為如此，傳統中國法律乃不可能出現歐洲法律中的「民法」（civil law）或是「私法」（private law）的法律範疇。畢竟，在那些熟悉法律條文的官員與幕友心中，各地民間習慣所反映的「風俗」從來都是需要被政府改革的對象（所謂的「正風俗」），「風俗」基本上不會倒過頭來作為官員正視吸納並據以改革既有法律條文的關鍵理由。所以，明清中國也便從來沒能出現歐洲法律史上的「習慣法」（customary law）、「民法」或「私法」。[9]

　　這種明清中國沒有「習慣法」的解釋脈絡，有其一定的道理，我們的確應該正視明清法律專家裁融並轉化司法個案差異與法條統一規定之間可能落差的卓越能力，也要注意「習慣法」出現在歐洲歷史上的特殊情境；但是，筆者依然要指出：不要忽略在清代審轉、審限機制加嚴加密之下種種「意圖之內、意圖之外」的不同法律效果，特別是在訟師、幕友、官員的既緊張又互補的綜合作用下，那些所謂「恤商美政」、「身家切係，國課攸關」、

7　步德茂（Thomas M. Buoye），〈司法檔案以及清代中國的法律、經濟與社會研究〉，邱澎生譯，《法制史研究》，4（2003）：頁217-243。徐忠明，〈依法判決？明清時期刑事訴訟的一個側面〉，收入氏著《案例、故事與明清時期的司法文化》，北京：法律出版社，2006，頁301-323。

8　Jérôme Bourgon, "Uncivil Dialogue: Law and Custom Did not Merge into Civil Law under the Qing." *Late Imperial China*, 23.1 (2002): pp.50-90.

9　Jérôme Bourgon, "Rights, Freedoms, and Customs in the Making of Chinese Civil Law, 1900-1936," in William C. Kirby edited, *Realms of Freedom in Modern China*, Cambridge, Mass.: Harvard University Press, 2004, pp. 87-90.

「富乃貧之母，為國家元氣」等各式各樣統合商人利益與公共利益的法律修辭，仍然足以讓蘇州、松江這類市場經濟發達地區的地方司法衙門採用棉布加工契約、判別棉布商標是否被盜用、棉布牌記如何頂接轉賣等既有的商業習慣，或是促成浙江、江蘇、湖南、江西全省官員裁定當鋪失火失竊案件中採行的「過失」賠償原則，這些都是由商業訴訟引發的法律變動，不少裁決甚至累積為足以影響此後當地同類商業訴訟結果的「省例」或是地方司法「成案」。

　　綜而言之，明清官員不必標榜近代歐洲式的「私法、商法、商人法」相關概念、理論及其所適用的特定法律推理或法律修辭，但是，在幕友、訟師的幕後協助與共同作用下，一些商業訟案所援用的法律推理已然隱身於種種獨特的法律修辭面紗之下，從而潛入了《大清律例》、各省「省例」或是地方「成案」之中。這些商業訴訟領域的法律變遷不僅與十六至十九世紀之間的長程貿易與全國市場發展有密切關係，也與明清兩代法律專業人士數量成長以及十八世紀審轉、審限機制加嚴加密等制度變遷緊密連繫。傳統中國法律與經濟之間的複雜互動，絕不需要等到十九世紀後半中國「引入」西方資本主義的產銷方式才開始發生；城鎮中的商業訴訟領域如此，農村中的土地買賣行為也出現值得注意的經濟與法律變遷。如學者已然論證的：在十八世紀廣東的農地買賣中，發生了產權糾紛引發毆殺暴力案件數量日漸減少的趨勢，這足以反映當地民眾日益接受市場經濟運作之下「祖產」常隨金錢交易而快速轉手的事實，用暴力維護「祖產」的正當性，在更多鄉民心中逐漸減削其力道，這或許即見證了當地農民既有「道德經濟」（moral economy）的逐漸鬆動。[10]

　　廣東不會是這類「市場經濟」與「道德經濟」此長而彼消的特例，在十八世紀中國本土境內愈趨成形的「已開發、開發中、未開發」經濟分工區域格局裡，類似的經濟與法律變遷都已然發生，而這些重要的歷史變遷，也都不需要等到十九世紀後半西方「資本主義法律制度」引入中國，或是清末製頒《欽定大清商律》等商事法典，才發生於中國本土境內。的確，清末以前的中國，始終沒有出現近代歐洲的「資本主義法律制度」，但這卻並不

---

[10]　Thomas M. Buoye, Manslaughter, Markets, and Moral Economy: *Violent Disputes over Property Rights in Eighteenth-century China*. Cambridge University Press, 2000.

保證許多學者對明清「傳統法律」基植於傳統中國「農業社會」經濟條件的假想足以有效成立，即使不談農村地區土地交易的法律制度變動，至少，在十八至十九世紀期間的蘇州、松江等江南工商業城市，乃至全國長程貿易路線上的許多城鎮裡，都或多或少地見證了明清「商業法律」的種種不同程度發展，這些發展絕非無關緊要，也無法僅以「例外」視之。

　　1880年代，一位看來常有機會在香港與清朝通商口岸城市近身觀察中國經濟與法律實務的外國人，做了一段有關中國到底有沒有「商業法律」的評論：「因為中國沒有成文的商業法典，便認為中國人沒有任何商業法律（commercial law），這是一種常見的錯誤認識。要是沒有近代法律註釋家的論述，我們也可能誤以為英國根本沒有普通法（Common Law）。在《大清律例》以及其前出現過的歷朝刑法典之外，還有中央政府頒布的許多詔令或通行，地方省級法官也針對商業法律的相關問題做成不少裁決；而這些例案、命令與裁決的合輯，都由刑名幕友、稅關監督以及其他重要的中國內陸官員所掌握。儘管各省有不同的貿易習慣，但對熟悉商業法律領域的人而言，這些涉及商業問題的法律合輯仍然足以提供很好的保護，讓種種商業貿易習慣可以在審判過程中經常得到尊重」。[11]明清中國到底有沒有「商業法律」？這是十九世紀後半一位來華外國人士所做的一個帶有「中、英」比較觀點的結論，透過與英國1750年代以降諸如布雷克史頓（William Blackstone）等著名法律註釋家闡揚英國普通法義蘊的歷史做對照，[12]這位外國評論者認為：清代中國也有眾多的商業法律，並且是由全國眾多幕友與相關官員負責操作這些法律，只是，因為沒有出現與布雷克史頓同樣重要的法學家闡揚中國商業法律的精蘊，故此，人們才誤以為清代中國沒有任何商業法律。

　　然而，這個清代實際存在一套商業法律運作機制但卻沒有商業法學著作的看法，對當代中國學者而言，其實有點像是新奇可怪之論，這裡涉及一些複雜的歷史認識問題，需要再做些分梳。

　　早自清末民初以來，即使像鄭觀應這樣博識務實的商人兼知識份子，也

11　"The Commercial Law Affecting Chinese; with Special Reference to Partnership Registration and Bankruptcy Laws in Hongkong," Reprinted from the *China Mail*, 1882. pp.1-40.

12　布雷克史頓註釋英國普通法的過程與意義，參見：David Lieberman, *The Province of Legislation Determined: Legal Theory in Eighteenth-century Britain*, pp.31-67.

斷言明清中國沒有「商律」，他於十九、二十世紀之交已清楚指出：中國「因無商律」，因而商人遇到經營損失時，便「不敢上控」請求官府協助處理；並進而評論道：「中國只有刑律，無民律、商律、報律、航海諸律；故商民訟事，律多未載，地方官與胥吏隨意判斷，商民負屈甚多」，鄭氏從而主張：「國家非有商律」，否則，「商務必不能旺」。[13]這段文字至少同時包含了實然與應然兩個不同層面的問題：先談應然面，清末中國需要發展「商律」，才能在國際商業競爭中立定腳跟，這是絕大多數評論者都會同意的問題。但更多的麻煩會出在實然面上，我們要追問：清代兩百餘年間的大多數商人是否都「不敢上控」？清代全國各地的眾多地方官與胥吏是否對商業訟案經常「隨意判斷」？如果大多數商人經常「不敢上控」，則本書第五章介紹的十六世紀初年明朝中央政府於《弘治問刑條例》所做的規定：江西商人涉及「負欠錢債」案件，「止許於所在官司陳告」而不准再經常往赴京城控告，這條規定表面看來是禁止商人「上控」，但不正是反映當時商人實際上經常「上控」嗎？否則，中央政府何必特別立法禁止此現象呢？至於在十七世紀松江、蘇州棉布商人要求江蘇各級地方官員取締棉布字號仿冒等案例之中，多位理訟官員承認商業經營習慣的態度，也不好輕易將其說成是「隨意判斷」。十六世紀江西商人往京城控告錢債案件，以及十七世紀江蘇地方官員處理松江、蘇州兩府棉布商人商標訟案的積極態度，當然不足以概括全國範圍的商業訴訟情形，但是，像鄭觀應那樣使用商人「不敢上控」與官吏「隨意判斷」來概括明清將近五百五十年間全國各地的商業訴訟現象，又是否真的足夠公平？

　　我們後代人在有限史料中能夠解讀的商業訴訟現象肯定很有限，但是，鄭觀應在晚清亂局中綜理出來的「不敢上控、隨意判斷」現象是否真的更有普及性或代表性呢？身處晚清變法圖存的政經局勢中，鄭觀應要求政府推展扶持商務的良善願望肯定十分強烈，在那種情境下，重話批評是為了加速改革，應然面上的期待經濟改革影響到實然面上的史實判定，這很自然，晚清

13　鄭觀應，《盛世危言》，收入夏東元編，《鄭觀應集》，上海：上海人民出版社，1982，上冊，頁612-613。這段有關「中國只有刑律，無民律、商律、報律、航海諸律」的話，僅見於1900年八卷本的《盛世危言》，並不見於之前印行的1894年五卷本以及1895年十四卷本《盛世危言》的同段內容。

絕大多數知識份子本來也沒有多少餘裕去斤斤計較商人「不敢上控」與官吏「隨意判斷」是否合乎全部史實，也大概不太關心這樣論斷是否不盡公平甚或是「厚誣古人」，但是，對關心明清歷史究竟實際發生什麼經濟與法律變遷的我們而言，便不能輕易放過正、反兩方面的史料。本書的主張是：明清中國當然存在許多商人不敢上控與官吏隨意判斷商業訴訟的案例，但是，如果刻意忽略明清中國商業訴訟或其他相關領域的歷史變化，甚至還由此不證自明地推導出「因為明清經濟不發達，故而在商業法律上並不出現有意義的發展」，則這便是本書不可不辯的既有論調或是刻板印象。

鄭觀應提及的清代中國「商民訟事」在《大清律例》上是「律多未載」，這更是一個很有意義的觀察與評論。鄭觀應的看法明顯與上文引述那位幾乎同時代的在華外國人不同：「在《大清律例》以及其前出現過的歷朝刑法典之外，還有中央政府頒布的許多詔令或通行，地方省級法官也針對商業法律的相關問題做成不少裁決；而這些例案、命令與裁決的合輯，都由刑名幕友、稅關監督以及其他重要的中國內陸官員所掌握」，因而，「儘管各省有不同的貿易習慣，但對熟悉商業法律領域的人而言，這些涉及商業問題的法律合輯仍然足以提供很好的保護，讓種種商業貿易習慣可以在審判過程中經常得到尊重」。十分巧合地，本書許多章節正好可以呼應這位在華外國人的觀察。以〈市廛〉律例內容的演變為例，這些主旨在於規範市場交易秩序的法律條文固然不能與十九世紀以來歐美各國制訂諸如公司、票據、海商、保險等詳實細密的法律規範相提並論，但若因此即謂當時官員在制度上都無法依照〈市廛〉律例等相關法條妥善地處理商業訟案，則也可能推論過當。因而，鄭觀應所謂的商民訟事「例多未載」，也對也不對，這其實是個比較性的問題，比起近代西方「商法」的進展，肯定是「例多未載」；但對明清時代眾多商業城鎮中的各行業商人而言，則〈市廛〉章各條律例的足以普遍適用，甚至像是本書第六章分析的當鋪、染坊「損害賠償」的「過失」責任問題，在若干省份與後來中央政府立法過程中的陸續傳播與發展，這些現象也不好只以「例多未載」輕易帶過。

儘管可以爭辯鄭觀應有關商人「不敢上控」、官吏「隨意判斷」以及商民訟事「例多未載」這些觀察是否全面而公平，但是，鄭觀應提及的「中國只有刑律，無民律、商律、報律、航海諸律」，這則確實成為很難辯駁

的觀察。因為「商律」在晚清本來即是一個外來譯名，而當代中文學界雖以「商法」取代晚清的「商律」譯名，但基本上，無論昔日的「商律」或現在的「商法」，這兩名詞在中文學界幾乎有如「工業革命」（The Industrial Revolution）的中譯一般，已經變成約定俗成的專有名詞；雖然西方各國「商法」其實有著不同類型與差異的發展歷程，但相對於西方以外的國家或地區而言，不同於「審判機關」這類普通名詞，「商法」本身已然上升為一種專有名詞，僅僅適用於西方獨特的歷史現象。拿已經事先界定好的名詞再去爭辯別的國家或地區有沒有「商法」，基本上是一種套套邏輯，因而，再去爭辯明清中國有無「商法」其實沒有太多意義。然而，問題的關鍵在於：沒有近代西方的「商律、商法」，是否即反映明清中國沒有「商業法律」上的有意義發展？或者再講的更露骨些：沒有「商律、商法」，是否即能推導出諸如「因為明清經濟不發達，故而在商業法律上並不出現有意義的發展」等結論？本書反對這種粗略的比較與推論，並試圖論證明清中國「商業法律」也曾出現有意義的發展，在那些藉以規範市場交易、解決商事糾紛乃至裁定契約、產權方面權利、義務關係的「商業法律」內容上，明清中國都有值得注意的變化；而這些明清商業法律內容的變化，固然有其源自明清法典的法律規則（rules）與原則（principles）的形塑作用，但也受到十六至十九世紀之間中國長程貿易與全國市場發展的衝擊與影響。

　　儘管如此，對於那些依然深信「因為經濟不發達，故而明清中國在商業法律上並不出現有意義發展」的人們而言，本書仍要提醒：這樣的看法或信念究竟有多少出諸具體事例？而又有多少來自於某種不證自明的歷史想像？明清中國「商業法律」確實有異於近代西方種種不同的「商法」發展模式，但沒有西方「商法」，卻也絕對不能「不證自明」地推導出當時中國並不出現市場經濟與法律體系之間的複雜互動。我們固然可以發現明清中國「商業法律」與同時代歐美國家在「商法」發展上的種種差異，但是，這些差異卻不宜簡化為明清中國則在商業法律從未出現任何有意義的變化。

　　最後，也許可以再引用人類學家吉爾茲（Clifford Geertz）一段話，來為明清中國「商業法律」究竟該如何與歐洲「商法」相互比較的問題，提供一點參照式的結語：「我們現在面對自我定位的時候，既不可將他人遠遠推向相對的極端，亦不可將其拉進而有如我們自身的摹本，而是要將我們自己置身

於他人中間」。[14]明清中國沒有近代歐洲的商法，但與近代歐洲各國出現種種不同商法的複雜歷史過程一樣，在明清中國的商人、工人、農民、士人、訟師、幕友、地方與中央各級司法官員以及皇帝的互動之中，也於商業糾紛與商業訟案的司法領域內出現種種有意義的變化，未來要如何更全面而細緻地理解這些歷史變化？認真對待比較，會是一項重要的研究心態調整：不再將「他人遠遠推向相對的極端」而說明清中國絕無近代西方商法，也「不可將其拉進而有如我們自身的摹本」而說明清中國也有近代西方商法，只有「將我們自己置身於他人中間」，認真地比較不同地區人們各自相異而又相同的歷史經驗，在重新認識自己的過程中，也重新認識了他者！當作如是觀！

14　吉爾茲（Clifford Geertz），《地方性知識》，王海龍、張家瑄譯，北京：中央編譯出版社，2000，頁245。

參考書目

一、史料

(一)案例、省例、檔案、碑刻

1. 《上海碑刻資料選集》，上海博物館編，上海：人民出版社，1981。

2. 《天津商會檔案匯編（1903-1911）》，天津：人民出版社，1989。

3. 《清代乾嘉道巴縣檔案選編》下冊，四川省檔案館、四川大學歷史系主編，成都：四川大學出版社，1996。

4. 《西江政要》（按察司本），清刊本，中央研究院歷史語言研究所傅斯年圖書館藏。

5. 《西江政要》（布政司本），清刊本。

6. 《刑案匯覽》，（清）祝慶祺編次、（清）鮑書芸參定，影印清光緒十二年（1886）刊本，台北：成文出版社，1968。

7. 《刑案匯覽續編》（清）吳潮、何錫儼彙纂，（清）薛允升鑑定，影印清光緒二十六年（1900）成都重刊本，台北：文海出版社，1970。

8. 《中央研究院歷史語言研究所現存清代內閣大庫原藏明清檔案》，張偉仁主編，台北：聯經出版公司，1986-1995。

9. 《明清蘇州工商業碑刻集》，蘇州歷史博物館等編，南京：江蘇人民出版社，1981。

10. 《治浙成規》，收於《官箴書集成》第六冊，合肥：黃山書社，1997。

11. 《宮中檔乾隆朝奏摺》，台北：國立故宮博物院，1983。

12. 《清末籌備立憲檔案史料》，北京故宮博物院明清檔案部編，北京：中華書局，1979。

13. 《清代巴縣檔案匯編：乾隆卷》，四川省檔案館編，北京：檔案出版社，1991。

14. 《湖南省例成案》，清刊本微卷，中央研究院歷史語言研究所藏。

15. 《疑獄箋》，（清）陳芳生，影印清康熙三十年（1691）刻本，收入《四庫全書存目叢書》，子部，冊37，台南：莊嚴文化公司，1995。

16. 《說帖輯要》，（清）宋謙重編，清道光年間抄本，有清嘉慶十六年
    （1811）陳廷桂舊序，中央研究院歷史語言研究所傅斯年圖書館藏。
17. 《駁案新編》，影印清光緒十年（1884）朱梅臣輯《駁案彙編》本，收於
    《續修四庫全書》，上海：上海古籍出版社，史部，冊873。
18. 《審看擬式》，（清）剛毅，清光緒十五年（1889）剛毅自序江蘇書局刊
    本，中央研究院歷史語言研究所傅斯年圖書館藏。
19. 《謀邑備考》，清乾隆年間刊本，中央研究院歷史語言研究所傅斯年圖書館
    藏。
20. 《蘇州商會檔案叢編》第一輯，章開沅、劉望齡、葉萬忠主編，武漢：華中
    師範大學出版社，1991。
21. 《蘇藩政要》，（清）不著撰人，清抄本，中央研究院歷史語言研究所傅斯
    年圖書館藏。
22. 《續增刑案匯覽》，（清）祝慶祺編次、（清）鮑書芸參定，影印清光緒
    十二年（1886）刊本，台北：成文出版社，1968。

(二)法條、典章、律例註釋

1. 《三台明律招判正宗》，據內閣文庫藏明萬曆三十四年（1606）刊本攝製，
   中央研究院歷史語言研究所傅斯年圖書館藏。
2. 《大元聖政國朝典章》，影印元刊本，台北：國立故宮博物院，1972。
3. 《大明令》，收入《皇明制書》，影印明萬曆年間刊本，台北：成文出版
   社，1969。
4. 《大明律》，懷效鋒點校，新校本，北京：法律出版社，1999。
5. 《大明律附例注解》，（明）姚思仁，影印明刊本，北京：北京大學出版
   社，1993。
6. 《大明律集解附例》，（明）高舉，影印明萬曆年間浙江官刊本，台北：台
   灣學生書局，1970。
7. 《大明律釋義》，（明）應檟，據日本內閣文庫藏明嘉靖二十八年（1549）
   刊本照相複印，中央研究院歷史語言研究所傅斯年圖書館藏。
8. 《大清法規大全》，影印清宣統間政學社石印本，台北：宏業書局，1972。
9. 《大清律》，清順治年間刊本，中央研究院歷史語言研究所傅斯年圖書館藏

本。

10. 《大清律例通考校注》，（清）吳壇，約編成於清乾隆四十三年（1778），新校本，北京：中國政法大學出版社，1992。

11. 《大清律集解附例》，（清）沈之奇原著，洪皋山增訂，影印清乾隆十一年（1746）新鐫本，北京：北京大學出版社，1993。

12. 《大清會典則例》，影印文淵閣四庫全書本，冊620-625，台北：商務印書館，1986。

13. 《中外舊約章彙編》，王鐵崖編，北京：三聯書店，1959。

14. 《王肯堂箋釋》，（明）王肯堂，書前有明萬曆四十年（1612）著者原序，另有清康熙三十年（1691）顧鼎重輯序，中央研究院歷史語言研究所傅斯年圖書館藏。

15. 《王儀部先生箋釋》，（明）王肯堂，影印清康熙三十年（1691）顧鼎重輯序刊本，收入《四庫未收書輯刊》第1輯第25冊，北京：北京出版社，1997。

16. 《正德大明會典》，（明）李東陽等奉敕撰，影印明刊本，東京：汲古書院，1989。

17. 《宋會要輯稿》（清）徐松輯，影印民國25年（1936）北平圖書館印本，北京：中華書局，1957。

18. 《辛丑和約訂立以後的商約談判》，中華人民共和國海關總署研究室編譯，北京：中華書局，1994。

19. 《明代律例彙編》，黃彰健編，台北：中央研究院歷史語言研究所，1979。

20. 《律例箋釋》，（明）王肯堂，據明刊本拍攝微卷，北京圖書館藏。

21. 《唐律疏議》，（唐）長孫無忌等撰，新校本，劉俊文點校，台北：弘文館出版社，1986。

22. 《清會典》，（清）崑岡等奉敕著，據清光緒二十五年（1899）石印本影印，北京：中華書局，1991

23. 《清會典事例》，（清）崑岡等奉敕著，據清光緒二十五年（1899）石印本影印，北京：中華書局，1991。

24. 《通制條格》，黃時鑑點校，新校本，杭州：浙江古籍出版社，1986。

25. 《欽定大清會典事例》，收入《續修四庫全書》，史部，冊798-814，上

海：上海古籍出版社，1997。

26. 《新編文武金鏡律例指南》，（清）凌銘麟輯，清康熙年間刊本，中央研究院歷史語言研究所傅斯年圖書館藏。

27. 《萬曆大明會典》，（明）李東陽等奉敕撰、申時行等奉敕重修，影印明萬曆十五年（1587）司禮監刊本，台北：國風出版社，1963。

28. 《諸司職掌》，（明）明太祖敕撰，影印明刊本，收入《玄覽堂叢書》初輯，冊12-13，台北：國立中央圖書館，1981。

29. 《讀例存疑（重刊本）》，（清）薛允升著，黃靜嘉編校，台北：成文出版社，1970。

30. 《讀律私箋》，（明）王樵，萬曆二十三年（1595）九月王樵序刊本，北京圖書館藏。

31. 《讀律佩觿》，（清）王明德，影印清康熙十五年（1676）年王氏冷然閣重刻本，收入《四庫全書存目叢書》，子部，第37冊，台南：莊嚴文化公司，1995。

32. 《讀律提綱》，（清）楊榮緒，影印清光緒三年（1877）啓秀山房叢書本，收入《叢書集成三編》，台北：新文豐出版公司，1997。

33. 《讀律瑣言》，（明）雷夢麟，影印明嘉靖四十二年（1563）重刊本，台北：台灣學生書局，1986。

(三)判牘、政書、幕學

1. 《平平言》，方大湜，影印清光緒十八年（1892）刊本，收入《官箴書集成》第七冊，合肥：黃山書社，1997。

2. 《未信編》，（清）潘月山，收入《官箴書集成》第三冊。

3. 《州縣初仕小補》（清）褚瑛，影印清光緒十年（1884）森寶閣排印本，收入《官箴書集成》第八冊。

4. 《西江視臬紀事》，（清）凌燽，影印清乾隆八年（1743）刊本，收入《續修四庫全書》，史部，冊882，上海：上海古籍出版社，1997。

5. 《佐治藥言》，（清）汪輝祖，收入《汪龍莊遺書》，影印清光緒十五年（1889）江蘇書局刊本，台北：華文書局，1970。

6. 《佐治藥言》，（清）汪輝祖，收入《官箴書集成》第五冊。

7. 《作邑自箴》，（宋）李元弼，收入《官箴書集成》第一冊。

8. 《居官日省錄》，（清）覺羅烏爾通阿，影印清咸豐二年（1852）刊本，收入《官箴書集成》第八冊。

9. 《明刑管見錄》，（清）穆翰，影印清光緒七年（1881）《臨民要略》序刊本，收入《叢書集成續編》，集部，168冊，上海：上海書店，1994。

10. 《治譜》，（明）余治強，影印明崇禎十二年（1639）呈祥館重刊本，收入《官箴書集成》第二冊。

11. 《牧令須知》，（清）剛毅輯，影印清光緒十五年（1889）刊本，台北：文海出版社，1971。

12. 《皇朝經世文編》，（清）賀長齡輯，影印清刊本，台北：世界書局，1964。

13. 《宰惠紀略》，（清）柳堂，收入《官箴書集成》第九冊。

14. 《病榻夢痕錄》，（清）汪輝祖，收入《汪龍莊遺書》，影印清光緒十五年（1889）江蘇書局刊本，台北：華文書局，1970。

15. 《健餘先生撫豫條教》，（清）尹會一，收於《官箴書集成》第四冊。

16. 《庸吏庸言》，（清）劉衡，影印清同治七年（1868）楚北崇文書局刊本，書前有清道光十年（1827）自序，收入《官箴書集成》第六冊。

17. 《新吾呂先生實政錄》，（明）呂坤，收入《官箴書集成》第一冊。

18. 《盟水齋存牘》，（明）顏俊彥，新校本，中國法律古籍研究所整理點校，北京：中國政法大學出版社，2002。

19. 《圖民錄》，（清）袁守定，收入《官箴書集成》第五冊。

20. 《幕學舉要》，（清）萬維翰，收入《官箴書集成》第四冊。

21. 《福惠全書》，（清）黃六鴻，收入《官箴書集成》第三冊。

22. 《齊民四術》，（清）包世臣，新校本，潘竟翰點校，北京：中華書局，2001。

23. 《學治說贅》，（清）汪輝祖，收入《官箴書集成》第五冊。

24. 《學治臆說》，（清）汪輝祖，收入《官箴書集成》第二冊。

25. 《學治識端》，（清）徐壽茲，影印清光緒二十七年（1901）刊本，收入《官箴書集成》第九冊。

26. 《雜著》，（元）胡祇遹，新校本，楊訥點校，收錄於《吏學指南外三

種》，杭州：浙江古籍出版社，1988。

27.《續佐治藥言》，（清）汪輝祖，收入《官箴書集成》第五冊。

(四)訟師祕本、日用類書、商書、醫書

1. 《折獄明珠》，（明）清波逸叟編，傅斯年圖書館攝自日本內閣文庫藏本微捲，書前有明萬曆三十年（1602）自序，書末刷印「辛丑仲秋刊行」（辛丑年可為明萬曆二十九年（1601）或清康熙六十年（1721）。

2. 《居家必用事類全集》，影印明刻本，收入《四庫全書存目叢書》，子部，冊117，台南：莊嚴文化公司，1995。

3. 《法家須知》，（明）野叟，明末刊本微捲，中央研究院歷史語言研究所傅斯年圖書館藏。

4. 《按律便民折獄奇編》，（明）樂天子編，明末翠雲館刊本微卷，中央研究院歷史語言研究所傅斯年圖書館藏。

5. 《神農本經會通》，（明）滕弘輯，影印明萬曆四十四年（1616）滕萬里刊本，收入《四庫未收書輯刊》，柒輯，北京：北京出版社，1997。

6. 《新安原版士商類要》，（明）程春宇，影印明刊本，收入楊正泰編著《明代驛站考》，上海：上海古籍出版社，1994。

7. 《新刻天下四民便覽三台萬用正宗》，影印明末刻本，收入酒井忠夫監修，小川陽一編，《中國日用類書集成》第三卷，東京：汲古書院，2000。

8. 《新刻法筆新春》（又名《刑台秦鏡》），清刊本，日本東京大學東洋文化研究所「大木文庫」藏。

9. 《新刻法筆新春》，（清）不著撰人，清刊本，東京大學東洋文化研究所「大木文庫」藏。

10. 《新鐫訂補釋註霹靂手筆》，（明）不著撰人編，明刊本微卷，中央研究院歷史語言研究所傅斯年圖書館藏。

(五)經注、文集、語錄

1. 《大泌山房集》，（明）李維楨，影印明萬曆三十九年（1611）刊本，收入《四庫全書存目叢書》，集部，冊153，台南：莊嚴文化公司，1995。

2. 《太函集》，（明）汪道昆，據日本內閣文庫藏明萬曆十九年（1591）序刊

本影印，中央研究院歷史語言研究所傅斯年圖書館藏。

3. 《方麓居士集》，（明）王樵，明崇禎八年（1635）補刊萬曆年間刊本，據國家圖書館藏本翻拍微捲。

4. 《方麓集》，（明）王樵，影印文淵閣四庫全書本，冊1285，台北：台灣商務印書館，1983。

5. 《正誼堂集》，（清）張伯行，影印清光緒五年（1879）刊行吳元炳編《三賢政書》本，台北：台灣學生書局，1976。

6. 《玉茗堂全集》，（明）湯顯祖，影印明天啓年間刻本，收入《續修四庫全書》，集部，冊1362，上海：上海古籍出版社，1995。

7. 《石洞集》，（明）葉春及，影印文淵閣四庫全書本，冊1286，台北：商務印書館，1986。

8. 《伍廷芳集》，（清）吳廷芳著，丁賢俊、喻作鳳編，北京：中華書局，1993。

9. 《朱子語類》，（宋）朱熹，收於新校本《朱子全書》，朱傑人、嚴佐之、劉永翔主編，上海：上海古籍出版社，2002。

10. 《尚書日記》，（明）王樵，影印文淵閣四庫全書本，冊64，台北：台灣商務印書館，1983。

11. 《尚書要旨》，（明）王肯堂，收入《四庫全書存目叢書》，經部，冊51，台南：莊嚴文化公司，1995。

12. 《胡文忠公文集》，（清）胡林翼，影印清刊本，台北：河洛圖書出版社，1979。

13. 《陔餘叢考》，（清）趙翼，據清乾隆五十五年（1790）「湛貽堂」版本影印，台北：華世出版社，1975。

14. 《書帷別記》，（明）王樵，影印明萬曆王啓疆等刻本，收入《四庫全書存目叢書》，經部，冊51，台南：莊嚴文化公司，1995。

15. 《桐鄉勞先生遺稿》，（清）勞乃宣，影印1927年桐鄉盧氏校刊本，台北：藝文印書館，1964。

16. 《海忠介公全集》，（明）海瑞，收入《丘海二公合集》，清康熙四十七年（1708）刊本，中央研究院歷史語言研究所傅斯年圖書館藏。

17. 《寄簃文存》，（清）沈家本，影印民國年間沈寄簃遺書刊本，台北：台灣

商務印書館，1976。

18. 《張文襄公全集》，（清）張之洞，王樹枏編，台北：文海出版社，1980。

19. 《論語義府》，（明）王肯堂，重印明刻本，收入《四庫全書存目叢書》，經部，冊161，台南：莊嚴文化公司，1997。

20. 《盛世危言》，鄭觀應著，收入夏東元編《鄭觀應集》，上海：上海人民出版社，1982，上冊，頁225-938。

21. 《嬾真草堂集》，（明）顧起元，影印明萬曆四十二年（1614）刊本，台北：文海出版社，1970。

(六)筆記、小說、善書、方志、地理書

1. 《了凡四訓》，（明）袁黃，影印重刻本，收入藍吉富主編，《大藏經補編》，台北：華宇出版社，1986，冊28。

2. 《公門不費錢功德錄》，影印「天壤閣叢書」清刊本，收入《叢書集成新編》第32冊，台北：新文豐出版社，1985。

3. 《月浦志》，（清）張人鏡纂，收入《中國地方志集成：鄉鎮志專輯》，第4集，上海：古籍出版社，1992。

4. 《功過格分類彙編》，影印清光緒二十七年（1901）儀徵吳氏「有福讀書堂」重刊本，收入《叢書集成續編》，第62冊，台北：新文豐出版社，1989

5. 《四進士》，收入劉烈茂、蘇寰中、郭精銳主編，《車王府曲本菁華》，冊五，廣州：中山大學出版社，1991。

6. 《外岡志》，（明）殷聘尹纂，收入《中國地方志集成：鎮志專集》，冊2，上海：上海書店，1992。

7. 《宛署雜記》，（明）沈榜，北京：北京古籍出版社，1982。

8. 《松窗夢語》，（明）張瀚，新校本，盛冬鈴點校，北京：中華書局，1985。

9. 《花當閣叢談》，（明）徐復祚，影印清嘉慶十三年（1808）黃廷鑑重刊本，收入《叢書集成新編》，輯1，冊85，台北：新文豐出版公司，1985。

10. 《客座贅語》，（明）顧起元，新校本，張惠榮校點，南京：鳳凰出版社，2005。

11. 《為政善報事類》，影印元延祐六年（1319）序刻本，收入《官箴書集成》

第一冊。

12. 《迪吉錄》，（明）顏茂猷編，影印明末刻本，收入《四庫全書存目叢書》，子部，冊150，台南：莊嚴文化公司，1995。

13. 《海剛峰先生居官公案》，（明）李春芳編次，影印明萬曆三十四年（1606）金陵萬卷樓虛舟生刊本，上海：上海古籍出版社，1990。

14. 《巢林筆談》（並附《巢林筆談續編》），（清）龔煒，據清乾隆三十年（1765）、乾隆三十四年木刻本排印，新校本，北京：中華書局，1981。

15. 《農田餘話》，（明）長谷真逸，影印明萬曆刻《寶顏堂祕笈本》，收入《四庫全書存目叢書》，子部，冊239，台南縣：莊嚴出版公司，1995。

16. 《廣志繹》，（明）王士性，新校本，收入周振鶴編校，《王士性地理書三種》，上海：上海古籍出版社，1993。

17. 《潛書》，（明）唐甄，收入《續修四庫全書》，子部，冊945，上海：上海古籍出版社，1997。

18. 《賢博編》，（明）葉權，收入《明史資料叢刊》第一輯，南京：江蘇人民出版社，1981。

19. 《閱世編》，（清）葉夢珠，成書於清康熙年間，新校本，台北版：木鐸出版社，1982。

20. 《續見聞雜記》，（明）李樂，影印萬曆年間刻本，收入《見聞雜記》，上海：上海古籍出版社，1986。

21. 《鬱岡齋筆塵》，（明）王肯堂，影印明萬曆三十年（1602）王懋錕刻本，收入《續修四庫全書》，子部，冊1130，上海：上海古籍出版社，1997。

22. 乾隆《元和縣志》，影印清乾隆二十六年（1761）刻本，收入《續修四庫全書》，史部，冊696，上海：上海古籍出版社，1997。

23. 嘉靖《江陰縣志》，影印明刊本，收入「天一閣明代方志選刊」，台北：新文豐出版社，1985。

24. 嘉慶《高郵州志》，收入《中國方志叢書》，台北：成文出版社，1970。

(七)實錄、正史、官報、紀傳

1. 《大清聖祖康熙皇帝實錄》，台北：台灣華文書局，1964。

2. 《大義覺迷錄》，影印清雍正年間內府刻本，台北：文海出版社，1970。

3. 《元史》，新校本，台北：鼎文書局，1981。

4. 《本朝分省人物考》，（明）過庭訓，影印明天啓二年（1622）刊本，台北：成文出版社，1971。

5. 《光緒政要》，（清）沈桐生輯，影印清宣統元年（1909）「崇義堂」刊本，台北：文海出版社，1985。

6. 《明史》，新校本，台北：鼎文書局，1981。

7. 《明實錄》，中央研究院歷史語言研究所編，台北：中央研究院歷史語言研究所，1966。

8. 《（清）高宗純皇帝實錄》，影刊本，北京：中華書局，1986。

9. 《商務官報》，影印清刊本，台北：國立故宮博物院，1982。

10.《國榷》，（明）談遷，新校本，台北：鼎文書局，1978。

11.《清史稿》，新校本，台北：鼎文書局，1981。

12.《漢書》，新校本，台北：鼎文書局，1981

13.《舊唐書》，新校本，台北：鼎文書局，1981。

14.《續資治通鑑長編》，（宋）李燾，新校本，北京：中華書局，2004年二版。

二、近人論著（專書之屬）

(一)中文

1. 卞利，《明清徽州社會研究》，合肥：安徽大學出版社，2004。

2. 王振忠，《明清徽商與淮揚社會變遷》，北京：三聯書店，1996。

3. 王國斌，《轉變中的中國——歷史變遷與歐洲經驗的局限》，李伯重、連玲玲譯，上海：江蘇人民出版社，1998。

4. 王業鍵，《中國近代貨幣與銀行的演進（1644-1937）》，台北：中央研究院經濟研究所，1981。

5. 王爾敏，《中國近代思想史論》，台北：華世出版社，1977。

6. 王衛平，《明清時期江南城市史研究：以蘇州為中心》，北京：人民出版社，1999。

7. 史景遷（Jonathan D. Spence），《皇帝與秀才：皇權遊戲中的文人悲劇》，邱辛曄譯，上海：上海遠東出版社，2005。

8. 包筠雅（Cynthia J. Brokaw），《功過格：明清社會的道德秩序》，杜正貞、張林譯，趙世瑜校，杭州：浙江人民出版社，1999。

9. 吉爾茲（Clifford Geertz），《地方性知識》，王海龍、張家瑄譯，北京：中央編譯出版社，2000。

10.考夫曼（Arthur Kaufmann），《類推與「事物本質」──兼論類型理論》，吳從周譯，顏厥安審校，台北：學林文化公司，1999。

11.朱英，《中國早期資產階級概論》，開封：河南大學出版社，1992。

12.朱英，《辛亥革命時期新式商人社團研究》，北京：中國人民大學出版社，1991。

13.何勤華，《中國法學史》，北京：法律出版社，2000。

14.吳承明，《中國資本主義與國內市場》，北京：中國社會科學出版社，1985。

15.吳家麟，《法律邏輯學》，台北：五南圖書出版公司，1993。

16.吳蕙芳，《萬寶全書：明清時期的民間生活實錄》，台北：國立政治大學歷史學系，2001。

17.李文治、魏金玉、經君健編，《明清時代的農業資本主義萌芽問題》，北京：中國社會科學出版社，1983。

18.李恩涵，《近代中國史事研究論集》，台北：台灣商務印書館，1982。

19.李伯重，《江南的早期工業化（1550-1850）》，北京：社會科學文獻出版社，2000。

20.李貴連，《沈家本傳》，北京：法律出版社，2000。

21.李貴連，《沈家本年譜長編》，張國華審訂，台北：成文出版公司，1992

22.伯爾曼（Harold J. Berman），《法律與革命》，賀衛方、高鴻鈞、張志銘、夏勇譯，北京：中國大百科全書出版社，1993。

23.那思陸，《明代中央司法審判制度》，台南：正典文化出版社，2002。

24.那思陸，《清代中央司法審判制度》，台北：文史哲出版社，1992。

25.阮忠仁，《清末民初農工商機構的設立：政府與經濟現代化關係之檢討，1903-1916》，台北：國立台灣師範大學歷史研究所，1988。

26.邱澎生，《十八、十九世紀蘇州城的新興工商業團體》，台北：國立台灣大學出版委員會，1990。

27. 杜信孚，《明代版刻綜錄》，揚州：江蘇廣陵古籍刻印社，1983。

28. 林詠榮，《唐清律的比較及其發展》，台北：國立編譯館，1982。

29. 段本洛、張圻福，《蘇州手工業史》，上海：江蘇古籍出版社，1986。

30. 范金民，《明清江南商業的發展》，南京：南京大學出版社，1998。

31. 范金民，《明清商事糾紛與商業糾紛》，南京：南京大學出版社，2007。

32. 韋慶遠，《明清史辨析》，北京：中國社會科出版社，1989。

33. 科斯（R. H Coase），《廠商、市場與法律》，陳坤銘、李華夏譯，台北：遠流出版公司，1995。

34. 唐文基，《明代賦役史》，北京：中國社會科學出版社，1991。

35. 唐文權，《覺醒與迷誤：中國近代民族主義思潮研究》，上海：上海人民出版社，1993。

36. 徐泓，《清代兩淮鹽場的研究》，台北：嘉新水泥公司，1972。

37. 徐新吾，《中國經濟史料考證與研究》，上海：上海社會科學院出版社，1999。

38. 袁良義，《清一條鞭法》，北京：北京大學出版社，1995。

39. 郝延平，《中國近代商業革命》，陳潮等譯，上海：上海人民出版社，1991。

40. 馬小紅，《禮與法：法的歷史連接──構建與解析中國傳統法》，北京：北京大學出版社，2004。

41. 馬敏、朱英，《傳統與近代的二重變奏：晚清蘇州商會個案研究》，成都：巴蜀書社，1993。

42. 高明士，《中國中古政治的探索》，台北：五南圖書出版公司，2006。

43. 高浣月，《清代刑名幕友研究》，北京：中國政法大學出版社，2000。

44. 孫麗娟，《清代商業社會的規則與秩序》，北京：中國社會科學出版社，2005。

45. 張晉藩，《中國法律的傳統與近代轉型》，北京：法律出版社，1997。

46. 張晉藩，《清律研究》，北京：法律出版社，1992。

47. 張海鵬、張海瀛編，《中國十大商幫》，合肥：黃山書社，1993。

48. 梁方仲，《中國歷代戶口、田地、田賦統計》，上海：上海人民出版社，1980。

49. 梁其姿，《施善與教化：明清的慈善組織》，台北：聯經出版公司，1997。

50. 梁治平，《清代習慣法：社會與國家》，北京：中國政法大學出版社，1996。

51. 陳學文，《明清時期商業書及商人書之研究》，台北：洪葉文化公司，1997。

52. 郭德焱，《清代廣州的巴斯商人》，北京：中華書局，2005。

53. 莊吉發，《清世宗與賦役制度的改革》，台北：台灣學生書局，1985。

54. 許滌新、吳承明主編，《中國資本主義發展史》第一卷《中國資本主義的萌芽》，北京：人民出版社，1985。

55. 陳春聲，《市場機制與社會變遷：十八世紀廣東米價分析》，廣州：中山大學出版社，1992。

56. 傅衣凌，《明清社會經濟史論文集》，北京：人民出版社，1982。

57. 傅柯（Michel Foucault），《規訓與懲罰：監獄的誕生》，劉北成、楊遠嬰譯，北京：三聯書店，1999。

58. 傅築夫，《中國經濟史論叢》，北京：三聯書店，1980。

59. 博登海默（Edgar Bodenheimer），《法理學：法哲學及其方法》，鄧正來、姬敬武譯，結構群審譯，台北版：結構群出版社，1990。

60. 彭慕蘭（Kenneth Pomeranz），《大分流：中國、歐洲與現代世界經濟的形成》，邱澎生、陳巨擘、張寧、連玲玲、巫仁恕、呂紹理、楊淑嬌、林美莉、劉士永譯，台北：巨流圖書公司，2004。

61. 童光政，《明代民事判牘研究》，廣西師範大學出版社，1999。

62. 黃宗智，《中國研究的規範認識危機：論社會經濟史中的悖論現象》，香港：牛津大學出版社，1994。

63. 黃宗智，《民事審判與民間調解：清代的表達與實踐》，劉昶、李懷印譯，北京：中國社會科學出版社，1998。

64. 黃源盛，《中國傳統法制與思想》，台北：自印本，1998。

65. 黃源盛，《法律繼受與近代中國法》，台北：黃若喬，2007。

66. 黃彰健，《明清史研究叢稿》，台北：台灣商務印書館，1977。

67. 楊聯陞，《中國文化中「報」、「保」、「包」之意義》，香港：中文大學出版社，1987。

68. 虞和平，《商會與中國早期現代化》，上海：上海人民出版社，1993。

69. 維亞克爾（Franz Wieacker），《近代私法史：以德意志的發展為觀察重點》，陳愛娥、黃建輝譯，台北：五南圖書出版公司，2004。

70. 趙世瑜，《吏與中國傳統社會》，杭州：浙江人民出版社，1994。

71. 趙豐田，《晚清五十年經濟思想史》，重印1939年原刊本，台北：華世出版社，1975。

72. 劉石吉，《明清時代江南市鎮研究》，北京：中國社會科學出版社，1987。

73. 劉秋根，《明清高利貸資本》，北京：社會科學文獻出版社，2000。

74. 諾斯（Douglass C. North），《制度、制度變遷與經濟成就》，劉瑞華譯，台北：時報文化出版公司，1994。

75. 樊樹志，《明清江南市鎮探微》，上海：復旦大學出版社，1990。

76. 潘敏德，《中國近代典當業研究（1644-1937）》，台北：國立師範大學歷史研究所，1985。

77. 鄭昌淦，《明清農村商品經濟》，北京：中國人民大學出版社，1989。

78. 鄭秦，《清代司法審判制度研究》，長沙：湖南教育出版社，1988。

79. 賴英照，《公司法論文集》，台北：財團法人中華民國證券市場發展基金會，1986。

80. 戴炎輝，《唐律通論》，台北：國立編譯館，1964。

81. 繆全吉，《清代幕府人事制度》，台北：中國人事行政月刊社，1971。

82. 魏天安，《宋代行會制度史》，北京：東方出版社，1997。

83. 韓大成，《明代社會經濟初探》，北京：人民出版社，1986。

84. 韓秀姚，《明清徽州的民間糾紛及其解決》，合肥：安徽大學出版社，2004。

85. 瞿同祖，《清代地方政府》，范忠信、晏鋒譯，何鵬校，北京：法律出版社，2003。

86. 織田萬，《清國行政法汎論》，台北：華世出版社，1979。

87. 羅威廉（William Rowe），《漢口：一個中國城市的商業和社會（1796-1889）》，江溶、魯西奇譯，北京：中國人民大學出版社，2005。

88. 蘇亦工，《明清律典與條例》，北京：中國政法大學出版社，2000。

89. 釋聖嚴，《明末佛教的研究》，台北：東初出版社，1993。

(二)日文

1. 山本進，《明清時代の商人と國家》，東京：研文出版，2002。

2. 山根幸夫，《明清華北定期市の研究》，東京：汲古書院，1995。

3. 寺田隆信，《山西商人の研究——關於明代の商人と商業資本》，京都：京都大學東洋史研究會，1972。

4. 桑原騭藏，《支那法制史論叢》，東京：弘文堂書房，1935。

5. 島田正郎，《清末における近代的法典の編纂》，東京：創文社，1980。

6. 酒井忠夫，《中國善書の研究》，東京：國書刊行會，1960。

7. 斯波義信，《宋代商業史研究》，東京：風間書房，1968。

8. 滋賀秀三編，《中國法制史：基本資料の研究》，東京：東京大學出版會，1993。

(三)英文

1. Alford, William. *To Steal a Book Is an Elegant Offense: Intellectual Property Law in Chinese Civilization*. Stanford, California: Stanford University Press, 1995.

2. Baker, J. *H. An Introduction to English Legal History*, Fourth Edition, London: Reed Elsevier (UK) Ltd, 2002.

3. Basile, Mary Elizabeth. Jane Fair Bestor, Daniel R. Coquillette, and Charles Donahue, Jr. edited, translated, and introduced, *Lex Mercatoria and Legal Pluralism: A Late Thirteenth-century Treatise and its Afterlife*, Cambridge: The Ames Foundation, 1998.

4. Bodde, Derk and Clarence Morris, *Law in Imperial China: Exemplified by 190 Ch'ing Dynasty Case*. Cambridge, Mass.: Harvard University Press, 1973.

5. Buoye, Thomas M. *Manslaughter, Markets, and Moral Economy: Violent Disputes over Property Rights in Eighteenth-century China*. Cambridge University Press, 2000.

6. Ch'en, Kuo-tung Anthony（陳國棟）. *The Insolvency of the Chinese Hong Merchants, 1760-1843*. Taipei: Institute of Economics, 1990.

7. Chia, Lucille（賈晉珠）, *Printing for Profit: The Commercial Publishers of Jianyang, Fujian (11th-17th Centuries)*, Cambridge and London: Harvard University

Asia Center, 2002.

8. Coase, Ronald H.. *The Firm, the Market and the Law*. Chicago and London: The University of Chicago Press, 1988.

9. Cole, James H. *Shaohsing: Competition and Cooperation in Nineteenth-Century China*. Tucson: The University of Arizona Press, 1986.

10. Cornish, W. R. and G. de N. Clark, *Law and Society in England, 1750-1950*. London: Sweet & Maxwell Ltd., 1989.

11. Dunstan, Helen. *Conflicting Counsels to Confuse the Age: A Documentary Study of Political Economy in Qing China*, 1644-1840. Ann Arbor: Center for Chinese Studies, The University of Michigan.1996.

12. Golding, Martin P. *Legal Reasoning*, Broadview Press, 2001.

13. Hunt, Alan and Gary Wickham, *Foucault and Law: Towards a Sociology of Law as Governance*. London & Chicago: Pluto Press, 1994.

14. Landau, Norma ed. *Law, Crime and English Society, 1660-1830*. Cambridge: Cambridge University Press, 2002.

15. Lester, V. Markham. *Victorian Insolvency: Bankruptcy, Imprisonment for Debt, and Company Winding-up in Niniteenth-Century England*. Oxford: Clarendon Press, 1995.

16. Lieberman, David. *The Province of Legislation Determined: Legal Theory in Eighteenth-century Britain*. Cambridge: Cambridge University Press, 1989.

17. Liu, Ts'ui-jung（劉翠溶）. *Trade on the Han River and Its Impact on Economic Development, c. 1800-1911*. (Taipei: The Institute of Economics, Academia Sinica, 1980.

18. Macauley, Melissa. *Social Power and Legal Culture: Litigation Masters in Late Imperial China*, Stanford: Stanford University Press, 1998.

19. Mann, Susan. *Local Merchants and the Chinese Bureaucracy, 1750-1950*. Stanford: Stanford University Press, 1987.

20. North, Douglass C. *Institutions, Institutional Change and Economic Performance*. Cambridge: Cambridge University Press, 1990.

21. Pomeranz, Kenneth. *The Great Divergence: China, Europe, and the Making of the*

Modern World Economy, Princeton: Princeton University Press, 2000.

22. Rowe, William T. *Saving the World: Chen Hongmou and Elite Consciousness in Eighteenth China*. Stanford: Stanford University Press, 2001.

23. Will, Pierre-Etienne. *Bureaucracy and Famine in Eighteenth-Century China*. Trans. By Elborg Forster, Stanford, California: Stanford University Press, 1990.

三、近人論著（論文之屬）

(一)中文

1. 王家範，〈中國社會經濟史面臨的挑戰：回應《大分流》的「問題意識」〉，《史林》（上海），2004，4（2004）：頁46-52。

2. 卞利，〈論明清徽商的法制觀念〉，《安徽大學學報（哲學社會科學版）》（合肥），23，4（1999）：頁70-76。

3. 夫馬進，〈明清時代的訟師與訴訟制度〉，王亞新譯，收入王亞新、梁治平編，《明清時期的民事審判與民間契約》，北京：法律出版社，1998，頁389-430。

4. 夫馬進，〈訟師祕本《蕭曹遺筆》的出現〉，鄭民欽譯，收入寺田浩明編，《中國法制史考證》丙編第四卷《日本學者考證中國法制史重要成果選譯：明清卷》，北京：中國社會科學出版社，2003，頁460-490。

5. 王文宇，〈論類推適用與法律解釋〉，收入氏著《民商法理論與經濟分析》，台北：元照出版公司，2000，頁279-300。

6. 王汎森，〈從曾靜案看十八世紀前期的社會心態〉，《大陸雜誌》（台北），85，4（1992）：頁1-22。

7. 王志強，〈清代的地方法規〉，收入氏著《法律多元視角下的清代國家法律》，北京：北京大學出版社，2003，頁19-49。

8. 王重民，〈王肯堂傳〉，收入氏著《冷廬文藪》，上海：上海古籍出版社，1992，頁166-168。

9. 王振忠，〈十九世紀華北紹興師爺網絡之個案研究——從《秋水軒尺牘》、《雪鴻軒尺牘》看「無紹不成行」〉，《復旦學報》（上海），1994，4（1994）：頁71-107。

10. 王國斌，〈農業帝國的政治經濟體制及其當代遺緒〉，邱澎生譯，收入卜

正民（Timothy Brook）、布魯（Gregory Blue）編，郭慧英等譯，《中國與歷史資本主義：漢學知識的系譜學》，台北：巨流圖書公司，2004，頁281-334。

11. 王業鍵，〈明清經濟發展並論資本主義萌芽問題〉，《中國社會經濟史研究》（廈門），1983，3（1983）。

12. 王業鍵，〈清代的糧價陳報制度〉，《故宮季刊》（台北），13，1（1978）：頁53-66。

13. 王業鍵，〈清代經濟芻論〉，《食貨復刊》（台北），2，11（1973）：頁541-550。

14. 王道瑞，〈清代糧價奏報制度的確立及其作用〉，《歷史檔案》（北京），1987，4（1987）。

15. 王爾敏，〈中國近代之工商致富論與商貿體制之西化〉，收入中央研究院編，《中央研究院國際漢學會議論文集》下冊，台北：中央研究院，1981，頁1215-1262。

16. 王澤鑑，〈舉重明輕、衡平原則與類推適用〉，收入氏著《民法學說與判例研究》第八冊，台北：自印本，1996，頁1-98。

17. 史建雲，〈重新審視中西比較史——《大分流：歐洲、中國及現代世界經濟的發展》述評〉，《近代史研究》（北京），2003，3（2003）：頁198-223。

18. 田中正俊，〈關於明清時代的包買商制生產——以絲、棉紡織業為中心〉，欒成顯譯，收入劉俊文主編，《日本學者研究中國史論著選譯》第二卷，北京：中華書局，1993，頁248-310。

19. 寺田浩明，〈試探傳統中國法之總體像〉，《法制史研究》（台北），9（2006）：頁223-241。

20. 朱英，〈論晚清的商務局、農工商局〉，《近代史研究》，1994，4（1994）：頁73-91。

21. 朱英，〈論清末的經濟法規〉，《歷史研究》（北京），1993，5（1993）：頁92-109。

22. 朱傳譽，〈明代出版家余象斗傳奇〉，《中外文學》（台北），16，4（1987）：頁150-168。

23. 全漢昇，〈美洲白銀與十八世紀中國物價革命的關係〉，收入氏著《中國經濟史論叢》，香港：新亞研究所，1972，頁475-508。

24. 全漢昇，〈清朝中葉蘇州的米糧貿易〉，收入氏著《中國經濟史論叢》，頁567-582。

25. 安守廉（William Alford），〈知識產權還是思想控制：對中國古代法律文化透視〉，梁治平譯，收入梁治平編，《法律的文化解釋》（增訂本），北京：三聯書店，1998，頁332-361。

26. 何敏，〈從清代私家注律看傳統注釋律學的實用價值〉，收入梁治平編，《法律解釋問題》，北京：法律出版社，1998，頁323-350。

27. 何勤華，〈明清案例匯編及其時代特徵〉，《上海社會科學院學術季刊》（上海），2000，3（2000）：頁107-115。

28. 吳奇衍，〈清代前期牙行制試述〉，《清史論叢》（北京），6（1985）：頁26-52。

29. 吳承明，〈西方史學界關於中西比較研究的新思維〉，《中國經濟史研究》（北京），2003，3（2003）：頁3-7。

30. 吳承明，〈現代化與中國十六、十七世紀的現代化因素〉，《中國經濟史研究》，1998，4（1998）：頁3-15。

31. 巫仁恕，〈節慶、信仰與抗爭——明清城隍信仰與城市群眾的集體抗議行為〉，《中央研究院近代史研究所集刊》（台北），34（2000）：頁145-210。

32. 李伯重，〈「相看兩不厭」——王國斌《轉變的中國：歷史變遷及歐洲經驗的局限》評介〉，《史學理論研究》（北京），2000，2（2000）：頁148-158。

33. 李伯重，〈中國全國市場的形成〉，收入氏著《千里史學文存》，杭州：杭州出版社，2004，頁269-287。

34. 李明輝，〈朱子論惡之根源〉，收入鍾彩鈞主編，《國際朱子學會議論文集》，台北：中央研究院文哲研究所，1993，頁551-580。

35. 李偉國，〈宋代經濟生活中的市儈〉，《歷史研究》，1992:2（1992）：頁110-124。

36. 李達嘉，「商人與政治：以上海為中心的探討，1895-1914」，台北：國立

台灣大學歷史學研究所博士論文，1994。

37. 李學勤，〈「市法」講疏〉，收入氏著《簡帛佚籍與學術史》，台北：時報
　　文化出版公司，1994，頁380-387。

38. 杜正勝，〈戰國的輕重術與輕重商人〉，《中央研究院歷史語言研究所集
　　刊》（台北），61：2（1990）：頁481-532。

39. 步德茂（Thomas M. Buoye），〈司法檔案以及清代中國的法律、經濟與社
　　會研究〉，邱澎生譯，《法制史研究》，4（2003）：頁217-243。

40. 谷井陽子，〈清代則例省例考〉，收入楊一凡總主編、寺田浩明主編，《中
　　國法制史考證》丙編第四卷，頁120-214。

41. 岸本美緒，〈明清契約文書〉，王亞新譯，收入滋賀秀三等著，《明清時期
　　的民事審判與民間契約》，頁280-326。

42. 岸本美緒，〈清初上海的審判與調解──以《歷年記》為例〉，收入中央研
　　究院近代史研究所編，《近世家族與政治比較歷史論文集》，上冊，台北：
　　中研院近史所，1992，頁241-257。

43. 周齊，〈明代中後期唯識學的流行及其特點分析〉，收入黃心川主編，《玄
　　奘精神與西部文化──玄奘精神與西部文化學術研討會論文集》，西安：三
　　秦出版社，2002，頁191-207。

44. 果鴻孝，〈論清末政府在經濟上除弊興利的主要之舉〉，《中國社會經濟史
　　研究》，1991，3（1991）：頁69-79。

45. 林乾，〈訟師對法秩序的衝擊與清朝嚴治訟師立法〉，《清史研究》（北
　　京），2005，3（2005）：頁1-12。

46. 林麗月，〈《蒹葭堂稿》與陸楫「反禁奢」思想之傳衍〉，收入《明人文集
　　與明代研究》，台北：中國明代研究學會，2001，頁121-134。

47. 林麗月，〈陸楫（1515-1552）崇奢思想再探──兼論近年明清經濟思想史
　　研究的幾個問題〉，《新史學》（台北），5，1（1994）：頁131-151。

48. 林麗月，〈試論明清之際商業思想的幾個問題〉，收入《近代中國初期歷史
　　研討會論文集》，台北：中研院近代史研究所，1989，頁711-733。

49. 邱澎生，〈18世紀中國商業法律中的債負與過失論述〉，收入《復旦史學集
　　刊》第1輯《古代中國──傳統與變遷》，上海：復旦大學出版社，2005，
　　頁211-248。

50.邱澎生，〈也是「商法」問題：試論十七世紀中國的法律批判與法律推理〉，《法制史研究》，8（2005）：頁75-123。

51.邱澎生，〈以法為名：明清訟師與幕友對法律秩序的衝擊〉，《新史學》，15，4（2004）：頁93-148。

52.邱澎生，〈十八世紀滇銅市場中的官商關係與利益觀念〉，《中央研究院歷史語言研究所集刊》，72，1（2001）：頁97-104。

53.邱澎生，〈由市廛律例演變看明清政府對市場的法律規範〉，收入國立台灣大學歷史系編，《史學：傳承與變遷學術研討會論文集》，台北：國立台灣大學歷史系，1998，頁291-334。

54.邱澎生，〈由蘇州經商衝突事件看清代前期的官商關係〉，《文史哲學報》（台北），43（1995）：頁37-92。

55.邱澎生，〈有資用世或福祚子孫：晚明有關法律知識的兩種價值觀〉，《清華學報》（新竹），新33，1（2003）：頁1-43。

56.邱澎生，〈真相大白？明清刑案中的法律推理〉，收入熊秉真編，《讓證據說話──中國篇》，台北：麥田出版公司，2001，頁135-198。

57.邱澎生，〈禁止把持與保護專利：試析清末商事立法中的蘇州金箔業訟案〉，《中外法學》（北京），2000，3（2000）：頁311-328。

58.俞偉超，〈漢代的「亭」、「市」陶文〉，《文物》（北京），1963:2（1963）。

59.姜伯勤，〈從判文看唐代市籍制的終結〉，《歷史研究》，1990，3（1990）：頁18-26。

60.施仁章，〈清末獎勵工商實業政策及其影響〉，《中國社會經濟史研究》，1982，2（1982）：頁78-84。

61.洪煥椿，〈論明清蘇州地區會館的性質及其作用〉，《中國史研究》（北京），1980，2（1980）：頁40-59。

62.柯芳枝，「清末民初中國法制現代化之研究：商人通例、商行為法、票據法、保險法篇」，台北：行政院國家科學委員會、中華文化復興委員會補助專題研究報告，1973。

63.范金民，〈清代江南棉布字號探析〉，《歷史研究》，2002，1（2002）：頁88-98。

64. 范金民、夏維中，〈明清徽州典商述略〉，收入《徽學》第二輯，合肥：安徽大學出版社，2002，頁129-138。

65. 唐文基，〈明代的鋪戶及其買辦制度〉，《歷史研究》，1983，5（1983）：頁140-150。

66. 徐忠明，〈依法判決？明清時期刑事訴訟的一個側面〉，收入氏著《案例、故事與明清時期的司法文化》，北京：法律出版社，2006，頁301-323。

67. 徐泓，〈明代社會風氣的變遷——以江、浙地區為例〉，收入《第二屆國際漢學會議論文集·明清與近代史組》，台北：中央研究院，1989，頁144-159。

68. 徐泓，〈明代後期的鹽政改革與商專賣制度的建立〉，《台大歷史學系學報》（台北），4（1977）：頁299-311。

69. 徐世虹，〈張家山二年律令簡中的損害賠償之規定〉，收入《華學》第六輯，北京：紫禁城出版社，2003，頁135-146。

70. 格蘭特（Fredric D. Grant），〈麗泉行的敗落——訴訟對十九世紀貿易的危害〉，周湘譯，《史林》（上海），2004，4（2004）：頁75-87。

71. 康豹，〈漢人社會的神判儀式初探：從斬雞頭說起〉，《中央研究院民族學研究所集刊》（台北），88（1999）：頁173-202。

72. 張玉法，〈清末民初的民營工業〉，《中央研究院近代史研究所集刊》，18（1989）：頁315-561

73. 張玉法，〈清末民初的官督商辦工業〉，《中央研究院近代史研究所集刊》，17下（1988）：頁35-68。

74. 張玉法，〈清末民初的官辦工業〉，收入中央研究院近代史研究所編，《清季自強運動研討會論文集》下冊，台北：中央研究院近代史研究所，1988，頁629-704。

75. 張晉藩，〈清代律學及其轉型〉（上），《中國法學》（北京），1995，3（1995）：頁82-99。

76. 張晉藩，〈論中國古代民法研究中的幾個問題〉，收入氏著《法史鑒略》，北京：群眾出版社，1988，頁118-142。

77. 張偉仁，〈良幕循吏汪輝祖：一個法制工作者典範〉，《國立台灣大學法學論叢》（台北），19，1（1989）：頁1-49。

78.張偉仁，〈清代司法組織概述（之一）——參與中下層司法工作的個人、團體和官司〉，收入張偉仁輯著，《清代法制研究》，台北：中央研究院歷史語言研究所，1983，輯1冊1，頁143-295。

79.張偉仁，〈清代司法程序概述（之一）——失盜案件的初步處理及疏防文武的參劾〉，收入張偉仁輯著，《清代法制研究》，輯1冊1，頁297-430。

80.張偉仁，〈清代的法學教育〉（下），《國立台灣大學法學論叢》，18，2（1989）：頁1-55。

81.章文欽，〈清代前期廣州中西貿易中的商欠問題〉，《中國經濟史研究》，1990，1（1990）。

82.孫慧敏，〈清末中國對律師制度的認識與引介〉，《中央研究近代史研究所集刊》，52（2006）：頁165-210。

83.梁庚堯，〈宋代牙人與商業糾紛〉，《燕京學報》（北京），新14期（2003）：頁41-70。

84.梁庚堯，〈從田宅易糾紛的防治看宋代的莊宅牙人〉，收入《薪火集：傳統與近代變遷中的中國經濟》，台北：稻鄉出版社，2001，頁99-127。

85.郭東旭，〈宋代之訟學〉，收入漆俠編，《宋史研究論叢》，保定：河北大學出版社，1990，頁133-147。

86.郭東旭，〈論宋代法律中「例」的發展〉，收入鄧廣銘、漆俠主編，《中日宋史研討會中方論文選編》，保定：河北大學出版社，1991，頁260-272。

87.郭潤濤，〈試析清代幕業經濟生活狀況〉，《中國社會經濟史研究》，1996，4（1996）：頁38-48。

88.陳天錫，〈清代幕賓中刑名錢穀與本人業此經過〉，收入《慶祝蔣慰堂先生七十榮慶論文集》，台北：台灣學生書局，1968，頁161-175。

89.陳自強，〈民商合一與民商分立〉，收入氏著《代理權與經理權之間——民商合一與民商分立》，台北：元照出版公司，2006，頁251-304。

90.陳弱水，〈立法之道：荀、墨、韓三家法律思想要論〉，收入劉岱總主編，黃俊傑分冊主編，《中國文化新論：思想篇》二，台北：聯經出版公司，1982，頁79-105。

91.陳高華，〈元代的和雇與和買〉，《元史論叢》第三輯，北京：中華書局，1986，頁130-143。

92.陳國棟，〈論清代中葉廣東行商經營不善的原因〉，收入氏著《東亞海域一千年》，台北：遠流出版公司，2005，頁365-394。

93.陳國棟，〈有關陸楫〈禁奢辨〉之研究所涉及的學理問題——跨學門的意見〉，《新史學》，5，2（1994）：頁159-179。

94.陳智超，〈宋代的書鋪與訟師〉，收入《劉子健博士頌壽紀念宋史研究論集》，東京：同朋舍，1989，頁113-119。

95.陳景良，〈訟學、訟師與士大夫——宋代司法傳統的轉型及其意義〉，《河南省政法管理幹部學院學報》，2002，1（2002）：頁58-73。

96.陳學文，〈明中葉「奢能致富」的經濟思想〉，《浙江學刊》（杭州），1984，4（1984）。

97.陸拯，〈王肯堂醫學學術思想研究〉，收入陸拯主編，《王肯堂醫學全書》，北京：中國中醫藥出版社，1999，頁2717-2735。

98.陶希聖，〈唐代管理「市」的法令〉，《食貨半月刊》（上海），4，8（1936）：頁1-8。

99.傅武光，〈朱子對惡的來源的說明〉，收入氏著《中國思想史論集》，台北：文津出版社，1990，頁155-195。

100.游子安，〈明末清初功過格的盛行及善書所反映的江南社會〉，《中國史研究》，1997，4（1997）：頁127-133。

101.游子安，〈顏茂猷與明清勸善書〉，收入羅炳綿、劉健明主編，《明末清初華南地區歷史人物功業研討會論文集》，香港：香港中文大學歷史學系，1993，頁243-254。

102.童光政，〈明律「私充牙行埠頭」條的創立及其適用〉，《法學研究》，26，2（2004）：頁116-125。

103.鈔曉鴻，〈明清人的「奢靡」觀念及其演變——立足於地方志的考察〉，《歷史研究》，2002，4（2002）：頁96-117。

104.黃克武，〈清季重商思想與商紳階層的興起〉，《思與言》（台北），21，5（1984）：頁486-500。

105.黃源盛，〈民初大理院關於民事習慣判例之研究〉，《政大法學評論》（台北），63（2000）：頁1-46。

106.滋賀秀三，〈中國法文化的考察：以訴訟的形態為素材〉，王亞新譯，收

入滋賀秀三等著，《明清時期的民事審判與民間契約》，頁1-18。

107. 慈鴻飛，〈中國資本主義經濟法在清末的產生、特點及歷史作用〉，《南開經濟研究》（天津），1994，1（1994）：頁72-74、66。

108. 楊聯陞，〈侈靡論——傳統中國一種不尋常的思想〉，陳國棟譯，收入楊聯陞，《國史探微》，台北：聯經出版社，1983，頁169-188。

109. 經君健，〈清代關於民間經濟的立法〉，《中國經濟史研究》，1994，1（1994）：頁42-55。

110. 熊秉真，〈從唐甄看個人經驗對經世思想衍生之影響〉，《中央研究院近代史研究所集刊》，14（1985）：頁1-28。

111. 趙毅，〈鋪戶、商役與明代城市經濟〉，《東北師大學報（哲學社會科學版）》（長春），1985，4（1985）：頁34-40。

112. 劉志遠，〈漢代市井考：說東漢市井畫像磚〉，《文物》，1973:3（1973）：頁52-56。

113. 劉淑芬，〈中古都城坊制的崩解〉，《大陸雜誌》，82，2（1991）：頁31-48。

114. 劉翠溶，〈明清時代南方地區的專業生產〉，《大陸雜誌》，56，3-4（1978）：頁125-159。

115. 劉廣京，〈後序：近世制度與商人〉，收入余英時，《中國近世宗教倫理與商人精神》，台北：聯經出版公司，1987，頁25-53。

116. 鄭逸哲，〈沈家本之「罪刑法定主義」思想〉，《國立台灣大學法學論叢》，19，1（1989），頁51-78。

117. 鄧亦兵，〈牙行〉，收入方行、經君健、魏金玉主編，《中國經濟通史・清代經濟卷》，北京：經濟日報出版社，2000，中冊，頁1311-1352。

118. 鄧雲鄉，〈汪輝祖及其著述〉，收入氏著《水流雲在叢稿》，北京：中華書局，2001，頁524-541。

119. 鄧建鵬，〈宋代的版權問題——兼評鄭成思與安守廉之爭〉，《環球法律評論》（北京），2005，1（2005）：頁71-80。

120. 鞏濤（Jerome Bourgon），〈西方法律引進之前的中國法學〉，林蕙娥譯，收入《法國漢學》第8輯《教育史專號》，北京：中華書局，2003，頁220-249。

121. 盧建榮，〈法官與政治威權：中古三法司聯合審案制下的實際權力運作（514-755）〉，《台灣師大歷史學報》（台北），28（2000）：頁1-67。

122. 賴惠敏，〈乾隆朝內務府的當鋪與發商生息（1736-1795）〉，《中研院近代史研究所集刊》，28（1997），頁137-175。

123. 閻鴻中，〈唐代以前「三綱」意義的演變——以君臣關係為主的考察〉，《錢穆先生紀念館館刊》（台北），7（1999）：頁56-75。

124. 戴建國，〈宋代的公證機構——書鋪〉，《中國史研究》（北京），1988，4（1988），頁137-144。

125. 濱島敦俊，〈明代的判牘〉，徐世紅、鄭顯文譯，收入中國政法大學法律古籍整理研究所編，《中國古代法律文獻研究》，成都：巴蜀書社，頁196-222。

126. 瞿同祖，〈清律的繼承和變化〉，《歷史研究》（北京），1980，4（1980），頁133-143。

127. 魏天安，〈宋代行會的特點論析〉，《中國經濟史研究》（北京），1993，3（1993），頁141-150。

128. 魏天安，〈宋代的科配與時估〉，《河南師範大學學報（哲學社會科學版）》（開封），1982:4（1982）：頁27-36。

129. 蘇基朗，〈現代法學詮釋中的「中華法系」——以產權與合約為中心〉，《法學》（上海），2006，12（2006）：頁62-68。

(二)日文

1. 小口彥太，〈清代地方官の判決錄を通して見たる民事的紛爭の諸相〉，《中國：社會と文化》，3（1988）：頁35-49。

2. 川村康，〈宋代斷例考〉，《東洋文化研究所紀要》，126（1995）：頁107-160。

3. 川勝守，〈明末清初の訟師について一舊中國社會における無賴知識人の一形態〉，《東洋史論集》，9（1981）。

4. 中村茂夫，〈清代の刑案：《刑案匯覽》を主として〉，收入滋賀秀三編，《中國法制史：基本資料の研究》，頁715-737。

5. 夫馬進，〈明清時代の訟師と訴訟制度〉，收入梅原郁編，《中國近世の法

制と社會》，京都：京都大學人文科學研究所，1993，頁437- 483。

6. 夫馬進，〈訟師祕本の世界〉，收入小野和子編，《明末清初の社會と文化》，京都：京都大學人文科學研究所，1996，頁189-238。

7. 日野開三郎，〈唐宋時代の商人組合「行」の研究〉，收入氏著《東洋史學論集》第七卷，東京：三一書房，1983，頁263-504。

8. 水野正明，〈《新安原板士商類要》について〉，《東方學》，60（1980）：頁96-117。

9. 加藤繁，〈唐宋時代の商人組合「行」に就いて〉，收入白鳥博士還曆紀念編委會編，《白鳥博士還曆紀念東洋史論叢》，東京：岩波書店，1925，頁293-350。

10.古林森廣，〈北宋の免行錢について——宋代商人組合「行」の一研究〉，《東方學》，38（1969）：頁1-14。

11.寺田浩明，〈清代の省例〉，收入滋賀秀三編，《中國法制史：基本資料の研究》，頁657-714。

12.佐久間重男，〈明代の商稅制度〉，《社會經濟史學》，13，3（1943）。

13.佐佐木榮一，〈明代の兩京商人を對象とそる雜泛について〉，《文化》，17，6（1953）：頁675-685。

14.佐藤武敏，〈唐代の市制と行〉，《東洋史研究》，25，3（1966）：頁1-25。

15.佐藤學，〈明代の牙行について——商稅との關係を中心に〉，收入《山根幸夫教授退休紀念明代史論叢》，東京：汲古書院，1990，頁841-860。

16.佐藤學，〈明末京師の商役優免問題について〉，《集刊東洋學》，44（1980）：頁64-78。

17.佐藤學，〈明末清初期一地方都市における同業組織と公權力——蘇州府常熟縣「當官」碑刻お素材に〉，《史學雜誌》，96，9（1987）：頁1468-1487。

18.谷井俊仁，〈王樵の著述出版活動〉，收入磯部彰編，《東アジア出版文化研究　こはく》，東京：日本文部科學省特定領域研究「東アジア出版文化の研究」報告書，2004，頁61-103。

19.宮澤知之，〈宋代の牙人〉，《東洋史研究》，39，1（1980）：頁

188-189。

20. 紙屋正和，〈兩漢時代の商業と市〉，《東洋史研究》，52:4（1994）：頁655-682。

21. 陶安（Arnd Helmut Hafner），〈律と例の間——明代贖法を通じて見た舊中國法の一班〉，《東京大學東洋文化研究所紀要》138（1999）：頁1-65。

22. 曾田三郎，〈清末たおける「商戰」論の展開と商務局の設置〉，《アジア研究》，38，1（1991）：頁47-78。

23. 森田成滿，〈清代の判語〉，收入滋賀秀三編，《中國法制史：基本資料の研究》，頁739-757。

24. 新宮學，〈明代後半期江南諸都市の商稅改革と門攤銀〉，《集刊東洋學》，60（1988）：頁93-113。

25. 奧崎裕司，〈明末清初の利殖規範——功過格の一側面——〉，收入《佐久間重男教授退休記念：中國史‧陶磁史論集》，東京：燎原株式會社，1983，頁231-261。

26. 濱島敦俊，〈明代の判牘〉，收入滋賀秀三編，《中國法制史：基本資料の研究》，頁509-538。

（三）英文

1. "The Commercial Law Affecting Chinese; with Special Reference to Partnership Registration and Bankruptcy Laws in Hongkong," Reprinted from the *China Mail*, 1882. pp.1-40. (in "The Collection of Books on China", in Peabody Essex Museum, Salem, Massachusetts. call no. c 347.7, c734)

2. Alford, William. "Don't Stop Thinking About...Yesterday: Why There Was No Indigenous Counterpart to Intellectual Property Law in Imperial China." *Journal of Chinese Law* 7,1 (1993): 3-34.

3. Baker, J. H. "The Law Merchant and the Common Law before 1700," *Cambridge Law Journal*, 38, 2 (1979): 295-322.

4. Bourgon, Jérôme. "Rights, Freedoms, and Customs in the Making of Chinese Civil law, 1900-1936", in William C. Kirby edited, *Realms of Freedom in Modern*

China, Cambridge, Mass.: Harvard University Press, 2004, pp. 84-112.

5. Bourgon, Jérôme. "Uncivil Dialogue: Law and Custom Did not Merge into Civil Law under the Qing." *Late Imperial China*, 23.1 (2002): pp.50-90.

6. Brook, Timothy. "The merchants' network in 16th century China: a discussion and translation of Chang Han's 'On merchants,'" *Journal of the Economic and Social History of the Orient*, 24,2 (1981): pp.165-214.

7. Ch'eng, I-fan.（程一凡）"Development and Frustration of Statecraft in mid-Ming China: As Reflected in the Experiences of the Gu Family of Jiangnan during the Sixteenth Century." Ph.D. Dissertation, University of California, Berkeley, 1988.

8. Chen , Fu-Mei Chang（陳張富美）, "On Analogy in Ch'ing Law," Harvard Journal of Asian Studies 30 (1970): pp.223-224

9. Donahue, Jr. Charles. "Medieval and Early *Modern Lex mercatoria*: An Attempt at the probatio diabolica," *Chicago Journal of International Law*, 5, 1 (2004-2005): pp.21-37.

10. Epstein, Richard A. "Refelections on the Historical Origins and Economic Structure of the Law Merchant," *Chicago Journal of International Law*, 5, 1 (2004-2005): pp.1-20.

11. Huang, Philip C.C.（黃宗智）"Civil Law in Qing and Republican China: The Issues." In Kathryn Bernhardt and Philip C.C. Huang eds. *Civil Law in Qing and Republican China*. Stanford, California: Stanford University Press, 1994.

12. Kirby, William C. "China Unincorporated: Company Law and Business Enterprise in Twentieth-Century China." *The Journal of Asian Studies* 54,1 (1995): pp.43-63.

13. Li, Chun. "The Kung-ssu-lu of 1904 and the Modernization of Chinese company law." *Chengchi University Legal Review* 10 (1974): pp.171-221.

14. Liu, Kuang-ching.（劉廣京）"Chinese Merchant guilds: An Historical Inquiry." *Pacific Historical Review* 57,1 (1988)：pp.1-23.

15. MacDonagh, Oliver. "The Nineteenth-Century Revolution in Government: A Reappraisal." *The Historical Journal* 1,1 (1958), pp. 52-67.

16. McDermott, Joseph P., "Family Financial Plans of the Southern Sung." *Asia Major*, 4,2 (1991).

17. North, Douglass C.. "Institutions, Transaction Costs, and the Rise of Merchant Empires," in James D. Tracy ed. *The Political Economy of Merchant Empires*, Cambridge: Cambridge University Press, 1991, p.22-40.

18. Ocko, Jonathan K. "The Missing Metaphor: Applying Western Legal Scholarship to the Study of Contract and Property in Early Modern China," in Madeleine Zelin, Jonathan K. Ocko, and Robert Gardella eds. *Contract and Property in Early Modern China*, pp.178-205.

19. Ocko, Jonathan K. "Interpretive Communities: Legal Meaning in Qing Law," in Robert E. Hegel and Katherine Carlitz edited, *Writing and Law in Late Imperial China: Crime, Conflict, and Judgment*, Seattle and London: University of Washington Press, 2007, pp.261-283.

20. Rowe, William T. "State and Market in Mid-Qing Economic Thought: The Career of Chen Hongmou, 1696-1771" *Etudes Chinoises* 12,1 (1993), pp.7-39.

21. Sachs, Stephen E. "From St. Ives to Cyberspace: The Modern Distortion of the Medieval 'Law Merchant'," *American University International Law Review*, 21 (2006): pp.685-812.

22. Twitchett, Denis. "The T'ang Market System." *Asia Major: A British Journal of Far Eastern Studies, new series*, 12:2 (1966), pp.202-248.

23. Wallis, John. and Douglass North, "Measuring the Transaction Sector in the American Economy, 1870-1970." In Stanley L. Engerman, and Robert E. Gallman edit,. *Long-Term Factors in American Economic Growth*. Chicago and London: The University of Chicago Press, 1986, pp.95-161.

24. Will, Pierre-Etienne. "Discussions about the Market-Place and the Market Principle in Eighteenth Guangdong." 收入《中國海洋發展史論文集》第七輯，台北：中央研究院中山與人文社會科學研究所，1999，上冊，頁331-357。

25. Yang, Lien-sheng（楊聯陞）. "Government Control of Urban Merchants in Traditional China." *The Tsing Hua Journal of Chinese Studies, new series, 8:1-2* (1970), pp.186-209.

26. Zelin, Madeleine. "A Critique of Rights of Property in Prewar China," in Madeleine Zelin, Jonathan K. Ocko and Robert Gardella eds. *Contract and Property in Early*

Modern China, pp.17-36.

四、工具書

1. 《中國法制史書目》，張偉仁編，台北：中央研究院歷史語言研究所，1976。

2. 《元照英美法詞典》，薛波主編，潘漢典總審訂，北京：法律出版社，2003。

3. 《仁井田文庫漢籍目錄》，東京大學東洋文化研究所編，東京：東京大學東洋文化研究所，1999。

4. 《牛津法律詞典》，馬汀（Elizabeth A. Martin）編，蔣一平、趙文伋譯，余振龍審譯，上海：上海翻譯出版公司，1991。

5. 《四庫全書總目》，（清）永瑢、紀昀等撰，影印《文淵閣四庫全書》本，台北：台灣商務印書館，1983。

6. 《明人傳記資料索引》，國立中央圖書館編，台北：國立中央圖書館，1965。

國家圖書館出版品預行編目資料

當法律遇上經濟：明清中國的商業法律／邱澎
生著. — 初版. — 臺北市：五南, 2008.02
　　面；　　公分
　　參考書目：面
　　ISBN 978-957-11-5062-8（平裝）

1.中國法制史 2.商業史 3.明代 4.清代

580.92　　　　　　　　　96024433

1WD8 中國法制史叢書

當法律遇上經濟
明清中國的商業法律

主　　編 ― 高明士

作　者 ― 邱澎生(150.5)

發 行 人 ― 楊榮川

總 經 理 ― 楊士清

主　　編 ― 陳姿穎

責任編輯 ― 王兆仙　王中奇

封面設計 ― 童安安

出 版 者 ― 五南圖書出版股份有限公司

地　　址：106台北市大安區和平東路二段339號4樓

電　　話：(02)2705-5066　　傳　　真：(02)2706-6100

網　　址：http://www.wunan.com.tw

電子郵件：wunan@wunan.com.tw

劃撥帳號：01068953

戶　　名：五南圖書出版股份有限公司

法律顧問　林勝安律師事務所　林勝安律師

出版日期　2008年 2 月初版一刷
　　　　　2018年10月初版三刷

定　　價　新臺幣480元